日本語教育学の新潮流 11

相互行為としての読み書きを支える授業デザイン
日本語学習者の推敲過程にみる省察的対話の意義

広瀬和佳子

Writing as social interaction:
The role of reflective dialogue in the learning of Japanese
as a second language

First published 2015
Printed in Japan

All rights reserved
©Wakako Hirose, 2015

Coco Publishing Co., Ltd.

ISBN 978-4-904595-57-2

はじめに

　本書は、日本語教師である筆者が自身の教育実践を批判的に分析し、第二言語で読み書きを学ぶ教室がどのようにあるべきかを考察した実践研究をまとめたものである。はじめに、本書における「読み書き」の意味と、本書を構成するうえで核となっている「実践研究」の考え方について述べておきたい。

本書における「読み書き」とは

　「読み書き」ということばは、文字の読み書きができるという識字の意味で使用されることが多い。最近では、読み書き能力や識字ということばに代わって「リテラシー（literacy）」も多用されるようになった。しかし、読み書き能力、識字、リテラシーの意味は微妙にずれており、それらの使い分けは読み書きに対する見方が変化していることを示している。例えば、リテラシーは単に文字の読み書きができる＝識字を指すだけでなく、人が成人として社会生活を営むのに必要不可欠な基礎的な知識・能力の意味でも使用される。ただし、必要不可欠な知識、能力が何を指すのかについては議論が分かれ、リテラシーの意味はその解釈によってさらに複雑に分化することになる。リテラシー概念の変遷については1章で述べるが、読み書きについて考えることは、人がことばを学ぶとはどういうことかという根源的な大きな問いにつながっていく。

　本書は、このような広い意味でのリテラシーの問題を視野に入れつつ、第二言語として日本語を学ぶ学習者の「読み書き」に焦点をあてる。第一言語ですでに読み書きを習得している第二言語学習者にとって、第二言語の読み書き能力は必須ではない、つまり、読み書きができなくても話せればよいと考える人は少なくない。しかし、それは読み書きがで

きないことが学習者にどれほどの不利益をもたらすか意識されていないからであり、多くの場合、学習者自身もその周囲の人々も「話せればよい」という状態で満足することはない。では、第二言語学習者にとって必要な読み書き能力とはどのようなものなのだろうか。本書はその答えを日本語教育における作文の授業実践を通して考察する。

　通常、読み書き教育と言えば、文字の読み書き指導を指し、文章レベルで書くことの指導は作文教育と呼ばれる。これに従えば、本書が分析の対象とする教室は作文教育の場であり、学習者は日本語のひらがな、カタカナ、数百字程度の漢字を習得している。にもかかわらず本書が「読み書き」ということばを使用するのは、日本語教育における作文や作文指導ということばからイメージされる言語活動とは異なる活動として、書くことをとらえたいからである。

　一般的に、書くことは話すこととは異なり、ことばをやりとりする相手を必要とせず、書き手がひとりで行うものだと考えられている。書き手に必要とされるのは、頭の中で考えたことを文字に置き換え、文脈に依存することなく、不特定多数の人に正確に伝える技術であり、作文指導ではそのための規範の習得が重視される。本書は、このような見方とは異なる「相互行為としての読み書き」という観点を提示し、それによってもたらされる「省察的対話」の重要性を主張する。書くことは話すことと同様に、他者とのあいだで営まれる対話的コミュニケーション、つまり書き手と読み手の相互行為であり、書かれる内容は読み手とのあいだで対話的に構築される。学習者に必要とされるのは、規範を絶対視することなく、書き手と読み手が協働的に新たな意味を発見し、創造していくプロセスであり、読み書きを学ぶ教室は、そこで生じるさまざまな葛藤──言語的、対人的、制度的な対立や矛盾を学習者自身が意味づけていく場として機能すべきだと考える。「省察的対話」とはその意味づけのプロセスであり、他者との関係や自分自身を変えていく力をもつものである。しかし、このような見方は筆者のうちに最初からあったものではない。学習者はどのように書いているのか、書くことで何を学んでいるのかという問いを「実践研究」によって探究する過程で、確信として深まっていった認識である。

「実践研究」の考え方

　実践研究は、近年日本語教育において議論が高まっているが、その定義について共通の認識が得られているわけではない。さまざまな実践研究の考え方がある中で、本書は、教育実践そのものを研究のプロセスとみなす「実践研究」の立場に立っている。実践研究が注目されるようになった背景やその理論的枠組みについては序章で述べるが、教育実践＝研究ととらえる「実践研究」は、言語学や心理学など基礎科学の領域で生み出された理論を教室に応用しようとする研究や、ある特定の指導の効果を教師の教育観とは切り離された中立的な評価尺度で測定しようとする研究とは異なる。「実践研究」が重視するのは、個別的・具体的な実践の記述と、実践をデザインする教師の問題意識の明確化であり、実践の結果よりも、教室での相互行為や実践のプロセスに関心が向けられる。なぜその実践なのか、教室で何が起きているのか、その実践はどこへ向かうべきかが議論され、次の「実践研究」の計画、実施、振り返りというサイクルにつながっていく。

　本書の「実践研究」は、筆者自身の作文授業におけるピア・レスポンス（peer response）という学習活動に対する批判的検討を出発点としている。ピア・レスポンスとは、作文をよりよく書き直すために、学習者同士が少人数のグループで互いの書いたものにコメントし合う活動である。結果重視の教師添削を批判し、学習者の協働的な学びのプロセスを重視する活動として日本語教育において広く普及している。「相互行為としての読み書き」という観点は、このピア・レスポンスにおける学習者同士のやりとりを分析する中で生じた見方である。しかし、ピア・レスポンスの実践がそのまま「相互行為としての読み書き」となるわけではない。ピア・レスポンス活動で学習者が互いの書いたものについて熱心に話し合っていても、書くことそれ自体を読み手との相互行為として行っているとは限らないからである。つまり、学習者は互いにコメントすることと、それを踏まえて推敲することを切り離しており、書き直すときには読み手の存在をまったく意識していない場合も多かったのである。

　本書は、このような筆者の教師としての躓き、疑問を起点とした四つの実践研究が中心となっている。最初の実践研究（3章［研究2］）から本

書の刊行までには18年の年月が経過しており、当然ながらそのあいだ、教育や研究に対する筆者自身の考え方は大きく変化した。特に、5章［研究3］の実践研究による変化が大きく、それ以前と以降では学習者の相互行為に対する見方がまったく異なっていると言ってもいい。このような認識の変化は、筆者が置かれている環境、すなわち90年代以降にみられる第二言語教育における言語観・学習観の変化による影響が大きい。

第二言語教育における言語観・学習観の変化

　第二言語教育は70年代から80年代にかけて、文法や語彙などの言語構造に関する知識の獲得を重視する教授法（オーディオ・リンガル法）から、具体的な文脈における実際の言語使用を重視する教授法（コミュニカティブ・アプローチ）へと大きく舵を切った。オーディオ・リンガル法は行動主義心理学と構造主義言語学を理論的基盤とし、学習を刺激と反応の結びつきととらえ、ドリルによる反復練習と誤りの訂正を重視した。一方、コミュニカティブ・アプローチは社会言語学や認知心理学の影響を受け、学習者の伝達能力や学習過程に注目する。オーディオ・リンガル法の機械的な練習では実際の言語使用に結びつかないとして、現実のコミュニケーション場面における課題解決が重視された。コミュニカティブ・アプローチはロールプレイなどの具体的な教室活動とともに普及し、現在も第二言語教育における主流の教授法となっている。作文教育では、書かれたもの（言語形式）重視から書く過程（学習過程）重視へという流れと連動しており、教師添削からピア・レスポンスへの移行も、このオーディオ・リンガル法からコミュニカティブ・アプローチへという流れの中に位置づけることができる。

　一方、90年代に入ると、ヴィゴツキーの学習・発達論、バフチンの言語論、レイヴとウェンガーの状況的学習論などの影響を受け、それまでとは異なる言語学習観が提示される。オーディオ・リンガル法やコミュニカティブ・アプローチはともに、学習者の「頭の中の知識」を前提とし、知識や技能の獲得を学習ととらえていた。これに対して、知識とは状況に埋め込まれたものであり、学習者は環境や状況と相互作用する中で社会的慣習としてのことばを学んでいくという見方が、社会文化的アプローチとして注目を集めるようになる。さらに、フレイレの教育理論

の流れを汲む批判的リテラシー研究は、社会的規範としての言語や知識の中立性を否定し、それらが社会的、文化的、経済的、政治的な影響下にあって、既存の社会構造や権力関係を強化していることを指摘した。批判的リテラシーの教育は、そのような現状を批判的な分析・内省によって意識化し、自分自身や自身を取り巻く社会を変革することをめざしている。

　本書が提示する「相互行為としての読み書き」という観点は、こうした90年代以降注目されるようになった新たな言語観・学習観に影響を受ける中で、日本語教育という実践の場をデザインし、分析し、次の実践へとつなげる「実践研究」を繰り返すことで得られた一つの見方である。ただし、上述したヴィゴツキー、バフチン、レイヴとウェンガー、フレイレの著作はみな第二言語教育に関して直接言及しているわけではない。それにもかかわらず、第二言語教育に多大な影響を与え、新たな潮流をなしているのは、これらが従来の枠組みではとらえきれない言語や言語学習の実態を浮かび上がらせる観点を提示しているからである。単純に言えば、第二言語教育にたずさわる人々の関心が言語の認知的側面から社会的側面へ移行した、あるいは拡大したことを示している。もちろん、現実はこのような単純な図式で描けるものではない。何を従来の枠組みとみるのか、「社会的」とは何を指すのかによって、新たな言語学習観に対する解釈は分かれ、実践のデザインも大きく異なってくる。本書はそうした現実の実践の場に混在する異なる言語観・学習観の対立と葛藤を記述するために、バフチンの「対話」概念に着目した。

　ロシアの思想家、ミハイル・バフチンの著作は文学、哲学、言語学などの分野で多岐にわたるが、その思想を貫くキーワードに「対話（ダイアローグ）」がある。対話には意識としての他者の存在が不可欠であり、バフチンは対話原理の強調によって、その反意語としての「モノローグ」を徹底的に批判した。一つの意識、不動の意味を体現するモノローグは、自己完結的に閉じられており、他者と相互作用することはない。バフチンにとって、意味は絶えず交渉され、変化していく動的なものであり、ことばそのものにも、話し手の心理にも属していない。社会的、具体的な文脈に置かれた人々の相互作用による意味生成をバフチンは「能動的な理解」と呼んだ。言語的な意義を受動的に理解するだけでは、理解とは言えな

い。バフチンのいう理解とは、他者のことばに対する自己の価値づけや評価を伴う応答がなされることであり、話し手はこのような聞き手の理解を志向することで意味と表現の閉じられた自足性から解放され、新たな表現を創造する契機を得る。このようなバフチンの「対話」「理解」の概念は、第二言語教育に重要な示唆を与えてくれる。

　第二言語教育では、コミュニケーションのために辞書的で中性的な意味のレベルでのことばの理解——受動的理解が当初の目標に置かれる。しかし、それが目的化し、機械的な練習が常態化すると、学習者は他者のことばに応答する自身の声を失ってしまう。つまり、他者に何を伝え、どのような関係をつくっていきたいのかという言語コミュニケーションの本質を見失ってしまうのである。第二言語の教室は、受動的理解に必要とされる言語形式の習得と、形式の規範性に縛られない、他者との関係性における新たな意味の創造のあいだで常に揺れ動いている。

本書の構成

　本書は、このような教室の葛藤を教師である筆者自身の迷いや不安とともに、できる限り丁寧に記述することを試みた。本書は序章と終章を含む9章で構成されている。

　序章では、第二言語で書くことを段階的、選択的に学ばれる技能ととらえることを批判し、書くことは第二言語の発達を支える重要な言語活動であり、他者との対話によって営まれる相互行為であるという、書くことに対する本書の考え方を示した。また、本書が「実践研究」という枠組みを用いることを、その理論的背景とともに述べ、学習者はどのように書いているのか、書くことで何を学んでいるのかという、実践研究における二つの問いを提示した。

　1章では、第二言語の作文教育がどのように行われてきたのか、プロダクト重視からプロセス重視への移行を経て、「ポストプロセス」と呼ばれる現在、さまざまな教育的アプローチが混在している状況を概観し、その中で、本書がどこに位置づけられるのかを述べた。

　2章［研究1］では、相互行為としての読み書きを実践する教育とは異なる教育観に基づく添削指導について論じた。相互行為として読み書きを学ぶ教室の葛藤を理解するためには、添削指導にあらわれている言語

観・教育観がどのようなものかをとらえ直す必要があったからである。学習者の作文に対する読み手の解釈の多様性を示し、読み手の一方向的な応答としての添削の限界について述べた。

　3章［研究2］が本書の出発点となった実践研究である。ここでは、添削に代わる作文フィードバックとして推奨されてきたピア・レスポンスが推敲作文にどのように反映されるのかという観点から実践データを分析した。分析の結果、対話の目的と書く目的が乖離していたことによって、ピア・レスポンス後の学習者の推敲が表面的な修正に偏り、教室でのやりとりと書くことが切り離されて行われたことが問題点として浮上した。

　4章では、3章で明らかになった実践上の問題点を考察するために、3章の結果と関連する他のピア・レスポンス研究を概観し、フィードバックとしてのピア・レスポンスを批判的に検討した。さらに、先行研究で行われている議論を踏まえたうえで、相互行為としての読み書きを支える授業のデザインに必要な観点を提示し、新たな実践研究の必要性と課題について述べた。

　5章［研究3］では、4章で提示した授業デザインに基づき、教室での対話を経た学習者がどのような推敲を行ったのか、その実態を質的に分析した。他者への応答としての推敲過程モデルを提示し、書く過程で他者と対話する意義について考察した。

　6章［研究4］では、5章の結果を踏まえて改善を行った授業において、学習者がどのように書くことと向き合ったのか、教室という場に焦点をあてて記述した。教室での相互行為の実態を明らかにし、学習者が言いたいことを表現するために、教室で何が必要とされるのかを考察した。

　7章では、序章に掲げた二つの問いに基づき実践研究の総合考察を行った。実践研究による知見をまとめ、相互行為としての読み書きがもたらした教室の変容を、教師である筆者の教育観の変遷とともに考察した。実践研究のサイクルを通して得られた、書くことに対する新たな見方を二つの問いに対する答えとして提示し、実践研究を総括した。

　終章では、実践研究を総括することで得られた、読み書き教育をとらえる新たな観点と次の実践研究への課題を本書の結びとして述べた。1章から7章までの実践研究による考察を踏まえたうえで、先行研究の議

論の中に改めて本書を位置づけ、読み書き教育が向かうべき方向を展望し、そのために必要な実践研究について論じた。

　本書が記述する教室において、学習者の書く過程は、普遍的で価値中立的な読み書きを志向する中で失われていた書き手の声が、他者とのかかわりの中で自覚され、ことばとともにつくられていく過程であった。ことばの獲得には、他者との関係や自分自身を変えていく「省察的対話」によって相互行為の過程に生じる葛藤を意味づけることが欠かせないという本書の結論は、言語を固定的で規範的なものとして評価を行う言語観・言語能力観の問い直しを迫るものである。本書の問題提起が、日本語教育にとどまることなく、さまざまな言語教育の現場で議論され、ことばの学びをより豊かにする教育実践の実現のために些細でも貢献できれば幸いである。

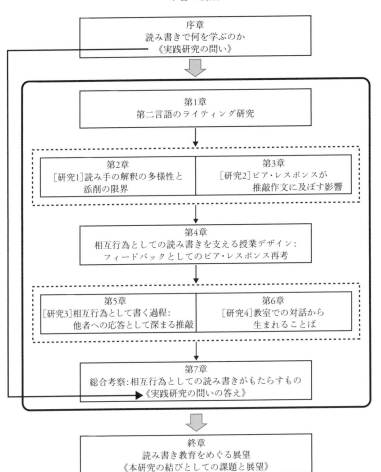

はじめに

目次

はじめに………iii
    本書における「読み書き」とは………iii
    「実践研究」の考え方………v
    第二言語教育における言語観・学習観の変化………vi
    本書の構成………viii

序章｜読み書きで何を学ぶのか………1

1 第二言語教育にみられる段階的学習観………2
2 「相互行為としての読み書き」とは………8
    2.1 「導管メタファー」による伝達モデル………8
    2.2 バフチンの「対話」概念………10
        2.2.1 発話………12
        2.2.2 声………14
        2.2.3 ことばのジャンル………17
    2.3 「ひとりの読み書き」から
          「相互行為としての読み書き」へ………19
        2.3.1 「生成的記号活動」としての
              読み書き………19
        2.3.2 第二言語教育で強化される
              「コードの記号観」………21
        2.3.3 「省察的対話」への志向………23
3 「実践研究」による理論の探究………26
    3.1 実践と研究の関係………27
    3.2 実践研究者の視点………28
    3.3 質的アプローチ………30
    3.4 実践研究者としての省察………32
    3.5 本書がめざす「実践研究」………34
4 研究の目的………35

第1章 | 第二言語のライティング研究……39

1 プロダクトからプロセスへ……39
2 「ポストプロセス」の混迷……43
 2.1 ジャンル・アプローチにみられる
   プロダクト回帰……43
 2.2 リテラシー概念の変化……47
3 日本語教育における
 ライティング研究の動向……55
 3.1 技能育成を重視する「語学型」ライティング……55
 3.2 書くことを支える異なる言語教育観……57
4 本書の位置づけ……60

第2章 | ［研究1］読み手の解釈の多様性と
添削の限界……65

1 問題の背景と目的……65
 1.1 本研究における添削の意味と研究の目的……65
 1.2 「複数の添削者の解釈」「添削過程」に
   着目した先行研究……67
2 方法……68
 2.1 XECSによる添削結果データの収集……68
 2.2 添削過程データの収集……69
 2.3 作文分析対象箇所の選定……70
3 結果と考察……71
 3.1 読み手の解釈の多様性……71
  3.1.1 構成要素の論理的関係が推測できないために生じる
     解釈の多様性……71
  3.1.2 わかりにくさの原因を分析する
     日本語教師の添削過程……72
 3.2 添削不可能な作文への対応……74
  3.2.1 不適切な言語形式が原因で生じる
     事実把握の困難さ……74
  3.2.2 添削の限界を認識しながらも
     推測を重ねて修正に至るプロセス……75

3.3 書き手にしか解決できない問題………78
　　3.3.1 言いたいことはわかるが
　　　　　修正が難しい箇所に潜む重大な問題………78
　　3.3.2 書き手の主張がみえないために生じる
　　　　　添削者の迷い………79

4 まとめ：読み手の一方向的な応答としての
　　　　　添削の限界………81

第3章 ［研究2］ピア・レスポンスが推敲作文に及ぼす影響………85

1 問題の背景と目的………85

2 固定化している
　推敲パターンの特徴（広瀬 2000）………88
　2.1 手続き………88
　2.2 分析方法………89
　2.3 結果と考察………90

3 ピア・レスポンスの話題と
　推敲作文の関係（広瀬 2004）………92
　3.1 手続き………93
　3.2 分析方法………94
　3.3 結果と考察………95
　　3.3.1 ピア・レスポンスの話題………95
　　3.3.2 推敲の種類………97
　　3.3.3 ピア・レスポンスの影響度………99
　　3.3.4 ピア・レスポンスの具体例………100

4 まとめ：教室でのやりとりと切り離された
　　　　　推敲の実態………104

第4章 相互行為としての読み書きを支える授業デザイン……109

1 ピア・レスポンスにフィードバック効果を期待することは妥当か……109
2 なぜ推敲が教室でのやりとりから切り離されて行われたのか……113
3 ［研究2］の授業デザインの問題……117
- 3.1 文章産出研究からの示唆……118
  - 3.1.1 課題設定……118
  - 3.1.2 読み手意識……121
  - 3.1.3 推敲過程……123
- 3.2 書くことによる自己の発見・探求……126
- 3.3 協働で学ぶ教室における教師の役割……129
4 ［研究3］［研究4］の授業デザイン……133

第5章 ［研究3］相互行為として書く過程……137

1 問題の背景と目的……137
2 方法……139
- 2.1 方法の選択……139
- 2.2 手続き……142
- 2.3 分析方法……144
3 分析過程と結果……145
- 3.1 【内容づくり】と【文章化】の概念生成（ステップ1）……146
  - 3.1.1 文章化の必要性の認識……150
  - 3.1.2 コア・メッセージの確定……153
  - 3.1.3 【内容づくり】を経ない推敲……154
  - 3.1.4 【内容づくり】【文章化】概念の重要性：推敲結果の分析……157
- 3.2 最終的なカテゴリーの生成（ステップ2及びステップ3）……160

  3.3 他者への応答としての推敲過程モデル……166
    3.3.1 【読み手との対話】によって同時進行する
      【内容づくり】と【文章化】……167
    3.3.2 【読み手との対話】の特徴……169
 4 考察……171
  4.1 他者への応答としての
    推敲過程モデルに基づく事例分析……172
    4.1.1 【読み手との対話】によって内省を深める：
      アンネの事例分析……172
    4.1.2 【内容づくり】の問題に気づけない：
      リンダの事例分析……175
  4.2 実践への示唆……180
    4.2.1 学習者の推敲過程の特徴……180
    4.2.2 推敲過程における教師添削と
      ピア・レスポンス……181
 5 まとめ：書く過程で他者と対話する意義……183

第6章｜[研究4] 教室での対話から
生まれることば……187

 1 問題の背景と目的……187
 2 方法……190
  2.1 実践を分析する観点：
    発話の単声機能と対話機能……190
  2.2 対象クラス……192
  2.3 分析方法……193
 3 結果と考察……196
  3.1 対話から言いたいことが生まれるプロセス……196
    3.1.1 対話によって意識化される主張……196
    3.1.2 自分の主張を見つけることの困難……200
  3.2 他者のことばとの葛藤から自分のことばへ：
    ミキの事例分析……201
    3.2.1 矛盾する二つの主張……204
    3.2.2 主張のあいまいさに気づく……205
    3.2.3 「本当に言いたいこと」を内省する……207
    3.2.4 他者への応答として明確化していく主張……208

- 3.3 他者のことばで語ることのもどかしさ：
  ヤスの事例分析……209
  - 3.3.1 日本語で何て言えばいい？……212
  - 3.3.2 言いたいことは500字では足りない……213
  - 3.3.3 情報として伝達される主張：
    「権威的な言葉」……214
  - 3.3.4 私は日本語で「本当に言いたいこと」を
    あらわせない：単声的学習観……217
- 3.4 「本当に言いたいこと」はどこにあるのか……218
- 3.5 他者との関係をつくるということ……219

4 まとめ：ことばを学ぶ教室での相互行為……221

第7章 | 総合考察：相互行為としての読み書きが
もたらすもの……227

1 実践研究による知見のまとめ……228
- 1.1 ［研究1］のまとめ：
  添削の限界と限界に気づけない添削依存の問題……228
- 1.2 ［研究2］のまとめ：
  テクストをめぐる理解と
  価値づけの応答の可視化……229
- 1.3 ［研究3］のまとめ：
  内容と表現が一体化して進行する推敲……232
- 1.4 ［研究4］のまとめ：
  他者とのかかわりの中で獲得されることば……234

2 第二言語教育における省察的対話の意義……236
- 2.1 教師がめざしたもの……237
- 2.2 第二言語の教室における対話としての学び……239
- 2.3 他者のことばの対話的理解と
  自分のことばの獲得……242
- 2.4 声とことば……245
- 2.5 学習者が必要とした内省……247
- 2.6 他者との関係や自分自身を変えていく
  省察的対話……249

3 書くことに対する新たな見方：
実践研究の総括……252
- 3.1 他者への応答として書く：
  潜在的な声を基盤とすること……253
- 3.2 相互行為の過程に生じる葛藤の意味づけ……255

終章｜読み書き教育をめぐる展望……261

   1　書くことの学びをとらえる視座……262
      1.1　宛名をもつ声に根ざした自分のテーマの探究……264
      1.2　他者とテーマを共有し、考え、評価し、
           行動するためのことば……267
      1.3　コミュニティにおける相互行為の意味づけ……272

   2　ことばの「発達」を問い直す……276

   3　実践研究としての課題：
      省察的対話による変革……282

おわりに……291
参考文献……294
資料……309
   資料 1……309
   資料 2……311
   資料 3……317
   資料 4……325
索引……336

序章 読み書きで何を学ぶのか

　本書は、日本語教師である筆者が自身の教育実践を批判的に分析・考察した「実践研究」によって構成されている。本書の目的は、読み書きを、書き手の頭の中に閉じられた認知的活動とみるのではなく、他者とのあいだで営まれる対話的コミュニケーションであるととらえ、「相互行為としての読み書き」によって獲得されることばの意義と学びの実態を明らかにすることである。

　本書の「実践研究」は、作文の授業におけるピア・レスポンス（peer response）という活動の意味を考えることからはじまった。ピア・レスポンスは、ESL（English as a second language、以下ESL）の作文教育において、教師添削を批判し、学習者の協働[1]を重視した教室活動として提唱された。日本語教育では、「作文プロセスの中で学習者同士の少人数グループ（ペア、あるいはグループ）でお互いの作文について書き手と読み手の立場を交換しながら検討し合う作文学習活動」（池田 2002）として普及し、研究が進められている。

　しかし、ピア・レスポンスの実践がそのまま「相互行為としての読み書き」となるわけではない。ピア・レスポンス活動で学習者が互いの書いたものについて深く話し合っていても、書くことそれ自体を読み手との相互行為として行っているとは限らないからである。正しく書かなければならないという規範の圧力を、教師も学習者も意識的・無意識的に受け、それが教室での相互行為の意義を見失わせ、書くことを妨げている場合がある。筆者は、ピア・レスポンスの実践当初そのことに気づかなかったために、自身の実践が目標としているものがわからなくなっていた。

　本書が分析の対象とするのは、第二言語としての日本語の作文教育の

場である。学習者は日本語のひらがな、カタカナ、数百字程度の漢字を習得している。にもかかわらず、本書が「読み書き」という識字を連想させることばを使用するのは、日本語教育における作文や作文指導ということばからイメージされる言語活動とは異なる活動として、書くことをとらえたいからである。

　通常、作文は書き手がひとりで書くものであり、書き手と読み手が対面することは前提としていない。学習者に求められるのは、頭の中で考えたことを文字に置き換える技術の習得である。しかし、「相互行為としての読み書き」という観点からみれば、書くことは話すことと同様に、他者とのあいだで営まれる対話的コミュニケーション、つまり書き手と読み手の相互行為となる。書かれる内容は最初から書き手の頭の中にあるのではなく、読み手とのあいだで対話的に構築される。学習者に必要とされるのは、規範を絶対視することなく、他者と協働的に新たな意味を発見し、創造していくプロセスであり、教室は、その過程で生じるさまざまな葛藤――言語的、対人的、制度的な対立や矛盾を学習者自身が意味づけていく場となるべきである。このような見方は、筆者のうちにはじめからあったものではない。本書の「実践研究」を通して得られた見方であり、それは第二言語教育[2]における読み書きの一般的なとらえ方とは大きく異なる。

　そこでまず、序章では、第二言語での読み書きがどのようにとらえられているのかを、第一言語の読み書き教育と比較しながら考察する。読み書きを段階的、選択的に学ばれる技能と単純にみなすことを批判し、「ひとりの読み書き」から「相互行為としての読み書き」への移行をめざす本書の立場をバフチンの「対話」概念に依拠しつつ述べる。また、本書が「実践研究」という枠組みを用いることをその理論的背景とともに述べ、学習者はどのように書いているのか、書くことで何を学んでいるのかという、実践研究における二つの問いを提示する。

1　第二言語教育にみられる段階的学習観

　第二言語教育における読み書きの指導は、通常文字の指導にはじまり、短文、まとまった文章の作成指導へと段階的に進んでいく。それは

言語形式面に限らず、書く内容についても同様であり、連動している。語彙や複雑な文構造が習得できていない初級段階では、身近な周りの出来事を描写する文章を書くことが課題とされ、中級、上級と進むにつれて時事問題のような抽象的で硬いテーマが増えていく。教科書で提示されるのは、そのテーマを書くのに必要な表現・文法の説明であり、そこで説明されたルールに従って正確に書くことが学習者には求められる。何を書くかは予め決められている場合もあり、重要なのはどのように書くかである。このように、文法・語彙の習得が進めば、抽象的で複雑な内容が書けるようになるとする考え方を、ここでは段階的学習観と呼ぶことにする。短文が正確に書けなければ長い文章は書けるようにならない、初級レベルでこの内容を書くことは難しいというような信念・判断は、段階的学習観に基づくものである。

　段階的学習観は、聞く・話す・読む・書くという、いわゆる4技能の習得に対する見方にも反映される。まとまった文章を書くことは他の技能を習得したあと、ある一定のレベルに達したあとでなければできないという考え方がそれであり、書けなくても話せればよいという学習者ニーズと結びつくと、書くことは必須技能ではないとして、選択的に学べばよいものとされる。日本語教育では、近年の学習者の多様化により、そのような傾向が広まりつつあると言えるだろう。しかし、「書けなくてもよい」とされる状態が何を指しているのかは、学習者によってさまざまである。日本語は複数の文字体系をもち、とりわけ漢字学習の負担が大きいことから、読み書きを学ぶことの困難さが指摘されている。書けなくてもよいというのは、漢字の読み書きや漢字語彙の習得について言及している場合も多いだろう。あるいは、論文やレポート、メール、ビジネス文書といった特定の文章ジャンルを指しているかもしれない。書くことをこのように学習レベルやニーズに応じて選択的に学ばれる技能と認識することは、書くことの意味を極端に限定してとらえることになる。書くことを学ばないという選択が何を指すのか、第二言語の発達にどのような影響を与えるのかということは、ほとんど意識されていないように思われる。

　第一言語の教育で、書くことが選択的な学習項目とされることはない。読み書き能力の育成こそが学校教育の中心であり、学校での授業

は、話しことばとは異なるタイプのことば、岡本（1985）がいう「二次的ことば」を用いることで成り立っている。岡本は、子どもが学童期に入って新たに獲得することが求められることばを「二次的ことば」と呼び、それまでの生活の中で現実経験とよりそいながら使用されてきた「一次的ことば」との違いを論じた。一次的ことばが、具体的な文脈の中で、特定の親しい人を対象として対話形式で交わされることばであるのに対して、二次的ことばによるコミュニケーションは、具体的文脈を離れ、不特定多数の人に向けて、一方向的な伝達行為として行わなければならないものとされる。さらに、一次的ことばと決定的に異なるのは、二次的ことばには文字を媒体とする書きことばが含まれることである。

　二次的ことばの特徴は、「ことばのことば化」、つまり、ことばでことばを定義することにある。それは、ことばが指し示す対象を実際に相手と共有することができない書きことばにおいて、最も強くあらわれる特徴と言えるだろう。書くときには、身振り手振りを使ったり、相手の反応を確かめたりすることはできず、音声を文字に分節するという困難な作業を経たうえで、言いたいことを表現しなければならない。ヴィゴツキー（2001）は、書きことばを、「自覚性」と「随意性」を特徴とする心理活動ととらえた。書きことばは話しことばのように無意識的に使用され、習得されることはない。子どもは学校で書きことばや文法を教授されることで、自分のすることを自覚し、自分自身の能力を随意的に操作することを学ぶ。子どもの能力は無意識的・自動的局面から随意的・意図的・意思的局面へ移行すると述べている（p.293）。

　ことばの自覚性や随意性の発達は、子どもの知的発達全体に変化をもたらす。学校で教授されるのは、階層的で体系性をもった「科学的概念」であり、子どもがそれまでの生活の中で自然に身につけてきた「生活的概念」とは大きく異なる。学校で書きことばや文法、算数、理科などを学ぶことで、子どもは単に読み書きや計算ができるようになるのではない。ヴィゴツキーによれば、科学的概念を習得することで、ことばを媒介にした高次の精神機能（注意や記憶、論理的思考における自覚性や随意性）の発達が促されるという（中村1998, 柴田2006）。

　二次的ことばは科学的概念を習得するためのことばであり、学校教育で書くことが重視される理由はこの点にある。一方、第二言語を学ぶ成

人学習者は、第一言語の意味体系に基づくことばの概念がすでに発達している。ヴィゴツキーは、母語と外国語の発達、話しことばと書きことばの発達は、生活的概念と科学的概念の発達と同様に、正反対の路線を進むと述べている。科学的概念は、抽象的な概念を意識的・意図的に操作することからはじまり、やがて具体的な文脈の中で自然に使用できるようになる。反対に、生活的概念は、具体的な経験として無意識に行っていたことを概念として自覚し、抽象的、論理的思考として操作できるようになるという発達をたどる。すなわち、科学的概念は、「自覚性と随意性の領域」から「具体性と経験の領域」へという、上から下への発達路線を進み、生活的概念はその逆、下から上へと発達するというのである（p.318）。

　概念の発達を伴う母語獲得の路線と、第二言語の発達が同じ路線をたどるとは考えられない。しかし、だからと言って第二言語が第一言語とはまったく異なる発達の路線を進むと単純にみることもできないだろう。ヴィゴツキーが述べている母語と外国語の発達の方向性の違いは、「自覚性と随意性の領域」にはじまるかどうかにある。

> 母語の発達が言語の自由な自然発生的な利用から始まり、言語形式の自覚とそのマスターで終わるとすれば、外国語の発達は言語の自覚とその随意的な支配から始まり、自由な自然発生的な会話で終わる。この二つの路線は、正反対の方向を向いている。しかし、これら反対の方向を向いた発達路線のあいだには、科学的概念と自然発生的概念の発達と同じような双務的な相互的な依存関係が存在する。外国語のこのような意識的・意図的習得が、母語の発達の一定の水準に依存することは、まったく明らかである。……母語をバックとした外国語の発達は、言語現象の一般化ならびに言語操作の自覚を、すなわち、それらを自覚的・随意的言語の次元に移行させることを意味する。
> 　　　　　　　　　　　　　　（ヴィゴツキー 2001: 320–321）

　つまり、子どもが自分の言語活動を意識的・意図的・分析的に行っているかどうかに注目しているのである。重要なのは、母語と外国語の発達は、生活的概念と科学的概念の発達と同様に、相互に結びついたもの

であり、子どもは、外国語を学ぶことで、思考の道具・概念の表現として、母語をより意識的・随意的に利用できるようになるという点にある。ヴィゴツキーは、母語と外国語の発達の相違がどんなに深いものであったとしても、本質的にはことばの発達過程として多くの共通点をもつ同一の種類であること、さらに、母語、外国語、書きことばの発達は、互いに極めて複雑な相互作用を及ぼすとも述べている (p.246)。

第二言語学習者の多くは、教室での教授や教科書の説明により、ことばの自覚的な使用から発達がはじまる。しかし、第一言語の発達のように、一次的ことばから二次的ことばへ、話しことばから書きことばへという順番で進むものではない。第二言語でも、具体的な文脈において、対面している相手とのやりとりによって、ことばの意味を理解していく場合もある。その場合、第一言語の意味との対応、あるいは非対応という点で自覚的な使用もあれば、文脈と分かちがたく結びついた無自覚の使用もあるだろう。また、二次的ことばあるいは書きことばを、辞書による意味理解や言語構造の理解、すなわち、ことばをことばで理解することから発達がはじまる場合もあれば、一次的ことばや話しことばを自覚的・分析的に理解し、使用する場合もある。

第二言語の発達は、第一言語の発達を基礎に、多方向的・複線的・同時的に進む複雑な過程を経ると考えられる。学習者が新しい言語を学ぶとき、その学習者の発達の方向は、それまでに経験してきた言語活動によって大きく左右される。母語と外国語、一次的ことばと二次的ことば、話しことばと書きことばなど、さまざまな呼び方がなされても、ことばの発達という観点から言えば、それらは統一体としてとらえるべきであり、簡単に何かを切り捨ててよいということにはならない。また、成人を対象とした第二言語教育において、先に述べた段階的学習観――学習者は単純な言語構造から複雑な言語構造へ、具体的な意味から抽象的な意味へと段階的に学んでいくという見方に基づく教授は、必ずしも学習者の発達路線に沿うものとは言えない。

書くことは、自覚性と随意性を必要とする言語活動であり、二次的ことばの習得と深く結びついている。菊岡・神吉 (2010) は、日本語学習者の就労現場での言語活動を分析し、無自覚な一次的ことばの使用は可能でも、自覚的な二次的ことばの使用は不十分であるという言語発達の限

界を指摘した。さらに、二次的ことばの習得に伴う自覚性と随意性の発達は、固有の文脈に閉ざされない、異なった文脈との自由な横断を実現し、自発的に文脈を再構成する力の獲得を意味するとし、彼らが習得すべき日本語は、他文脈に属する者との交流を可能にする「越境のための日本語」であると主張した。

　第二言語で読み書きを学ぶということは、単に文字を習得することでも、書き方の規範を身につけることでもない。本研究は、第二言語の読み書きを段階的、選択的に学ばれる技能ととらえることをしない。読み書きは、ことばの自覚的な使用を促す言語活動であり、二次的ことばの獲得に不可欠である。二次的ことばは、菊岡・神吉（2010）が指摘したように、閉ざされた文脈をこえて、異文脈の他者との交流を可能にする。自身の母文化とは異なる文化的背景をもつ人々とのあいだで使用される第二言語においてこそ、学習者が自分自身を表現し、周りの人々との相互理解を深めるために、二次的ことばが必要とされるのではないだろうか。

　第二言語の読み書きを選択的技能として、教室で学んでこなかった学習者の例をあげたい。スポーツ推薦で、日本の高校から大学へ進学したセネガル出身の学習者は、大学入学時点でひらがなとカタカナを読むことはできたが、それらの文字を書くことにはまだ不安があり、漢字は読むことも勉強していなかった。高校3年間はクラブ活動が中心であり、コーチや仲間とのあいだで具体的な文脈の中で交わされる一次的ことばの使用においては問題がなく、本人も周りの人々とのコミュニケーションで困難を感じたことはなかったという。

　しかし、筆者が担当する大学の日本語の授業で、筆者と2人で対話する過程では、しばしば困難が生じた。それは、筆者が学習者に、筆者は知らず学習者だけが知っていることを説明するよう求めるからである。学習者は聞き手と文脈を共有できず、ことばでことばを説明しなければならない。筆者はセネガルでの生活についてよく尋ねたが、学習者は両親の職業やセネガルの季節について公用語であるフランス語や、英語を交えても十分に説明することはできなかった。それは、医者や銀行員、季節という日本語を知らなかったからだけではなく、聞き手が属していない自文脈の事象を説明するのに日本語あるいはフランス語や英語も使

用することが困難だったからだと考えられる。
　この学習者にとって、日本語は、親しい相手からさまざまな言語的援助を受けながら、具体的な事象と結びつけて使用することばであり、「ことばのことば化」を要請する二次的ことばを発達させる機会は高校3年間を通してほとんどなかったのではないかと考えられる。しかし、学習者の周りの人々はこのように制限されたことばの使用実態を知らず、そのことが学習者にとって不利益となる誤解を生む場合さえある。学習者は日本語がわからないためにできない状況にあるのに、周囲の人はそれを学習者がすべきことをしていないと評価してしまうのである。
　学習者本人も周りの人々も、話すことはできるのだから、漢字を少し理解できれば、問題の多くが解決できるのではないかと考えている。しかし、これまで述べてきたように、ことばの発達は何かを足したり引いたりする操作によって促進されるものではない。第一言語と第二言語、一次的ことばと二次的ことば、話しことばと書きことば、それぞれ対立的にとらえられているものが相互作用し、一体となって重層的に発達していくと考えられる。この学習者にとっても、読み書きは決して選択的技能ではなかったはずである。
　本書は、第一言語と同様に、読み書きを第二言語の発達を支える重要な言語活動であるととらえる。それは、ことばを獲得するためには、「相互行為としての読み書き」の過程に生じるさまざまな葛藤——言語的、対人的、制度的矛盾や対立を学習者自身が意味づけていくことが必要だと考えるからである。次節ではこの「相互行為としての読み書き」が何を意味しているのかについて述べる。

2　「相互行為としての読み書き」とは

2.1　「導管メタファー」による伝達モデル

　書くことは、一般的に、書き手が頭の中で考えたことを文字に変換して読み手に送り出す行為だとみなされている。書くことをこのような頭の中の情報処理過程とみることは、ことばによるコミュニケーションをいわゆる「導管メタファー」(Reddy 1979) と呼ばれるイメージでとらえることとつながっている。書き手（話し手）は外部から情報を取り入れ、内

部加工し、ことばに変換して再び外部へ出力する。出力されたことばは導管のように読み手（聞き手）に情報を伝達し、読み手（聞き手）は伝達されたことばから情報を引き出す。伝えたい内容が書き手（話し手）から読み手（聞き手）へ、ことばによって伝達されるとみる導管メタファーでは、ことばは送信者から受信者へ伝達されるモノであり、やりとりされることばの意味は固定化している。送受信がうまくいかない場合は、送信者が意味の符号化に失敗したか、あるいは受信者側の解読に問題があったとみなされる。こうしたイメージは広く普及しており、コミュニケーションの一般的なモデルとして認識されている。

　そもそも、導管メタファーによる伝達モデルが私たちに受け入れられやすいのは、「文字の文化」（オング 1991/1982）の思考が私たちに染みついているからである。オングは、文字や書くことを深く内面化した人々の文化「文字の文化」と、書くことをまったく知らない人々の文化「声の文化」がいかに異なるものであるかを分析し、書くことによってつくりかえられた人間の意識——「文字に慣れた精神」について論じている。オングによれば、導管メタファーによる伝達モデルと書くことが強く結びつくのは、声の文化と比べ、文字の文化では話しは情報を伝えるものと考えられており、書かれたテクストは一見すると、一方向的な情報の伝達通路のようにみえるからである。これに対し、声の文化では、話しは情報伝達よりも、演じ語り志向であり、何かをだれかに対して行うやり方の一つである（p.360）。ことばは口頭での話しを基盤としているが、書くことは、ことばを視覚的なものとして固定してしまう。文字に慣れた人が言語を操作するときの感覚は、言語を視覚的に変形することと密接に結びついているとオングは指摘する。文字に慣れた人々にとって、辞書や文法規則や句読法など、目でことばを調べたり、探すことができるような道具がない状態を想像することはできない。空間に永久に固定された書きことばは、一瞬で消えてしまう話しことばとは異なり、目にみえるものが情報として伝達されるという感覚を強化させる。

　読み書き教育は、ことばを視覚的に操作が可能なもの、それによって情報を伝達するものとみることで成立している。書き手は対面対話状況にない読み手に何かを伝えるために、文字の使用を学ぶ。書きことばは、話しことばと同様に社会的・慣習的な約束事としてあるが、視覚的

であることでより規範化されており、書き手は具体的な状況に依存できないために、言語の抽象的な意味、あるいは固定化した意味を規範化された形式として習得することが求められる。対面対話状況から完全に切り離されることばは同一の意味をもつコードに等しい。文字の使用は、コードを変換し、解読することとみなされ、導管メタファーにみられる言語観を支えている。

　導管メタファーの言語観は、第二言語で読み書きを学ぶとき一層強化される。第二言語教育では、書いたものが正確に読み手に伝わることがより重視され、伝わらない場合は学習者による意味の符号化（第二言語への変換）に問題があったと判断される。モノとしてのことばは、送受信のしやすさによって易から難へと配列が可能であり、学習者は配列されたものを学習項目として、第二言語への変換技術を練習によって身につけることになる。前節で指摘した「段階的学習観」や、変換ミス（言語形式の誤り）を訂正する教師添削は、導管メタファーの言語観に基づいていると言える。

　教室で「相互行為としての読み書き」を実践するということは、導管メタファーに対置される言語コミュニケーション観に立つということである。書き手が伝えたい内容は読み手へ一方的に伝達されるものではなく、読み手との相互行為によって対話的に構築される。ことばの意味は常に同一ではなく、新たにつくり出され、変化する。このような見方は、ロシアの思想家ミハイル・バフチンの「対話」概念につながるものである。ワーチ（2004/1991）は、導管メタファーの問題をバフチンの「対話」の観点から分析している。2.2では、導管メタファーに対立する言語観を支える概念としてバフチンの「対話」に着目し、バフチンの視点から読み書きをどのようにとらえることができるのかをみていく。

2.2　バフチンの「対話」概念

　バフチンは、文学、哲学、言語学など、多領域で著作を残しているが、それらの多岐にわたる活動を貫くキーワードとして「対話（ダイアローグ）」があげられる。バフチンの「対話」は、言語論のレベルで論じられているだけでなく、バフチンの思想そのものとも言える根源的な概念である（桑野 2008, クラーク・ホルクイスト 1990/1984, ホルクウィスト 1994/1990, ワーチ 2004/1991）。

バフチンは、自身の研究がさまざまな研究分野の境界領域に位置づけられることから「哲学的分析」と称した。ホルクウィスト（1994/1990）は、「バフチンの哲学」と呼ばれるものは、言語の使用方法から人間行動を把握しようとする現代の認識論の一つであると述べている（p.22）。

　バフチンにとって、狭義の対話は「顔と顔をつきあわせての人びとの直接の言語的交通」であるが、広く解釈すれば「あらゆる言語的交通」の意味になり、書物や印刷物も含まれる。書物や印刷物も「なにかに答え、なにかに反駁し、なにかを確認し、可能な答と反駁を予想し、支持をもとめたり」するのであり、「大きな尺度のイデオロギー的対話のなかにはいっている」（バフチン 1989: 146）。

　例えば、ドストエフスキーの作品を論じる際には、対話概念は作者と作中人物の関係、さらには「意識され意味づけを与えられた人間生活のあらゆる現象」に拡張される。「そもそも対話的関係というものは、ある構成のもとに表現された対話における発言同士の関係よりももっとはるかに広い概念である。それはあらゆる人間の言葉、あらゆる関係、人間の生のあらゆる発露、すなわちおよそ意味と意義を持つすべてのものを貫く、ほとんど普遍的な現象」（バフチン 1995: 82）であるという。さらに、「存在するということ——それは対話的に交流するということなのだ。対話が終わるとき、すべてが終わるのである。だからこそ、対話は本質的に終わりようがないし、終わってはならないのである」（1995: 528）とも述べている。

　このように、バフチンの「対話」は広義には人間の存在や生きること、人間が意味づけを行う世界のあらゆる現象にまで及び、言語論の範囲をこえた概念として言及されている。しかし、その本質は対話という言語的相互作用がいかなるものかを論じたものであり、第二言語教育における相互行為を考察するうえでも、重要な示唆を与えてくれる。ここでは、バフチンのいう「対話」を、「発話」「声」「ことばのジャンル」というバフチンの言語観をあらわす独自の用語との関係においてとらえることで、バフチンの対話概念が導管メタファーに基づく伝達モデルとどのように異なるのかをみていくことにする。

2.2.1 発話

バフチンの対話概念の基礎となっているのが「発話」[3]である。バフチンは、言語コミュニケーションの実際の単位を、語や文ではなく、ことばの主体の交替によって定まる発話とみる。どんな発話も、日常会話のやりとりから小説や学術論文まで含めて、絶対的なはじまりと終わりをもつ。発話がはじまる前には他者の発話があるし、終わると他者の返答の発話が続く。「話者は、他者に言葉を引き渡すために、あるいは他者の能動的に答える理解に席をゆずるために、みずからの発話を終える」（バフチン 1988: 136–137）。

発話は、このようなことばの主体がつくり出す絶対的な境界をもつことを第一の特性とする。それと分かちがたく結びついた第二の特性が発話の完結性である。ことばの主体の交替は、話者が所与の時点あるいは所与の条件のもとで言おうとしたことをすべて言い終えたことで成立する。発話の完結性の最も重要な基準は、その発話に対して返答が可能だということであり、それは発話を言語の観点から理解するだけでは不十分だということを意味している。完結した文であっても、それが発話でないならば、返答の反応を呼び起こすことはできない。「発話が全一なものである徴（しるし）は、文法的に定義することも、抽象的意味の面で定義することもできないという。

さらに、バフチンは、発話の第三の特性として「発話が当の話者（発話の作者）と、言語コミュニケーションの他の参加者とにたいしてもつ関係」（p.160）をあげる。発話の構成ならびにスタイルを決定するのは、ことばの主体（あるいは作者）の対象意味内容上の課題（意図）と表情だという。

「表情」とは、「話者がみずからの発話の対象意味内容にたいしてとる主観的な、情動的な評価の態度」である。表情の要因がもつ意義や強さの度合いはさまざまであるが、絶対的に中立な発話というものはありえない。これに対し、言語（ラング）の単位である語や文は表情の側面をもっていない。現実に行われるどのような評価に対しても完全に中立的であり、語や文が表情の側面を獲得するのは、もっぱら具体的な発話においてである。話者の評価をあらわす「表情ゆたかなイントネーション」を伴って語が発せられるとき、それはもはや語ではなく、一語で表現された発話

になる。このような「表情ゆたかなイントネーション」が発話の本質的な特徴であり、話しことばではっきりと感じることができるが、書かれたことばを黙読するときにも意識されるし、文体論的要素としても存在しているという。

　例えば、ロシア語の「tak」(英語のwellに近い。「やれやれ」といった意味)という一語も発話になりうる。バフチン(1979)は「二人の人間が部屋の内に座っている。二人は沈黙している。一人が「Tak(ターク)」という。もう一人は何も答えない」(p.226)という場面を分析している。会話が行われたときに部屋にいなかった私たちにとって、この会話はまったく理解できない。しかし、「tak」は表情ゆたかなイントネーションを伴って発せられており、意味に満ちた完璧な発話だという。ただし、「tak」ということばを音声学的、形態論的、意味論的にいくら分析しても、この会話を理解することはできない。仮にイントネーションがわかっていたとしても不十分である。「tak」ということばが意味のあるものとして聞こえたコンテクスト、つまり言語外のコンテクストが必要だというのである。バフチンは、言語外のコンテクストをつくる要因として次の3点をあげている。

(1)　会話している人達にとって共通な空間的視野(目に見えるものの一致——部屋、窓その他)。
(2)　状況の、両者に共通な知識と理解。
(3)　この状況の共通の評価。

　会話するとき、2人の話し手は窓の外に雪が降っているのみた。もう5月であり、とっくに春になっていい頃だということを2人は知っている。そして、2人とも長引く冬にうんざりしていた。2人とも春を待っており、この時期の降雪にがっかりしている。これらは、ことばとしては言及されてはいないが、「tak」という発話にしみ込んでおり、ほのめかされている。

　発話は、実際に口に出された部分と、ほのめかされている部分からできている。それは、鏡が対象を反映するように、ことばが言語外の状況を反映しているのではないということである。ことばは、「状況を解決

している」、つまり、「状況に価値評価的な結論を与え」、その状況の参加者を互いに結びつけている（バフチン 1979: 228）。言語外の状況は外部から機械的な力のように働きかけるのではなく、意味成分をなす不可欠の構成分子として、発話の中に入って来る。

　ただし、ここでバフチンのいう「状況」は話し手の心の中に主観的・心理的行為として与えられているものではない。「ほのめかされる」評価とは、個人的な感情ではなく、社会的な法則にかなった必然的な行為とみなされている。なぜなら、ほのめかされうる部分とは、会話者たちの視野に入ってくる世界の物質的な共通性、評価の一致を生み出す現実の生活条件の共通性によって成り立っているからである。つまり、会話者たちが同一の家族、職業、階級、何らかの社会的グループ、そして一つの時代に属していることを前提としている[4]。バフチンに言わせれば、「個人的な感情はただ倍音としてのみ、社会的評価の基本的な調子（トーン）に伴うことができる」のであり、それはすなわち、「〈我〉は〈我々〉に立脚してのみ、言葉の中に自己を表現できる」ということである（バフチン 1979: 30）。

2.2.2　声

　このようなバフチンの発話の概念は、声の概念と結びついている。ワーチ（2004/1991）は、バフチンにとって声の概念は、音声—聴覚的信号に基づいた説明には還元しえないものであり、「人格としての声、意識としての声」（Emerson & Holquist 1981: 434）としてとらえられるという。「声はあらゆるものに先行している。というのは発話は声によってのみ作りだされることが可能だからである」（ワーチ 2004/1991: 74）。バフチンの発話とは「話されるにせよ書かれるにせよ、つねにある視点」、つまりは声から表現されるもので、その視点はバフチンにとって「場所というよりは過程」である（クラーク・ホルクイスト 1990/1984: 26）。

　声は社会的な環境の中でのみ存在し、他の声からまったく切り離して存在することはできない。ワーチによれば、バフチンにとっての「意味」[5]とは、二つあるいはそれ以上の声が出会ったときに、つまり、話している人の声に対して聞いている人の声が応答しているときにだけ成立するものである。それは、発話がだれかに向けられていること、宛名

をもつという特徴をもっているからであり、「発話はつねに誰か（つまりは、声）に属している」（ワーチ 2004/1991: 80）ということである。バフチンの考えでは、宛名がないときには発話は存在しないし、存在しえない。発話は「言語コミュニケーションの連鎖の一環であって、これを先行する諸々の環から切り離すことはできない。それらの環は、この発話のうちに直接的な返答の反応や対話的な応答を生み出すことによって、この発話を外からも内からも規定している」（バフチン 1988: 179）。

　ワーチは、発話の特徴である「宛名性」には少なくとも二つの声が含まれるとし、声の複数性、つまり「多声性」こそがバフチンのアプローチの中で最も基本的な理論的関心である対話性を反映しているという。宛名や多声の概念もまた、話すことに限定されない。

> バフチンは宛先人という概念を直接会話を交わしている状況の中での話者といったものには限定をしなかった。そうではなくて、ある発話が向けられる声、あるいは複数の声は時間的にも、空間的にも、社会的にも隔たりがあるものなのである。……同時に、発話はそれを生み出している声ばかりではなく、その発話の宛先の声も反映している。発話を作りあげていく場合、声は先行する発話に対する何らかの応答なのであり、また、その後に続いて出てくる他人の反応をも予想しているのである。……発話の宛名性でバフチンが関心を持ったことは誰がしゃべっているのか——「発話は……作者をもつ」という事実——と、誰に向けられているのかということである。あらゆる発話には「宛名性」という考えがともなっているのであるから、発話は本質的に少なくとも二つの声と結びついているのである。
> 　　　　　　　　　　　　　　　　　　　　（ワーチ 2004/1991: 76-77）

　このようなバフチンの対話概念からみれば、導管メタファーに基づく伝達モデルはまったく受け入れることができない[6]。バフチンは、複雑で多岐にわたる言語コミュニケーションの過程を単一のことばの流れという導管メタファーでとらえることは学問的な虚構だと批判する。バフチンにとって、話し手から聞き手に一方的に流されることばの意味を受動的に理解するだけでは「理解」とは言えない。聞き手はことばの意味

を知覚し、理解するだけではなく、そのことばに対して能動的な返答の立場をとるからである。なぜなら、上に述べたように、話し手の発話もそれに先行する他者の発話に対する何らかの返答であり、このような発話の連鎖を切り離して分析することは、言語コミュニケーションの実態をゆがめることになるからである。

> 現実におこなわれるどのような全一的な理解も、能動的な返答なのであり、返答（どんなかたちで実現されるにせよ）のための準備段階にほかならないのである。話者自身もまさに、そのような能動的な返答としての理解をあてにしている。……自分のことばを理解させようとする欲求は、話者の具体的で全一な言語的意図の、単なる抽象的要因にすぎない。それどころか、話者の誰もが、程度の差はあれ、みずからも返答者なのである。というのも、彼は宇宙の永遠の沈黙を最初に破った話者ではないからで、彼は自分の使用する言語が体系として存在するのを前提とするだけでなく、先行するなんらかの発話――自分や他人の発話――をも前提としており、それらと、彼の所与の発話はなんらかの仕方で関係しているからである（それらに依拠する、それらと論争する、あるいは単に聴き手がすでにそれらを承知しているのを前提にする、といった具合に）。どんな発話も他のさまざまな発話がつくる非常に複雑な連鎖の一環なのである。
>
> （バフチン 1988: 132–133）

　あらゆる理解は能動的、対話的であり、「われわれは了解している発話のそれぞれの語に、いわばわれわれ自身の応える一連の語を積み重ねる」（バフチン 1989: 158）のである。このように言語コミュニケーションの本質を話し手と聞き手双方によって構築される「対話」ととらえるならば、導管メタファーにおいて送信者が「単一不変の意味やメッセージを発することが可能だと考えることも問題視される」[7]（ワーチ 2004/1991: 101）。つまり、バフチン的視点から導管メタファーに反論すれば、聞き手の役割を無視した一方向的なコミュニケーションは成立しえない。話し手と聞き手のあいだでやりとりされる意味は不変ではなく、対話的理解の過程で創造されるものとみなされる。

2.2.3　ことばのジャンル

しかし、バフチンが導管メタファーによる伝達モデルを否定したからといって、ことばの辞書的な意味やその受動的な理解にとどまることがあることを否定しているわけではない。バフチンが言語コミュニケーションの基本的単位とする発話も、社会的な慣習や規範といったものに規定されている。ただし、それは規範性としての言語(ラング)の形式とは本質的に異なるのである。バフチンはそれを「ことばのジャンル」と呼ぶ。

ことばのジャンルには、「小説、戯曲、学術論文、社会的評論その他のような複雑なもの(「第二次ジャンル」)だけでなく、日常生活の簡単な会話、手紙、実務文書、ジャーナリズムの評論などのような比較的単純なもの(「第一次ジャンル」)もふくまれる」(桑野 2011: 69)。発話は「全体を構築するための比較的に安定した一定の類型的形式」(バフチン 1988: 148)をもっており、私たちは一定のことばのジャンルで話す。ジャンルは言語(ラング)の形式に比べてはるかに変形が容易で、柔軟で、可塑性に富むが、話者個人にとっては規範としての価値をもつ。ジャンルは非常に多様であり、私たちは実践的にはそれらを巧みに使いこなしているけれども、理論的にはその存在について何も知らずにすますこともできる。バフチンによれば、私たちは言語(ラング)の形式をもっぱら発話の形で、しかも発話の形式とともに獲得するという。

> 話すことを習うのは、発話の構築法を習うことなのである(なぜなら、われわれは発話によって話すわけで、個々の文や語によって話すのではないから)。ことばのジャンルがわれわれのことば(パロール)を組織する仕方は、(統辞論的な)文法形式のおこなうそれとほぼ同じである。われわれは自分のことばをジャンル形式の鋳型に注入することをまなぶ。そして、他人のことばを耳にするとき、始めの数語でもってそのジャンルを予測し、その一定の容量(つまりことば全体のおおよその長さ)、一定の構成を予測し、その結末の検討をつける。つまり、始めからことば全体の感触をつかむわけで、そのうえではじめて、このことば全体は、ことばのプロセスのなかで分化するのである。
>
> (バフチン 1988: 149)

ことばのジャンルは発話の形式として、そのジャンルに固有な「表情」をもっており、語はジャンルの中で典型的な表情を獲得する。語そのものに表情が属しているのではない。つまり、言語(ラング)としての語はだれのものでもないが、私たちは語を特定の個人の発話のうちに聞き、特定の個人の作品のうちに読むのであって、そこでの語はジャンルに応じて多かれ少なかれ明瞭にあらわされた個人的な表情をもっている。バフチンは、言語(ラング)としての語がもつ辞書的な意味が、社会的規範としてその言語を話す者同士の相互理解を保証するが、そこには常に個人的な文脈があることを主張しているのである。

> どんな語も、話者によっては三つの局面において存在するのだといってよい。すなわち、中立的であって誰のものでもない、言語(ラング)のなかの語として。また、他人が語る、他者の発話の余韻に満ちた他者の言葉として。また、わたしの言葉として。　　　（バフチン 1988: 168）

　語が表情をもつことができるのは、現実との接触、つまり発話の中であって、語はその場合、個人の何らかの評価の立場をあらわすものとなる。どのような社会にも、文学や学問やジャーナリズムの著作のように、権威をもつ発話が存在する。私たちはことばで表現されたそれらの主導的な思想、根本的な課題、スローガンといったものに常に接触している。
　それゆえ、人間の個人的な言語体験は、他者の個人的な発話との不断の相互作用の中で形成され発展していくという。バフチンはそれを「他者の言葉（言語(ラング)としての語ではなく）の——多かれ少なかれ創造的な——獲得のプロセス」（1988: 169）とみる。私たちの発話は他者のことばに満ちており、その異質性の度合いと馴化の度合い、それが意識化される度合いは、さまざまである。私たちは他者のことばの表情や評価のトーンを取り込むけれども、それらは私のことばとなる過程で吸収されたり、屈折させられたりするのだという。
　一般的に、第二言語教育でめざされるのは、語の辞書的な意味を具体的な文脈の中で理解し、そのことばを自分の文脈で自由に使用できるようになることである。しかし、それはバフチンのいう「他者の言葉の獲

得」とは異なる。なぜなら、私たちが他者のことばを理解し、また自分のことばを構築するときに考慮するのは、言いたいことの全体として存在する発話、つまり声であって、言語としての語(ラング)ではない。

　発話は常に表情をもつが、その表情を私たちは語の一つひとつに放射するのであり、「言うなれば、語を全体のもつ表情に感染させる」(1988: 165)のだとバフチンはいう。私たちがことばのやりとりをする際に思い描くのは発話の全体であって、語を一つひとつ積み上げて言いたいことを構想しているのではない。その言いたいこと自体も、書き手（話し手）に起源があるのではなく、常にだれかに対する応答として生じている。

　バフチンに言わせれば、語を一語一語数珠つなぎにしてゆくのは外国語の初期段階、それも下手な教え方の場合に限られるのである。このようなバフチンの対話概念によって、読み書きや第二言語の教育をとらえ直すとき、具体的な教室活動としてどのようなものを考えることができるのだろうか。

2.3　「ひとりの読み書き」から「相互行為としての読み書き」へ

2.3.1　「生成的記号活動」としての読み書き

　バフチンは、読み書きにおいても、言語コミュニケーションとして対話性が基盤となることを繰り返し述べているが、通常、読み書き教育で、そのような対話性が意識されることは非常にまれであると言ってよい。

　茂呂(1988)は、2.1で述べた導管メタファーの言語観に通じる記号観を「コードの記号観」と呼び、それに対立する観点から、「生成的記号活動としての作文」を論じている。生成的な記号活動からシンボルをとらえれば、シンボルはそれ自身で充足したものでも、常に同一の意味をもち続けるものでもない。シンボルの意味はつくり出され、変化するものであり、「生成的記号活動」とは、「シンボルを有意味なものにしている状況の中の活動を指し、シンボルの意味から作られ変化する過程を対話の過程として描き出すもの」(p.105)とされる。

　生成的記号観とは対照的に、コードの記号観では、シンボルは対話の出来事を離れて意味をもち続けることができる。作文をみる見方の多くはコードの記号観に基づいており、シンボル使用の発達の道筋は対面対話状況を離れること、つまり、シンボルの脱文脈過程にあると考えられ

ている。しかし、茂呂はこの脱文脈過程は表面的なものにすぎず、表面的にはみえなくても、対話過程は内的な領域にあり続けるといい、脱文脈過程としてだけ、シンボルの発達をみることを批判する。

　書くことの発生期にいる子どもが使用するシンボルは、絵や記号や文字を書くこと、語ること、身振りで示すことが一体として行われた活動全体であり、書かれたシンボルだけを取り出すことができない。子どもは、読み書きの場に大人がみせる「身ごなし」──本と向き合う姿勢や、読むときの声調、筆の運び方などを利用して、自分が書く場をつくる。

　読み書きの身ごなしは承認や拒否を含む評価として成立しており、読み書きは多様な身ごなしの中からどれかを選択し、だれかに何かを語ることを導くもの──「語り口」としてあらわれる。子どもは読み書きを獲得することで、特定の身ごなしと語り口を身につける。読み書きは、対象や他の集団に対して、どのような位置関係をつくり、どのように言及していくのかのモデルをつくり、それが行動のモデルとして、他の人々や対象とのあいだの関係を決めていく。茂呂（1988）によれば、読み書きとは、「単一の効果をもたらす単一の知識系ではなく、多様な身ごなしと多様な語り口と結びついている文化実践」(p.64) なのである。

　子どもたちが読み書きを通して体現しているのは、脱文脈化ではなく、むしろ文脈を積極的に操作し、豊富化する再文脈化である。それは、「シンボルを利用して、もとの場面を新たな文脈に組み直して、そこを"生きる"こと」(p.77) であり、読み書きを獲得することは、再文脈化を可能にする語り口の一つを獲得し、再文脈化を可能にするようなシンボルの使用を学ぶことであるという。

　茂呂が批判しているのは、読み書きを使用の場から切り離すことができ、その切り離された読み書きが単独で知の発達をもたらすという主張である。私たちが読み書きについてもつ常識は、このような「ひとりの読み書き」(p.131) によって支配されており、読み書き教育に強い影響を与えている。ことばや文字を知っていることに価値を与えてしまったり、知的能力を無条件に高める効果があるとしてシンボルの操作だけを子どもに与えればよいとする教育の見方につながるというのである。

2.3.2　第二言語教育で強化される「コードの記号観」

　第二言語の作文教育は、「コードの記号観」によって、「ひとりの読み書き」のより徹底した側面をみせる。再文脈化を可能にするシンボル操作を第一言語において熟達した成人の学習者にとって、第二言語で書くことは、第一言語とのあいだで自由にコード変換できるようになることが最大の課題であり、使用の文脈からは完全に切り離して、その操作方法のみを単独で学びうるものとして教授される。

　教師が書く課題を決め、それに必要な表現や文型の説明、モデル文を提示したあと、学習者は習った表現や文章の型をまねて作文を書く。書かれた作文は教師が読み、文法の誤りなどを添削して返却する。このような授業で教師が重視するのは、学習者が何を書いたかではなく、いかに書いたか、つまり適切な第二言語使用ができたかである。それは、教師が作文の内容を軽視しているという意味ではない。第二言語の教師が「いかに書いたか」をより重視するのは、学習者は第一言語では書くべき内容をもっている、それを第二言語に変換できないことが問題だと考えているからではないだろうか。

　第二言語の形式を内容と切り離して学べるとするこのような見方は、導管メタファーやコードの記号観と呼ばれる考え方につながり、それは先に述べたように教師添削という指導と強く結びついている。近年の日本語教育では、教師添削の効果が疑問視され、協働の理念のもと学習者同士が互いに書いたものにコメントし合うピア・レスポンスが多くの教室で実践されるようになってきた。しかし、ピア・レスポンスがコードの記号観に対立する記号観に立つもの、茂呂のいうような生成的記号活動となっているとは一概には言えない。「何を」よりも「いかに」を重視するコードの記号観はそのままに、学習者同士で「いかに」を追求するピア・レスポンスも行われるからである。

　本書の実践研究は、ピア・レスポンス活動における学習者同士の相互作用を分析することからはじまった。当初、教師である筆者はコードの記号観が自分自身のうちに強く浸透していることに気づかず、それは教室での学習者の言語活動に大きな影響を与えていた。学習者は書きたい内容はもっている、それを第二言語で表現できるように支援することが重要だと考えていた。しかし、自らの実践を記述、分析し、新たな実践

へとつなげていく過程で、書きたい内容ははじめからあるわけではないこと、それをつくっていく過程こそが書くことそのものなのだということに気づかされた。それは教室での読み手との対話が支えており、書く過程は他者である読み手や、読み手の声を内化した自分自身との対話の過程であるという認識を筆者にもたらした。

あらゆる発話は先行する他者の発話に対する応答であるとみるバフチンの対話原理は、読み書き教育や第二言語教育においても例外とはならない。西口（2008）は、バフチンの対話的なコミュニケーションの観点から、「第二言語発達とは究極的には、既定の思考を第二言語に変換する機構が学習者の中に備わることではなく、第二の「ことばとして立ち現れる意識」が学習者の中に発達すること」であり、第二言語も第一言語と同様に他者との社会的相互行為を発達の敷地として培われるものであるという見解を示している（pp.30–31）。さらに、西口（2013）では、第二言語教育学の基盤を構築することをめざした理論的研究としてバフチンの言語論を詳細に論じ、それに基づく基礎日本語教育の新たなカリキュラム開発について報告している。

バフチンの考えでは、話し手が頭の中で独自の意味をつくり出すことはありえず、意味は聞き手との相互行為の過程において実現される。このような観点に立ち、第二言語の作文教育で考えるべき問題をとらえ直せば、それは第一言語から第二言語への変換ミスをなくすことではなく、書き手が他者である読み手とどのような意味を共構築するのか、その相互行為の内容こそが重要となる。つまり、「いかに」書くかではなく、「何を」書くかに焦点をあてるべきであり、それは基礎から応用へと段階的に習得されるようなものではない。細川（2010）は、「表現する内容をつくる」行為は、第一言語の教育にのみ必要とされるものではなく、第二言語教育においても中心的に考えるべき課題であると述べている。言語教育における「内容」とは、問題の発見、その問題の課題としての遂行、そのプロセスでの気づきと意識化であり、それは他者との相互行為による異なる価値観とのすり合わせが不可欠であるという。

しかし、このような観点が提示されても、第二言語教育に根付くコードの記号観は、そう簡単に払拭できるものではない。無意識のうちに教師や学習者を縛り、教室での相互行為に影響を与える。中でも正確さを

強く要求される書くという言語活動を、言語形式ではなく、表現する内容、すなわち読み手との相互行為そのものを重視する活動へと転換するためには、具体的な教室像をどのように描けばよいのだろうか。

2.3.3 「省察的対話」への志向

　本書の構想は、第二言語で書くことにどのような意味があるのかを考えることからはじまった。書くこととは何か、書くことで何を学ぶのかという問いを立て、その答えを自らの授業実践の中で模索する過程で、書くことの定義が定まっていった。本書はその過程を学びの実態とともに記述しようとするものであるが、本書が結論として向かう方向を先に述べておきたい。本書は、導管メタファーやコードの記号観に対置される言語コミュニケーション観、すなわち、書き手の言いたいことは、読み手との相互行為によって対話的に構築されるという「相互行為としての読み書き」観に立ち、教室は他者との対話を通して相互理解を深め、自己を内省する場となることが重要であることを主張する。

　「相互行為としての読み書き」は、ピア・レスポンスのように、必ずしも現実の読み手を必要とするという意味ではない。また、読み手を意識し、読み手の視点から内容を構造化するというストラテジーを駆使して書けるようになることでもない。優れた書き手は、読み手を想定し、読み手の反応を予測しながら何をどのように書くのかを決め、書く目的と書かれたものを随時照らし合わせながら文章を産出していくという（Hayes & Flower 1980, Scardamalia & Bereiter 1987, 杉本1989, 柏崎2010）。確かに、このように書き進めることができる書き手は、「相互行為としての読み書き」を行っているのかもしれない。しかし、本書が重視するのは、読み手の視点から書けることそれ自体ではなく、書くことによって、書き手が読み手と、あるいは自分自身とどのような対話を行ったのか、つまり、他者理解や自己理解を促すものとして書くことが行われたかということにある。

　書き手が他者に伝えようとする内容は、他者との関係によって絶えず変化する。書き手が他者とのあいだで新たな意味をつくり出そうとする「相互行為としての読み書き」の過程にはさまざまな葛藤や対立が生じ、それは書き手に自分自身や他者に対する理解の深化——内省を強く促

ことばの発達は、周囲の人々との相互行為や、より広い意味での社会的相互作用の中で進んでいく。読み書きはそうした相互行為そのものであり、学習者は読み書きを通して他者を理解し、自己をとらえ直すことで、自分を取り巻く社会との関係をつくっていく自分のことばを獲得する。ここでいう相互行為は読み書きできるようになるための手段でも、前提でもなく、読み書きそのものである。

　バフチンの発話、声といった概念は、学習者が他者との言語コミュニケーションを内化する過程やそこで生じる葛藤を理解するのに役立つ。本書の実践研究は「相互行為としての読み書き」を自らの教育実践の出発点としているが、実践の中でその意味は少しずつ変容していった。本書が結論で述べる「相互行為」とは、宛名をもつ声に根ざしたやりとりが他者とのあいだで、あるいは自己との内的対話として行われることである。「相互行為」は「ひとりの読み書き」を支援するためのものではなく、読み書きそのものであり、「相互行為としての読み書き」が省察的対話を可能にし、第二言語で自分のことばを獲得することにつながる。

　本書は「ひとりの読み書き」を否定したり、不必要だと無視するものではない。本書が問題にするのは、生身の人間がともに学び合う教室という場において、「ひとりの読み書き」を身につける手段として「相互行為」をとらえてしまう意識のあり方である。それは他者とのあいだに生まれるはずの声とことばを、学習者から奪ってしまうことになる。第二言語の教室では、「相互行為としての読み書き」をめざしていても、「ひとりの読み書き」の束縛から逃れることはできない。本書は、このような教室の葛藤を、学習者が他者との相互行為によって声とことばを取り戻していく過程として記述し、そこで学習者が何を学んでいるのか、学習者の学びを支えるために何が必要とされるのかを明らかにしていく。

3 ｜「実践研究」による理論の探究

　本書は、教育実践者である筆者が実践のフィールドにおいて、実践の改善と実践者としての問題意識を明確化することを目的とする「実践研究」として行った。日本語教育では、近年、このような実践研究の重要性が指摘され、その意義や方向性をめぐって議論が行われている。ここ

強く要求される書くという言語活動を、言語形式ではなく、表現する内容、すなわち読み手との相互行為そのものを重視する活動へと転換するためには、具体的な教室像をどのように描けばよいのだろうか。

2.3.3 「省察的対話」への志向

　本書の構想は、第二言語で書くことにどのような意味があるのかを考えることからはじまった。書くこととは何か、書くことで何を学ぶのかという問いを立て、その答えを自らの授業実践の中で模索する過程で、書くことの定義が定まっていった。本書はその過程を学びの実態とともに記述しようとするものであるが、本書が結論として向かう方向を先に述べておきたい。本書は、導管メタファーやコードの記号観に対置される言語コミュニケーション観、すなわち、書き手の言いたいことは、読み手との相互行為によって対話的に構築されるという「相互行為としての読み書き」観に立ち、教室は他者との対話を通して相互理解を深め、自己を内省する場となることが重要であることを主張する。

　「相互行為としての読み書き」は、ピア・レスポンスのように、必ずしも現実の読み手を必要とするという意味ではない。また、読み手を意識し、読み手の視点から内容を構造化するというストラテジーを駆使して書けるようになることでもない。優れた書き手は、読み手を想定し、読み手の反応を予測しながら何をどのように書くのかを決め、書く目的と書かれたものを随時照らし合わせながら文章を産出していくという（Hayes & Flower 1980, Scardamalia & Bereiter 1987, 杉本1989, 柏崎2010）。確かに、このように書き進めることができる書き手は、「相互行為としての読み書き」を行っているのかもしれない。しかし、本書が重視するのは、読み手の視点から書けることそれ自体ではなく、書くことによって、書き手が読み手と、あるいは自分自身とどのような対話を行ったのか、つまり、他者理解や自己理解を促すものとして書くことが行われたかということにある。

　書き手が他者に伝えようとする内容は、他者との関係によって絶えず変化する。書き手が他者とのあいだで新たな意味をつくり出そうとする「相互行為としての読み書き」の過程にはさまざまな葛藤や対立が生じ、それは書き手に自分自身や他者に対する理解の深化——内省を強く促

す。本書では、このような内省を促す対話、すなわち、他者とのかかわりの中で自分自身の声を見出し、他者との関係や自分自身を変えていく対話を「省察的対話」と呼び、その重要性を主張する。

　しかし、繰り返すがこうした考えははじめから筆者のうちにあったのではない。ピア・レスポンスの分析から実践研究をはじめた筆者は、当初、書き手と読み手の対話を「ひとりの読み書き」が円滑に行われるための援助ととらえていた。書き手は読み手との対話によって、自分では気づくことができなかった点に気づくようになり、仲間との学び合いによって書き手としての未熟な面を克服していく。このような、他者からの援助や協力によって学習者が自力で問題解決できるようになるという見方は、ヴィゴツキーの「発達の最近接領域」と呼ばれる理論に影響されたピア・レスポンスのとらえ方である。

　ヴィゴツキーは、高次精神機能の発生には、心理的道具としての言語・記号が必須であるとしたが、その起源は社会生活にあると考えた。子どもにとってことばは、はじめは大人との言語的コミュニケーションの手段として機能し、あとに子ども自身の思考や行動を制御するものとして機能するようになる。随意的注意や論理的記憶、概念形成や意志の発達といったすべての高次精神機能は、精神間から精神内へ移行するという。

> 子どもの文化的発達におけるすべての機能は、二度、二つの局面に登場する。最初は、社会的局面であり、後に精神的局面に、すなわち、最初は精神間的カテゴリーとして人々の間に、後に精神内的カテゴリーとして子どもの内部に登場する。　　（ヴィゴツキー 2005: 182）

　こうした観点に立てば、発達や学習とは、社会的関係が精神機能へ転化すること、つまり、周囲の人々との共同作業の中でなしえていたことが、助けを借りずに自問自答することでひとりでもできるようになることとしてとらえられる。子どもがひとりでもできるレベルと、大人の援助がなければ達成できないレベルとの差を、ヴィゴツキーは「発達の最近接領域」と呼んだ。

　教授は、成熟した機能よりも成熟しつつある機能に注目して行われる

べきであり、教授の可能性は、子どもの発達の最近接領域によって決定されるという。教授と発達は直接には一致せず、極めて複雑な相互関係にある。教授はそれが発達の前を進むときにのみよい教授であり、発達における教授の主要な役割は、「成熟の段階にあったり、発達の最近接領域にある一連の機能をよび起こし、活動させる」（ヴィゴツキー 2001: 304）ことにあるという。

　先に述べた科学的概念と生活的概念の対立的な発達路線は、発達の最近接領域と現下の水準との関連をあらわしている。子どもの自然発生的概念に未発達な特性は、大人との共同の中で顕現し、活動をはじめるという意味において彼らの発達の最近接領域にある。科学的概念の発達は自然発生的概念の一定の高さの水準（そこでは発達の最近接領域に自覚性と随意性があらわれる）を前提とし、科学的概念は自然発生的概念を改造し、高い水準に引き上げ、発達の最近接領域を実現させる。つまり、子どもが今日共同の中でなしえたことが、明日にはひとりでできるようになるということである。

　ヴィゴツキーの発達の最近接領域の概念は、さまざまな教育の分野に影響を与えたが、学習、教授のとらえ方をめぐっては異なる解釈が存在する。読み書き教育については1章で詳しくみていくが、概言すれば、発達の可能性を、人と人との相互行為や社会的文脈の中により強く見出すのか、最近接発達領域への教育的働きかけとして学習項目を系統立てることにみるのかという二つの方向があることを指摘できる。ピア・レスポンスも、仲間との学び合いという、学習の社会的過程に注目したものであり、ヴィゴツキーの認知発達の考え方を理論的背景としていると言われる。しかし、書くことをどうとらえるかによって、ヴィゴツキー理論の解釈は分かれることになる。

　書くことを「ひとりの読み書き」とみて認知的側面を重視すれば、教師と学習者、学習者同士のやりとりは、他者からの足場かけとして、学習者がひとりでは書けなかったことを書けるように援助するものになるだろう。書けるようになることを重視すればするほど、よりよい足場かけが望まれ、それを提供してくれない他者は必要とされなくなる。本研究は、このような見方を批判するために、「相互行為としての読み書き」という観点を提示する。

ことばの発達は、周囲の人々との相互行為や、より広い意味での社会的相互作用の中で進んでいく。読み書きはそうした相互行為そのものであり、学習者は読み書きを通して他者を理解し、自己をとらえ直すことで、自分を取り巻く社会との関係をつくっていく自分のことばを獲得する。ここでいう相互行為は読み書きできるようになるための手段でも、前提でもなく、読み書きそのものである。

　バフチンの発話、声といった概念は、学習者が他者との言語コミュニケーションを内化する過程やそこで生じる葛藤を理解するのに役立つ。本書の実践研究は「相互行為としての読み書き」を自らの教育実践の出発点としているが、実践の中でその意味は少しずつ変容していった。本書が結論で述べる「相互行為」とは、宛名をもつ声に根ざしたやりとりが他者とのあいだで、あるいは自己との内的対話として行われることである。「相互行為」は「ひとりの読み書き」を支援するためのものではなく、読み書きそのものであり、「相互行為としての読み書き」が省察的対話を可能にし、第二言語で自分のことばを獲得することにつながる。

　本書は「ひとりの読み書き」を否定したり、不必要だと無視するものではない。本書が問題にするのは、生身の人間がともに学び合う教室という場において、「ひとりの読み書き」を身につける手段として「相互行為」をとらえてしまう意識のあり方である。それは他者とのあいだに生まれるはずの声とことばを、学習者から奪ってしまうことになる。第二言語の教室では、「相互行為としての読み書き」をめざしていても、「ひとりの読み書き」の束縛から逃れることはできない。本書は、このような教室の葛藤を、学習者が他者との相互行為によって声とことばを取り戻していく過程として記述し、そこで学習者が何を学んでいるのか、学習者の学びを支えるために何が必要とされるのかを明らかにしていく。

3 ｜「実践研究」による理論の探究

　本書は、教育実践者である筆者が実践のフィールドにおいて、実践の改善と実践者としての問題意識を明確化することを目的とする「実践研究」として行った。日本語教育では、近年、このような実践研究の重要性が指摘され、その意義や方向性をめぐって議論が行われている。ここ

では、実践研究が注目されるようになった背景とその方法論をめぐる論点を整理し、本書がめざす実践研究とは何かを述べる。

3.1　実践と研究の関係

　日本語教育研究は従来、言語学や心理学など基礎科学の領域で生み出された理論を実践の場で応用する研究という色合いが強い。それは日本語教育学会の学会誌である『日本語教育』の掲載論文の動向にみてとれる。『日本語教育』153号は創刊50周年の特集として、1号から150号までの掲載論文を「教育」「日本語」「心理」「社会」の4分野に分け、その変遷と展望を概観している。それによれば、「日本語」に分類される論文の割合が最も高く、「社会」や「心理」（第二言語習得研究を含む）に分類される研究が増加傾向を強めている（学会誌委員会編集担当委員 2012）。一方、「教育」分野では論文の低迷が指摘され（西口 2012）、「日本語」に分類される論文においても「教育に直結しない研究」が増えているという（庵 2012）。

　実践研究が提唱される背景には、このように教育観点が希薄化し、基礎研究の応用の場となっている日本語教育研究の現状に対する批判がある。石黒（2004）は、研究における基礎―応用という枠組みそのものを見直し、フィールド独自の実践の理論を構想する「フィールドの学としての日本語教育実践研究」を提唱した。日本語教育を自身のフィールドとしない石黒が実践研究の意義を理論的に論じたのに対し、細川は「教育実践＝研究活動」であるとして、実践と研究は不可分で往還すべきものであるという実践研究理論を提起し、自らの教育実践とともにその意義を示した（細川＋NPO法人「言語文化教育研究所」スタッフ 2004, 細川 2005, 2007a, 2007b, 2008a, 2010）。細川は、何をどのように教えるべきかという方法の問題に日本語教育の議論が焦点化していることを批判し、なぜその実践なのか、私はどのような教室をめざすのかという教師自身の問題意識を出発点とした研究が行われるべきだとした。それは、教師が自らの教育実践を振り返り、自分の活動を内省的に評価する自己評価的研究の性格を有しているという（細川 2005）。

　さらに、舘岡（2008）は、細川と同様、実践と研究は一体であるという実践研究観に立ったうえで、教師の教育観と表裏一体である「実践から

立ち上がる理論」の存在を主張した。それは、基礎科学における「理論（グランドセオリー）」とは異なり、現場に合わせてその都度組み換えられていく半可変的な「原則」のようなものだという。原則は、実践研究を通して、変容し、明確化する教師の教育観と一体であり、実践研究は教師が自身を探求するプロセス、成長するプロセスでもあるとした。舘岡のいう「実践から立ち上がる理論」は石黒が提起した「フィールド独自の実践の理論」と重なるが、教師の教育観、価値観によって立ち上がる理論が異なること、またその変容こそが実践研究であるとする点に、従来の日本語教育研究とは異なる研究観が強くあらわれている。

　こうした、実践それ自体が研究であるとする考えは、日本語教育学として独自の立場を形成していくうえで重要な指針を示している。他の学問領域、例えば教育心理学では、教育実践と研究の乖離に由来する「教育心理学の不毛性」が議論され、実践者である教師と研究者の協働的な取り組みの必要性が主張されている（サトウ 2002）。一方、日本語教育では、実践者と研究者は同一であるという前提のもと、実践と研究の乖離がこのような激しい議論に発展することはなかった。しかし、実践＝研究という立場で実践研究を標榜するのなら、乖離ではなく同一であるがゆえの問題を意識する必要がある。それは研究としての実践をどう記述するかという問題であり、教育実践者が実践を記述する意義をどのようにとらえるかということである。

3.2　実践研究者の視点

　基礎科学の応用の場としての日本語教育研究では、研究の問いや、その問いに迫るための研究方法もまた、基礎科学の枠組みで縛られてきた。『日本語教育』1号から135号に掲載された全論文を分析した市嶋（2009）の調査結果は、実践研究の必要性の議論とともに、その状況に変化が生じていること示唆している。

　市嶋（2009）によれば、この間掲載された論文1510本のうち90％以上が言語学、第二言語習得等に関する分野で、日本語教育実践と切り離した文脈で研究されたものであり、実践にかかわりのある論文はわずか120本であったという。また、実践とかかわりのある論文においても、上述した実践研究が議論される以前は、既存の理論を量的分析によって

検証し、その精緻化を目的とする仮説検証型の研究が多く、「理論の実践化」[8]を志向する傾向にあった。一方、理論をこのような既定のものではなく、「授業実践を通して創造される、実践者一人ひとりの内側に生起するもの」として「実践の中の理論」を志向する研究もあらわれる。こうした研究は1990年以降急激に増えており、「理論の実践化」とは対照的に、実践に密着した事象を質的に分析したデータを示す傾向にあるという。市嶋の調査結果（2009）からは、研究の問い（問題意識）とともに、研究アプローチも変化していることが読みとれる。

　研究の問いが変われば、それを明らかにするための方法が変わるのは必然である。実践＝研究の立場に立つ実践研究では、実践の中から理論を構築するために、それにふさわしい方法論を獲得しいくことが求められる。それは、単に〇〇研究法や〇〇分析法といった形式的な手続きを示すものではない。既存の理論を応用するのではなく、日々の授業実践を通した理論生成をめざす実践研究では、その方法を探究する過程そのものが研究となる。ここで重要なのは、実践者＝研究者の視点である。実践者が実践を記述するということは、研究の対象として自分自身を記述することにほかならない。

　それは、実践し研究する「私」を中立的・客観的な観察者にはできないということである。教師である「私」はある意図をもって研究対象である教室という場に関与し、そのプロセスと結果を「私」の価値観とともに提示する。明らかにしたい事象との関係を明示したうえで自身を批判的・内省的に記述することが求められる。一方、実験的な環境で、ある指導の教育的効果をみようとする研究では、教師である「私」の意図をいかに排除できるかが重要となる。学習者の属性に偏りがないようにグループ分けし、教師ではなく研究者として学習者にかかわり、中立的な立場で教育の効果を論じなければならない。それは、教師以外の第三者による、学習者の言語産出データに対する数量的な評価として示される場合が多い。

　ここでは前者の立場、すなわち、実践し研究する「私」を中立とせず、実践をつくる者の視点を積極的に生かそうとする立場をあらわす用語として「実践研究者」を用いる。日本語教育研究は、教育実践者が研究を行う場合がほとんどである。したがって、たとえ自らの実践とはかかわ

りがない文脈で研究していたとしても、それが日本語教育研究である限り、実践をデザインする自身の教育観と無縁に研究を進めることはできない。なぜなら、自身の日々の実践の積み重ねが問題意識として研究の問いを形づくっているからである。日本語教育研究が他の学問分野にはない独自性を打ち出し、その存在意義を主張するためには、「実践研究者」の視点を生かすことが重要だと考える。

3.3 質的アプローチ

このような研究の問いと方法論に関する議論は、他の学問領域において盛んに行われているが、日本語教育はそのような流れの中で影響を多大に受けつつも、その内部で本質的な問題として議論されることはほとんどなかった。近年、心理学や社会学では質的アプローチへの関心が高まっているが、その背景には、従来の量的データを用いる仮説検証型の研究ではとりこぼしてしまう多様で複雑な現実世界を描く必要があるという共有された認識がある。厳密な実験計画と統計的手法を用いた分析は、心理学や社会学が客観的な科学としての学問をめざした結果、確立された方法であった。しかし、その限界もまた議論されるようになり、量的研究とは異なるアプローチとして台頭してきた[9]のが質的研究である。

ただし、質的研究には量的研究のように定められた手順や方法があるわけではない。そもそも質的研究とは何かという定義さえ、議論の分かれるところである。フリック（2011/2007）は、量的研究とは異なる質的研究の基本的特徴として「方法と理論の適切性」「研究参加者の視点とその多様性」「研究者と研究とのリフレクシビティ」「アプローチと方法の多様性」の4点[10]をあげている。質的研究では、現実の複雑な現象を基準に研究方法が選択されるのであって、研究方法を基準に対象を選定するのではない。研究は人々が生きる日常の場で行われ、当事者やその他の異なるさまざまな視点を考慮に入れて分析される。その際、研究者に起こる自分の行為や観察に関する反省、感情などもデータとみなされ、解釈の一部となる。質的研究の理論と方法は一枚岩ではなく、異なるアプローチが混在していることが述べられている。

このような質的研究の特徴は、実践をつくる当事者である実践研究者

の視点から領域固有の理論を立ち上げようとする実践研究の特徴と重なる。実践研究が重視するのは、個別的・具体的な実践の記述と、実践をデザインする教師の問題意識の明確化であり、実践の結果よりも、教室での相互行為や実践のプロセスに関心が向けられる。なぜその実践なのか、教室で何が起きているのか、その実践はどこへ向かうべきかが議論され、次の実践研究の計画、実施、振り返りというサイクルにつながっていく。このように、研究の対象として自分自身を記述する実践研究は必然的に「研究者と研究とのリフレクシビティ」を伴う質的研究のアプローチをとることになる。

　しかし、先述したように、日本語教育における質的研究の意義が十分に議論されていない中、なぜそのアプローチなのか、自らの研究の問いとの関係を常に問い続けなければ、それは理論の実践での応用と同じレベルでの方法論の応用にとどまってしまう。実践研究としての自らの研究を質的研究としてどう位置づけるのかを明確に意識する必要がある。

　広瀬・尾関・鄭・市嶋（2010）では、こうした認識に立ち、実践研究者の立場で、質的アプローチを用いて実践研究を行ってきた筆者ら3名（尾関・鄭・市嶋）の研究を対象に、研究の問いと方法の関係を考察した。3名の研究は、授業分析とは限らず、実践へのかかわり方もそれぞれ異なっていたが、実践研究者の視点による問題意識から研究の問いが生まれ、その問いに答えるプロセスが自分自身の実践の改善プロセスと重なっていた。

　尾関の研究は、年少者日本語教育の分野で、フィールドワークの手法に基づいた参与観察者としての研究からはじまった。尾関の立場は、直接子どもに日本語を教える教師ではなく、日本語教育の専門家として学校の授業に入り、子どもたちの学習支援を行う支援者である。研究当初、尾関は箕浦（1999）の言う「積極的な参与者」か「消極的な参与者」となるべきかで態度を決めかねていた。しかし、やがてそのどちらでもない第三の立場──「研究者」でもあり「実践者」でもある「実践研究者」の立場を選択する。自身も1人の教育実践者として子どもたちの学びをつくる側にまわり、自らの変容過程も含めて子どもの学びを記述する研究（尾関2013）へと変化した。

　鄭の研究は、教室の分析だけでは学習者の本当の姿は理解できないと

いう問題意識から出発した。ライフヒストリー研究の手法を用いた当初の研究では、鄭の立場は研究者としてのインタビュアーであり、分析する視点も研究者のものであった。しかし、次第に研究者としてのアプローチに限界を感じるようになっていく。それは研究方法の適否ではなく、研究を行う自身の立ち位置の問題であった。自分がめざす方向を教育実践によって自覚することで、教室外のデータを分析する観点も変化していった。鄭のこうした研究観の変容は「日本語人生」（鄭 2012）という研究全体を支えるテーマとなった。

　一方、教師としての実践の場から研究の問いが生まれた市嶋の場合は、当初から実践をつくる「実践研究者」の立場が明確に意識されており、実践の改善が研究プロセスに組み込まれていた。市嶋の研究目的は自身の相互自己評価活動に対する学習者の認識を明らかにすることであり、修正版グラウンデッド・セオリー・アプローチ（木下 1999, 2003, 2005, 2007）を用いた分析は実践の問題点や改善のための具体的な観点を浮かび上がらせた。それは次の「実践研究」の問いとなり、相互自己評価の問題を乗り越えるための「対話的アセスメント」（市嶋 2014）の提起へとつながった。

　3名それぞれの問題意識から生まれた研究の問いは、その答えを出すための方法を追究することで精緻化し、ある部分変容もしている。「何を」と「どのように」は研究のプロセスとして一体であり、「どのように」を追究することは、単に既存の研究手法を加工して適合させることにとどまらない。問題意識とそれを研究として記述するための方法は不可分であり、方法を追究することで問題意識が明確化される。実践研究では、その問題意識に、実践者としてのあり方、つまり、自分はどのような実践をめざすのかという教師の教育観が深くかかわっていた。実践研究にとって重要なのは、そのような実践研究者としての教育観を研究と切り離すことなく、問題意識としての研究の問いと方法が一体化した研究プロセスとして、その全容を提示することだと考える。

3.4　実践研究者としての省察

　しかし、このような実践研究は、ともすると内向きで独善的な研究に陥る危険性をはらんでいる。本書が主張する「実践研究者の視点」は、

本来「実践者の視点」と「研究者の視点」として区別すべきものとされる。ホロウェイとウィーラー（2006/2002）は、看護学研究におけるに「イーミックな見方」と「エティックな見方」を論じ、内部者の視点、つまり患者の視点が、外部者である研究者の抽象的・理論的視点に簡単に移行できない点に注意を促している。看護職者が自分たちの文化や患者の文化を探求する場合、研究者自身がすでにその文化の中に密接に入り込んでいるために、必ずしも現実に基盤をもたない仮説を信じ込む危険があるからだという（p.140）。

　これは、教室文化の内部者として実践を記述しようとする実践研究者への警告ともなる。さらに言えば、実践研究は、教室という場を自らデザインし、そこで生じるさまざまな出来事を学習者とともに経験しているまさにその当事者が、外部者としてその場を記述する分析的・理論的視点をもつということであり、そもそも不可能である、研究として成立しないという考え方もあるだろう。しかし、実践研究の意義はこの点にこそある。

　佐藤郁哉（2008）は、イーミックとエティックの対比を「当事者たちの意味世界」と「研究者コミュニティの意味世界」の対比に重ねる。質的研究を行うものは、「現場のことば」を「理論のことば」に移し替える通訳のような存在であり、二つの意味世界のあいだの往復運動が繰り返されたときにはじめて「分厚い記述（thick description）」[11]が可能になるという。

　実践者と研究者が同一である実践研究では、当事者の意味世界を当事者がどのように「理論のことば」として概念化できるかが、研究の成否を握っている。実践研究は、実践から生まれた問いに対して、実践を通して解答を出し、次の実践に還元するというサイクルを繰り返す。そのような内省と改善のプロセスが、自己完結していては研究とはなりえない。ある実践から生まれる仮説や理論がその実践固有の仮説（理論）であっても、その仮説（理論）が立ち上がる道筋が明確に示され[12]、実践の価値が共有される必要がある。実践研究の意義は、当事者にしか語りえない当事者の意味世界を当事者自身が分析的・理論的視点から記述することで、実践の意味を教室内外で共有し、個々の実践の改善にとどまることなく、より広い枠組みでの教育実践の改善につなげることにある。

そのためには実践研究者としての省察が欠かせない。やまだ（2007）は、質的研究における評価基準について議論し、量的研究における「信頼性」に代わりうる概念として「対話的省察性〈リフレクシヴィティ〉」を提起している。「省察」とは、「自己の内面に向かう「反省」や、自己の内面を他者に「内省」報告するだけのものではなく、他者にひらかれ、公共化していく循環運動を含む、対話的プロセス」（p.191）とされる。実践研究者の省察には、実践に対する教師の意図・計画・判断・振り返りといった実践者としての省察と、方法の適切さ・説明の明確さ・結論に至るプロセスの明示等に関する研究者としての省察の両方が含まれる。実践研究者の視点を生かすとは、実践者と研究者、双方の省察を自身のうちで対話的に行い、実践＝研究の発展を志向するということである。その方法を探究していくことそのものが実践研究であり、本書はその探究のプロセスを記述することを研究の枠組みとしている。

3.5　本書がめざす「実践研究」

　日本語教育における実践研究の本格的な議論ははじまったばかりであり、その定義についても共通の認識が得られているわけではない（松崎 2009, 横山・宇佐美・文野・松見・森本 2010, 細川・三代 2014, 市嶋 2014, 広瀬 2014）。しかし、実践研究が提唱された背景から考えれば、むしろ、定義が定まるよりも実践研究とは何かを議論し続けることに意義があると言える。

　本書は、実践研究に関する上述の議論を踏まえ、これまで述べてきた筆者自身の実践研究観のもとに、本書を構成する「実践研究」を「教育実践者が、実践に対する批判的な省察によって、自身がよりよいと考える実践を探究するプロセス」と定義する。ここでの「批判的な省察」は、実践の改善を教室に閉じられたものとせず、自身がめざす教育理念を他者と共有し、実現するために、省察の対象をより広い意味での社会的文脈に向け、現状の変革につなげることを志向している。しかし、この定義もまた、実践当初から構想にあったものではない。本書の実践研究を通して定まっていった考え方であり、これもまた新たな実践研究によって変容していくものととらえている。本書の結論で得られた実践研究に対する新たな認識については、終章で実践研究に対する課題として述べる。

4 研究の目的

　本書は、読み書きは第二言語の発達を支える重要な言語活動であり、他者との対話によって営まれる相互行為であるととらえたうえで、第二言語で読み書きを学ぶ教室がどのようにあるべきかを、実践研究の枠組みにおいて考察することを目的とする。実践研究のサイクルを通して、本書がもち続けた問いは二つある。

　一つは、学習者はどのように書いているのかという問いである。本書が注目するのは、書くという活動そのものや書かれたものだけではない。書き手が言いたいことをめぐってやりとりする他者との対話、自身の考えを内省する過程、書き直す過程の全体を書く過程として、その実態を記述することを試みる。

　もう一つは、書くことで学習者は何を学んでいるのか、教室でことばを学ぶという文脈において、「相互行為としての読み書き」がどのように意味づけられるのかという問いである。先に述べたように、第二言語教育におけるコードの記号観は根強く、それと対立するような言語観を提示することは、しばしば実践において矛盾を生じさせたり、教室参加者同士の対立や葛藤をまねく場合がある。筆者自身がその矛盾に気づかずにいたことが研究の出発点にある。また、教師が矛盾に気づき、実践の改善を行ったとしても、コード変換に最大の関心を寄せる学習者とのあいだで対立が続くこともある。しかし、本書では、このような対立する言語観を二項対立にとらえることをせず、実践の文脈の中で強くあらわれたり、弱まったりするものとして、その葛藤を実践の意義とともに描きたいと考える。教室はさまざまな要素が絡み合う複雑で多様なフィールドであり、それを単純な図式で描くことはできないと考えるからである。

　二つの問いは、実証的データによって証明されるような問いではない。本書では問いに接近するための実践研究のプロセスを示し、本書がめざす教室の姿を明らかにしたい。「相互行為としての読み書き」によって獲得されることばと、学びの実態を記述し、読み書きや第二言語を学ぶことの意義を問い直すことを試みる。

注 [1] 日本語教育では「協働」が定着しているが、学校教育の文脈では「協同」が使用される場合も多い。本書では「協働」の表記を用いるが、引用等、他の研究者が使用している用語として表記する場合は「協同」も使用する。
[2] 本書では、学習対象となる言語が教室の外で日常的に使用されている環境下で学ばれる「第二言語教育」に、日常的に使用されない環境下で学ばれる「外国語教育」を含めて論じる。区別が必要な場合に限り、「外国語」や「外国語教育」を使用する。
[3] 「言表」と訳されている場合もあるが、本書では「発話」に統一する。バフチンの「発話」は、言語学で通常念頭におかれているものとは異なる。音声学的、形態論的、意味論的にいかに細かく分類したとしても十分には理解できない。あとで述べるように、「発話」を理解するためには、イントネーションやことばをとりかこんでいる言語外的コンテクストを考慮する必要がある（桑野 2011）。
[4] 発話が立脚している共通の視野は、空間的にも、時間的にも広げることができる。バフチン（1979）は、〈ほのめかされたもの〉は、家族のこと、一族のことでもあるし、一国のこと、一階級のこと、数日のこと、数年のこと、数世紀のことでもありうるという。共通の視野とそれに対応する社会的な集団が広がるにつれて、ほのめかされる要因は恒常的なものとなる（p.231）。
[5] バフチン（1989）は、全体としての発話がもつ意味を「テーマ」と呼び、それは具体的状況と結びついた唯一無二のものであり、再現することができないという。一方、「テーマ」とは異なり、発話がもつ反復可能で自己同一的なもう一つの側面を「意味」と呼ぶ。「テーマ」と「意味」のあいだに絶対的な境界を引くことはできない（pp.153–155）。これに対し、ワーチ（2004/1991）は、「意味」と「字義的意味」を区別し、バフチンは字義的意味を所与の前提として受け入れることを拒否しているという（pp.114–115）。しかし、それは発話がどんな意味でもあらわせるとバフチンが考えているということではもちろんない。あとで述べるように、バフチンは「ことばのジャンル」の中に、規則性や体系性を求めようとしていた。
[6] オング（1991/1982）もバフチンと同様に、導管メタファーによる伝達モデルは人間のコミュニケーションを歪めるものだとして批判している。なぜなら、人間的なコミュニケーションが成立するためには、相手の立場を先取りする必要があり、送り手は何かを送る前に、受け手の立場にも立っていなければならないからである。話すときにも書くときにも受け手を必要とするが、現実の受け手をもたない書き手は、読者を虚構しなければならず、それが書くことを困難にしているという（p.358）。

[7]	ワーチはこれに加えて、話し手が過去あるいは未来の受け手にも左右されるというバフチン流の見方が導管メタファーには欠けていると述べている。
[8]	佐藤学（1998）は「実践と教育理論を重視する研究」を①理論の実践化theory into practice、②実践の典型化theory through practice、③実践の中の理論theory in practiceに分類した。市嶋（2009）は、この三つの枠組みを用いて分析を行っている。
[9]	デンジンとリンカン（2006/2000）は、質的研究というフィールドを定義し、北米における質的研究の歴史を7期にわけ、その時代における位置づけを行っている。
[10]	フリック（2011/2007）では、この4点に「認識論的原則としての理解」「出発点としての事例の再構成」「基礎としての現実（リアリティ）の構築」「実証的資料としてのテクスト」を加えたものが質的研究の特徴の完成版リストとして提示されている。
[11]	米国の人類学者Clifford Geertzが提唱した。佐藤郁哉（2008）は、現在では研究対象や調査現場の状況に関するリアルできめ細かい記述を指す意味で使用されることが多くなったとし、このような意味での「分厚さ」に対して「薄い」「雑な」記述の論文や報告書が増えてきたことに警鐘を鳴らしている。
[12]	ホロウェイとウィーラー（2006/2002）は、質的研究の真実性を研究者がチェックし、立証するための方法の一つとして「監査のためのあしあとaudit trail」あるいは「決定に至るあしあとdecision trail」をあげており、西條（2003）はこれを、自身が提唱する「構造構成的質的心理学」における評価基準として「構造化に至る軌跡construction trail」と呼ぶ。「現象の曖昧な側面を扱うことを宿命づけられた構造構成的質的心理学において、原理的思考を徹底した際に残る厳密さの基準としては、決定に至る軌跡を残すということに尽きるだろう」（p.178）と述べ、その重要性を主張している。

第1章　第二言語のライティング研究

　序章でも述べたように、第二言語の読み書き教育は、一般的に文字の指導にはじまり、短文、文章の作成へと段階的に進んでいく。1章では、主に文章レベルでの書くこと（作文）に焦点をあて、第二言語教育においてその指導や研究がどのように行われてきたのかを概観する。「作文」ということばは、文（文章）を書くことにも、書かれた文（文章）にも使用され、また書かれた文章の意味で用いられる場合は、ある特定のジャンルの文章（学校での生活作文や意見文、小論文など）をイメージさせる。そこで、ここでは文（文章）レベルでの書くことの教育（作文教育）やそれに関する研究については「ライティング」という語を使用し、第一言語と第二言語の違いを示すためには、L1ライティング、L2ライティングを使用することとする。

　日本語教育では、岡崎・岡崎（2001）が述べているように、ライティング教育を独自の領域として設定するという視点が弱く、それを支える理論やアプローチに関して議論されることはほとんどなかった。そこで、L2ライティング教育の変遷をみていくために、はじめにESLの研究を取り上げる。そこで提示されている枠組みを利用しつつ、日本語教育がライティングをどのようにとらえてきたのかを考察し、本書がその流れの中でどこに位置づけられるのかを述べる。

1　プロダクトからプロセスへ

　ESLのライティング研究は、世界各地から移民や留学生を多数受け入れているアメリカにおいて、L1ライティング研究を基盤に発達した。70年代までは、ライティングにもオーディオ・リンガル法の影響[1]がみら

れ、既習の文型や語彙を使用して正確に書くことが重視された。制限作文（controlled composition）と呼ばれるものが典型的で、これはキューを与えて文章の一部を書き換えさせたり、質問に対する答えを書かせたりするものを指している。文法などの学習項目の定着を目的としており、何を書いたかには関心がなく、どのように書いたかだけが重視される。こうした見方は、文法や語彙だけでなく、文章レベルのレトリックの型を習得することにも拡大されていった。現代風伝統的修辞法（current-traditional rhetoric）[2]と呼ばれるアプローチでは、説明文や論述文に特有な英語のレトリックがパターン化して提示され、それに習熟することがめざされた。このような形式重視の指導法では、教師は最終的に書かれたもの（プロダクト）だけを評価し、学習者の誤用分析や、誤用に対してどのようなフィードバックが効果的かということに関心が向けられた。

80年代に入ると、このようなプロダクトに対する指導だけでは不十分だとして、学習者の書く過程を重視するプロセス・アプローチ（process approach）が主流になっていく。プロセス・アプローチでは、ライティングは教授されるものではなく、自己表現として書き手中心であるべきものとされ、書き手自身の発見と、どういう手順で書き進めるかが重視された。教師の介入は最小限におさえられ、書き手の自発性やオリジナリティが優先されたが、どのような文章を書くことが望ましいのかというゴールがあいまいで、ライティングが自己中心的なものに陥りやすいという短所が指摘されるようになる。このような自己表現としてのライティングに変わって、今日でもL1、L2を問わず、ライティング教育に強い影響を及ぼし続けているのが「問題解決としてのライティング」という見方である。これは、認知心理学の影響を受けて広く普及したもので、その端緒を開いたのがHayesとFlowerの研究（Hayes & Flower 1980, Flower & Hayes 1981）である。

書くことはそれまで、プランを練り、文章化し、推敲するというように、段階的・直線的に進行すると考えられていた。HayesとFlowerは、このような段階モデルを修正し、書く過程にはさまざまな下位過程があり、それらのあいだを行きつ戻りつしながら進む非線的でダイナミックな過程であると主張したのである。彼らは、書き手に頭の中で考えていることを口に出してもらい、それを録音し書き起こしたものを分析す

るという発話思考法（think aloud）を用いて、書き手の心的過程をモデルとして記述した。

　このモデルによれば、書くことは、課題環境、書き手の長期記憶、実際に書く過程という三つの要素から構成される。課題環境とは、トピックや読み手にかかわる修辞的問題やその時点までに書いた文章を含む、書き手を取り巻く課題環境的要素を指している。これに対し、書き手の長期記憶とは、トピックや読み手について書き手が長期記憶として蓄えている、書くために必要なさまざまな知識を指す。これらと相互作用しながら実際に書く過程は、「構想する（planning）」「文章化する（translating）」「見直す（reviewing）」という下位過程を含み、構想する過程、見直す過程にはさらにその下位過程を有するという階層構造になっている。こうした書く過程が目標に向けて順調に進行しているかどうかを監視し、制御するのが「モニター（monitor）」と言われる働きである。

　HayesとFlowerのモデルでは、これら要素同士の関係やモニターの働き、書くことがどのように進行するのかということが十分に示されたわけではないが[3]、書く過程がさまざまな下位過程を含む複雑でダイナミックなものであることを示したことで、その後の認知的な文章産出研究の出発点となり、ライティング教育にも多大な影響を与えることになった。

　HayesとFlowerが、書くことの一般的なモデルを示したのに対して、ScardamaliaとBereiterは、熟達した書き手と未熟な書き手の違いを二つのモデルを提示して説明した（Scardamalia & Bereiter 1987）。「知識表出モデル（knowledge-telling model）」と呼ばれるモデルは、未熟な書き手の書く過程をあらわしている。書くことに慣れていない書き手は、トピックが与えられると、それに関するキーワードをもとに記憶を探索し、書くのに適切だと判断すればそれを書き、新たな手がかりを利用して再び記憶探索を行う。書き手は自分が知っていることを連想的に次々に書き連ねていくだけで、新しいアイディアが浮かばなくなれば、そこで書くことをやめてしまう。小学生が書く場合、このような特徴がしばしばみられることが指摘されている。

　これに対し、「知識変換モデル（knowledge-transforming model）」は、熟達した書き手が自身で目標を設定し、それに向けて問題を解決していく過

程として書くことをモデル化している。このモデルの特徴は、内容的問題を吟味する空間と修辞的問題を吟味する空間が想定されており、それら二つのあいだで問題解決のための相互作用があるという点にある。例えば、ある事柄に説得力をもたせたいと考えるときには、修辞的問題空間だけで処理されるのではなく、そのための具体例や理由づけを考えるという問題に翻訳され、内容的問題空間でも処理されるというのである。これら二つの空間でやりとりされることによって、知識の構造が変化したり、書き手が予想していなかった新しい考えがもたらされる場合があるという。

　ScardamaliaとBereiterのモデルは、書き手が単に表現形式の問題に困難を感じているだけではなく、内容の問題にも直面していることを示し、教室活動やフィードバックのあり方について重要な示唆を与えた。また、熟達した書き手と未熟な書き手の違いを明らかにすることにも研究の関心が向けられ、熟達した書き手が行っていることをストラテジーとして教授する試みも多くの教室でなされた。

　このような認知主義的な見方で書くことをとらえ、プロダクトそのものよりもプロセスを重視する指導法は広く普及し、具体的な教室活動と結びついて定着したと言える。ESLの教室にプロセス・アプローチが与えた影響ははかりしれないとHyland（2002）は述べている。書きはじめる前に、アイディアを出したり、アウトラインをつくる活動をすること、グループワークによって推敲を促し、複数回の書き直しをさせること、最終稿までは表面的な誤用レベルの問題に注意を向けすぎないようにすることは、ほとんどの教室で行われているという。

　Hyland（2002）は、プロセス・アプローチに対する評価を次のようにまとめている。プロセス・アプローチはL1、L2双方のライティング教育に理論的、方法論的に多大な影響を与え、プロダクトの正確さではなく、書くことがどのようなものであるのかということに教師の関心を向けさせ、教師の専門性を高めることに寄与した。また学習者個々の違いを重視するようになり、新しい研究課題も多く生まれたという。

　一方、否定的な見方としては、認知的な要因を過度に強調しすぎる、書くことを個人的なものとみなし、社会的活動であることを見落としている、個人主義的イデオロギーがESL学習者の発達を阻害している、階

層・性別・民族などといった文脈の重大な影響を無視している、専門的、学術的コミュニティの多様な期待や慣習を軽視している、学習者のライティングが改善されるかどうかは疑問であるといった点があげられている。

つまり、認知主義的な観点による科学的で実証的なライティング研究が教師の関心をプロダクトからプロセスへ移行させたが、プロセスや書き手の認知的要因に焦点化しすぎることは、書くことのさまざまな側面を無視しているという批判を生んだということである。このような批判はプロセス・アプローチを修正する動きにつながっていく。次節では、プロセス・アプローチ以降のライティング教育の動向について概観する。

2 「ポストプロセス」の混迷

2.1 ジャンル・アプローチにみられるプロダクト回帰

前節では、80年代に広く普及したプロセス・アプローチの影響、すなわち、プロダクトからプロセスへというライティング教育の大きな流れについてみてきたが、ESLの研究では、プロセス・アプローチを修正する新たな動きについて、80年代後半にはすでに議論がはじまっている。

L2ライティングの研究誌 Journal of Second Language Writing（JSLW）では、2003年12号で「ポストプロセス（post-process）」の特集を組んでいる。この中でAtkinson（2003）はTrimbur（1994）が定義するポストプロセスの四つのキーワード「社会的転換（social turn）」「ポスト認知主義（post-cognitive）」「イデオロギー的な領域としてのリテラシー（literacy as an ideological arena）」「文化的な活動としての作文（composition as cultural activity）」について考察している。

これらのキーワードは、ライティングに対する多面的な見方を提供してはいるが、プロセス重視のライティング教育の考え方とまったく異なる新しいものというわけではない。教室では依然としてプロセス重視の活動が有益なものとして行われており、「ポストプロセス」はパラダイムシフトではなく、L2ライティングの領域を拡大する概念として検討されている。

Matsuda（2003）も同様の見解を示し、「プロセス」「ポストプロセス」という用語を使うことはそれぞれの枠組みにおいて議論されている多様な見方を単純化してとらえることになり、「プロセス」はパラダイムとして確立されたものではなく、またすでに終わったものでもないとして、「ポストプロセス」という用語を用いるべきではないと結論づけている。

　しかし、Matsuda自身も述べているように、「プロセス」「ポストプロセス」という枠組みを利用することは、ライティング研究の動向を把握するのに役立つ面もある。ESLの分野において、プロセス重視を修正する「ポストプロセス」の動きは、学術的な文章の指導で強く主張されるようになったと言えるだろう。

　Silva（1990）は、ESLのライティング教育に影響を与えた四つのアプローチとして、制限作文、現代風伝統的修辞法、プロセス・アプローチ、学術的な目的のための英語（English for academic purposes、以下EAP）をあげており、日本語教育では岡崎・岡崎（2001）、池田（2002）、大島（2003）が、ESLのライティング教育の変遷としてこの四つの枠組みを用いて説明している。EAPでは、自分自身による意味の発見とプロセスを重視する指導法は大学での学術的な分野でのライティングの目標に合致しないとして、学術的な文章を書くには、それぞれの専門分野で書き手に何が期待されているのかを理解し、慣習に従って書けるように指導することが重要とされる。

　Ferris & Hedgcock（1998）は、Raimes（1991）の枠組みを利用して、L2ライティングのアプローチをやはり四つにカテゴリー化している。形式重視のアプローチから書き手重視のアプローチへ移行したあと、80年代後半には内容と学術分野を重視したアプローチ、読み手重視のアプローチが登場したと述べている。「内容」「学術分野」「読み手」に対する注目は、プロセスだけではなく、それ以外の要素に関心を向けることへの重要性を示しているという意味において共通している。内容と学術分野への注目は、学習者が自分の専門分野で学ばなければならない内容や特定の分野を考慮した指導の必要性を、読み手への注目は、自己中心的なライティングから読み手の理解に応えるライティングへシフトすることの重要性を指している。

　一方、Hyland（2002）は、プロダクトからプロセスへ、プロセス重視に

対する批判へという時間軸ではなく、テクスト重視、書き手重視、読み手重視という三つの枠組みでライティング教育へのアプローチを説明している。EAPあるいは特別な目的のための英語（English for specific purposes、以下ESP）の考え方は、書き手は自分が所属するコミュニティのメンバーとして慣習に従った書き方を選択しなければならないという意味において読み手重視とみることもできるが、その書き方をアカデミックなジャンルとして言語的、明示的に指導するジャンル・アプローチ（genre approach）はテクスト重視のカテゴリーに分類される。ジャンル・アプローチは大きく三つのグループ、①ハリデーの選択体系機能言語学（Systemic Functional Linguistics、以下SFL）を理論的基盤とするアプローチ、②ESPアプローチ、③ニュー・レトリック派（the New Rhetoric school、以下NRS）のアプローチに分かれるとされている（Hyland 2002, Hyland 2003, 中野 2008, Johns 2011）。ジャンルの定義はグループによって少しずつ異なるが、社会的に認められている言語の使用方法を指している。

　①は主にオーストラリアのL1ライティングで実践されており、学校教育におけるジャンルの分類例として、手続き文、記述文、報告文、説明文などがあげられている。②は学術的な分野の英語教育に焦点化したアプローチで、Swales（1990）の研究が代表的である。Swalesはジャンルをディスコース・コミュニティ（discourse community）の概念と関連づけてとらえている。ディスコース・コミュニティは共通の目的を達成するために、ある特定のジャンルを使用する。書き手は自分が属するディスコース・コミュニティのジャンルの特徴を理解し、適切に使用できることが学術的な分野においては欠かせない能力であるとされる。Swalesは科学技術分野の研究論文の序論部分を分析してCARSモデル（Create a Research Space model）[4]を提示し、ジャンルの特徴を第二言語学習者に意識させるタスクを提案している。③もジャンルを社会的で文脈に関係するものとみているが、ディスコースの形式や教授への応用にはそれほど関心がなく、ライティング教育への影響は小さい[5]と言われている。これに対し、①や②は学習者にジャンルの知識を提供し、適切な文脈で効果的に使用できるようにすることをめざすという点で共通している。

　最近20年間のESLライティング研究の動向をまとめたLeki, Cumming, & Silva（2008）でも、ジャンルの考え方がESLライティングのカリキュラ

ムのための概念的枠組みとなっていると述べられており (p.73)、ジャンル研究は過去20年間で飛躍的に発展したとして (Tardy 2011)、上記JSLW誌20号でジャンルの特集も組まれている。ジャンルのとらえ方、教授への応用については研究者によって違いがあるとも言えるが[6]、「プロセス」から「ジャンル」へという大きな括りでとらえるとすれば、Hyland (2002) のライティング・アプローチの分類が示しているように、ジャンルの教授はプロダクトとしてのテクストに重心が移行したことを示している。それは単純に昔に戻るということを意味してはいないが、ジャンルの知識とその使用方法を社会的な規範として明示的に教授すること[7]、あるいはNRSのように気づきを促す教示にとどまったとしても、規範の存在とその使用が重視されているという点において、認知主義的見解からの「社会的転換」であると同時に、「プロダクト」への回帰という側面も否定できないだろう。

　ここで問題となるのが、書くことを「社会的」行為ととらえることの実質的な意味である。SFLやESPは、ジャンルはある集団に所与のものとして存在し、その集団の成員が従うべき規範として明示的に教授されるべきものという立場をとっている。それは、プロセス・アプローチにみられた書き手の自発性重視、自己中心的なライティングに対する批判を踏まえたものである。

　書き手は自分が書きたいように自由に書けるわけではない。書く目的や読み手との関係によって、書き方は大きな制約を受ける。それは書き手が所属する集団によって定められており、集団のルールを無視することは、読み手とのコミュニケーションに支障が出ることを意味し、書く目的は達成されない。ルールを知らないことで被る不利益は、SFLにおいては英語を母語としない子どものライティングに、ESPではアカデミック・ライティングにおいて特に問題視され、ジャンル習得の必要性が叫ばれるようになる。

　しかし、書くことの社会的側面には、所与のものとして存在する規範に縛られながらも、絶えずそこから自由になろうとする力、書き手自身の意味や創造性を志向する動きが含まれている。それは書き手個人の中に閉ざされたものではなく、読み手とのあいだで「社会的」に構築されるものとみなされる。

あえて単純に描くとすれば、プロダクトかプロセスかという対立は、ポストプロセスにおいては認知的（個人主義的）か社会的かという対立に置き換わったと言える。しかし、それは根底において同じ対立の異なる側面が強調されただけにすぎないようにみえる。つまり、書くことは、あるいは言語とは、規範性と体系性のうえに成り立つものであるが、絶えず揺れ動く文脈によって多様に変化する偶然性と不規則性、そこから生じる創造性を合わせもっているからである。

バフチンは、言語のもつ二面性を、「事物を集め、統一し、同一に保とうとする求心力」と「事物を、多様かつ個別的で、たがいに分離しており、たがいに異なるという状態に保っておこうとする遠心力」（クラーク・ホルクイスト 1990/1984: 23）ととらえ、その絶えざる葛藤の中に言語学研究の新たな方向性を見出そうとした。求心力と遠心力の葛藤の中にいる者が中立的であることはありえない。ことばは「話し手と話し相手の共通の領土」（バフチン 1989: 130）であり、イデオロギー的闘争の場でもある。

したがって、求心力を志向するジャンル・アプローチは、既存の社会的価値観を前提とすることを是としない遠心力によって批判されることになる。すなわち、ある社会において規範として確立しているジャンルの習得を促すことは、既存の社会構造を、それを支えている言説として無批判に受け入れることであり、その社会において周辺的な位置に置かれている集団に対する不平等なシステムを正当化し、再生産することによって、同化を強要することにつながるという批判である。

2.2　リテラシー概念の変化

ジャンル・アプローチに対するこのような批判は、ニュー・ロンドン・グループ（New London Group、以下NLG）と呼ばれる研究グループが主張するリテラシーの再定義とその教育構想の中で論じられており、それはNLGの研究が「批判的リテラシー（critical literacy）」をめぐる研究潮流に位置づけられることを示している。

読み書き能力として翻訳される「literacy」は、その概念が意味するもの、歴史的変遷についてさまざまに議論されている。竹川（2010）によれば、批判的リテラシーの理論的源流を一つに整理することは難しいが、

フレイレの影響を強く受けた批判的教育学（critical pedagogy）の流れを汲み、ことばの読み書きを自己と世界との関係を批判的に読み解く行為として、その関係を規定してきた認識に対する反省的意識を促すものとしてリテラシー教育をとらえる点が共通しているという。

　NLGは、アメリカ、イギリス、オーストラリア、南アフリカにおいて、リテラシーやその教育に関心をもつ研究者10数名のグループで、1994年にニュー・ロンドンの地で会合をもち、時代の転換期におけるリテラシー教育のあり方を議論した。そこでの議論やその後の研究成果を踏まえ、彼らは「マルチリテラシーズ（Multiliteracies）」という概念を提起した（New London Group 2000）。

　黒谷（2007）は、NLGが提起するリテラシー教育を構想するための四つの視点と、それらが導き出される経緯についてまとめている。NLGはリテラシーの教育方法として、①状況づけられた実践、②明示的な教授、③批判的な構成、④変革された実践という四つの視点を提示しており、それらは歴史的に対立する理論的な系譜の中に位置づけられるという。

　「状況づけられた実践」はデューイからホール・ランゲージ、プロセス・ライティングへという進歩主義的な教育思想の伝統の中に位置づけられ、「明示的な教授」は、伝統的なグラマーから直接教授へというような、教師中心の伝達の教育学の伝統に位置づけられるという。「批判的な構成」は批判的リテラシーの研究を継承している。「変革された実践」は、獲得された知識や経験を他の異なる文脈の場で機能させ、新たな視点で反省的に実践をデザインしていくことを指しており、伝統的な系譜に位置づけるのは困難な面もあるが、理論を実践の中に位置づけようとするさまざまな実践の中にみられるという。

　黒谷は、さらにこのNLGのリテラシー教育における四つの視点に、新たな見解を加えるものとして、NLGのメンバーの1人であるCazden（1996）の論考について考察している。Cazdenはヴィゴツキー理論の解釈のされ方によってライティング教育が三つの動向に分かれるとしている。

　第一の動向は「内言（innner speech）への焦点化と教師による介入への消極的見解」を特徴としている。ヴィゴツキーは、発声を伴わず、思考の道具として機能する内言も、その起源は社会的相互作用にあると考え

た。内言の源泉が社会的活動にあるならば、教室は言語的に豊かな環境であることが必要であり、物語や詩などのジャンルが重視される。第一の動向においては、協約的なことばの語義や文法という束縛から次第に自由になっていく「創造力の源泉」としてのことばの獲得過程に焦点があてられているという。そのため、言語的なルールを明示的に教授することには消極的であり、あくまでも学習者が社会的な活動に参加していく中で獲得し、修正していくべきであると考えられている。

　第二の動向は「足場をつくる援助」に焦点をあてている。第一の動向が子どもの日常生活における活動の文脈を重視しているのに対して、第二の動向は学校での指導の役割に注目する。ここには、ヴィゴツキーが提示した発達の最近接領域の概念に基づき、ブルーナーらが提唱した「指導的な足場づくり（instructional scaffolds）」の概念を理論的基盤としたライティング教育が含まれる。

　足場づくり、足場かけ（scaffolding）とも呼ばれるこの概念は、現在では「学習者が独力では達成することができない目標を達成したり、実践に関与できるよう適切な援助を与えること」として広く使用されているが、ブルーナーらは親などの大人が子どもに1対1で言語などの文化的活動を教えていく過程を説明するのに使用していた（秋田 2006）。足場づくりの考え方には、大人や教師が課題を単純化したり構造化したりして示すことで学習者の参加を促すという意味が含まれており、第一の動向とは異なり教師の主導的な役割が重視されている。

　第三の動向は「文化の政治学（politics of culture）」に着目する。ここではジェンダー、文化、階層などにおいて異種混交の社会がもつ言語使用の多様さや非対称的な社会的関係性の次元への考察が求められる。それは第一や第二の動向が社会的な相互作用に関心を向けながらも、教育と発達における文化の考察に含まれなければならない権力や葛藤の問題を捨象しているという批判に根ざしている。

　第三の動向では「学校において協約的「ディスコース」（言語を用い、考え、感じ、信じ、評価し、行動するしかた）への参加・習得が子どもたちに求められる際に、子どもたちの側に生じる抵抗（その「ディスコース」へと参入していくことへの）をも含みこんだ〈声〉に根ざしながら、その「ディスコース」の自明性を問い直し、確かめ直すことが求められている」（黒谷

2007: 244）という。黒谷は、Cazdenが第三の動向に依拠しつつ第一の動向を拡張的に再解釈する方向へ向かっていることを指摘し、それは「創造力の源泉」としての内言の理解を、「批評の源泉」として拡張的に解釈し直していく視点であるとして、NLGの「批判的な構想」に加えられる新たな視点であると述べている。

Cazdenが提示した三つの動向は、自己表現としてのプロセス・アプローチ、協約的ディスコースの習得を重視するジャンル・アプローチ、両アプローチを批判的にとらえる第三のアプローチとして描くことも可能であろう。もちろん、それぞれのアプローチにはこれまで述べてきたように、異なる歴史的、理論的背景が混在しており、単純に図式化することには問題がある。しかし、少なくとも「ポストプロセス」で言われる「社会的転換」には相反する二つの側面が含まれていることをCazdenの分類からも指摘できる。

一つはジャンル・アプローチの台頭にみられる社会的規範として言語構造を記述し、それを明示的・積極的に教授しようとする「求心力」であり、もう一つは言語使用の多様性・個別性・政治性に注目し、ことばが社会的に構築される過程で生じているイデオロギーや利害関係を学習者が意識化していくことや周辺化された人々の声の表現を重視しようとする「遠心力」である。ことばの教育、とりわけ第二言語教育においては、構造化・体系化された規範としての言語と不規則で個別的な現実の言語使用との対立、そうした対立から必然的に生じることばの明示的・分析的な教授と現実の文脈の中での使用経験によって気づきを促す暗示的な教授という対立が常に議論の軸となっている。

L2ライティング研究における近年の動向をまとめたLeki, Cumming, & Silva（2008）も、NLGの研究に注目してはいるが、L2ライティングではNLGとは異なるSFLやESPのジャンル・アプローチが主流となっていると述べている。L2ライティングにおいては、ことばの「求心力」を志向する、いわゆる機能的リテラシー（functional literacy）に重点が置かれていると言える。

機能的リテラシーは、単に文字を読み書きできる能力だけを指しているのではなく、社会の成員として自立し、生活していくのに不可欠な能力を意味している。佐藤学（2003）は、読み書き能力を子どもが学校で身

につけるべき基礎技能として、ドリルやテストで定着させようとする教育は「道具的イデオロギー」[8]によるリテラシー教育の典型であり、機能的リテラシーもその範疇をこえていないと批判している。道具的イデオロギーによるリテラシー教育は、読み書き能力を道具的技能とみなし、知識やそれを活用する技能は学習者の経験の外部に客観的に存在し、機械的な反復練習によって技能の習得が可能であると考える。

しかし、客観的で価値中立的な認知的能力としてリテラシーをとらえることは、それがどの集団にとって有利に獲得できる能力であるのかに目を向けないということであり、リテラシー形成の失敗を個人の努力不足や能力の欠如とみなすことで、同化や排除を正当化することにつながる。竹川（2010）は、このように読み書きできないことの原因を個人に帰属させる機能的リテラシーの考え方に変更を迫るのが、フレイレが提唱する「意識化（conscientization）としてのリテラシー」であり、そこでの議論が批判的リテラシーに継承され、発展していったと述べている。

フレイレは、非識字であることが原因で貧困や抑圧が生じているのではなく、抑圧を受け、ことばへのアクセスを断たれているがゆえに非識字の状態であると考える。意識化とは、学習によって自己と他者、現実世界との関係性を認識し、意味づけ、さらには変革しようとする実践を意味している。抑圧を運命として受け入れ、抑圧者の世界が唯一の自然な世界であると考える埋没した意識を変革していくことばの実践が、リテラシーとして定義されたという（竹川 2010: 29–30）。竹川は、これまでのリテラシーの定義[9]が「何がリテラシーと考えられるべきか」という論点を掲げているのに対し、意識化としてのリテラシー論は「だれにとってのリテラシーか」「どのような社会や文化を前提とするのか」という、社会構造の政治性に対して批判的か否かという議論の軸を新たに提示したと述べている。

ここで留意すべきなのは、フレイレの「意識化」は、単に批判の目を裕福な階級や不平等を生み出す政治体制へと向けることではないという点である。菊池（2004）は、意識化とは今までの自分のあり方を問うことから可能となるものであり、フレイレの試みは、共通のリテラシーを築くことにあると述べている。共通のリテラシーとは、「互いに話し、聞き、また読んだり書いたりする中で、同感し、反発し、考え方の相違を

が、二重に隔てられ、言葉によって間接に言えるにすぎず、私はその言葉を、社会が保持している儀礼にのっとって社会から取り出し、社会に返すのである。私の声は意味をあらわすことができるが、それは他の声とともにあるときだけであり、時には合唱となるが、最良の場合は対話となる。　　（クラーク・ホルクイスト 1990/1984: 29）

　ことばが生成されるのは、抽象的な言語学的体系の中でも、話し手たちの個人心理の中でもない。バフチンにとってそれは「発話によって実現される言語的相互作用という社会的出来事」(1989: 45) である。話し手は社会的慣習としてのことばの制約から自由であることはありえないが、他者のことばに対する「能動的な理解」によって、意味を自分のものとする可能性が開かれている。ことばを辞書的な意味において受動的に理解するだけでは、理解とは呼べない。他者の発話を理解するということは、それを具体的な文脈の中に定位し、それに応答する自身のことばを積み重ねることによってもたらされる。あらゆる理解は対話的であり、他者のことばに対する同意や反駁といった自分自身の評価と結びついている。

　ことばの意味をめぐる自己と他者の闘争、言語の求心力と遠心力とのせめぎ合いの中で、バフチンの対話原理は、そのどちらにも吸収されることのない、新たな方向性を示している。教室内のコミュニケーションには、社会的規範やイデオロギーを反映した知識を対象とするやりとりという側面を否定することはできないが、新たなリテラシー教育を模索する研究者たちは、そこでの言語的相互作用によって新たな意味づけがなされる可能性をバフチンの言語論の中に見出そうとしている。

　以上、みてきたように、「ポストプロセス」の議論においては、プロセス偏重を修正する動きとして、書くことの社会的、イデオロギー的側面に焦点があてられるようになったが、そのとらえ方は質的に大きな隔たりがあり、理論的基盤を異にする多様なアプローチが存在することが明らかになった。次節では、ESLのライティング教育の流れを踏まえ、日本語教育において、ライティングがどのように実践されてきたのかを概観する。

につけるべき基礎技能として、ドリルやテストで定着させようとする教育は「道具的イデオロギー」[8]によるリテラシー教育の典型であり、機能的リテラシーもその範疇をこえていないと批判している。道具的イデオロギーによるリテラシー教育は、読み書き能力を道具的技能とみなし、知識やそれを活用する技能は学習者の経験の外部に客観的に存在し、機械的な反復練習によって技能の習得が可能であると考える。

　しかし、客観的で価値中立的な認知的能力としてリテラシーをとらえることは、それがどの集団にとって有利に獲得できる能力であるのかに目を向けないということであり、リテラシー形成の失敗を個人の努力不足や能力の欠如とみなすことで、同化や排除を正当化することにつながる。竹川（2010）は、このように読み書きできないことの原因を個人に帰属させる機能的リテラシーの考え方に変更を迫るのが、フレイレが提唱する「意識化（conscientization）としてのリテラシー」であり、そこでの議論が批判的リテラシーに継承され、発展していったと述べている。

　フレイレは、非識字であることが原因で貧困や抑圧が生じているのではなく、抑圧を受け、ことばへのアクセスを断たれているがゆえに非識字の状態であると考える。意識化とは、学習によって自己と他者、現実世界との関係性を認識し、意味づけ、さらには変革しようとする実践を意味している。抑圧を運命として受け入れ、抑圧者の世界が唯一の自然な世界であると考える埋没した意識を変革していくことばの実践が、リテラシーとして定義されたという（竹川 2010: 29–30）。竹川は、これまでのリテラシーの定義[9]が「何がリテラシーと考えられるべきか」という論点を掲げているのに対し、意識化としてのリテラシー論は「だれにとってのリテラシーか」「どのような社会や文化を前提とするのか」という、社会構造の政治性に対して批判的か否かという議論の軸を新たに提示したと述べている。

　ここで留意すべきなのは、フレイレの「意識化」は、単に批判の目を裕福な階級や不平等を生み出す政治体制へと向けることではないという点である。菊池（2004）は、意識化とは今までの自分のあり方を問うことから可能となるものであり、フレイレの試みは、共通のリテラシーを築くことにあると述べている。共通のリテラシーとは、「互いに話し、聞き、また読んだり書いたりする中で、同感し、反発し、考え方の相違を

説明し、相手に理解してもらおうと努力しようとする気になることばを共有すること」(p.45)を指す。菊池は、現代社会において、さまざまな接頭辞がつく「〇〇リテラシー」が氾濫しているのは、人々が新たな出会いの中で心からの感謝や親切を実感するような接近した関係性を築くことが困難になっていることを示しているという。人々はそれぞれのリテラシーの世界で息をしており、あらゆるリテラシーに通じるわけではないから、他人のリテラシーの世界を理解しようとする意欲さえ失われていってしまう。言い換えれば、他者が話すことばが理解できないし、理解しようという気持ちさえ起きなくなってしまうということである。だからこそ、共通のことばを見出すことが重要なのである。共通のリテラシーは、全体主義的に同じ思考で同じことばを意味の乱れなく使うことではなく、個々人の異なる考えを説明し、また相手に理解してもらいたいという気持ちになれるようなことばを共有することだという。

　第二言語の教室を考えるうえでは、このような「共通リテラシー」とは何かを探っていくことで新たな展望が開けるのではないだろうか。それは、政治的か脱政治的かという対立軸によってのみもたらされる新たな観点ではなく、ことばを獲得する過程で生じるさまざまな葛藤を理解しようとすること、それによって教室参加者が互いに自己と他者のことばを意味づけ、多様な見方や価値観と接触する中で新たな関係性を築いていく可能性を指している。

　フレイレは、自身の実践において、教える側と学ぶ側の関係性をまず問うた。教師は教えるべき知識を有し、生徒は教師から伝達される知識を容れ物のように蓄える存在であるという関係性を強く否定した。ある者からない者へ、知識を伝達する教育は、抑圧されている人々から批判の目を奪い、現状に甘んずる受動的な存在のままにしておくことに加担している。抑圧者と被抑圧者の関係は永遠に変わることがない。

　知識伝達の教育を乗り越えるために、対話の重要性を主張するフレイレは、対話を「行動」と「省察」という二つの次元でとらえ、その根源的で緊密な関係性に注目する。「本当の言葉のないところには実践はない。だからこそ本当の言葉は世界を変えることもできる」のであり、「対話とは世界を媒介とする人間同士の出会いであり、世界を"引き受ける"ためのものである」(フレイレ 2011)。世界を引き受けることは創造と再創

造の営みであるともフレイレはいう。教室での「本当の言葉」は、その場にかかわるすべての人が、教育する者とされる者という関係を乗り越え、相互主体的な認識をつくるためのことばであり、それは対話によるコミュニケーションによってしか成立しえない。

しかし、ことばのもつ求心力と遠心力の対立は、フレイレの対話の議論においても解消されたわけではない。フレイレの識字教育では、ことばの辞書的な意味を教え、読み方・書き方を練習するという方法ではなく、学習者が読み書きすることばの意味は学習者自身によって与えられるという経験を通して学ばれていく。

竹川（2010）によれば、オーストラリアで批判的リテラシー教育を実践する研究者の中には、フレイレの功績を認めながらも、批判的教育学が強調する「被抑圧者の声」や「学習者との対話」には批判的な意見があるという。対話という方法は評価しつつも、暗示的な教授は社会的に不利な立場にある子どもにとってはさらに不利益に働くと考えるからである。明示的な教授を強調するジャンル・アプローチが既存の社会的構成を自明のものととらえることには批判的であるが、その価値を一気に捨て去ってしまうことには慎重であるという。

一方、NLGのメンバーなど、リテラシー教育の新たな観点を提示しようとする研究者が理論的基盤として援用するのがバフチンの言語論である。バフチンは意味を構造化し、統一しようとする言語の求心力と、分化と多様化を志向する遠心力とのせめぎ合いが、対話という言語的相互作用の中でどのようにあらわれるのかということに関心を寄せた[10]。バフチンは、意味はことばそのものに属するものではないと考える。「意味は、言葉のなかにも、話し手の魂のなかにも、聞き手の魂のなかにもない。意味とは、所与の音連続という素材を通しての話し手と聞き手の相互作用の効果」（バフチン 1989: 158）としてあらわれる。

クラーク・ホルクイスト（1990/1984）は、バフチンのこのような言語観は広く流通している二つの言語観——「私が意味を所有している」と「だれも意味を所有していない」——のどちらにも属さないものであるとして、次のように述べている。

バフチーンの論点はこうだ——私は自分の言いたいことが言える

が、二重に隔てられ、言葉によって間接に言えるにすぎず、私はその言葉を、社会が保持している儀礼にのっとって社会から取り出し、社会に返すのである。私の声は意味をあらわすことができるが、それは他の声とともにあるときだけであり、時には合唱となるが、最良の場合は対話となる。　（クラーク・ホルクイスト 1990/1984: 29)

　ことばが生成されるのは、抽象的な言語学的体系の中でも、話し手たちの個人心理の中でもない。バフチンにとってそれは「発話によって実現される言語的相互作用という社会的出来事」(1989: 45) である。話し手は社会的慣習としてのことばの制約から自由であることはありえないが、他者のことばに対する「能動的な理解」によって、意味を自分のものとする可能性が開かれている。ことばを辞書的な意味において受動的に理解するだけでは、理解とは呼べない。他者の発話を理解するということは、それを具体的な文脈の中に定位し、それに応答する自身のことばを積み重ねることによってもたらされる。あらゆる理解は対話的であり、他者のことばに対する同意や反駁といった自分自身の評価と結びついている。

　ことばの意味をめぐる自己と他者の闘争、言語の求心力と遠心力とのせめぎ合いの中で、バフチンの対話原理は、そのどちらにも吸収されることのない、新たな方向性を示している。教室内のコミュニケーションには、社会的規範やイデオロギーを反映した知識を対象とするやりとりという側面を否定することはできないが、新たなリテラシー教育を模索する研究者たちは、そこでの言語的相互作用によって新たな意味づけがなされる可能性をバフチンの言語論の中に見出そうとしている。

　以上、みてきたように、「ポストプロセス」の議論においては、プロセス偏重を修正する動きとして、書くことの社会的、イデオロギー的側面に焦点があてられるようになったが、そのとらえ方は質的に大きな隔たりがあり、理論的基盤を異にする多様なアプローチが存在することが明らかになった。次節では、ESLのライティング教育の流れを踏まえ、日本語教育において、ライティングがどのように実践されてきたのかを概観する。

3 日本語教育におけるライティング研究の動向

　日本語教育においても、ライティング研究の関心はプロダクトからプロセスへと移行し、「ポストプロセス」で言われるような「社会的転換」の動きも同様に生じている。しかしそれは、新たに登場したアプローチがそれまでのアプローチを批判するものではなく、ESL研究の影響を受け、新たな観点が単発的に付加されていったとみるべきだろう。日本語教育においてはライティングに関する研究そのものがそれほど多く行われておらず、ESLにおいて多大な影響力をもつプロセス・アプローチも、日本語教育ではプロセス偏重を批判されるほど浸透しているとは言えない。

3.1 技能育成を重視する「語学型」ライティング

　水谷（1997）は、学会誌『日本語教育』における過去20年間のライティングに関する論文を概観し、論文約110編のうち半数以上が誤用ないし表現能力に関するものだったと報告している。水谷は、日本語教育における「作文」には、自己の経験や思想を効果的・印象的に文字媒体をもって表現するという文学活動的なものとしてとらえる傾向と、言語能力向上のための一つの手段として文型練習の応用・発展練習などとの関連においてとらえる二つの「作文」観があることを指摘している。前者を「文学型・国語教育型」、後者を「語学型・英語教育型」と呼び、日本語教育全体としては後者に向かいつつあると指摘している。

　水谷が予測したように、その後の『日本語教育』誌上では、語学型・英語教育型のライティング研究が多く掲載されるようになる。それは、必ずしも言語能力向上のための文型練習重視を意味するものではないが、自己表現としてのライティングよりも、技能としてのライティングに焦点化されており、書くという活動にかかわる要素を科学的に解明することや、指導の効果を実証的に検証することが重視されているという点で一つの流れとしてまとめることが可能だろう。それは、プロダクト重視からプロセス重視への移行を示唆している。

　学習者の書く過程に注目した研究としては、石橋（1997）、石橋（2000）、

西條（2000）、矢高（2004）、田中（2005a）、吉田（2008）がある。石橋（1997）、矢高（2004）、吉田（2008）は、文章産出過程における構想の重要性に着目し、L1使用（石橋1997,矢高2004）やアイディア・シートの効果（吉田2008）について検証している。石橋（2000）は自己訂正におけるモニタリングの働きを論じた。一方、西條（2000）、田中（2005a）は推敲に着目し、西條（2000）は考えを深めるために推敲指導が有用であると主張し、田中（2005a）は推敲に関する講義が推敲結果に及ぼす効果を検証している。

書く過程に注目する研究が90年代から『日本語教育』に掲載されているのに対し、プロセス・アプローチの考え方を採用する教室活動においてESLでは必ずといっていいほど実践されているピア・レスポンスに関する研究が掲載されるのは2005年以降である。ピア・レスポンスに関する学習者ビリーフの調査を行った田中（2005b）の研究に続き、教師添削との比較を行った原田（2006）、留学生と日本人学生のピア・レスポンスを発話機能から分析した岩田・小笠（2007）、ピア・レスポンスによる語彙習得の可能性を論じた大島（2009）、課題探究型アクション・リサーチとしてピア・レスポンスを実践した跡部（2011）が掲載されている。

これらの研究は、広い意味でプロダクトよりもプロセスに焦点を移したものであるが、研究の着眼点や教育実践に対する立場はさまざまであり、プロセス・アプローチとしてひと括りにできるようなライティングに対する見方が固まっているとは言えない状況であることが読みとれる。

一方、学術的文章や専門日本語に注目した論文は、プロセスに注目した論文より早く、90年代前半から掲載されている。論文作成指導に関する考察（佐藤勢紀子1993,深澤1994）や、学術雑誌の語彙調査（村岡・柳1995,村岡・影廣・柳1997）、表現形式の用法分析（佐藤勢紀子・仁科1997）が行われている。2000年代に入ると日本留学試験導入に先立ち、「アカデミック・ジャパニーズ」という表現が使用されるようになり、山辺・谷・中村（2005）、砂川・朱（2008）が討論・発表・学術的文章作成などが含まれる活動を授業で実践し、アカデミック・ジャパニーズの枠組みに位置づけて学習者の学びを分析している。

近年のESLのライティング研究が、プロセス・アプローチの普及・拡大とその流れを批判・修正する動きとして描くことができるのに対し、

日本語教育においてはそのような対立軸はみられない。日本語教育では、認知的な活動としてのライティング、協働学習としてのライティング、学術的な領域におけるライティングについて、それぞれの枠組みで議論が展開されており、ライティングを日本語教育においてどのように位置づけ、何を目的としてどう実践していくべきなのかという包括的な議論には至っていない。

3.2 書くことを支える異なる言語教育観

しかし、それはライティングという限定された領域で学会誌『日本語教育』の論考を概観した場合であり、日本語教育全体の議論に敷衍してみれば、従来の教育観を問い直す新たな見方や実践の広がりの中に書くことの新たな側面を見出すことができる。書くことは、状況づけられた実践に埋め込まれた活動の一つとして、ことばの学びをどうとらえるかという観点から議論されている。

アカデミック・ジャパニーズとは何かをめぐる議論（門倉・筒井・三宅 2006）や、総合活動型日本語教育の実践（細川ほか 2004, 細川 2007b, 細川・ことばと文化の教育を考える会 2008）では、書くことが中心的な活動として位置づけられ、教師自身がめざす教育実践の方向性が示されている。また、リテラシーの多様なあり方についても、リテラシーズ研究会の活動や研究成果（佐々木・細川・砂川・川上・門倉・牲川 2007, 細川・西山 2010, 論文誌『リテラシーズ』）に議論がみられ、「ポストプロセス」で焦点化された、書くことの社会的、文化的、イデオロギー的側面からの考察もなされている。さらに、批判的教育学、批判的リテラシーの観点から日本語教育実践をとらえた論考（久保田 1996, 佐藤 2004, 熊谷 2009）もある。

このような教育実践や研究が登場する背景には、日本語教育、あるいは教育そのものに対するとらえ方、学習観・教育観の変化がある。従来ことばを学ぶことは、語彙や文法、またはコミュニケーション上のルールなどの知識を身につけ、それを運用する能力を養うことだと考えられてきた。この考えに立てば、教師はまず教えるべき知識を体系化し、整理して提示し、それを運用する効果的な練習方法を考案し、実施することが求められる。一方、知識はそれを使用する状況の中に埋め込まれており、個々の文脈から切り離すことができないと考える立場に立てば、

教師は学ぶ環境をデザインし、具体的な文脈の中で学習者が周囲の環境と相互作用しながら学んでいくことを支援する人となる。
　後者の立場は、ヴィゴツキーやバフチンの思想を理論的背景にもつ社会文化的アプローチ（ワーチ 2004/1991）や、エンゲストロームの拡張的学習（エンゲストローム 1999/1987）、レイヴとウェンガーの正統的周辺参加（レイヴ・ウェンガー 1993/1991）など、学びをとらえる新たな視点を提示する多様な研究に支えられている。現実の教育実践は、このような単純な二分法で描ききれるものではないが、学びを個人の内的、認知的変化としてとらえるのか、学習者を取り巻く関係性の変化、学習者と環境との相互作用としてとらえるのかという対立軸は、個々の実践を分析するうえで留意すべき重要な観点を提示している。
　前節では、リテラシー教育の議論の争点として、明示的教授と暗示的教授の対立について述べたが、上述したような学びをとらえる新たな視点を加えたとしても、それはすぐに解決されるような問題ではない。しかし、暗示的な教授が、社会的に不利な立場にいる学習者にさらに不利に働くとする見方は、学ばれるべき知識が、ある学習者にとってはアクセスが困難な状況に置かれているということであり、その状況を変えること、あるいは知識そのものがそれを使用する人々のあいだで変容することが重要だという見方に立つならば、明示的か暗示的かという対立そのものが解消されるとも言える。重要なのは、学習者が周囲とどのように相互作用し、それによって何が変化し、学習者がその変化をどう意味づけたかということである。
　書くことでいうならば、学習者が属しているコミュニティと、あるいはコミュニティが要請する規範とどのように相互作用し、書くことで何が変化し、何が変化しなかったのかを書き手自身が内省し、意味づけていくことである。その過程でコミュニティによって明示的に示される知識もあれば、状況に埋め込まれたまま無意識のうちに習得を強要される知識もある。そのどちらの知識に対しても、批判的、言い換えれば自覚的であることがコミュニティに自立的に参加していくことであり、自立的な参加はコミュニティ全体の構造を変革する可能性をもっている。それは他者とのあいだの「共通のリテラシー」を探り、新たな関係をつくっていく可能性を指している。

日本語教育において、学びの新たなとらえ方を示すキーワードとして広く認知されているのが「対話」や「協働」「ピア・ラーニング」といった用語である。「ピア・ラーニング」は池田・舘岡（2007）によって提唱され、『新版日本語教育事典』においても取り上げられている。それによれば、ピア・ラーニングは教師から学習者への知識伝達型の学習に対置されるもので、「学習者それぞれが自らのもつ能力をもとに、自発的に学習に参加する活動参加型の学習を意味する。ここでの学習は、学習者同士互いの信頼関係を育むと同時に、学習課題の達成と新たな意味や価値観の創造を目指している」（池田 2005: 775–776）と述べられている。ピア・ラーニングの具体的な活動形態としてピア・リーディングやピア・リスニングなどがあり、それらの研究も増えつつあるが、日本語教育で最も普及しているピア・ラーニングの活動形態はピア・レスポンスであると言えるだろう。

　ピア・レスポンスは、先に述べたように、池田（2002）において「作文プロセスの中で学習者同士の少人数グループ（ペア、あるいはグループ）でお互いの作文について書き手と読み手の立場を交換しながら検討し合う作文学習活動」と定義されている。ピア・レスポンスは欧米のL1ライティング教育で教師不在の作文学習として広まり、ESLにおいてもヴィゴツキー理論によって支持される協働学習として、プロセス・アプローチの中で登場したと説明されている。また、池田（2007）では、日本語教育における協働学習を「対等」「対話」「創造」「互恵性」「プロセス」の観点からとらえ直し、ピア・レスポンスを認知的観点と社会的観点から意義づけ、「批判的思考[11]を活性化しながら進める作文学習」「作文学習活動を通した社会的関係作り（＝学習環境作り）」としてまとめている。

　日本語教育におけるピア・レスポンスは、このような池田の理論的定義や実践によって認知され、海外を含むさまざまな日本語教育の現場に普及していった。上述した定義にあらわれているように、池田が推進するピア・レスポンスは、教師対学習者という、教え教えられる関係が支配している教室の構造を解体し、仲間同士の対等な関係において新しい意味や価値観が創造されることを重視している。

　しかし、ピア・レスポンスの研究が当初、従来の教師主導の教育、つまり教師添削との比較やプロダクトである書かれた作文の変化によって

その有効性を実証しようとしたために、ピア・レスポンス本来の意義がみえにくくなっており、活動形態の新規性のみに焦点があてられている状況を否定することはできない。つまり、ピア・レスポンスが書くプロセスを重視し、学習者が対話によって自分たちで意味を見出していくことを推奨しながらも、その結果である作文プロダクトの評価によって価値をはかろうとしたために、協働学習としての目的が見失われているということである。畑佐（2003）はL2ライティング研究の現状を概観し、ピア・レスポンスを教師フィードバックとの比較においてその有効性を論じ、教師フィードバックのほうが学習者同士のフィードバックより効果があると結論づけている。

　このような見方は、これまで論じてきたことばの「求心力」と「遠心力」、「明示的教授」と「暗示的教授」の対立が、ライティング教育において解消されうることのない根源的な対立として存在しており、また存在し続けるであろうことを示している。それはことばであるがゆえに避けられない対立であり、ことばを学ぶ教室はその葛藤の中でそれぞれが志向する学びの形態を見出していくことになる。学びのあり方はAかBかの二項対立でとらえるべきものではなく、学びの目的も方法も教室の数だけ多様に存在しうる。それぞれの教室での学びが、ことばのもつ求心力と遠心力のどのような力関係に支配され、その教室がめざすものとどうかかわっているのかを自覚する必要がある。教室参加者、さらに言えば、ことばの教育にたずさわるすべての人が、自らのめざすことばの学びとは何かを、それが何によって規定されているのかという自覚とともに、追究することが重要だと考える。

4　本書の位置づけ

　以上述べてきた先行研究の流れを踏まえ、本書では、第二言語で読み書きを学ぶ教室において、教師である筆者自身と学習者が意識的・無意識的に感じていた、社会的規範に従って正しく書かなければならないという圧力と、その束縛から自由になろうとする力との葛藤を、教室での相互作用の過程として記述していく。

　序章で述べたように、本研究は、ピア・レスポンスの実践研究からは

じまり、そこで感じた違和感が何であったのかを問い続けることを原動力として進められていった。ピア・レスポンスやそれを支えるプロセス・アプローチの考え方に対するESL研究の批判は、自己中心的ライティングや認知的要因の過度の強調に向けられていた。しかし、本書の教育実践が突き当たった問題は、社会的ルールとしてのことばの規範を無視した自己中心的な表現の使用ではなく、規範に忠実であろうするために、言語形式を整えることだけに関心が向けられ、ことばによって表現されるべき書き手自身の声が見失われているというものであった。筆者は当初その問題に対し、規範としてのルールを明示的に提示すること、書き手がその使用方法に習熟することで解決できるのではないかと考えていた。

　しかし、もしそうであるならば、ピア・レスポンスは何のために行われるのかという疑問が残る。ピア・レスポンス活動の中で言いたいことがあっても、それを表現するためのルールが提示されなければ言えないのであれば、そこでのやりとりはコミュニケーションの中断状態が常時続いていたことになる。また、ピア・レスポンスを、互いの書いたものを規範に近づけるために、フィードバックし合う活動ととらえるならば、規範により通じている者が主導権をとることになり、対等性は失われ、教師対学習者と類似した関係が生じることは否定できない。

　極言すれば、書いたものについて他者と対話することが、書くことの規範を身につけるために行われるのであれば、その規範が適用されていないコミュニティに属している者同士が対話しても意味をなさないということになる。しかし、そのような極論が提示されることはなく、ピア・レスポンスがうまく機能しないのは学習者の言語能力や文化的背景に原因があるとされ、うまくいった場合はピア・レスポンスの目的が明確に示されないまま、規範の獲得にも学習者同士の社会的関係づくりにも効果があったと言われることも少なくない。筆者の違和感はこの点にあった。

　そこで、2章［研究1］ではまず、書いたものを規範に近づけるためのフィードバックとはどのようなものなのかを考えるために、ピア・レスポンスとの対比で論じられることの多い教師添削に焦点をあてる。教師は学習者の書いたものとどう向き合い、添削という行為をどのような葛

藤の中で行っているのか、その実態を記述することで、書く過程を重視するということの意味を考察する。

　3章［研究2］は本書の出発点となった実践研究である。添削に代わりうるフィードバックとしてのピア・レスポンスというとらえ方が学習者の推敲にどのような影響を及ぼすのかを明らかにし、ピア・レスポンスに対して筆者が抱いていた違和感が自身の実践上の問題を引き起こしていたことを示す。

　4章では、2章、3章での議論を踏まえ、書いたものについて他者と対話することを規範に近づけるためのフィードバックとみなすことの矛盾を指摘し、書くことそのものを対話ととらえ、そのための授業デザインを行う必要性を主張する。書くことの認知的側面と社会的側面の両面に注目することが重要であり、そのための協働での学びとはどのようなものか、それを支える教師の役割とは何かを論じる。

　5章［研究3］は4章でデザインした授業を実践し、他者との対話が書く過程にどのような影響を与えるのかという観点から論じる。3章が作文プロダクトの変化からそれを探ろうとしていたのに対し、5章は学習者が書き直す過程そのものに焦点をあて、教師添削やピア・レスポンスで問題視される現象が何によって生じているのかを明らかにする。

　6章［研究4］は、「相互行為としての読み書き」を教室の全体像として描くことで、規範の圧力とそこから自由になろうとする力のせめぎ合いが学習者の書いたものや発話の中にどうあらわれているのかを分析し、読み書きを協働で学ぶ意義を論じる。

　本書は、プロセス・アプローチの中に位置づけられるピア・レスポンスから出発しているが、本章で概観したライティングに対する多様な見方のそれぞれに、意識的あるいは無意識的に多くの影響を受けている。3章［研究2］の授業実践と5章［研究3］、6章［研究4］の授業実践のあいだには10年という年月の開きがあり、そのあいだライティング研究はESLにおいても日本語教育においても大きく進展した。それらの研究成果に触発されつつ、さまざまな教育機関で多様な学習者と接してきた経験の一つひとつが現在の実践を形づくっている。本書はその実践の形成プロセスを振り返り、自身がめざす教室の姿を、それを支える理論とともにとらえ直すことをめざしている。その軌跡を本章のライティング

教育の流れの中に改めて位置づけてみるならば、自己表現としてのライティングから問題解決としてのライティングへ、さらに他者とのあいだに「共通のリテラシー」を築くためのライティングへと変遷してきたと言えるかもしれない。ただし、それは新たな実践を模索する過程で、過去の実践を意味づけ直す中でとらえられる軌跡であり、今まさに実践が進行している現場においてはさまざまな要素が複雑に絡み合い、自身がめざすものも、目の前の学習者の姿も明確にとらえることが困難である場合が多かった。次章以降は、その複雑な様相を簡略化することなく、実践の場にかかわる人々の葛藤をできる限り詳細に記述することで、読み書きを学ぶ教室のめざすべき方向性を論じていきたい。

注 [1] オーディオ・リンガル法が話すことを重視したために、書くことがおろそかにされたという見方が広まっているが、書くことの重要性をいち早く主張したのはオーディオ・リンガル法の推進者だったという指摘もある（Matsuda 2003）。

[2] 『外国語教育学大辞典』窪田の訳によった。岡崎・岡崎（2001）では、「新・旧レトリックアプローチ」、大井（2004）では「現代版伝統的修辞法」と訳されている。

[3] Hayes（1996）では、修正モデルも示されている。

[4] CARSモデルについては、日本語教育においても杉田（1997）、大島（2003）が紹介している。このモデルではムーブ（move）が単位とされ、「論文が扱う領域を確立する」「研究されるべきテーマや新しい視点を指摘する」「自分の論文を位置づける」という三つのムーブから構成されている（杉田 1997）。

[5] Johns（2011）は、ニュー・レトリック派のジャンル指導はSFLやESPアプローチと比較して、結果を出すことができていないと述べている。

[6] Johns（2011）は、①②③のアプローチを比較し、何をジャンルと呼ぶか、教えるべきか気づかせるべきか、教授するうえで何を重視すべきか、イデオロギーの問題をどう扱うかという4点について考察している。

[7] ②のESPアプローチでは教師の役割がプロセス・アプローチより強化されている。Hyland（2003）は、プロセスモデルは教師から力を奪い、善意の傍観者にしてしまったと批判している。一方、③のNRSはジャンルを教授すること自体に懐疑的であるとされる（中野

	2008, Gebhard & Harman 2011)。
[8]	佐藤学（2003）は、リテラシー教育に対する三つのアプローチ（道具的イデオロギー、相互作用イデオロギー、再生産イデオロギー）の特徴を批判的に検討している。
[9]	竹川（2010）は、リテラシー概念の変遷を「機能的リテラシー」「文化的リテラシー」「意識化としてのリテラシー」という枠組みで説明している。
[10]	意味を統一し構造化しようとする単一言語の求心力に抵抗する勢力として、バフチンは「ことばの多様性」（言語的多様性、異言語混淆とも訳される）と呼ぶ言語の遠心的な分化を志向する力に注目する。桑野（2011）によれば、バフチンのいう「ことばの多様性」とは、一定のイデオロギー的視点と結びついたさまざまな言語形式——社会集団語、職業的ディスクールその他——の併存状態を指しており、「支配的な口語および標準文語という相対的だが実在する統一体」の中に結晶化している単一言語というカテゴリーに対置されている（p.136）。しかし、単一言語に具現された言語の求心力は、現実の「ことばの多様性」の中で作用する。そこでは求心力とならんで言語の遠心力が間断なく作用しており、言語・イデオロギーの統一・中心化とならんで、脱中心化と分裂の過程が間断なく進行している（バフチン 1996: 29）。
[11]	池田（2007）の「批判的思考」には、批判的リテラシーが主張するような既存の社会が自明視している不平等や不公平な構造に対する批判は含まれていない。

第2章 [研究1]
読み手の解釈の
多様性と添削の限界

2章では、「相互行為としての読み書き」を実践する教育とは異なる教育観に基づく添削指導について考察する。「相互行為としての読み書き」を学ぶ教室の葛藤を理解するためには、添削指導にあらわれている言語観・教育観がどのようなものかをとらえ直す必要がある。添削はその教育的効果をめぐって意見が対立しているが、第二言語の教室においては行うべきもの、行ったほうがよいものという認識が一般的であると言えるからだ。このような認識はどのようにして生じているのであろうか。また、添削を行っている教師は、自分が行っている添削をどう認識しているのだろうか。2章［研究1］では、書いたものを規範に近づけるための添削の実態を、教師は学習者の書いたものとどう向き合い、添削という行為をどのような葛藤の中で行っているのか、教師の添削過程を記述することで明らかにし、書く過程を重視する意味を考察する。

1 問題の背景と目的

1.1 本研究における添削の意味と研究の目的

添削はライティング指導の現場で広く行われているが、教師が費やす労力と時間に比べ、学習者へのフィードバック効果は薄いのではないかという疑問が現場の声としてよく聞かれる。そもそも、自分が行っている添削は、学習者の言いたいことを本当に理解して直せているのだろうかと悩みながら行っている教師も少なくないだろう。近年、盛んに実践されている協働学習としてのピア・レスポンスは、そのような教師添削に対する懐疑的な立場から推奨されてきた。しかし、添削そのものの是非をめぐる議論はほとんど行われておらず、教師はその効果や方法に疑

問を感じることがあっても、添削は当然行うべきものとされているのが現状[1]と言えるだろう。

英語教育では、grammar correction（文法訂正、以下GC）は効果がないばかりか有害であるからやめるべきだというTruscott（1996）の主張をめぐって激しい議論が繰り広げられたが（Ferris 1999, Truscott 1999）、その決着はいまだついていない。Ferris（2004）は、GCの効果を検証するこれまでの研究は、研究デザインに一貫性がないことから比較が難しく、効果の有無を一般的に結論づけることはできないと述べている。

Truscott（1996）が批判するGCとは「正確に書く能力を伸ばすことを目的に行われる文法的誤りの訂正」であり、直接訂正の他、アンダーラインやコードを使用して誤りに気づかせる間接的な方法も含まれる。また、作文フィードバックが不要だと述べているわけではなく、GC以外のフィードバックにより多く時間をかけるべきだというのがTruscott（1996）の主張である。

本研究でも、添削をGCのように限定された作文フィードバックの一つととらえたうえで論じる。本研究では添削の意味を「添削者から書き手に対して一方向的に行われる、作文の文法や表記などの言語形式に対するフィードバック」[2]に限定する。したがって、添削者が書き手に意味を確認したり、内容や構成にコメントしたりするフィードバックは含まない。また、添削者が1人で作文を読み、赤ペンなどを使用して修正する行為のみを指し、教室などでの対面による指導も含まないものとする。

このように添削の意味を限定したうえで、本研究は教師の添削過程に注目し、その実態を記述することによって、添削という形態が抱える問題について考察する。添削は、教師が学習者の作文を読み、その内容を読み手として解釈しつつ、規範からの逸脱と感じた言語形式をマークし、それをどう修正するか、あるいはしないかを、作文の目的、文脈、学習者の背景、学習状況、教育目標などを勘案して判断するという複雑なプロセスを経て行われる。

しかし、このような添削過程に研究の焦点があてられることはほとんどなく、添削結果が学習者作文に及ぼす効果ばかりが議論されてきた。添削過程に注目することは、添削の問題を新たな側面からとらえ直すと

いう意味で重要であると考える。添削者は作文のどの部分を規範からの逸脱と感じ、それをどう直すのか、それによって作文がどのような影響を受けるのかが明らかになれば、添削が作文に及ぼす効果の有無や添削の妥当性をこれまでとは違った角度から論じることができる。

そこで、本研究は、一編の作文を複数の添削者がどのように解釈（理解）し、どのような判断を経て修正に至るのか、そのプロセスを記述したうえで、ライティング指導における添削の問題点を考察することを目的とする。

1.2 「複数の添削者の解釈」「添削過程」に着目した先行研究

宇佐美・森・広瀬・吉田（2009）では、読み手が書き手の意図を推測することを妨げる表現とは何かを調査するために、一編の作文を複数の添削者に添削してもらうという方法を採用した。作文添削システムXECS（ゼックス）（詳細は後述）を用いて収集した、複数の添削者による日本語学習者の作文添削データをもとに、不適切な語の選択が読み手の理解にどのような影響を与えているのかについて分析を行った。単語同士、フレーズ同士の関係が明確でない場合、読み手は論理的な関連性を自分なりに推測してしまうため、コミュニケーション上大きな問題となることを指摘した。しかし、分析の対象は添削結果としての修正作文であり、そのような修正に至る添削過程は明らかになっていない。

一方、日本語教育において添削過程に注目した研究に石橋（2002）がある。石橋は日本語教師8名のプロトコル・データの分析から、修正、非修正に至る添削過程のモデル化を試みている。教師は逸脱に気づいても修正行動に至らない場合も多く、実際に行われた修正は文法や表記などの誤用に集中していた。逸脱に気づいても修正に至らない主な理由として、書き手の意図が推測できない、適切な対案が提示できないことがあげられている。しかし、添削者の迷いがなぜ生じるのか、迷いながら行った添削で作文の何が変わるのかといった点には注目されていない。

そこで、本研究では一編の作文を複数の添削者がどのように解釈し、修正するのかを、書き手の意図（母語訳された作文）を参照しながら分析する。そこで生じる添削者の迷いが何に起因するのかを明らかにすることで、添削の問題点を指摘したいと考える。

2　方法

2.1　XECSによる添削結果データの収集

宇佐美ほか（2009）は、日本語学習者の作文に対する母語話者34名の添削データをXECSで収集した。34名のうち日本語教師は9名であるが、本研究はこのデータを1編の作文に対する複数の添削者の添削結果データとして使用し、後述する日本語教師3名による添削過程データと合わせて分析した。XECS[3]とは、独立行政法人国立国語研究所（当時）の宇佐美洋氏をはじめとする研究グループが開発したXML-based Essay Correction Systemの略称で、添削をブラウザ上で行い、その結果をXMLファイルとして残していくシステムである。ブラウザ上に表示させた作文について、修正したい箇所を範囲指定し、挿入・削除・置換などの添削操作が行え、必要に応じて修正候補やコメントなどの情報も入力できる。また、修正の際にはその誤用に対する許容度を3段階で答えるようになっている。データ収集は、XECSの操作方法を十分に説明したうえで、作文1編あたり30分以上、1時間以下という時間内で行われた。

また、宇佐美ほか（2009）では作文6編のデータを分析しているが、本研究では添削過程とその結果としての修正作文を質的に分析するため、3編のデータ[4]のみ使用した。3編は、添削者によって解釈や修正のし方に差が出たものの中から、作文の種類、執筆者の母語が偏らないように選んだ（表2-1参照）。

表2-1　添削対象作文

作文番号	作文の種類	作文のトピック	文字数	執筆者の母語	執筆者の日本語学習歴
作文3	意見文	たばこの健康被害	592	中国語	—[5]
作文5	説明文	学生生活	536	英語	14ヶ月
作文6	説明文	韓国の伝統行事	803	韓国語	28ヶ月

※作文番号は宇佐美ほか（2009）と同じ番号を使用した。

2.2 添削過程データの収集

表2-2 日本語教師3名のプロフィール

	性別	日本語教育歴	作文授業担当の経験
日本語教師A	男性	6年	3年（主に海外の大学）
日本語教師B	女性	12年	4年（主に国内の大学）
日本語教師C	女性	7年	2年（主に国内の大学）

　宇佐美ほか（2009）は、日本語学習者の作文に対する母語話者の評価観を探ることを調査目的としていたため、添削協力者のうち日本語教師は9名だけだった。本研究は教育的指導としての添削の実態を記述することが目的であるので、日本語教師のデータを中心に分析することにし、日本語教師9名のうちの3名から添削過程データを新たに収集した。3名のプロフィールを表2-2に示す。

　データ収集時期は、宇佐美ほか（2009）の調査から約1年が経過していた。表2-1の作文3編について、自分の授業で通常行っているのと同じ方法（3名とも赤ペンでの手書き）で添削してもらった。以後、「本研究の協力者である日本語教師3名の通常の授業と同形態の添削」を「手書き添削」と呼ぶ。手書き添削中は調査者が隣に座り、作文を読んでの質問、コメント、感想などを自由に語ってもらい、添削作業の様子を録画・録音した。XECS添削ではなく、手書き添削の過程を分析対象としたのは、日本語教師3名が普段行っている添削の方法や添削に対する意識を調査し、分析に加えたいと考えたからである。したがって、手書き添削は学習者に書き直しをさせることを前提に教育的指導として行った。これに対し、XECS添削では添削者が違和感をもつ箇所をできる限り多く特定できるように、教育的配慮は不要とし、作文の直し方を学習者に合わせて調整する必要はないという条件で実施された。また、日本語教師3名が宇佐美ほか（2009）の調査でXECS添削をしていない作文については、比較のためXECS添削も行った[6]。作業前に普段の添削指導や添削に対する意識についてインタビューし、作業後フォローアップインタビューを行った。

　表2-3は本研究で収集したデータと宇佐美ほか（2009）が収集したデータの内訳である。XECS添削では、人により時間内に添削できた作文数

に差があるため、作文1編あたりの添削者数が異なっている。本研究のデータは、表2-3の作文添削データと、日本語教師3名の手書き添削時の発話及びインタビュー（合計7時間22分26秒）を文字化したプロトコル・データである。

表2-3 作文ごとの添削者数

		作文3	作文5	作文6
XECS添削	宇佐美ほか(2009)の調査	日本語教師BとC　2名 その他日本語教師　5名 日本語ボランティア　6名 学校教員　　　　　3名 その他　　　　　　8名	日本語教師AとC　2名 その他日本語教師　4名 日本語ボランティア　3名 学校教員　　　　　4名 その他　　　　　　8名	日本語教師A　　　1名 その他日本語教師　2名 日本語ボランティア　5名 学校教員　　　　　2名 その他　　　　　　9名
	本調査	日本語教師A　　　1名	日本語教師B　　　1名	日本語教師C　　　1名
		(計　　　　　25名)	(計　　　　　22名)	(計　　　　　20名)
手書き添削		日本語教師 A、B、C (計　　　　　　3名)	日本語教師 A、B、C (計　　　　　　3名)	日本語教師 A、B、C (計　　　　　　3名)

2.3　作文分析対象箇所の選定

本研究では、日本語教師3名が添削過程で迷いを生じた箇所を分析対象とした。Truscott（1996）とFerris（1999）の両者が指摘しているように、学習者の誤用にはさまざまな原因が複雑に絡み合って生じているものが多く、文法の説明だけでは対処できない場合がある。このような複雑な誤用は、語の選択や表記に関するような単純な誤用に比べ、コミュニケーションに支障をきたす場合も多く、修正が困難という点で深刻な誤用だと言える。宇佐美ほか（2009）の調査結果でも、単純な誤用は日本語教師以外の添削者でも意味推測がある程度可能で、修正のし方も類似していた。そこで、本研究は添削者の迷いが生じた箇所、すなわち、書き手の意図の推測や、修正が困難な箇所を特定し、それに対して日本語教師がどのように解釈し、添削したのかを分析することとした。このような複雑な誤用については、日本語教師3名とも、添削結果を示すだけではなく、書き手に意図を確認するなど、何らかの対応をとると述べている。つまり、日本語教師自身が添削だけでは指導が不十分だと感じている箇所を特定し、不十分と自覚しながらもどのように添削したのかを分析したということである。なぜ添削では不十分なのか、その原因は何か、ど

のような解決がはかられるのかを詳細にみていくこととした。

　分析対象箇所選定の手続きとしては、まず、日本語教師3名のプロトコル・データに基づき、作文の中で3名に共通して添削上の迷いが生じた箇所を特定した。このうち、3名の解釈に大きな違いがみられた3箇所を分析対象箇所として選定した。この分析対象箇所について、XECS添削データを参照し、3名以外の添削者による修正結果と合わせて分析した。また、分析対象箇所を執筆した書き手の意図を推測する手がかりとして、執筆者による作文の母語訳[7]を参照した。分析対象箇所と該当する母語訳を表2-4に示す（作文の全文と母語訳は巻末資料2を参照）。

表2-4　作文の分析対象箇所と執筆者による母語訳（分析対象箇所は太字部分）

作文3	だから、たばこのことは個人問題だけではなく、全社会の問題である。**たとえばたばこを吸う人が自暴自棄になる、かつ他人の健康のために吸わないでください。**（所以吸烟不只是个人问题而是社会问题、**就算吸烟的人自己自暴自弃、但是也应为他人着想、请不要吸烟**。）
作文5	あの時は子どもやすみ、私クラス行きませんでした。そしたら、先生は家をかけました。それにパパは私の耳引張る学校に！だめです。パパの面前で、先生叱りました。ちょっとはずかしい、でもちょっとおかしいね。(There was a time when an (ママ) Childresn's (ママ) Day. I skipped my class and my form teacher called to my house. I was pulled by the ear by my father all the way to school and there, in front of my father, I was scolded by my teacher. I felt a little ashamed but at the same time felt a little funny.)
作文6	韓国の"帰省戦争"というのは、経験のある人ではなければ、ぜったい象想もできないほどである。**というのは韓国人の帰省本能は、どれだけ発達しているのかやたらにうたがわしくなるばかりだ。**（한국의 귀성전쟁이라는 것은 경험이 없는 사람이라면 절대 상상할 수 없을 정도다. 그래서 **한국인의 귀성본능이라는 것이 어느정도 발달되어 있는지 괜실히 (ママ) 궁금해 질 정도다**.）

3　結果と考察

3.1　読み手の解釈の多様性

3.1.1　構成要素の論理的関係が推測できないために生じる解釈の多様性

　作文3の分析対象箇所に対して、添削者25名がXECSでどのように修正したかを表2-5に示す。表2-5から前半の節「たとえばたばこを吸う人が自暴自棄になる」への対応が添削者によってかなり異なっていることがわかる。それに続く節「かつ他人の健康のために吸わないでくださ

い」との関係がどうなっているのか、非常にわかりにくいからだと思われる。修正パターンは大きく三つに分かれた。第一は「自暴自棄」が不適切であると指摘するが修正案は提示しない（8名）、第二は「自暴自棄」ということばは修正せずに、節と節の関係を修正する（8名）、第三は「自暴自棄」を削除したり、他の表現に置き換えたりする（6名）ものである。第二の節と節を修正するパターンとしては、「たとえばたばこを吸う人が自暴自棄になったり、かつ他人の健康のために吸わないでください」のように修正後も意味がはっきりとれないものや、「たばこを吸う人が自暴自棄になることなく、他人の健康のためにたばこを吸わないでほしいと思うのです」のような例がみられた。書き手の意図を母語訳から推測すると、「たばこを吸う人が自暴自棄になったとしても、他人の健康のために吸わないでください」という解釈が一番近いように思われるが、このような修正をしたのは1名だった。最も多かった修正は、「自暴自棄」は無視し、「たばこを吸う人は自分の健康のためだけでなく、他人の健康のためにも吸わないでください」（6名）というものであった。

表2-5　作文3の分析対象箇所に対する添削結果

修正の有無と修正パターン	該当者数
「自暴自棄」の修正を保留	8
「自暴自棄」は修正せずに節と節の関係を修正	8
前半を「たばこを吸う人は自分の健康のためだけでなく」の意味に修正	6
前半を「たばこを吸う人は自己中心的にならず」に修正	1
前半を削除	1
修正なし	1
計	25

3.1.2　わかりにくさの原因を分析する日本語教師の添削過程

　XECS添削において、日本語教師Aは「自暴自棄」の修正を保留する第一のパターン、Bは節と節の関係を推測して「自暴自棄になるのもよくないし」と修正する第二のパターン、Cは「自暴自棄」を含む節を削除し「健康のために吸わないでください」と修正する第三のパターンを選択していた。一方、手書き添削では、BとCもA同様、「自暴自棄」の

修正を保留し、波線や疑問符を記した。手書き添削時のプロトコル・データからは、3名とも「自暴自棄」が文脈に関係なくあらわれることに戸惑い、作文3の中で最もわかりにくいと感じている様子がうかがえた。XECS添削と手書き添削で違いがみられたのは、XECS添削が教育的配慮を不要としていたことと、両添削を行うあいだに1年近くが経過していたことが関係していると思われる。いずれにしても、3名とも自分の学生であれば、作文を返却する際に本人に意図を確認すると述べており、修正が難しい部分であったと言える。

「自暴自棄」を含む節のわかりにくさについて、宇佐美ほか（2009）は作文の母語訳を参照し、その原因を接続詞の使用の誤りにあると分析した。この点に関して、母語訳をみていないBも同様の見解を示し、書き手の意図を推測しながら以下のように述べている。

作文3の分析対象箇所に対する日本語教師Bのコメント

「たとえば」と、ここにあるのですが、「たとえば」の使い方をもし間違えていなければ、たばこを吸う人が自暴自棄になると合致していない。社会問題だということをまず言っていて、だから、吸わないでほしいということを最後に訴えているのですが、ここのところ「たとえば」ということで、例示が出るのかなと思ったら例示でもなく。それから「たばこを吸う人が自暴自棄になる」としか書いていないのですが、なってもいけないので、という理由なのかなとも思ったのですが、どうしてたばこを吸う人が自暴自棄になるのか、ここの流れからだと全然判断できないし、「自暴自棄」という言葉を何かの言葉と間違えているのかもしれないのですが、それもちょっと判断がつかなかったのですね。

Bは、書き手である学習者の意図をさまざまな側面から推測し、わかりにくさの原因を言語形式の誤りの可能性と結びつけて分析している。たった一文を解釈するのに、ここまで分析的な読みを行えるのは経験を積んだ日本語教師ならではであろう。母語訳をみると、Bの指摘どおり「たとえば」の使用が不適切だったことがわかる。さらに、Bは作文3を全体的に評価する際に、この一文が「結論的な文」であると判断し、そこでの接続詞の誤りは作文全体にとって大きなマイナス要素であると述べた。この一文が「結論的な文」であることは、作文のタイトルが「他人の健康のために」とあることからも判断できる。Cも「ここの段落の中心部みたいなことの結論が欠けている」と述べており、書き手の主張

につながる重要部分であることを推測している。にもかかわらず、書き手がおそらく言いたかったであろう「自分が自暴自棄になるのは勝手だが、他人に健康被害を与えるのはよくないので、たばこを吸わないでほしい」という主張は、学習者の作文を読むことに慣れている日本語教師にも、まったく伝わっていなかった。

　以上のことから、作文3の「自暴自棄」を含む一文が抱える問題を添削で解決することは不可能であると言えるだろう。たとえ波線や疑問符などで注意を促したとしても、それだけでは問題の重大さは書き手に伝わりにくい。書き手に意図を確認する時間が十分にとれるのであれば別であるが、そうでなければ、添削者も、添削結果を提示される書き手も、お互いの意図が汲み取れないままやり過ごしてしまう可能性が高いと考えられる。

3.2　添削不可能な作文への対応

3.2.1　不適切な言語形式が原因で生じる事実把握の困難さ

　作文5は、「あなたの国の行事について」という作文課題とはかなりずれており、「学生生活」について書かれている。語の選択や文法に関する誤りが多く、全体として非常に意味がとりにくい作文である。中でも、分析対象箇所はだれが何をしたのかを把握するのさえ困難であり、読み手によって解釈がまったく異なっていた。母語訳をみると、「子どもの日にクラスをずる休みしたら、先生が家に電話をかけてきた。私は父に耳を引っ張られて学校まで連れて行かれ、父の目の前で先生に叱られた」というエピソードを紹介していることがわかる。この「子どもの日（母語訳Childresn's（ママ）Day）」に相当する日本語が「子どもやすみ」となっているために、読み手に大きな誤解を与える結果となった。「あの時は子どもやすみ、私クラス行きませんでした」を添削者22名がXECSで修正した結果が表2-6である。

表2-6 「あの時は子どもやすみ、私クラス行きませんでした」の添削結果

修正の有無と修正パターン	該当者数
「あの時は子どもやすみ」の修正を保留	8
「私は子どものとき、クラスに行かなかった」の意味に修正	6
「あの時は学校をずる休みして、クラスへ行かなかった」の意味に修正	4
「あの時は子どもが学校を休み、私はクラスへ行かなかった」の意味に修正	3
修正なし	1
計	22

　最も多かったのは、「あの時は子どもやすみ」の修正を保留するパターン（8名）だったが、次に多かったのは「私は子どものとき、クラスに行かなかった」の意味に修正するパターン（6名）だった。書き手がその当時子どもだった可能性はあるものの、書き手の意図したこととはかけ離れてしまっている。さらに誤解が進んだパターンとして、「子どもやすみ」を「子どもが学校を休んだ」と解釈したものがあり、そのために親である書き手がクラスへ行けなかったという意味にとった添削者が3名いた。続く「先生はうちをかけました」の部分では、「先生が家に来た」（13名）と「先生が家に電話をかけた」（8名）の二つの解釈に、「学校に！だめです」の部分では「学校に連れて行った」（8名）と「学校に行きなさいと言った」（7名）の二つの解釈に大きく分かれた。このような部分的に異なる解釈が組み合わさることによって、読み手によってまったく異なるエピソードが生み出されてしまった。

3.2.2　添削の限界を認識しながらも推測を重ねて修正に至るプロセス

　このような多くの問題を抱えた作文5は日本語教師であっても理解困難であり、3名とも書き手に意図を確認したうえで指導を行う必要性に言及している。また、そのような個別指導を必要とする学習者は自分のクラスにもいると述べており、作文5はそれほど特殊なケースではないという認識であった。

　Aは、XECS添削で、「子どもやすみ」は修正保留、後半部分は「先生は家に来ました。そのうえパパは私の耳を引っ張って、「だめです。学校に行きなさい」と強く言いました」と修正した。一方、手書き添削で

は波線と疑問符を多用して書き手の意図が不明であることを示し、「何がだめですか？」などのコメントを記入している。XECS添削では、違和感をもつ箇所はできる限り修正するよう依頼していたため、自分の推測に自信がなくても修正が行われたと考えられる。Aは手書き添削の過程で、書き手の意図がさまざまに解釈されうることを次のように指摘し、添削だけでは対処しきれないことを繰り返し語っている。

作文5に対する日本語教師Aのコメント
　「あの時」というのは何ですか。学生のことなのかな。それとも学校にいることなのかな。よくわかりません、これも聞きます。それから「子どもやすみ」、子どもというのは、だれ？　学生って今まで言っていて、「子ども」が出てきて、一体だれかわからないし、「やすみ」は、学校が休みなのか、寝ることのやすみなのかわからない。これも聞かないと私、わかりません…（中略）「そしたら、先生は家をかけました」どういう意味ですか。「かけます」というのは走るという意味もあるし、何か上から水のようなものを落とす、これも「かけました」。これは聞きます。もういちいち書いてわからないので。

　Aは、添削をする際、自分が書いたコメントを学習者が理解できるかどうかや、赤が多すぎて学習者がやる気をなくしてしまわないかという点に最も気を配っており、できればこのような添削は行わず、個別指導で学生自身に修正させることが望ましいとも述べた。

　このような添削の限界と個別指導の必要性については、BとCも同様の見解を示したが、作文の修正では自らの解釈の結果を提示する方法を選んだ。Bは、最初「先生は家をかけました」の部分を「電話をかけた」と判断したが、次に「パパは私の耳引っ張る」とあるので、先生が家に来てパパが私を怒ったと解釈した。ところが「学校に」とさらに続くので、やはり、先生が電話をかけて、パパが私の耳を引っ張って学校へ連れて行ったのだろうと思い直した。また、書き手が「ちょっとおかしい」と事の成り行きをおもしろがっているので、先生がパパを叱ったのではないかという「ストーリー」を自分でつくったと語っている。このような推測を経て、BはXECSでも手書き添削でも、「子どものとき、ある日、私はクラスに行きませんでした。そしたら、先生が家に電話をかけました。パパは私の耳を引っ張って、学校に！「だめです」」と修正した。「先生がパパを叱った」という修正はされなかったが、Bの頭の中では異な

るストーリーも展開されており、書き手に確かめたいと語っている。自分が行った修正は、書き手が意図した内容である可能性の一つでしかないと認識していることがわかる。

　また、Cの場合は、書き手の人物像に関する推測が分析対象箇所の解釈に大きな影響を与えていた。作文の前半に書かれた「私学生じゃない、成人です」の部分から、Cは書き手がすでに成人しており、働きながら学校へ通っていると推測したようであった。Cは手書き添削時、「子どもやすみ」の部分を読んで、次のように語った。

> 作文5に対する日本語教師Cのコメント①
> 　だからやっぱり主婦で学校に行っていたのではないかなと思う。子どもが何か病気か何かで休んだから自分も行けない。だからパパというのはたぶん…違うか、自分が子どもなのですね、これ。うーん。それで、自分のお父さんが私の耳を「学校行きなさい」と、きっと耳を引張ったのですね。

　Cは1年前のXECS添削では「あの時は子どもが休むと、私はクラスに行きませんでした」と修正していた。上のコメントから、手書き添削では、子どもが休んだのではなく、書き手が子どもだったと解釈し直したことがわかる。修正は「私はクラスへ行きませんでした」に変わり、「あの時は子どもやすみ」は削除された。しかし、書き手が成人であるという推測は保持されたようであり、そのあとも次のように語っている。

> 作文5に対する日本語教師Cのコメント②
> 　一番最初の段落にくっつけて、まず私は成人というふうに、今、自分はどういう状態で、学生といっても、成人で学生、夜間学校に行っているのかわからないですけれど、自分の状況をちょっと説明したほうがわかりやすくて、そうすると、後ろのほうで、昔のことを思い出しているという状況がわかるのではないかと思いますね。

　作文5の母語訳をみると、書き手はもうすぐ学校を卒業し、成人になろうとしている人物であることがうかがえる。それとは異なる上のような解釈が生じたのは、作文5に時制の混乱が多くみられ、書き手にとって「学生生活」が過去のことなのか、現在のことなのか判断しにくいからである。さらに、通常のクラスであれば、書き手である学生に関する

情報をある程度把握しているはずであるが、今回の調査では、そのような情報を添削者は一切もっていなかった。つまり、作文5は、教室を離れ、第三者の立場で読むと、学習者の作文に慣れている日本語教師であっても、事実把握が困難なほど理解しにくい文章であると言える。しかし、先述したように、作文5が決して特殊なケースではないことを考えあわせると、書き手の意図がまったく把握できない作文であっても、日本語教師はさまざまな推測を重ね、判断に迷いながら添削を行う場合も多いと考えられる。作文5に対する日本語教師の添削過程は、そのような添削の限界を如実に示す例としてあげられるだろう。

3.3 書き手にしか解決できない問題
3.3.1 言いたいことはわかるが修正が難しい箇所に潜む重大な問題

　作文5とは対照的に、作文6は添削者が許容できないと考える誤用が比較的少なく、修正は「象想」のような表記の誤りと語選択の誤りに集中していた。分析対象箇所は、AとCが書き手の意図がわからないと述べた箇所で、Bは意図は理解できるが、どう修正したらいいか悩むと述べていた。この部分は、韓国人が正月に帰省する際の交通渋滞について書かれており、その混雑の激しさを表現しているのは伝わるが、「帰省本能」が「発達」するとはどういうことなのか、書き手がここで何を言おうとしているのかはあいまいである。

　表2-7は作文6の分析対象箇所に対する20名のXECS添削の結果である。作文3や作文5とは異なり、何の修正も行わなかった人が5名いた。また、修正する場合は、「どれだけ発達しているのかやたらにうたがわしくなるばかりだ」をどう解釈するかで修正パターンが分かれた。該当部分の修正保留が4名、表記や単語の修正だけで意味的には変化しない修正が5名、意味的に変化している修正が6名となった。意味的に変化している修正とは、帰省本能が発達していることに対して「不思議だ」「すごい」「驚く」など、書き手の評価・判断をあらわす表現を加筆して書き手の意図を明確にしようと試みているものである。

表2-7　作文6の分析対象箇所に対する添削結果

修正の有無と修正パターン	該当者数
「どれだけ〜うたがわしくなるばかりだ」を意味的に修正 ・どれだけ発達しているのか不思議に思う ・本当にすごいものがある ・どれだけ発達しているのか驚くばかりだ ・どれだけ発達しているのか理解するのは難しい　など	6
「どれだけ〜うたがわしくなるばかりだ」の意味的な修正なし	5
修正なし	5
「どれだけ〜うたがわしくなるばかりだ」の修正を保留	4
計	20

　上記の添削結果が示しているとおり、作文6の分析対象箇所は、何となくひっかかる表現ではあるが、言いたいことがわからないでもなく、修正するかしないか判断が分かれる箇所である。また、母語訳をみても「韓国人の帰省本能がどれぐらい発達しているのか気になる、知りたくなる」といったことが書かれているだけで、帰省本能の発達について書き手がどう考えているのかは不明である。したがって、この文のわかりにくさは、学習者の日本語力が不足しているために生じているのではなく、書き手が表現しようとしている内容そのものが読み手にとって理解しにくいことが原因となっていると言えるだろう。作文全体を通して読むと、書き手は伝統行事を守り伝えていくことが大切だと結論で述べていることから、盆や正月に大勢の人が帰省することはよいことだと考えているのではないかと推測される。しかし、分析対象箇所の直前では交通渋滞の問題を述べているので、「帰省本能」はむしろ悪い「本能」と解釈されてしまう可能性もある。このように、作文6は日本語の表現としては作文3や作文5のような重大な誤りはないものの、書き手の主張が読み手に伝わっていないという点では、同じように重大な問題を抱えていると言える。

3.3.2　書き手の主張がみえないために生じる添削者の迷い

　作文6の分析対象箇所に対して、Bは「(韓国人の帰省本能が) どこまで発達しているのかっていうのがわからないっていうことを言っている。そ

れほど発達しているっていうことを言っているんだろう」とは理解したが、それをどのような表現を使って修正したらいいかで悩んだという。手書き添削で「どれだけ発達しているのかはかりしれない」と修正した。一方、AとCは「帰省本能」が発達しているのかいないのかがわからないと述べ、XECS添削でも手書き添削でも修正を保留している。また、AとCは「帰省戦争」や「帰省本能」が書き手の造語なのか、どう評価したらいいかで迷ったと述べており、造語が使えているとしてプラス評価したBとは対照的であった。さらに、Cは書き手に確認したいこととして、次のように語っている。

> 作文6の分析対象箇所に対する日本語教師Cのコメント
> これは帰省本能が発達しているの、発達していないのどっちなのって、こういう書き方だとわかりにくいから、発達していると思うとか、うん、書いたほうがいいし、ただ「発達している」っていうと、何かすごくいいことに使うことが多いので、これは皮肉として使いたいのかどうかっていう確認も必要かなって思いました。(中略)それとも、ただ知らないので、帰省本能が優れて、優れてっていうか、強いっていう表現だけしたかったんだけど、発達にしちゃったみたいなのかどうかっていうことですね。

Cが問題として指摘しているのも、帰省本能の発達に対して書き手の考えが表明されていない点についてである。Cはそれを「皮肉」と受けとめ、手書き添削時、該当箇所に下線を引き、「皮肉？」と記している。さらに、その解釈はいったん保留し、帰省本能が「優れている」あるいは「強い」とだけ言いたかったのか、書き手に確認したいと述べた。このように、この部分でどの表現を選択するかは書き手の意図と深く結びついており、言語形式の誤りとして訂正できるような問題ではない。加えて、先述したとおり、帰省本能をどうとらえるかは、作文のテーマである伝統行事に関する書き手の主張とも深く関連しており、この部分をどう修正するかはこの作文にとって非常に重要な問題であると言える。

このような書き手の主張を明確化するために必要な文章の修正は、書き手自身にしか行えない。自分の考えを表現するのに最も適した表現を選択していく過程、ここでは帰省本能をどう表現するのかを考えることに、書き手にとっての学びや成長の機会があるのではないだろうか。その意味において、教師が学習者の意図を推測して文章を修正する添削

は、書き手の学びを支援する手段として適切でないと言わざるをえない。読み手の理解が得られないことに書き手が気づき、自分の考えを明確にしたうえで、それを言語化するには、読み手である他者とのやりとりを繰り返す必要がある。書くことにおいて、他者との対話を通して自身の思考を深め、それを言語化するプロセスがいかに重要であるかを示していると言える。

4 まとめ：読み手の一方向的な応答としての添削の限界

　本研究は、日本語学習者の作文に対する添削の実態を明らかにするために、34名の添削結果と、そのうちの3名の日本語教師の添削過程を分析した。言語形式が不適切なために書き手の意図を読みとることが困難な箇所に対する添削者の解釈は、書き手の意図とずれた形でさまざまなヴァリエーションを示し、修正のしかたも多様であった。日本語教師は、さまざまな推測を重ね、書き手の文章産出上の問題をある程度把握することに成功していた。しかし、だからと言って日本語教師も書き手の意図を完全に理解できるわけではなく、日本語教師自身も自分の解釈が一つの可能性でしかないことを十分に認識していた。

　添削の問題は、何のために添削を行うのかという教師の教育観に大きくかかわっており、教室と切り離した添削を分析した本研究では論じることに限界がある。しかし、本研究で明らかになった添削の問題は、書き手の表現したい内容が不確かな状態で、その言語形式面のみを問題としてとらえ、形を整えようとする添削の本質に由来しており、それは添削という形態をとる限り、どのような教室においても起こりうる共通の問題である。

　たとえ、書き手の誤用が今回の分析対象箇所のように複雑なものでなかったとしても、読み手である他者が書き手本人に代わり、その真意を文章化することは不可能であり、他者による修正の限界は同じように指摘できるだろう。添削者が自信をもって修正した箇所が書き手の表現意図とかけ離れてしまう可能性は常にある。添削者の解釈の多様性は、書き手に対する読み手の一方向的な応答としての添削の限界を示しており、その教育的意義を問い直す必要性を示唆している。

近年、作文へのフィードバックとして注目されているピア・レスポンスは、そのような添削の限界を踏まえ、書く過程で読み手とのやりとりを重視する。ここでの読み手の解釈の多様性は書き手に気づきを促し、書き手は読み手と対話することで自分の考えを深め、それにふさわしい表現を自分でつくり出していくことが可能となる。
　こうした読み手とのやりとりは日本語教育の多くの現場で行われるようになってきた。しかし、やりとりによって深められた思考（内容）を言語化する段階で厳密な添削を行うようなことをすれば、学習者の学びのプロセスをそこで断ち切ってしまう可能性もあるだろう。何のための添削なのか、ライティング教育において何を重視するのか、教師一人ひとりが個々の現場で常に問い続けることが重要であると考える。
　本研究はTruscott（1996）のように添削を不要と断ずるものではない。Ferris（2003）の指摘にあるとおり、言語形式面のフィードバックがないことに対する学習者のフラストレーションはかなりのものであろう。また、日本語教師にとって添削を行うことは、その限界に気づき、教師として何をするべきかを考えるきっかけとなる。重要なのは、添削過程で生じた迷いや葛藤を教師自身がどのように受けとめ、問題の解決に臨むかである。添削の要、不要は個々の現場で判断されるべきである。
　ここで主張したいのは、添削という一方向的なフィードバックの限界を教師、学習者双方が認識することの重要性である。日本語教師Bはインタビューで、誤りを逐一訂正してほしいと望む学習者が多いこと、それに応えようと自身の負担が増大している現状について語っていた。添削者が修正できるのは、言語形式上の問題の一部分だけであることを添削者も添削される者も十分に自覚し、添削という縛りから自由になることが必要である。今ここで添削は本当に必要か、何のための添削なのかを問い直すことで、新たな授業デザインの可能性がみえてくるのではないだろうか。
　本研究で分析した作文を書いた学習者に必要とされるのは、読み手との対話を繰り返すことで、自分が最も言いたいことは何であるのかを内省し、それにふさわしいことばを自分自身で見つけていくことであろう。言いたいこと（内容）を整えることでそれを表現する形（言語形式）も整えられていく。それを学習者本人が実感できれば、添削への依存を減

らすことにつながるはずである。

　自分が言いたいことは自分にしか表現できない、そんなあたりまえのことを自覚することが、第二言語の教室では難しい状況にある。単に言語形式を整える練習の場ではなく、他者には表現できない学習者本人が言いたいこと、伝えたいことが生まれる場としての教室が必要であり、それをつくるのが教師の役割であると考える。筆者が自らの実践でめざすのは、そのような添削の限界すなわち他者に自分の思いを伝えるために自分のことばで語ることの必要性を学習者自身が認識し、そのためのことばを獲得していく教室の実現である。以下の章では、このような問題意識によって筆者自身が行った授業での実践研究を概観し、実践を通して明らかにされたもの、それによる教師（筆者）の変容を記述することで、読み書きを学ぶ教室がどうあるべきかを考察する。

注　[1]　細川ほか（2004）などで提唱されている総合活動型日本語教育では、教師からの一方的な添削はせず、クラスでの対話を通して、学習者が自分の考えを日本語で表現することを支援する実践が行われている。このような実践は少数と言えるだろう。

　　[2]　本研究で定義する「添削」は誤用訂正と呼ぶほうが適切であるかもしれない。しかし、本研究ははじめから添削をこのような意味でとらえていたわけではない。調査協力者に添削を依頼した結果、そこでの添削が誤りを直接訂正する誤用訂正が中心であったため、添削の意味を狭く定義し直す必要が生じた。日本語教師の添削が構成や内容よりも言語形式に対して集中的に行われる傾向は上原（1997）の研究などでも報告されている。また、添削指導には、添削結果を書き手に提示し、質問を受けたり説明を加えたりする対面指導が含まれる場合もあるが、本研究ではこのような指導は分析の対象外である。しかし、実際の指導現場においても、時間的な制約や授業形態によって、必ずしも常に対面指導が行われているわけではないだろう。したがって、本研究では意味を限定したうえで、「添削」の用語を用いて議論をすすめる。

　　[3]　XECSの詳細は、宇佐美・鑓水（2006）に記されている。

　　[4]　作文3編のデータは、独立行政法人国立国語研究所（当時）の宇佐美洋氏らの研究グループが作成した「作文対訳DB」から選んだ。作文対訳DBには日本語学習者が書いた日本語作文と、学習者本人が

	書いたその母語訳が収録されている。作文3の課題は「たばこを法律で規制することについてどう思うか」、作文5、6の課題は「自分の国の行事を日本人に紹介する」であった。作文対訳DBはWEB上で公開されている。ただし、2015年2月現在、データ公開用URLの移行作業が行われており、2015年4月以降、http://contr-db.ninjal.ac.jpから再公開予定である。作文3、作文5、作文6は、それぞれCN032、SG060、KR158というIDが付された執筆者の作文としてデータベースに格納されている。作文3編の課題と作文及び母語訳の全文は巻末資料2を参照。
[5]	作文3の執筆者の日本語学習歴は作文対訳DBにデータが記載されていないため不明である。
[6]	宇佐美ほか（2009）の調査では時間の関係上、一人あたりの添削作文数が3編〜6編で差があった。また、本研究の調査においても1名（表2のB）は作文6のXECS添削が終わらなかった。
[7]	正確には、母語または最も楽に文章が書ける言語であり、作文5の執筆者はシンガポールで日本語を学んでいる学習者で、対訳執筆言語は英語であるが、母語は中国語である可能性が高い。

第3章 ［研究2］
ピア・レスポンスが
推敲作文に及ぼす影響

2章では、読み手の一方向的な応答としての添削の限界について述べた。3章では、そのような添削にはない効果をもたらすとして、第二言語教育で広く実践されるようになったピア・レスポンスについて考察する。ピア・レスポンスが学習者の推敲作文に及ぼす影響を分析した広瀬（2000, 2004）の研究を概観し、ピア・レスポンスの特徴及び学習者が行った推敲の実態を明らかにしたうえで、研究結果が示唆する実践上の問題点と課題について述べる。

1 問題の背景と目的

1章でみたように、ピア・レスポンスは、ライティング教育においてプロセス・アプローチの中に位置づけられ、協働学習の考え方を理論的背景にもつと言われている（Ferris & Hedgcock 1998, 池田 2002）。しかし、第二言語教育で実践されるようになると、教師や研究者の関心はプロダクトである推敲作文に向けられていった。推敲作文に対する教師の評価得点によって、ピア・レスポンスの効果をはかろうとする研究が行われ、教師フィードバックや自己推敲との違いが議論された。

しかし、評価得点では、作文の質的な変化を把握することができず、ピア・レスポンスがどのような影響を与えたのかを判断することができない。このような流れの中、評価得点ではなく、学習者が作文をどのように書き直すのかという観点から、ピア・レスポンスが推敲作文に及ぼす影響を分析しようと試みたのが広瀬（2000, 2004）である。

広瀬（2000）の研究目的は、当時日本語教育においてそれほど知られていなかったピア・レスポンスを海外における日本語教育の現場で実践

し、それが学習者の推敲作文にどのような影響を及ぼすのかを分析することだった。日本語教育におけるピア・レスポンスの先行研究は限られており、英語教育においても、外国語として英語を使用する環境でのピア・レスポンス研究はみあたらなかった。

　Ferris & Hedgcock（1998）は、先行研究で指摘されているピア・レスポンスの利点と批判についてまとめている（pp.170–172）。ピア・レスポンスはL1ライティングにおいてもL2ライティングにおいても以下のような効果がみられるという。

・学習に積極的に取り組める。
・仲間の反応をみて自分の考えを整理できる。
・クラス全体や、教師対学習者で話し合うよりも、思ったことを気楽に話せる。
・実際の読み手の反応が得られる。
・さまざまな観点からフィードバックが得られる。
・読み手に何が伝わり、何が伝わっていないのかを知ることができる。
・仲間の作文にコメントすることによって、自分自身の作文を分析し、修正するために必要な批判的スキルを身につけることができる。
・書くことに関して、仲間の優れている点や足りない点を知ることで、自信を得て不安を減らすことができる。

　一方、ピア・レスポンスに対する批判としては、次のような実践上の問題をあげる。

・学習者は大きな問題はそのままにして、表面的な修正ばかり行うときがある。
・学習者はあいまいで役に立たないコメントをする。
・クラスメートの作文に対して、友好的でない、過度に批判的な、親切でないコメントをすることがある。
・クラスメートのコメントが妥当かどうか不安に感じている。
・学習者は自分の聞く力や、仲間の外国人アクセントが原因で、話し合いに困難を感じることがある。

・L2のフォーマルな（レトリカルな）スキーマがないために、仲間のテクストの内容や構成に関して不適切な指摘をすることがある。それはアメリカのアカデミックな文脈からかけ離れた逆効果のフィードバックとなる可能性がある。

　また、学習者の文化的背景の違いがグループ活動に多大な影響を与えることや、ESL学習者が教師フィードバックを強く望んでいることなども、ピア・レスポンスに対する批判としてあげている。
　英語教育の研究が指摘していたのは、ピア・レスポンスは、書き手と読み手双方にとってさまざまな利点が得られる可能性があるが、学習者同士の話し合いがうまく進まない、話し合った内容が推敲作文にいい影響を与えるとは限らない点が懸念されるということである。こうした問題点に関して、日本語教育において当時唯一のといっていい先行研究であった池田の一連の研究（1998, 1999a, 1999b）は、ピア・レスポンスの話し合いのプロセス、作文プロダクトの両面から、ライティング教育におけるピア・レスポンス活動の有効性を実証した。
　池田（1999a）では、ピア・レスポンスが教師フィードバックや自己推敲よりも作文の改善に効果的であることを作文評価得点によって示し、池田（1999b）では、教師カンファレンスと比較することで、ピア・レスポンスが学習者同士の自律的かつ創造的な学びを促すことを主張した。しかし、ピア・レスポンスの話題が語彙や表記に集中し、作文の内容に注目することが少なかったことを報告し、中級学習者が学習言語でピア・レスポンスを行うには限界があったのではないかと分析している。
　そこで、広瀬（2000）は学習者同士の話し合いに言語的な問題で制限が生じることがないよう、話し合いに母語を使用したピア・レスポンス活動を実践し、それによって学習者の推敲作文にどのような変化がみられるのかを分析した。また、広瀬（2004）では広瀬（2000）の結果を踏まえ、推敲作文に加えて話し合いの音声データを分析することで学習者同士のやりとりの実態を明らかにし、活動プロセスと作文プロダクトの関係を再検証した。実践の場は海外から国内へ移ったが、話し合いに母語を使用するという活動デザインは共通している。以下の節では、広瀬（2000）、広瀬（2004）の概要を順に示し、ピア・レスポンスの特徴や推敲

作文に及ぼす影響について考察し、研究結果が示唆する実践上の問題と課題について考察する。

2 固定化している推敲パターンの特徴（広瀬2000）

2.1 手続き

対象者は、韓国の大学で日本語を主専攻とする中級レベルの韓国人学習者で、筆者が担当した3年生の作文授業を受講する学生25名である。ピア・レスポンス活動は、筆者が担当する16週間の作文授業で3回行った。なお、授業の最後に、比較のため教師フィードバックによる推敲作文も書かせた。このとき行った教師フィードバックとは、文法的な誤りは直接訂正しないでその部分に線を引き、内容についてはよい点と改善すべき点の両方のコメントを記すというものであった。作文テーマは教科書に準拠したもので、ピア・レスポンス1回目「先週の日曜日」、ピア・レスポンス2回目「日本と韓国の習慣の違いについて」、ピア・レスポンス3回目「子どもが塾へ行くことについて」だった。教師フィードバックを行った作文のテーマは「私の性格」であった。

ピア・レスポンス活動は、Reid（1993）、池田（1998）で示された実践モデルを参考にした。対話するときは母語でも日本語でもよいとし、時間は30分～40分だった。グループは2～3人で、毎回違う相手になるように教師が調整した。最終的に推敲作文を提出するまでの流れは以下のとおりである。

(1) 書く前のアイディアを出すための活動としてグループで話し合わせる。
(2) 作文を宿題にし、提出させる。教師がその作文を読んでいることを知らせるために、一読者としての簡単なコメントを最後につけて返却する。
(3) ピア・レスポンスの練習として、学習者の1人が書いた作文について、よかったところ、直したほうがいいところの順にグループでコメントし合い、最後にクラス全員でもう一度話し合わせる（練習は1回のみ）。

(4)　練習と同様にグループで話し合う。教師は活動中、グループをまわって話し合いの援助をする。
　(5)　推敲作文を宿題とし、後日提出させる。

　教師フィードバックは、(1)の活動を同じように行ったあと、宿題として提出させた作文に対して行い、授業時間に返却し、時間内(90分)で推敲作文を書かせた。時間的には十分余裕があり、推敲が最後まで終わらないという者はいなかった。

2.2　分析方法

　分析の対象としたデータは、学習者25名が4テーマ(3テーマはピア・レスポンス活動を、1テーマは教師フィードバックを実施)で書いた第一稿と第二稿(25名×4テーマ×2作文＝200作文)である。200作文を、Faigley & Witte (1981)の基準を日本語テクストに適合するように修正して作成した21のサブカテゴリーに分類した(表3-1参照)。

　この基準はまず、「表面的な修正 surface changes」と「内容面の修正 meaning changes」という二つのカテゴリーに大きく分けられる。「表面的な修正」はテクストの内容には影響を与えないレベルの修正で、さらに「形式レベルの修正 formal changes(表記や文法などの修正)」と「意味保存レベルの修正 meaning preserving changes(単語レベルの修正で、テクストに新しい情報が付加されないレベルの修正)」に下位分類される。一方、「内容面の修正」はテクストの内容や要旨の変更にかかわるレベルの修正で、こちらも「ミクロレベルの修正 microstructure changes(文レベルの修正で、テクストの要旨には影響を与えないレベルの修正)」と「マクロレベルの修正 macrostructure changes(段落レベルの修正で、テクストの要旨に影響を与えるレベルの修正)」に下位分類される。

　推敲箇所の分類は全作文の半数以上を、筆者を含む評定者2名で行い、残りの作文については評定者と協議した基準に基づいて筆者が行った。ただし、ミクロレベルの修正の加筆及び削除の範囲が文をこえた場合の判定と、マクロレベルの修正の分類については、すべて評定者2名で行った。一つの作文の長さは、長いもので900字程度、短いもので300字程度のものもいくつかあったが、ほとんどは400字から600字で、

文章が途中で終わっているものは1例もなかった。

2.3　結果と考察

　学習者が修正した箇所をFaigley & Witte（1981）の基準で分類した結果は表3-1のとおりである。表3-1から、ピア・レスポンス、教師フィードバックにかかわらず、どの回を比べても数値的に大きな変化はみられないことがわかる。サブカテゴリーでみると多少ばらつきがあるが、ピア・レスポンスにおいても教師フィードバックにおいても、全推敲における表面的な修正と内容面の修正の割合はほぼ4対1となっている。つまり、作文テーマによる差も順序効果もなかったうえ、教師フィードバックと比較してもあまり差がみられなかったことになる。学習者一人ひとりでみれば、4回ともまったく違った修正をしているとも言えるのだが、25人という集団でみるとある一定の推敲パターンのようなものがみえてくる。

　サブカテゴリーの中で数字的に差が開いたのは、教師フィードバックにおいて、表面的な修正の中のⅠa.表記が10%で、ピア・レスポンスよりも少なく、反対にⅡc.書き換えが31%で、高くなっている点である。これは、学習者の意識が教師フィードバックで指摘された部分の書き換えだけに集中し、教師に指摘されなかった、ひらがなを漢字に直すことや句読点の打ち方などにはあまり注意が払われなかったからだと考えられる。一方、ピア・レスポンスにおいては3回の結果で特に際立った差はない。これは、学習者の推敲が作文テーマの違いやメンバーの入れ替えによっても左右されなかったことを示している。

　このように、異なる条件下でも一定している、あるいは固定しているとも言える学習者の推敲パターンがどのようなものか、サブカテゴリーごとにみていくと、表面的な修正の中のⅠa.表記・Ⅰb.文法・Ⅱc.書き換えで全体の推敲の6割から7割を占めていることがわかる。また、内容面の修正の中でみると、ミクロレベルの修正、特にⅢa.加筆・Ⅲb.削除・Ⅲc.書き換えが占める割合が大きい。つまり、学習者は、多少アイディアを足したり削ったりはするものの、テキストの要旨が変わるような大きな変更は加えず、主に表記や文法などの表面的な修正を行っていたということになる。

表3-1 推敲の種類と割合（ピア・レスポンスと教師フィードバック）

	PR①	PR②	PR③	TF
表面的な修正 Surface Changes	278 (80%)	249 (77%)	387 (80%)	327 (78%)
Ⅰ 形式レベルの修正 Formal Changes	177 (51%)	147 (45%)	243 (50%)	142 (34%)
a. 表記（漢字・カタカナ・句読点などの訂正）	84 (24%)	63 (19%)	136 (28%)	43 (10%)
b. 文法（活用・時制・文体などの訂正）	80 (23%)	69 (21%)	95 (20%)	86 (21%)
c. 書式（段落の一字下げ・分かち書き等の訂正）	13 (4%)	15 (5%)	12 (2%)	13 (3%)
Ⅱ 意味保存レベルの修正 Meaning Preserving Changes	101 (29%)	102 (32%)	144 (30%)	185 (44%)
a. 加筆（元の文から推論可能なものの加筆）	20 (6%)	20 (6%)	15 (3%)	17 (4%)
b. 削除（削除された部分が容易に推論できる削除）	22 (6%)	10 (3%)	8 (2%)	29 (7%)
c. 書き換え（単語レベルの書き換え）	53 (15%)	59 (18%)	105 (22%)	130 (31%)
d. 記述順変更（前後の文の単純な入れ替え）	2 (1%)	5 (2%)	1 (0%)	3 (1%)
e. 分割（一文を複数に分割する）	1 (0%)	5 (2%)	13 (3%)	2 (0%)
f. 結合（複数の文を一つの文にまとめる）	3 (1%)	4 (1%)	2 (0%)	4 (1%)
内容面の修正 Meaning Changes	73 (20%)	78 (23%)	95 (20%)	90 (22%)
Ⅲ ミクロレベルの修正 Microstructure Changes	61 (17%)	50 (15%)	63 (13%)	75 (18%)
a. 加筆（例の提示など、新しいアイディアの加筆）	27 (7%)	26 (8%)	30 (6%)	27 (7%)
b. 削除（元の文にあったアイディアの削除）	18 (5%)	8 (2%)	13 (3%)	25 (6%)
c. 書き換え（文レベルの書き換え）	12 (3%)	12 (4%)	16 (4%)	21 (5%)
d. 記述順変更（段落内での文の入れ替え）	2 (1%)	1 (0%)	0 (0%)	1 (0%)
e. 分割（段落内におさまる文の分割）	2 (1%)	1 (0%)	2 (0%)	0 (0%)
f. 結合（段落内におさまる文の結合）	0 (0%)	2 (1%)	2 (0%)	1 (0%)
Ⅳ マクロレベルの修正 Macrostructure Changes	12 (3%)	28 (8%)	32 (7%)	15 (4%)
a. 加筆（新しい段落や筆者の重要な意見の加筆）	3 (1%)	16 (5%)	15 (4%)	6 (2%)
b. 削除（段落や筆者の重要な意見の削除）	4 (1%)	11 (3%)	7 (1%)	4 (1%)
c. 書き換え（元の文章を段落ごと書き換えるもの）	3 (1%)	0 (0%)	7 (1%)	3 (1%)
d. 記述順変更（段落をこえた文の入れ替え等）	1 (0%)	1 (0%)	3 (1%)	0 (0%)
e. 分割（一つのアイディアが複数の段落に分割）	0 (0%)	0 (0%)	0 (0%)	2 (0%)
f. 結合（複数の段落にあったアイディアが結合）	1 (0%)	0 (0%)	0 (0%)	0 (0%)
合計	351 (100%)	327 (100%)	482 (100%)	417 (100%)

PR：ピア・レスポンス　TF：教師フィードバック

表3-1は、教師フィードバックもピア・レスポンスも、表記や文法に比べ、作文の内容にはそれほど影響を与えていないということを示している。教師フィードバックでは、内容についてよい点と改善すべき点の両方をコメントしていた。しかし、学習者の意識は、文法的な誤りを指摘された部分に集中し、内容に関するコメントはほとんど顧みられていない。

　一方、ピア・レスポンスはというと、広瀬（2000）では音声データを収集していないため、活動後に学習者が書いたワークシートから話し合いの内容を推測して分析した。ワークシートに記載された仲間からのコメントは、6割が作文の内容に関するもので、さらに、そのコメントに対応する推敲箇所を分析したところ、テクストの要旨にかかわるマクロレベルの修正も行われていたことがわかった。仲間からの質問やコメントを受けて、結論として段落レベルの加筆を行っており、ピア・レスポンスが質的にみてテクストの内容への影響が小さくないことを示していた。ワークシートの具体例をみると、活動中、読み手と書き手が対等な立場で対話し、考えを深めることで、新たな表現が生まれていく過程を推測することができた。

　広瀬（2000）の結果が示唆するのは、ピア・レスポンスが作文の内容をより豊かにする可能性と、活動による教室での学びの変化である。ピア・レスポンスは、教師フィードバックでは提供できない相互行為の場をつくり出していた。しかし、それはワークシートという、活動全体を分析するには不十分なデータからの推測であり、推敲作文の量的な分析からは、表面的な修正に偏る学習者の推敲パターンが浮き彫りになった。そこで、広瀬（2004）では、ピア・レスポンス活動で何が話し合われ、それが推敲作文にどう影響を与えるのかを改めて検証することにした。

3 ピア・レスポンスの話題と推敲作文の関係 （広瀬2004）

　広瀬（2004）では、ピア・レスポンス活動のプロセスと、プロダクトとしての推敲作文の関係を明らかにするために、ピア・レスポンスの話題と推敲の分類を行い、どのようなピア・レスポンスがどのような推敲を

促すのかを分析することを目的とした。さらに、ピア・レスポンス活動時の使用言語の違い（母語であるマレー語と第二言語である日本語）によって、活動及び推敲作文に変化がみられるのかも合わせて検証することとした。

3.1 手続き

対象者は日本の大学に在籍するマレーシア人留学生で、筆者が担当した学部生対象の日本語コースを受講した5名（S1～S5）である。母語は5名ともマレー語で、来日前に国で2年間、留学のための日本語教育を受けていた。S1とS4は学部2年生、他3名は来日したばかりの学部1年生である。レベルチェックテスト（日本語能力試験2級レベル）の結果は表3-2のとおりで、［研究2］で対象とした学習者とほぼ同じレベルであった。グループ分けは2年生のS1とS4が分かれるようにしたが、5名は来日前からの顔見知りで普段から交流があり、話しやすさの点においてはどの組み合わせでも違いはないように思われた。本研究の学習者5名はみな、仲間同士の話し合いに躊躇を示すことはなく、全員が積極的に取り組んでいた。

表3-2　対象者のレベルチェックテスト（100点満点）の成績

グループ名	L2グループ			L1グループ	
対象者番号	S1	S2	S3	S4	S5
テスト成績	36	58	42	38	56

ピア・レスポンス活動は筆者が担当する15週間の作文クラスで3回行った。活動手順は広瀬（2000）とほぼ同様で、作文テーマも類似のものとした。1回目「先週の日曜日」、2回目「日本とマレーシアの習慣の違い」、3回目は自由テーマで自分の意見を客観的に述べるという課題だった。作文の長さは500字～700字程度である。第1稿は宿題とし、推敲作文は40分程度時間をとり、授業時間内に書かせた。話し合いの時間は、1人の作文につき10分程度を目安とした[1]。グループ分けは表3-2のとおりで、L2グループは日本語、L1グループは母語であるマレー語をピア・レスポンスの使用言語とした。ただし、グループ内での比較をするた

め、1回目のみL2グループで母語、L1グループで日本語を使用した。ピア・レスポンスのやりとりはすべて録音し、母語（マレー語）でのやりとりは、マレー語を母語とする日本語上級話者に日本語への翻訳を依頼して文字化した。

さらに、推敲作文へ影響を与えた要因を判定する際の補足データとするため、ピア・レスポンスの実施ごとに個別インタビューを行った。インタビューは日本語で行い、必要があれば英語も使用した。作文の修正箇所すべてに下線を引いて提示し、なぜそのように変えたのか、何の影響（ピア・レスポンス、教師の助言、自己推敲）によるものなのかを、上記の文字化資料をもとに一つずつ確認していった。また、ピア・レスポンスの感想、従来どおりの教師フィードバックや自己推敲と比べてどうか、日本語と母語のどちらで話すほうがよかったかについても尋ねた。

3.2　分析方法

分析の対象としたデータは、（1）ピア・レスポンスの音声データを文字化した逐語記録、（2）5人が3テーマで書いた第一稿と推敲作文（合計30作文）、（3）推敲作文執筆後に実施したインタビューの音声データである。

まず、データ（1）を対象として、池田（1999b）の分類項目によってピア・レスポンスの話題を分類し、結果を比較した[2]。分類項目は、①文法（文法の話題）②表記（漢字や発音の話題）③語彙（ことばの意味についての話題）④表現（事柄の表現方法についての話題）⑤内容（作文の内容に関する話題・構成・評価など）⑥その他（作文とは直接関連しない話題）の6項目である。ただし、池田（1999b）では、「④表現」の項目に文末や文体の話題が分類されているが、文末表現と「①文法」の話題は切り離して分類できない例が多くみられたので、本研究では「①文法」の話題としてカウントした。

次に、データ（2）を対象として、作文の内容に与える影響度の観点から推敲の分類を行った。分類基準は広瀬（2000）と同じ21項目とした。

ピア・レスポンスの話題及び推敲の分類は、まず、筆者を含む日本語母語話者2名がデータの30％相当量をそれぞれ分類した。次に、両者の結果を照合し、不一致の箇所は相談して判定し直した。内容分析の一致率は93％、推敲分類の一致率は91％であり、一致率は高いとみなして残

りの分類は筆者が行った。また、推敲がピア・レスポンスの影響によるのか、教師の助言によるのか、自己推敲によるのかについては、データ（1）とデータ（3）から判断した。

3.3　結果と考察
3.3.1　ピア・レスポンスの話題

ピア・レスポンスの内容を話題の種類から6項目に分類し、グループ別に集計した結果は表3-3、表3-4のとおりである。なお、本研究では、作文テーマが結果に与える影響は小さいとデータから判断し、2回目と3回目の結果を総合して分析を行った。

表3-3　L2グループのピア・レスポンスの話題とその割合

話題の種類	1回目（L1）	2回目（L2）	3回目（L2）	L2計
①文法	6（23%）	7（27%）	4（17%）	11（22%）
②表記	9（35%）	4（15%）	4（17%）	8（16%）
③語彙	0（0%）	6（23%）	3（12%）	9（18%）
④表現	2（7%）	3（12%）	2（8%）	5（10%）
⑤内容	9（35%）	6（23%）	11（46%）	17（34%）
⑥その他	0（0%）	0（0%）	0（0%）	0（0%）
合計	26（100%）	26（100%）	24（100%）	50（100%）

表3-4　L1グループのピア・レスポンスの話題とその割合

話題の種類	1回目（L2）	2回目（L1）	3回目（L1）	L1計
①文法	4（18%）	1（6%）	2（9%）	3（7%）
②表記	1（5%）	0（0%）	2（9%）	2（5%）
③語彙	1（5%）	5（29%）	2（9%）	7（18%）
④表現	2（10%）	0（0%）	0（0%）	0（0%）
⑤内容	11（52%）	9（53%）	16（69%）	25（63%）
⑥その他	2（10%）	2（12%）	1（4%）	3（7%）
合計	21（100%）	17（100%）	23（100%）	40（100%）

表3-3、表3-4から、L2グループもL1グループも、ピア・レスポンス

に使用した言語が異なる1回目も含め、内容に関する話題の占める割合が高いことがわかる。これは文法の話題が最も多く、内容の話題は8.9％であった池田（1999b）とは大きく異なる結果である。池田（1999b）で内容の話題が少なかったのは、池田自身も指摘しているとおり、作文の課題に原因があると思われる。池田（1999b）では、学習者全員に同じ4コマ漫画のストーリーを書かせていた。作文の内容については、読み手も書き手もお互いに熟知していたことになるので、話題にのぼりにくかったのではないか。さらに、池田は対象者が中級学習者であったため、話し合うのに必要な日本語能力が不足しており、内容面までは指摘できなかったことを理由としてあげている。しかし、本研究の対象者も池田（1999b）とほぼ同じレベルの学習者であり、内容の話題が最も低い割合を示したL2グループの2回目でも23％であったことから、日本語能力はそれほど大きな要因ではないと考えられる。あるテーマについて、自分自身の考えを書くという一般的な課題の場合、読み手として関心が向くのはまず内容であり、中級学習者のピア・レスポンスにもそれが反映されていることがデータから明らかになった。

　また、L2グループとL1グループで比較してみると、いずれの回においても、内容に関する話題の占める割合はL1グループのほうがL2グループより高く、反対に、文法の話題の占める割合はL2グループのほうが高くなっている。L1グループで話された内容のほとんどは、読み手の作文内容に対する質問や意見、それに対する書き手の説明であり、文法や表現の誤りを指摘するようなコメントは極端に少なかった。それに対し、L2グループは内容の話題も多かったものの、文法や表現の正誤を一つひとつチェックしていくという作業が多く、L1グループのような話題の偏りがなかった。

　このような傾向はピア・レスポンスの使用言語が異なる1回目においても同様である。しかし、グループ内での変化をみると、L1グループでは、母語を使用した2回目、3回目において内容の話題に集中する傾向が強まっている。1回目と2回目を比較すると内容の話題の占める割合は変わらないようにみえるが、内容の話題と深く関連した語彙の話題が増えており、反対に、文法の話題は助詞の「は」と「が」に言及したもの一つしかみられなかった。一方、L2グループは、母語を使用した1回目で

極端に内容の話題が増えるということはなかったが、日本語使用回では、言語的な問題から途中で話が終わってしまう場面もたびたびみられ、ところどころ母語の使用も観察された。広瀬（2000, 2004）では、中級学習者が日本語で話すことによる制約を取り除くことで、学習者同士の相互行為が深まるのではないかと考え、母語でのピア・レスポンスを実践した。データから判断すれば、母語使用はある程度の効果があると思われる。しかし、それは学習言語でピア・レスポンスを行うことに無理があるということではない。データは、日本語を使用しても、表面的な間違い探しに偏り、内容についてはあまり話されないという結果にはならないことも示している。

　また、ピア・レスポンス実施後のインタビューでは、5名全員が日本語で話すほうが勉強になるとし、日本語使用を肯定的にとらえていた。ただし、日本語だけでは十分に話し合いができないため、マレー語の使用も認めてほしい、つまり、補助的に母語を使用するスタイルが望ましいというのが5人の共通した意見であった。

3.3.2　推敲の種類

　学習者がピア・レスポンス活動後に行った推敲を分類した結果は表3-5のとおりである。表3-5にはピア・レスポンス2回目と3回目の集計結果を示した。

　表3-5の表面的な修正と内容面の修正の割合に注目すると、ピア・レスポンスに日本語を使用したL2グループでは表面的な修正が44箇所のうち38箇所（86%）、母語を使用したL1グループでは42箇所のうち37箇所（88%）となり、両グループで大きな違いはみられない。また、表3-5には示していないが、L2グループが母語を、L1グループが日本語を使用した1回目においても、L2グループは46箇所のうち42箇所（91%）、L1グループは34箇所のうち28箇所（82%）が表面的な修正となった。

　このように表面的な修正に偏る傾向は広瀬（2000）の結果と類似している。Faigley & Witte（1981）では、熟達した書き手ほど内容面の修正を多く行うことが報告されている。中級学習者を対象とした本研究で表面的な修正に偏ることはある程度予想される結果であった。

　しかし、このことは、ピア・レスポンスで最も多く取り上げられてい

表3-5 推敲の種類と割合（L2グループとL1グループ）

	L2グループ	L1グループ	合計
表面的な修正 Surface Changes	38 (86%)	37 (88%)	75 (87%)
I 形式レベルの修正 Formal Changes			
a. 表記（漢字・カタカナ・句読点などの訂正）	12	7	19
b. 文法（活用・時制・文体などの訂正）	17	19	36
c. 書式（段落の一字下げ・分かち書き等の訂正）	1	0	1
II 意味保存レベルの修正 Meaning Preserving Changes			
a. 加筆（元の文から推論可能なものの加筆）	2	4	6
b. 削除（削除された部分が容易に推論できる削除）	2	4	6
c. 書き換え（単語レベルの書き換え）	3	3	6
d. 記述順変更（前後の文の単純な入れ替え）	0	0	0
e. 分割（一文を複数に分割する）	0	0	0
f. 結合（複数の文を一つの文にまとめる）	1	0	1
内容面の修正 Meaning Changes	6 (14%)	5 (12%)	11 (13%)
III ミクロレベルの修正 Microstructure Changes			
a. 加筆（例の提示など、新しいアイディアの加筆）	2	3	5
b. 削除（元の文にあったアイディアの削除）	1	0	1
c. 書き換え（文レベルの書き換え）	1	1	2
d. 記述順変更（段落内での文の入れ替え）	0	0	0
e. 分割（段落内におさまる文の分割）	1	0	1
f. 結合（段落内におさまる文の結合）	0	0	0
IV マクロレベルの修正 Macrostructure Changes			
a. 加筆（新しい段落や筆者の重要な意見の加筆）	0	0	0
b. 削除（段落や筆者の重要な意見の削除）	0	0	0
c. 書き換え（元の文章を段落ごと書き換えるもの）	0	1	1
d. 記述順変更（段落をこえた文の入れ替え等）	0	0	0
e. 分割（一つのアイディアが複数の段落に分割）	1	0	1
f. 結合（複数の段落にあったアイディアが結合）	0	0	0
合計	44 (100%)	42 (100%)	86 (100%)

た内容に関する話題が、推敲作文にはほとんど反映されなかったことを示している。本研究ではピア・レスポンスで内容に関する話題の割合が多く、母語を使用した場合はさらにその傾向が強まることが確認された。しかし、上記の結果から使用言語の差は推敲作文には反映されていないことが明らかになった。では、ピア・レスポンスが推敲に与える影響はどの程度だったのだろうか。次にピア・レスポンスの影響度を検証する。

3.3.3 ピア・レスポンスの影響度

まず、ピア・レスポンスの影響による修正が全体のどれくらいの割合を占めるのかをみてみると、表3-6、表3-7のようになった。「ピア影響」はピア・レスポンスの影響による修正、「教師影響」は教師の助言による修正、「自己推敲」はそれ以外の修正を示している。

表3-6 ピア・レスポンスの影響による推敲の割合（L2グループ）

	1回目		(L1)	2回目		3回目		(L2)
	表面	内容	合計	表面	内容	表面	内容	合計
ピア影響	23	0	23 (50%)	13	4	10	0	27 (61%)
教師影響	2	1	3 (7%)	2	0	2	0	4 (9%)
自己推敲	17	3	20 (43%)	4	0	7	2	13 (30%)
合計	42	4	46 (100%)	19	4	19	2	44 (100%)

表3-7 ピア・レスポンスの影響による推敲の割合（L1グループ）

	1回目		(L2)	2回目		3回目		(L1)
	表面	内容	合計	表面	内容	表面	内容	合計
ピア影響	5	0	5 (15%)	1	0	3	1	5 (12%)
教師影響	0	0	0 (0%)	0	1	2	0	3 (7%)
自己推敲	23	6	29 (85%)	28	2	3	1	34 (81%)
合計	28	6	34 (100%)	29	3	8	2	42 (100%)

L2グループの日本語使用回（2回目と3回目の集計）では、44箇所のうち27箇所（61%）がピア・レスポンスの影響を受けた修正で、母語を使用

した1回目でも46箇所のうち23箇所（50%）を占めた。これに対し、L1グループの母語使用回（2回目と3回目の集計）では、42箇所のうち5箇所（12%）だけで、日本語を使用した1回目も34箇所のうち5箇所（15%）という結果であった。このようにグループ間で大きな違いがみられたのは、ピア・レスポンスでの話題の差が影響を与えていると考えられる。L2グループは内容の話題に加えて、文法や表現に関する話題も多くみられたが、L1グループはそれがなく、内容に関する話題がほとんどであった。一方、両グループとも推敲の種類はほぼ9割が表面的な修正であり、内容に関する話題は推敲作文にほとんど反映されていないことが表3-5から明らかになった。つまり、表3-6、表3-7は、内容に関する話題は推敲作文に反映されにくいが、文法や表記の誤りの指摘といったより具体的なアドバイスは推敲作文に採用されやすいということを示している。L1グループは、ピア・レスポンスでは内容について多く話し、推敲作文ではピア・レスポンスであまり話されなかった文法や表記の訂正を自己推敲として多く行ったということになる。

3.3.4　ピア・レスポンスの具体例

表3-3、表3-4、表3-5、表3-6、表3-7から、文法や表記の話題は推敲作文に反映されやすいが、内容に関する話題はピア・レスポンスに多く取り上げられていても反映されにくいということがわかった。その理由としては次の2点が考えられるだろう。

第一に、内容について話されたとしても、それを書き手が修正すべき問題としてとらえていないということがあげられる。最も多くみられるピア・レスポンスのパターンは、次のような読み手の作文内容に対する質問、あるいは書き手の補足的な説明である。

【例1】推敲に影響を与えなかったピア・レスポンス（*L1*グループ2回目　翻訳）
S5：マレーシア人は家族が多いから幸せですか。
S4：必ず幸せとは限らないけど、子どもは夫婦の贈り物だから、子どもの数が増えると幸せも増えると思う。子どもが小さいときは経済的に大変だけど、将来はまた別の幸せがある。最近の人は子どもが大きくなって、親孝行をする人の数は少ない。親が年をとったと

き、老人ホームに入れるケースが多い。日本人の場合は、子どもが1人か2人しかいないから、親が年をとったときに、面倒をみる子もが多い、と思っています。幸せは子どもの数じゃなくて…

例1は、S4の作文の「(マレーシア人は)家族が多いので本当に幸せな生活だと思う」という一文についてS5が質問し、S4が説明を加えたものである。読み手の内容理解のために行われるこうしたやりとりは、書き手に読み手の存在を意識させ、客観的な視点から自身の作文を見直す機会となる。しかし、そのような気づきは常に生じるわけではない。例1では、「家族が多いから幸せだ」と唐突に結論づけられたことに対して、読み手であるS5が戸惑いを表明しているのだが、S4はそれに気づいていないようだった。上記のとおり、S4はS5の質問にかなり詳しく答えているが、推敲作文でそれを加筆修正することはなかった。

第二に、仮に上記のようなやりとりで気づきがあり、あるいはもっと具体的なコメントを得て、それを推敲作文に生かしたいと書き手が思ったとしても、何らかの理由で加筆や修正には至らないということが考えられる。実際、L2グループではS1が活動後のインタビューで、そのような経験を語っている。S1の作文は「国際結婚」についての意見文で、ピア・レスポンスでは結婚する2人の宗教が異なる場合の問題点をS2、S3の両者から指摘されていた。しかし、推敲作文ではそれについて触れられていなかったので、インタビューで尋ねると、「本当は解決策を含めて詳しく書きたかったが、時間がなかった」と答えた。このように、ピア・レスポンスでアイディアが生じても、作文には変化がみられないケースがいくつかみられた。理由としては、S1があげた時間的な制約の他に、書き直すことに対する書き手の意欲、学習言語で表現することの困難さなど、さまざま考えられる。

では、推敲作文に反映されたピア・レスポンスとはどのようなものであったのか。表面的な修正、内容面の修正それぞれに影響を与えたピア・レスポンスの典型的な例を以下に示す。

【例2】表面的な修正に影響を与えたピア・レスポンス（*L2* グループ2回目）
S3：「日本のサラリーマンは夜まで働きすぎもいる」
S2：その場合はなんか変じゃない。
S3：分かりにくい。
S2：「日本のサラリーマンは夜まで働きます？」ちょっと変と思う。でもどうしたらいいか分からない。
S1：「働きすぎ…」
S2：もう、一回説明したでしょ。夜まで。1回だけ人が分かった。2回はいらない。
S3：「働きすぎる人もいる」がいいと思う。

　　例2は、S1の作文の「働きすぎもいる」という表現をめぐって3人が意見を言い合ったものである。最終的に、S1はS3の意見を取り入れ、「働きすぎる人もいる」と訂正した。例2のように具体的に文法的な誤りを指摘し、代替案を提示したアドバイスはL2グループL1グループともほぼ100%推敲作文に採用されている。また、グループ内の他者が受けた指摘を自らの作文の中に取り入れたという例もみられた。

【例3】内容面の修正に影響を与えたピア・レスポンス（*L2* グループ2回目）
S3：じゃあ、S2さんから作文を直してみよう。段落が三つだけど、なんか、いい点とか悪い点とか段落を分けないですか。いっしょですか。
S2：いっしょです。
S3：いっしょ、困るね。
S1：そうね。
S2：なんか、一般的説明だったら、いっしょにする。
S3：分けるいいと思います。
S2：ああ、そうですか。他は？　漢字はどうですか。全部正しいですか。
S3：「さまざまなタイプにわける」、漢字使わないんですか。
S2：そうね。漢字。
S3：マレーシアではごみを捨てる予定がありますか。
S2：ありますよ。
S3：全然ない。毎日。

S2：僕のところは、毎日じゃない。トラックが来て…
S3：おお、そう。私のところは毎日。便利と思います。
S2：そう。

　例3は、S2の日本とマレーシアのごみの出し方を比較した作文について、S1とS3の2人がアドバイスしているものである。S2の作文は3段落で構成されていた。S3に両国のごみ出しのいい点と悪い点で段落を分けるようアドバイスされ、S2は最終的に推敲作文で4段落に直している。内容的にはいい点と悪い点で分けたわけではないが、S2はインタビューで「友だちからもらったよかったアドバイス」として、この段落についてのアドバイスをあげ、「悪い点はみつからなかったので、ただ二つに分けた。自分でもこの2段落目が長いと思った」と話している。本人は「ただ二つに分けた」としているが、推敲作文をみると、日本のごみの出し方と両国の相違点という二つの内容で段落が分けられて加筆修正され、読みやすくなっている。
　さらに、S2は例3の話し合いで、マレーシアのごみ出しの日が地域によって状況が違っていることをはじめて知り、推敲作文でその点について訂正を行っている。このような書き手の知らない新しい情報や、アイディアは推敲作文に反映されやすいと言える。例3の他にも、テレビをテーマにしたS5の作文に対し、テレビのよい点としてS4が「ストレス解消」をあげ、S5がそれを加筆したという例がある。
　しかし、本研究で観察された内容面の修正に影響を与えたピア・レスポンスは表3-6、表3-7に示したとおり、両グループ合わせて5例のみである。推敲作文に影響を与えたピア・レスポンスのほとんどは、例2のような表記や文法について具体的な修正案を示したものだった。
　以上、広瀬（2004）で明らかになったピア・レスポンスの活動プロセスと作文プロダクトの関係をまとめると、次のようになる。

（1）　日本語でピア・レスポンスを行った場合も、母語で行った場合も、取り上げられた話題で最も多かったのは、作文の内容に関する話題であった。また、母語で行った場合は、内容の話題にさらに集中する傾向がみられた。

(2) 日本語でピア・レスポンスを行った場合も、母語で行った場合も、学習者が行った推敲のほぼ9割が文法訂正などの表面的な修正であり、ピア・レスポンスで最も多く取り上げられていた内容に関する話題は推敲作文にほとんど反映されていなかった。

4 まとめ：教室でのやりとりと切り離された推敲の実態

本章では、広瀬（2000, 2004）を概観し、ピア・レスポンスの特徴及び推敲作文に及ぼす影響について考察した。

広瀬（2000）では、韓国の大学で日本語を学ぶ25名の韓国人学習者を対象に、母語使用を制限しないピア・レスポンス活動を実践した。Faigley & Witte（1981）の分類基準を用いて、学習者がピア・レスポンス後に書いた推敲作文の変化を分析したところ、表面的な修正と内容面の修正の割合は4対1で、ほとんどが表記や文法などの訂正だった。

しかし、活動中に使用したワークシートをみると、仲間からのコメントの6割は作文の内容に関するもので、それらのいくつかはテクストの要旨にかかわるマクロレベルの修正を促していた。仲間からの質問やコメントを受けて、結論として段落レベルの加筆がされており、ピア・レスポンスが質的にみてテクストの内容への影響が小さくないことがわかった。それはピア・レスポンスが作文の内容をより豊かにする可能性を示唆していたが、ワークシートから活動プロセスを推測するには限界があり、推敲作文の量的な分析からは表面的な修正に偏る学習者の推敲パターンが浮き彫りになった。

そこで広瀬（2004）では、ピア・レスポンス活動の音声データを分析に加え、活動プロセスと作文プロダクトの関係を再検証することを試みた。対象者は国内の大学に在籍する学部留学生5名で、全員マレー語を母語としている。日本語レベルは、広瀬（2000）の対象者とほぼ同じ中級レベルだった。ピア・レスポンス活動の手順や作文テーマは広瀬（2000）と同じように設定し、ピア・レスポンスの使用言語をグループによってマレー語と日本語に変えて実施した。ピア・レスポンスの音声データを文字化した逐語記録を池田（1999b）にしたがって話題でカテゴリー化し、推敲作文の修正箇所をFaigley & Witte（1981）の基準で分類した。

その結果、ピア・レスポンスの話題は、母語で話した場合も、日本語で話した場合も、内容に関する話題が最も多くなり、文法の話題が最も多くなった池田（1999b）とは異なるものだった。しかし、推敲作文を分析すると、表面的な修正と内容面の修正の割合は9対1となり、ピア・レスポンスで最も多く取り上げられていた内容に関する話題は推敲作文にほとんど反映されていないことが明らかになった。

　両研究が明らかにしたのは、作文を推敲することが、ピア・レスポンスでのやりとりから切り離されて行われたということである。学習者は、ピア・レスポンスではお互いの作文の内容について話し、実際に作文を書き直すときには、ピア・レスポンスでは話題にならなかった表記や文法の訂正を自己推敲として多く行っていた。

　しかし、この結果は、書くことにおいてピア・レスポンスの意義が認められなかったということではない。学習者は互いの書いたものを理解し合うためにやりとりし、その過程でひとりでは気づかなかった問題に気づき、問題に対処するために自分が書いたものを読み直すことで内省を深めていた。それは、活動やインタビューでの学習者の発話、ワークシートなどから推測できる。少なくとも、広瀬（2000, 2004）においては、ESLの先行研究で指摘されていたような、仲間にコメントされることや、コメントそのものに対して否定的な態度をとるものはなく、教師である筆者自身も、学習者同士のやりとりに、教師フィードバックではなしえない自律的で創造的な学びの可能性を見出していた。

　問題は、ピア・レスポンスという活動形態にあるのではなく、書くことにおいてピア・レスポンスをどう位置づけるのか、教室での相互行為の目的について、授業実践者である筆者の考えがあいまいであったことにある。学習者は、ピア・レスポンスによって気づきを得ても、それを書くことに結びつけることができなかった、もしくは結びつけることに意義を感じていなかった。このように教室でのやりとりから切り離された推敲の実態が明らかになったことで、筆者は対話によって学習者が自分の考えを深め、局所的な誤用訂正に終わることなく、内容と形式の両面から文章全体の意味を再考するような包括的推敲を行うことが重要だと考えていることに改めて気づいた。

　しかし、実際に行われた授業を振り返ってみると、学習者にそのよう

な推敲を促すようにはデザインされていなかった。ピア・レスポンス活動での話し合いは、第一稿を書いたあとに一回しか行われておらず、書き直した第二稿は教師に提出された。だれに向けて何のために作文を書き直すのか、推敲の目的が明確ではなかった。学習者がピア・レスポンスで作文の内容を発展させる着想を得たとしても、それを最終提出物として教師に提出するのであれば、仲間のコメントに応えるよりも、正確な日本語で書くことに関心が向けられるのは当然である。

また、そもそも作文のテーマが教科書に準拠しており、書く目的は、読み手に考えを伝えることよりも、日本語で書くというスキルを身につけることが主となっていた。学習者が表面的な修正を多く行ったのは、このような授業デザインが大きく影響していたと考えられる。

広瀬（2000, 2004）で教室でのやりとりから切り離されて推敲が行われたのは、対話の目的と書く目的の乖離が原因となっていた。学習者は、ピア・レスポンスでは互いを理解するためにやりとりをし、推敲作文を書くときには、より正確な日本語の文章となるよう形式を整えることを目標としていた。その結果、推敲作文に直接影響を与えたのは、内容理解のためのやりとりよりも、形式に対するフィードバックとして行われたピア・レスポンスであった。

このような結果は、次の実践研究の課題につながった。教室での対話と書くことを別々にとらえるのではなく、書くことそのものを書き手と読み手の相互行為として実践するためにはどのような授業デザインが必要なのだろうか。次章では、他のピア・レスポンス研究による知見と本研究の結果を比較参照したうえで、教師や学習者が相互行為の目的をどのようにとらえていたのかという観点から研究結果の再解釈を行い、実践上の問題点についてさらに考察を加えたいと考える。

注 [1] L2グループでは1人の作文に対して2名がコメントするという方法を取るので、ペアで話し合うL1グループよりも時間が長くなる。ただし、厳密に時間を計って行ったわけではなく、それぞれの話し合いが自然に終わるまで待ち、早く終わったL1グループには推敲作文の執筆をはじめさせた。

[2] 池田（1999b）は2名1組のピア・レスポンスを分析しているが、本研究は2名と3名の2組のピア・レスポンスを分析し比較する。2名と3名では話題の総数に当然差が出てしまうが、本研究では、1組の話し合いにおける各話題の割合に注目することとし、詳細は比較しない。

第4章 相互行為としての読み書きを
支える授業デザイン
フィードバックとしての
ピア・レスポンス再考

3章の［研究2］では、対話の目的と書く目的が乖離していたことによって、ピア・レスポンス後の学習者の推敲が表面的な修正に偏り、教室でのやりとりと書くことが切り離されて行われたことが実践上の問題として明らかになった。4章では、［研究2］の結果と関連する他のピア・レスポンス研究を概観し、フィードバックとしてのピア・レスポンスを批判的に検討する。さらに、「相互行為としての読み書き」をデザインするために必要な観点を先行研究で行われた議論を踏まえたうえで提示し、新たな実践研究の必要性と課題について述べる。

1 ピア・レスポンスにフィードバック効果を期待することは妥当か

Ferris（2003）によれば、ESLのピア・レスポンス研究は以下の三つに大別される。

(1) 学習者同士のインターアクションの特徴を記述する研究
(2) ピア・レスポンスが推敲や作文の質に及ぼす効果を検証する研究
(3) ピア・レスポンスに対する学習者の態度を調査する研究

日本語教育におけるピア・レスポンス研究は（2）に分類される研究からはじまった。池田（2002）は、（2）の研究を初期のピア・レスポンス研究と位置づけ、従来の指導方針とは大きく異なり、作文の内容やプロセスを重視するピア・レスポンスが教育現場で採用されるためには、プロダクトへの効果もある程度実証される必要があったと述べている。
このような研究に、ピア・レスポンスと教師フィードバックを作文の

評価得点によって比較するものがあげられる。ピア・レスポンスと教師フィードバックでは評価得点において統計的な有意差はないとする研究（Hedgcock & Lefkowitz 1992, 池田 1999a）、ピア・レスポンスのほうが効果的だとする研究（原田 2006）、教師フィードバックのほうが効果的だとする研究（Miao, Badger, & Zhen 2006）があり、結果は一致していない。

また、評価得点ではなく、推敲作文の質的な変化にピア・レスポンスの効果をみようとする研究に、Connor & Asenavage（1994）、Paulus（1999）、Berg（1999）、池田（2000）、影山（2001）、Min（2006）、田中（2011）がある。前章の［研究2］はこのタイプの研究に位置づけられる。［研究2］も含め、これらの研究はFaigley & Witte（1981）の分類基準を使用し[1]、ピア・レスポンスがどの程度推敲作文に反映されるのか、表面的な修正と内容面の修正で違いはあるかといった点を分析の焦点としている。

（2）に分類される上記の研究はみな、ピア・レスポンスを推敲作文に何らかの効果をもたらすフィードバックとしてとらえている。フィードバックとしての有効性を実証することは、従来と同じ観点でピア・レスポンスの価値をはかることであり、協働学習としての学びのプロセスよりも、プロダクトとしての完成度を優先していると言わざるをえない。それは1章で述べたように、近年プロセス・アプローチの限界が指摘され、読み手重視の立場からジャンル・アプローチが登場した背景とも重なっている。すなわち、第二言語で書くことは第一言語で書くこととは異なり、規範としての知識やスキルを身につけるための明示的な指導を重視すべきだという立場をとることである。

しかし、規範に近づくことを最大の目的とする限り、知識やスキルを社会的文脈から切り離すことなく学べるよう、テクストのジャンル構造に着目したアプローチをとったとしても、プロダクト重視への回帰という側面を否定することはできない。同様に、ピア・レスポンスに作文へのフィードバック効果を期待することは、従来の教師フィードバックとピア・レスポンスを同列に扱うことであり、プロセス重視や協働の意義を失うことになる。

本来、教師フィードバックとは異なる学習観に支えられていたはずのピア・レスポンスが、従来の学習観のまま教師かピアかという対立だけで認識されることが、実践においてさまざまな問題を生じさせている。

それは、Ferris（2003）が分類した（1）や（3）の研究——学習者同士のやりとりやピア・レスポンスに対する態度に注目する研究の結果にもあらわれている。

ESL学習者4名のピア・レスポンスの特徴を分析したNelson & Murphy（1992）では、1人の学習者がとった攻撃的な態度が問題になり、学習者は互いの作文にコメントする能力がないと感じ、教師の介入を望んでいたという。また、40名のESL学習者の意識調査を行ったMangelsdorf（1992）では、ピア・レスポンスに対する否定的な意見の多くが、仲間のコメントが信頼できないというものだったと報告している。同様に、ESL学習者81名を調査したZhang（1995）は、学習者はピア・レスポンスより教師フィードバックを好むという結果を示した。さらに、日本語教育においても、30名の学部留学生のビリーフを調査した田中・北（1996）[2]が、学習者は教師以外の人に読んでもらうことに否定的な態度を示しており、ピア・レスポンス実施を困難と結論づけている。

これらの研究結果は、学習者が従来のプロダクト重視の学習観に基づいてピア・レスポンスを評価し、活動に意義を見出せないでいることを示唆している。学習者の不満や不適応が生じる原因を追究するためには、まずそれぞれの研究におけるピア・レスポンス活動がどのようなものであり、学習者がその活動においてどうふるまうことが期待されていたのかを明らかにする必要がある。なぜなら、授業実践者あるいは調査者自身が、（2）の研究と同様ピア・レスポンスにフィードバック効果を求めていたのなら、学習者が従来の教師フィードバックと比較してピア・レスポンスの善し悪しを認識するとことは、当然の結果と言えるからだ。

しかし、ピア・レスポンス活動に対する不適応は、しばしば学習者の文化的背景によるものと分析され、建設的なコメントができるようトレーニングすることが必要だと言われるようになる（Mngelsdorf 1992, Nelson & Murphy 1992）。実際にトレーニングを実施し、効果があったとする研究もあり（Stanley 1992, Berg 1999, Min 2006）、ピア・レスポンス活動を導入する際には練習が必要であるとの認識が一般化している。

ピア・レスポンス活動がうまくいくためにはある程度の練習を必要とするという考え方は、学習者にどのようなピア・レスポンスをさせれば

いいのか、そのためにどのような手順を踏むべきかという方法の問題に教師の関心を集めていく。跡部（2011）は、海外の日本語教育の現場でピア・レスポンスを取り入れた授業を自身ではじめて実践し、試行錯誤を繰り返しながら授業を改善していった過程をアクション・リサーチとしてまとめている。

　跡部がピア・レスポンス活動をデザインするうえで不安に感じたことや留意した点としてあげていたのは、使用言語、学習意欲、学習言語能力の差、作文トピック、グループメンバーの組み合わせや人数であった。また、2期目となる授業ではトレーニングが足りなかったことに気づき、Stanley（1992）を参考に実施している。しかし、跡部自身も指摘しているように、これらの要因が単純にピア・レスポンス活動の成否を決めるわけではなく、トレーニングへの過度の期待は、教師が準備した枠組みの中に学習者を押し込め、従来の教師主導型の授業と変わらなくなってしまう問題をはらんでいる。

　Ferris（2003）が指摘しているように、教師は、ピア・レスポンスに対し、教師フィードバックとは異なり、概ね好ましいものと受けとめ、実施に積極的である。問題点を指摘した上記の研究も、ピア・レスポンスを基本的には支持する立場をとっている。しかし、このことは、ピア・レスポンスが抱えている本質的な問題をみえにくくしている可能性がある。

　教師フィードバックは、特に教師添削においては、それが学習者のプロダクトに効果があるのかという点で議論が焦点化されており、論じる側の立場や教育観が明白である。それに対し、ピア・レスポンスの議論では、プロダクトへのフィードバック効果を重視する者と、学習者同士の相互行為のあり方や学びのプロセスに関心を寄せる者が、互いの立場をあいまいにしたまま肯定的な結論のみが共有されているようにみえる。

　前章の［研究2］では、ピア・レスポンスの目的と書く目的の乖離が問題化した。授業実践者である筆者は、ピア・レスポンス活動で、作文の内容について深く話し合うことを期待しながらも、それが書くこととどのように関係するのか、なぜ書いたものについて話し合うのか、ピア・レスポンスという活動の目的をあいまいにとらえていた。筆者自身にもピア・レスポンスにフィードバック効果を期待する部分があったと

言える。それは結果として、学習者に表面的な修正に偏った推敲を促すことになった。

　無論、ピア・レスポンスによってよりよい文章に書き直されることは望ましいことである。しかし、そもそも何をもってよい文章とみるのか、書く目的が不問に付されたままで、ピア・レスポンスが目的化、形式化する問題は大きい。ピア・レスポンスのトレーニングでは、適切なピア・レスポンスとそうでないピア・レスポンスを顕在化させ、教師が望ましいと感じる批判的かつ建設的なコメントができるようになることがめざされる。その結果、フィードバックとしてのピア・レスポンスの役割が助長されることになるだろう。

　加えて、フィードバックという観点から言えば、2章で概観したように、それが教師からのものであっても、必ずしもよい影響をもたらすとは言えない。ピア・レスポンスでよいコメントができるよう指導する立場にある教師が行ったフィードバックに対しても効果の有無で議論が分かれている。その状況で、同じフィードバックという観点からピア・レスポンスに効果を期待することは妥当と言えるだろうか。教師フィードバックにはないピア・レスポンスの意義を問い直す必要がある。

　次節では、このような観点から、なぜ［研究2］において推敲が教室でのやりとりから切り離されて行われたのか、［研究2］と同じ枠組みで行われた他の研究と比較し、再検証する。

2　なぜ推敲が教室でのやりとりから切り離されて行われたのか

　［研究2］では、25名の韓国人学習者を対象とした広瀬（2000）と、5名のマレーシア人学習者を対象とした広瀬（2004）の研究について述べた。ここではまず、広瀬（2004）の結果と、同じFaigley & Witte（1981）の分類基準を用いて、推敲作文へのピア・レスポンスの影響がどの程度であったのかを分析した他の研究結果との比較を行う。

　広瀬（2004）では、ピア・レスポンスの音声データを文字化した逐語記録と推敲作文を分析し、ピア・レスポンスの影響による修正がどの程度の割合を占めるのかを算出した。結果は、グループによって差がみられ、L2をピア・レスポンスの使用言語としたグループでは61％（27/44）、

L1を使用言語としたグループでは12%（5/42）だった。これは、第1課題と第2課題の作文の修正数を合計して求めたものである。この結果をどのように解釈すべきだろうか。

　同様の方法で、ピア・レスポンスの影響による修正箇所の割合を分析した研究に、Connor & Asenavage（1994）、Paulus（1999）、田中（2011）がある。これらの研究は、一つの課題を完成させるのに、ピア・レスポンスのあと教師フィードバックを行い、それぞれの結果を比較している。広瀬（2004）は、教師フィードバックのデータは収集していないので、ピア・レスポンス実施後のデータと比較する。

　ESL学習者8名を対象としたConnor & Asenavage（1994）では、ピア・レスポンス後に書いた第二稿において、ピア・レスポンス影響による修正の割合がグループ1で4%（3/81）、グループ2で12%（9/78）となった。一方、教師フィードバックを行ったあとに書き直した第三稿では、教師フィードバックの影響による修正が両グループとも35%程度となり、ピア・レスポンス影響の修正との差が明らかになったが、そのほとんどは表面的な修正であったという。Connor & Asenavage（1994）は、プロダクトに対するピア・レスポンスの影響は小さいとし、協働的な活動の意義を理解することなく、ピア・レスポンスに多くを期待することに警鐘を鳴らしている。

　しかし、同じくESL学習者を対象としたPaulus（1999）では、反対の見解が述べられている。ペアでピア・レスポンスを実施し、その影響による修正を第二稿（11名分）で集計すると32.3%（112/347）となり、これに教師フィードバック後に書き直した第三稿の結果を加えると、ピア・レスポンスの影響による修正は最終的に13.9%（117/843）となったという。この割合は、Connor & Asenavage（1994）の結果に比べて高く、ピア・レスポンスと教師フィードバックはともに、自己推敲よりも内容面の修正が多くなったと報告している。Paulus（1999）は、ピア・レスポンスはフィードバックとして効果的であり、授業に取り入れることを躊躇する必要はないと結論づけている。

　一方、日本語学習者を対象とした田中（2011）では、4グループ12名が第一課題及び第二課題で書いた第二稿の結果が示されている。ピア・レスポンス影響の修正は70.8%（109/154）で、表面的な修正より内容面の

修正のほうが多かったという。田中は、Paulus（1999）や広瀬（2004）などの先行研究とは異なる結果となった理由として、ピア・レスポンスを行う際、作文の内容・構成のみについてフィードバックするよう教示したことをあげている。

広瀬（2004）も含め上記の研究は、作文の課題数、書き直した回数、修正箇所の分類方法[3]、推敲ソースを特定するデータの種類[4]などが異なっており、単純に修正割合を比較することには意味がないと考える。しかし、Paulus（1999）、田中（2011）と、Connor & Asenavage（1994）の結果は明らかに差があり、ピア・レスポンスに作文へのフィードバック効果を積極的に認めるか否かで、大きく異なる見解を示している。Paulus（1999）、田中（2011）がピア・レスポンスの効果を主張するのは、ピア・レスポンスが内容面の修正を促していたからである。広瀬（2004）の結果は、ピア・レスポンス影響の修正割合からみれば、Paulus（1999）の結果と同程度と言えるかもしれないが、内容面の修正への影響はほとんどみられなかった。

表面的な修正と内容面の修正の割合については、Faigley & Witte（1981）の分類基準を用いてピア・レスポンス後の推敲作文を分析した池田（2000）、影山（2001）でも報告されている。中級日本語学習者を対象とした池田（2000）では、表面的な修正と内容面の修正の割合は7：3であったのに対し、上級日本語学習者を対象とした影山（2001）では、2：3となり、内容面の修正のほうが多くなったという。広瀬（2000）では、4：1、広瀬（2004）では、9：1であり、表面的な修正が圧倒的に多い。影山は、池田（2000）と広瀬（2000）の結果に言及し、中級学習者は書くための言語能力に限界があり、ピア・レスポンスの効果を発揮できないのではないかと推測している。このような学習者側の要因については、Faigley & Witte（1981）の研究で、熟達した書き手ほど内容面の修正を多く行うことが指摘されている。また、Faigley & Witte（1981）の基準を用いて第二言語学習者の作文を分析した研究では、表面的な修正が最も多くなったという結果が出ている（Lai 1986, Sze 2002）。

上記の研究で議論されている点をまとめると、ピア・レスポンスに効果があるとする見解の根拠は、ピア・レスポンスの影響による修正が多いこと、それが内容面の修正を促していることにある[5]。また、研究間

で結果に違いがみられる要因としては、フィードバックの教示（田中 2011）と、学習者の言語能力（影山 2001）があげられていた。確かに、こうした個々の要因が影響を与えていることは十分考えられる。しかし、より重要なのは、ピア・レスポンスの意義を授業実践者がどのようにとらえ、活動において学習者に何を期待していたかではないだろうか。

　ピア・レスポンスの影響は大きいと主張するPaulus（1999）では、事前に相手の作文を読んでワークシートに従ってコメントを書いてくることを課していた。これに対し、影響は小さいと結論づけたConnor & Asenavage（1994）では、書き手が自分の作文をメンバーの前で読み上げ、その場でコメントを求めるという形でピア・レスポンスが行われていた。Connor & Asenavage（1994）自身も指摘しているように、内容について深く議論させたいのであれば、メンバー一人ひとりが作文をじっくり読み込む必要がある。

　広瀬（2000, 2004）は、議論が深まるよう使用言語を母語としたが、何を議論させたいのか、議論したことを書くこととどう結びつけるのかが明確ではなかった。つまり、教師が書くことにおいて何を重視し、教室をどのような場とするかによって、学習者の推敲は大きく変化するということである。

　ピア・レスポンスのトレーニングに効果があるとする研究結果（Stanley 1992, Berg 1999, Min 2006）も、実は同じことを示していると考えられる。トレーニングによって、学習者は教師の意図を理解し、ピア・レスポンスのコメントにおいても、書くことにおいても、教師の望むようにふるまうことができるようになる。しかし、教師の意図どおりに学習者をコントロールするためにピア・レスポンスが実践されるならば、ピア・レスポンス本来の意義は失われることになる。

　同様に、ピア・レスポンスの影響によって内容面の修正を増やすことが目的化すると、学習者の相互作用は限定的なものとなるだろう。学習者の自律や創造的な学びを重視するならば、規範に近づけるためのフィードバックではなく、教師が意図する既存の枠組みから自由になれるような相互行為がなされるべきである。そのためには、書いたものについて対話することが、有効なフィードバックとなるかどうかという観点をいったん放棄しなければならない。相互行為のさせ方やその結果を問題

にするのではなく、実際にどのような相互行為が行われたのか、そのことにどのような意義があるのかという点に着目する必要がある。

　このような研究を行うためには、書かれたものや対話の内容だけを分析しても十分ではない。上記の研究では、ピア・レスポンスの影響による修正の多寡が議論されているが、どのようなピア・レスポンスによってどう書き直されたのか、相互行為の実態が記述されていない。さらに問題となるのは、たとえ教師が意図するような内容に特化したピア・レスポンスが行われ、それが作文に反映されたとしても、書き手がそのように書き直すことをどうとらえていたかが不明だということである。

　仲間のコメントを無批判に受け入れ、言われたとおりに書き直すことが書き手の成長につながるとは言えず、反対に、書き直していないからといって、書き手が何も学んでいないことにはならない。修正するかどうかはさまざまな要因が関係する。理想的なフィードバックがあれば、よりよく書き直せるわけではない。

　広瀬（2007）では、教師フィードバックの方法の違い（記述コメントと教師カンファレンス）によって日本語学習者の推敲作文に変化がみられるか、Faigley & Witte（1981）の基準を用いて分析した。［研究2］の結果と同様、表面的な修正が大部分を占めたという点で方法間に差はみられなかったが、フィードバックを推敲作文にどの程度反映させたかという点では違いがあった。しかし、それは方法の違いによるとは言えず、書き直すことに対する動機づけの問題が大きいことが推測された。

　このような書くことに対する書き手の認識も含めて考察するためには、書き手が読み手との対話をどう受けとめ、どのように書き直すのか、推敲過程そのものを明らかにする必要がある。そこで、以下の節ではこのような問題意識に基づき、［研究2］の授業デザインの問題点を改めて検討し、新たな実践研究の枠組みについて述べる。

3　［研究2］の授業デザインの問題

　［研究2］の広瀬（2000, 2004）は研究目的が同じであり、授業デザインの方針も変わっていない。本節では、推敲が教室でのやりとりから切り離されて行われた理由を考察することで、［研究2］の授業デザインの問

題点を明らかにし、相互行為として書くために必要な観点を示す。

　［研究2］では、ピア・レスポンスで作文の内容について話し合っても、学習者が書いた推敲作文にはそれがあまり反映されず、文法などの表面的な修正ばかりがなされたことが問題として筆者には認識された。言い換えれば、教師である筆者は、教室での対話によって学習者が自分の文章を見直し、局所的な誤用訂正に終わることなく、読み手の理解が得られるよう、内容と形式の両面から包括的な推敲を行うことが重要だと考えていた。

　しかし、それははじめからはっきりと意識されていたわけではなく、筆者が学習者に無意識に期待していたことが、［研究2］で反対の結果としてあらわれることで明確になった。したがって、筆者のこのような考えは授業デザインに反映されていなかった。学習者が教室でのやりとりと書くことを切り離すことなく、文章全体の意味を再考するような包括的推敲を行うためには、何が必要だったのだろうか。以下では、［研究2］の授業デザインの問題点を、文章産出過程や協働学習について先行研究で行われている議論を参照しつつ、論じる。

3.1　文章産出研究からの示唆

　1章で述べたように、ピア・レスポンスはプロセス・アプローチの中に位置づけられるが、プロセス・アプローチは、認知心理学の影響を受け、学習者の書く過程を科学的・実証的に解明しようとする文章産出研究によって支えられている。書くことの認知的側面に注目する文章産出研究から、ピア・レスポンスを実践する授業デザインに対して得られる示唆とは何か、3.1では、文章産出研究において、書く過程に重要な影響を与えていると言われる課題設定、読み手意識、推敲過程に注目して［研究2］の授業デザインの問題を考察する。

3.1.1　課題設定

　文章産出過程の研究では、課題設定や読み手を意識することの重要性が指摘されている。HayesとFlowerの文章産出過程モデル（Hayes & Flower 1980, Flower & Hayes 1981）では、課題環境、書き手の長期記憶が、文章産出にかかわる情報処理過程と相互作用するとされる。話題は何か、読み

手はだれかといった課題環境を認識することで実際の文章産出がはじまり、長期記憶に蓄えられている話題や読み手、文章に関する知識にアクセスして内容を構想し、それを言語表現に置き換えていくという。その後 Hayes（1996）は、このモデルを発展させ、環境（社会的環境・物理的環境）と個人が相互作用する修正モデルを提示した。このモデルでの大きな変更点として、作業記憶の概念が新たに中心に据えられたことがあげられるが、動機づけや情意的側面が重視され、書くことを社会的な文脈の中でとらえている点も注目される。

一方、Scardamalia & Bereiter（1987）のモデルでは、未熟な書き手（小学生）と熟達した書き手（大学生）の文章産出過程の違いが明らかにされた。未熟な書き手は課題に関する知識を思いつくままに書き連ねるだけであり（知識表出モデル）、熟達した書き手はそれをどう表現するかを熟慮したうえで文章化を行う（知識変換モデル）。熟達した書き手の文章産出過程も、知識表出過程を含んでいるが、「内容」と「修辞」という問題空間のあいだを相互に行き来しながら、目標の達成や読み手の反応を考慮して、何をどのように書くかを決めていく点が大きく異なるという。

ライティング教育を考えるうえで、これらの文章産出研究に注目すべきことは、書くという行為のもつ対話性である。書き手は、頭の中にある知識をだれかれかまわず一方的に表出しているわけではない。書くことも言語コミュニケーションであり、そこには書き手の意思、感情、思考を伝える相手が必ず存在する。書き手は、そのコミュニケーションする相手を読み手として想定し、書かれたものがどう読まれるのか、読み手との内的対話を通して文章を産出していく。

熟達した書き手は、こうした読み手との対話を意識的、無意識的に行うことができると考えられる。一方、未熟な書き手は読み手の視点を取り込むことができず、対話を開始あるいは持続できないために困難を抱えているのではないか。言い換えれば、熟達した書き手は、課題状況に即してさまざまな読み手を想定できるということであり、それはそのような言語コミュニケーションの経験を多く積んできた結果のあらわれであるとも言えるだろう。

文章産出研究は、書くという個人の認知過程を明らかにしようとする研究であるが、これらの研究成果が蓄積されるにつれ、ライティング教

育は個人の認知的側面に働きかけるだけでは十分ではないということが言われるようになった。書くことはさまざまな要素から構成される認知的活動であるだけでなく、読み手あるいは読み手の属するコミュニティとの対話を基盤とする社会文化的な営みでもある。

ライティング教育は、流暢に書けるよう、文法、語彙などの言語的知識や、トピック、ジャンル、レトリックに関する知識を教えるだけではなく、意味のあるコミュニケーションとして書くことを実践し、書くことが読み手との相互行為であることを実感する場をつくることが重要となる。しかし、［研究2］では、授業全体としてそのような場をつくることができていたとは言いがたい。

［研究2］の実践では、書く課題を教科書に準拠して設定していた。教科書は、作文の書き方を学ぶためのもので、説明、比較、因果関係など文章機能の観点から構成され、課ごとに重要表現、練習問題、書く課題が提示されている。このような教科書を使用した場合、目標とされるのは、与えられた表現が文章中でどのように機能しているのかを理解し、その使用方法を学び、課題を行う中で適切な使用を身につけることとなる。

現在では、多くの教科書が、学習者の実際のコミュニケーション場面を想定し、コミュニカティブな内容となるようさまざまな工夫を凝らしている。しかし、表現を学ぶことを前提に設定された課題において、読み手を意識し、自分の考えを伝えようという動機が生まれるだろうか。たとえ、課題を教科書から離れて独自に設定したとしても（広瀬2004では自由テーマでも書かせていた）、書くことが表現を身につけるための練習であるという意識のままでいたなら、結果は同じである。

一方、教師フィードバックの影響を分析した広瀬（2007）では、［研究2］とは異なり、教科書の学習とは別の活動として書くことを位置づけていたが、書き直しの作業は、文集への掲載や発表のための最終原稿とするために行われた。このような場合、内容を大きく見直すより、適切な表現に整えることを優先するのは、妥当な判断とも言える。表現の練習や最終原稿の校正のために書き直すのであれば、それを読み、チェックする人は教師であり、書き手にとっては表現の正確さを追求することが第一の目的となる。

［研究2］の課題設定で行うべきだったのは、だれに向けて何のために書くのかという、書く目的を明確にすることだったと考える。広瀬（2000）で学習者に課した作文テーマ「先週の日曜日」などは、テーマを示しただけでは、何のために書くのか不明であるし、内容を深く考え、書くことや推敲することに意義を見出せるようなテーマではない。

初級や中級の作文テーマでは、このような自分の身の周りの出来事や人物について描写させるものが多く選ばれるが、それを読み手に伝えることにどのような意味があるのか、書き手が伝えたい思いを強くもち、書くことの意義を実感できなければ、その課題は表現の練習にしかならない。書く課題をどのように設定するかで、学習者の文章産出過程は大きく異なることが予想される。

3.1.2 読み手意識

文章産出研究では、書くことの対話性を、読み手意識の重要性としてとらえている。Scardamalia & Bereiter（1987）のモデルでは、熟達した書き手は読み手の反応を考慮して書き進めることができるとされ、ライティング教育は、知っていることをただ述べるのではなく、読み手に伝えるために内容を構想し、表現を練り上げることが必要だとされた。

そのためには、実際の読み手を確保しなくても、書く課題として読み手を想定するだけで効果が得られるという研究もある。杉本（1989）は、英語で書くことに慣れていない日本人大学生に具体的な読み手・状況を設定したうえでエッセイを書かせたところ、熟達者と同じように読み手を考慮した構成の見直しや表現の吟味ができたという。英語のL1ライティング研究では、作文の試験として書くよりも、現実的な読み手に向けて書いたほうが作文の評価得点が向上したという結果も出ていることから、杉本は、言語的に習熟していない小中学生や外国語学習者であっても、適切な課題状況を与えてやれば、読み手を意識した文章産出が行えると述べている。

書き手は読み手を意識することによって内省を深め、読み手の理解を得るために文章を練り直す。ここで必要とされている読み手は、書き手とは異なる観点から書き手の言いたいことに応答する他者としての読み手である。書き手は自分以外のだれかに向けて書いている。

序章でみたように、ワーチ（2004/1991）は、バフチンの「発話」や「声」の概念について論じる中で、発話のもつ「宛名性」という特徴に焦点をあてた。発話は、それがだれのものであるか、だれに向けられているかという、少なくとも二つの声と結びついている。バフチンからみれば、宛名がないときには発話は存在しないし、存在しえない。さらに、発話や宛名性の概念は話すことに限定されず、書くことも含んでいる。
　この宛名性という観点から、教室で書くこと、書いたものについて対話すること、読み手を意識することの関係を考えてみる。教室で書くときに出される一般的な課題は特定の読み手を想定しておらず、しばしば書いたものを評価する教師だけが読むことになる。その場合、学習者が与えられたテーマについて説明したり、自分の意見を述べたりしたものは、すべて教師に向けた発話となるはずである。しかし、教師は書かれた内容に読み手として反応するよりも、書かれたものを評価し、指導する立場から言語形式に関するフィードバックを行う場合が多い。
　2章［研究1］で、日本語教師が行った記述式フィードバックも誤用訂正が中心であった。日本語教師の記述式フィードバックを調査した上原（1997）の研究でも、誤用訂正の使用率が全体の85.4％を占めたという。加えて、上原は、教師がコメントをするときは指導者か読み手のどちらか一方の視座に立っていると指摘し、読み手の立場から行われた内容への応答は、修正を促し、書き手の文章産出過程に関与していこうとする点に欠けていたと述べている。Leki（1990）は、指導者、評価者、読み手の役割を同時に担わなければならない教師の困難に言及しているが、上原は、このような分裂を教師は意識的あるいは無意識的に避けてフィードバックを行ったのではないかと分析している。
　このような学習者と教師の関係で書かれたものがやりとりされると、学習者は実質的な宛先を見失ってしまう。Leki（1990）が指摘する教師の役割の分裂は、書き手の声を受けとめ、応答する読み手が不在となる不安定な状況を生み出していることを示唆している。書き手は読み手との対話を断ち切られた状態で、宛先不明のまま書くことや書き直しを迫られていると言えるだろう。
　学習者に読み手を意識させたいならば、教室で求められるのは、このような対話の断絶を埋める作業であると考える。書くことも他者の発話

に対する応答であり、他者の存在を意識することなく書き進めることはできない。ピア・レスポンスの意義は、評価者や指導者としての役割に束縛されず、真正な読み手として書き手の文章産出に関与できることにあるのではないか。

　読み手が書き手の応答を求めるならば、読み手の側にもテクストに対する自身の理解や価値づけを真摯に語る全人的な応答が求められる。相互行為として書くために必要なのは、書き手を理解するために質問を投げかけ、同意や反駁といった反応を示す他者としての読み手であり、書き手の声に応答するよりも、テクストの向かうべき方向を規定し、誘導することを優先するような助言者としての読み手ではない。教室での対話は、「言語コミュニケーションの連鎖」（バフチン 1988）を可視化し、二つ以上の声が現実にぶつかることによる「相互活性化」（ワーチ 2004/1991）をめざして行われるべきだと考える。

3.1.3　推敲過程

　文章産出研究において、推敲は自分自身の考えと表現のズレを調整する過程だと言われている。文章産出が終了した時点で開始されるものではなく、構想を練る段階からあらゆる過程で繰り返し行われている。HayesとFlowerのモデルでは、書き手は自分の書いたものを読み返し、書かれたものと自分の伝えたい内容とのズレを修正するとともに、構想や文章化の過程も絶えずモニターしながら書き進めるとされた。

　このような推敲という心的過程と、その結果としての修正という行為は一致するとは限らず、これらを区別して考えるべきだという指摘もある（Scardmalia & Bereiter 1987, 深谷 1999）。［研究2］では、ピア・レスポンスが学習者の推敲に及ぼす影響を明らかにすることを目的としたが、分析の対象としたのは推敲の結果として書き直された作文であった。

　青木（2006）は、日本の英語教育における作文フィードバックのあり方を研究するにあたり、推敲の心的過程と産出物の関係を先行研究は明らかにしてこなかったことを批判的に論じた。推敲プロダクトだけに注目するのではなく、フィードバックが学習者の中でどのように処理され、推敲活動にどう影響するのかという観点からの研究が必要であるとして実験を行った。

実験では、存在しない誤りを修正するよう指示した偽のコメントが学習者に与えられた。偽コメントを無批判に受け入れ、誤った修正を行う学習者が多くみられたことから、青木は適切な修正がみられた場合でも、主体的な判断に基づいた推敲プロセスを経ていない場合があると指摘した。また、実験の目的は具体的なフィードバックの有効性を検証することにあったが、推敲プロセスの観点からみると、具体性の程度にかかわらず、それらが有効に利用されるか否かには、学習者の英語力や推敲力が大きく影響していたという。

　青木の研究が推敲の心的過程に注目し、修正が必ずしも書き手の学びにつながっていないことを実証した意義は大きい。しかし、あるフィードバックがすべての学習者に効果的だとは限らないという指摘は、本研究で概観したピア・レスポンス研究の議論と同じ流れであり、教室活動をデザインするうえでは新たな方向性を見出す必要がある。ライティング教育において推敲の心的過程に注目するのであれば、どのようなフィードバックが必要かよりも、どのような推敲が望ましいのかを考えるべきだろう。

　ただし、書くことの熟達者が行っているような推敲ストラテジーを教授し、トレーニングを行うという方向に進むことは問題があると考える。それは書くという行為をあまりにも単純化しており、推敲ストラテジーの教授―学習という構図に従うことはフィードバック―修正と同じ発想に戻ることを意味するからだ。

　一方、丸野（2008）は、教育心理学に関係する文章産出研究を概観する中で、推敲過程におけるメタ認知的機能の重要性を指摘している。熟達者と未熟な書き手とのあいだには、書く方略に関する知識などに大きな違いがあるのは言うまでもないが、「産出される文章の質を決定づけるうえで極めて重要な差異は、他者を意識しながらいかに構想を練るか、またオンラインで生成される文章を他者の視点からいかに吟味・検討を加えるかというメタ認知的な機能の働きにある」（p.38）と述べる。メタ認知的機能を積極的に働かせながら自己制御していくことは不可欠であるが容易ではないとして、他者を想定した社会的営みとしての書くスキルを高めることをめざした研究領域を紹介している。

　その一つに、論争的な文章（アーギュメント文）を書かせたときにアーギ

ュメントの要素をどの程度、自分の論構成の中に適切に利用できるかという研究がある。こうした研究に関心が高まる背景としては、書き手は自身の考えを主張するために、読み手との共通理解をはかれるよう努力することが大切であり、「優れたアーギュメントに備わるべき要素（理由、保証、主張の範囲の限定、反論の想定や反論への反駁）」(p.38)を取り込んだ文章を書かないと、読み手を説得することができないという考え方があるという。

　ただし、アーギュメントを構成する行為は、本来、対面でのコミュニケーション場面を基盤に成り立っており、他者との具体的な対話の中では、論の流れ自体を協同で構成できる。それに対し、アーギュメント文を書くという文章産出過程では、自分ひとりでみえない他者と自己内対話を繰り返しながら論を展開しなければならないために、潜在的には優れたアーギュメントを構成する能力があっても、他者からの反論や異論に十分に考慮が及ばないという限界があると丸野は述べている。

　このような限界を克服するための方略の一つとして、丸野は書いた内容を他者に説明したり他者から吟味検討してもらうことをあげている。他者の目や思考を介することで自分自身の誤りや未熟さに気づかされるという指摘は、ピア・レスポンス研究で言われている利点とつながる。ただし、文章産出に注目した研究で言及されているのは、自己の内的思考過程を可視化するための外的資源として利用される他者の存在である。書くことそのものは個人の頭の中に閉じられた営みであり、そこで生じている問題を解決するために、いったん思考過程を外化し、他者と問題を共有し、相対化する方法として対話が選択されている。そうすることで、自らの思考過程を適切にモニターし、問題を解決する効果的な方略が使えるようになり、学習過程そのものを自己制御するメタ認知能力も身につくという。

　外的資源として他者を認識し、内的思考の可視化の道具として対話をとらえることは、認知的活動としての書くことをうまく達成するためには有効であるのかもしれない。しかし、教室で仲間との協働によって学んでいく環境を考えるとき、他者の存在や対話の価値を認知的な側面だけでとらえることは、現実のコミュニケーションで行われていることの多くを無視することになる。

学習者が教室で対話を行う他者は、一人ひとり異なる考えをもった生身の人間であり、そこでのコミュニケーションにはさまざまな意味や価値づけが含まれている。書き手と読み手はテクストを介して互いの違いに気づき、相手の理解を得るためにことばがやりとりされる。教室での対話は、他者への理解や共感を基盤に成り立つものであり、このような対話の意義を考察するためには、書くことの認知的側面だけに注目するのでは不十分である。テクストを媒介とした他者との対話、あるいは自分自身との対話に焦点をあててライティング教育を考える、すなわち、「相互行為としての読み書き」を支える授業デザインを考えるためには、文章産出研究から得られる示唆とは異なる観点から、書くことをとらえる必要がある。

3.2　書くことによる自己の発見・探求

　内田（1990）は、子どもの推敲過程に生じる自己内対話について、メタ認知的機能とは異なる側面からその重要性を指摘している。書く過程では、他者との対話に類似した対話が自己内でも生じている。推敲はそのような自己内対話を意識的に行うよい方法であるという。

　内田は子どもが推敲する過程を発話思考法を用いて詳細に分析したうえで、推敲する意義を、書くことによる認識の変化や、書く以前には自覚されなかったことが新たに発見されることにあると主張した。自分の思想を探して、よりよい表現を求める営みが書き手に達成感や満足感を与える。作文教育において教師が子どもの作文を添削することの問題を指摘し、これまで見過ごされてきた「世界に対する意識の〈一瞬のひらめき〉をことばによってとらえる」瞬間こそが大事にされなければならないと述べた。

　心の中のことばを発見する過程は、自分自身を対象化し、とらえ直す過程でもある。このような書くことによる新たな発見は、ときに生きる意味を見出すことにつながる。自らの過酷な戦争体験を『卡子』に綴った遠藤誉のエピソードを取り上げ、内田は書くことで人は癒され、生きる力が与えられていくと言う。遠藤があとがきに記した、書くたびに出会う「新たな発見」とは、「生きていてよかった、自分が生きているのは意味のあることだという確認の作業」であり、内田は「人は、自分自身

の発見のために、整合的な世界の中心に自分自身を位置づけるために、文章を書くという営みに従事する」（内田1990: 226）と結んでいる。内田のことばは、書くことを自分自身に向けることで書き手にもたらされるものがいかに重要であるかを示唆している。

　書くことを生成的な記号活動ととらえる茂呂（1988）も、書くことを自分に向けること——対自的な記号使用について述べている。書く過程には二つの方向がある。一つは書き手の中で表現されたものを外へと送り出す方向であり、もう一つは書いたものを読んで自分自身に知らせる、外から内へと向かう方向である。文章産出研究では、内的に表現したことと外的な文字表現とのズレを発見し、外的表現を修正する過程がよく知られている。

　しかし、茂呂は外から内へと向かう方向にはこのような調整—モニタリング過程とは別のものがあるという。文字表現をもたない人が文字表現を発見した事例をあげ、書くことではじめて自分が考えていたことを回収するという過程が生起していたと述べる。それは、内的なものを外へ移したり、内的な表現を基準に外的なシンボル系を調整したりすることではなく、むしろ外的なシンボルを構成することで、「内的なもの」と「外的なもの」の二つの領域が同時につくり出されたことを意味している。このような外から内へと向かう成分は、文字になじんでいる人には、多くの場合はっきりとした形でみることはない。しかし、書くことによる発見、自分であることの探求は、私たちが書く中で確かに起こっているという。

　書くことは一般に内容を外的なシンボル系にうまく変換することだと考えられているが、実はこの変換以上のことを含んでいる。茂呂は作文を書くことについて次のように述べる。

> 作文を書くということは、一般には事前に意図したことを、紙の上に定着させることだと考えられている。内から外への一方向を考えるモデルである。これは"わかったことを書くモデル"と言い換えることができる。しかし、シンボルの有意味性を自分に振り向けることを考えるとき、このモデルは十分なものとはいえない。実は、分裂した語り口から構成される表現を読むことで、書き手ははじめ

て自分の位置がわかるともいえる。自分がどこで何に対して身構えているのかがはじめて理解される。"わかったことを書く"だけではなく、"書いてからわかる"という面がある。書くということは、シンボルを構成した後に、あるいはシンボルを構成するさなかに、有意性を得るという面がある。　　　　　　　　　（茂呂1988: 126–127)

　書くことの基礎には、そのとき、その場で意味をつくり出す側面が含まれている。「自分にシンボルの意味を向けるということは、自分であることを探求する場を組み上げること」(p.127)であり、他者のさまざまな語り口と身ごなしを引用し重ね合わせることで、自分の声を創造することが可能になる。
　序章でみたように、生成的な記号活動とは、「シンボルを有意味なものにしている状況の中の活動を指し、シンボルの意味から作られ変化する過程を対話の過程として描き出すもの」(p.105)であった。シンボルは対話場の中でのみ意味をもち、書くこと、またその獲得は、伝え合う場の中での媒介的な活動によってこそ行われるという。
　内田や茂呂がいう書くことによる自己の発見・探求は、子どもの言語発達を念頭に置いたものであるが、書くという行為の本質をとらえたものであり、第二言語で書くことも例外ではない。第二言語で書くことを、第一言語の機械的な翻訳とみるならば、個人の頭の中の認知的活動として、何が活動を促進し、あるいは阻害する要因なのかを探る研究が行われる。ピア・レスポンス研究の中には、仲間とのやりとりをその要因の一つとしてとらえているものが多くある。しかし、書くことのもつ対話性の本質に注目するならば、第二言語教育においても、書くことを自分に向けること、それによって書き手にもたらされるもの、対話の場でのことばの獲得について議論することが必要になる。
　推敲は、書かれたテクストを介して自己への探求を続ける過程である。しかし、それは他者の存在なくしてはなしえない。書き手としての学びや成長は、読み手である他者との対話を基盤として、自分が書いたもの、つまり、自分自身と向き合い、推敲する過程そのものにあるのではないか。このような観点から推敲の意義をとらえ直し、授業デザインを考える必要がある。

3.3　協働で学ぶ教室における教師の役割

　本節は、相互行為として書くために必要な観点を提示するために、3.1では文章産出研究から得られる示唆を検討し、3.2ではそれとは異なる見方で書くことをとらえる必要性を述べた。ここでは、上に述べてきた書くことのもつ対話性を教室活動の重要な要素とするために、ピア・レスポンスのような協働的な学習はどのようにあるべきか、それを支える教師の役割について考察する。

　ピア・レスポンスは、それまでの教師主導型のライティング教育を批判的にとらえる立場から実践されてきた。教師が書くために必要な表現や文法を教え、モデル文を提示し、学習者が書いたものを添削するという授業での教師の役割と、学習者が協働で学んでいく学習環境をデザインする教師の役割はまったく異なる。

　ピア・レスポンス活動では、教師は教える人ではなく、活動を計画、実施、管理し、学習者の学びを支援する人となる。池田（2007）は、ピア・レスポンス活動における教師の役割を、情報やリソースへのアクセス方法を提示する人的リソースとしての支援、話し合いの管理運営にかかわる支援という二つの観点から論じている。「協同学習」を提唱するジョンソンらが教師の役割としてあげているのもグループ活動の管理運営についての詳細な手順である（ジョンソン・ジョンソン・ホルベック1998/1984）。

　活動を円滑に管理運営するために教師が行うべき重要項目としては、活動の目的・手順の明確化、課題や教材の工夫、適切なグループ編成、活動促進のための観察・介入、活動の評価などがあげられる。また、協働学習に慣れていない学習者に対しては「緩やかな導入」が必要だと池田は主張している。活動の意義や特徴を理解するために、池田の授業では、自己推敲、教師添削、ピア・レスポンスそれぞれの長所・短所を考えさせたり、他の学習者がピア・レスポンスを実践しているビデオを視聴させ、活動の問題点を指摘させたりしているという。

　［研究2］で、授業実践者である筆者が意識して担っていたのも、上記のような教師の役割である。工夫や配慮に改善の余地があるとしても、前項3.2に述べた推敲の意義を学習者が実感できるようにするためには、活動の管理運営的な支援だけを行っても十分ではない。日本語で書

くこと、推敲することにおいて、教師としての筆者が望ましいと思う具体的な方向性を示し、活動とリンクさせる必要がある。

秋田（2010）は、学校での数学の授業を例に、協働で学ぶ教室における教師の役割について述べている。教室には二つのコミュニケーション様式がある。一つは教師が教科内容を教え、生徒は正しい答えを言うことが重視される場合で、学校だけで通用する学校知という文脈では適切なコミュニケーションであるが、生活へのつながりやより高次な探索は生じにくい。もう一つは、生徒が協働で知識を構築していく場合であり、教師は意味の交渉を組織する役割を担う。生徒は仲間の考えを聞きながら自分の考えをつくり出していくので、たどたどしいことばづかいとなるが、それは日常生活と関連したり、教科内容をより高次に探究することにもつながるという。

これら二つのコミュニケーション様式は二項対立ではなく、思考を促すという観点から教室談話をみると、いくつかの段階に分けられる。それは教師が質問し、1人の生徒が答えるというT—C（教師—生徒）連鎖によって形成される談話から、生徒の多様な発話を教師が整理し、生徒が吟味できるように組織化する談話、さらに生徒が自分たちで質問し合い、考えを述べることで授業が進行していく談話まで、教師のかかわり方はさまざまである。

子どもたちが相互に意見を述べながら理解を深める話し合いができるようになるためには、個々人がその問題についての知識や解法をある程度わかっていることが必要だという。基本的知識がない段階で話し合うように言われてもうまくはいかない。話し合いが効果的に機能するのは、生徒が熟慮することを必要とし、生徒自身が考えてみようとする課題であるという。

秋田の主張を第二言語教育にあてはめてみると、言語知識が不足している段階で協働学習を進めても有効に機能しないという議論につながる可能性もある。しかし、初級の学習者には実施困難であるので、中級や上級になってからという安易な結論には問題がある。秋田が指摘しているのは、教室談話の多様性とそれぞれの談話がもつ可能性であり、理解進化を促す談話が行われるためには、学習者が熟慮するに値する課題が必要だということである。秋田はそのための教師の支援として、特定の

教科内容、教材理解へとつなぐ「分析的足場かけ」が重要だと指摘する。生徒同士のやりとりをつなぎ、参加を促す「社会的足場かけ」だけではなく、領域知識を生かせるように教材と子どもの発言をつなぐことが大切だという。

　自らが数学の授業を実践し、授業において数学がわかること、教えることとはどういうことかを論じたランパート（1995/1990）の研究は、学習者が互いに学びを深める協働的な学習環境を支える教師の役割を考えるうえで示唆に富む。ランパートは、自らの授業を、真正の数学活動に参加者をたずさわらせる実践であるととらえる。

　学校では一般に、「数学する（doing mathematics）」ことは教師の決めたルールに従うことを意味し、「数学をわかる（knowing mathematics）」ことは教師の質問に正しいルールをあてはめることを意味している。しかし、ランパートは、数学の主張についての真理はディスコース・コミュニティでの数学的議論の中で確定していくものであり、生徒には数学の知識を習得するだけではなく、学問的なディスコースに参加するのに必要な資質も学んでほしいと考えていた。

　ランパートは教師と生徒の相互作用の新たな形式を提示し、それを実現してみせた。教師は数学の何について話し合うかを決めるために問題を選択し、生徒はその問題領域での興味、疑問、理解をみなに示すことが求められた。それは単に正しい解法と答えを探し出すことが目的ではなく、生徒たちには数学的前提と自分の方略の正当性についての問いに答えることも期待されていた。ランパートは「私の授業では、数学をわかることについて生徒たちに学んでもらいたいと私が考えていることを、自分自身の役割をどのように構成し、教室の皆になにを望むのかということのなかに表現した」（p.200）と述べる。教師が意図した教室での教師、生徒の役割や責任が話し合いという活動の中で明確化していくことで、生徒は数学的議論への参加が可能となり、学問世界のディスコースにふさわしい方法で数学することを学んでいったという。

　ランパートが実践で示した教師の役割は、唯一の正解を握っている権威者としての教師とは大きく異なる。自分が望ましいと思う方法で生徒が数学をわかるには、教室の中で数学を最もよく知っている熟達者としてのふるまいを示すことが必要であり、それは生徒との数学の議論にた

ずさわることだという。教師は議論するときに自分が使う知識を明確にしなければならず、生徒たちの議論が数学という原野をさまようときにはそれについていくことも必要であり、生徒の主張を支持し、適切な証明法を提示し、援助することが求められると述べる。

ランパートの実践は、自身が教師として実現したい教室の姿が、生徒にも、論文を読む読者にも明確に示されており、それは数学という学問領域に教師がどのようにかかわり、いかに理解を深めているかということと強く結びついている。生徒を数学的議論に巻き込むために教師が行ったことは、議論のしかたを教えることではなく、どのような議論をしてほしいのかが生徒に伝わるようにすること、そしてその議論に教師が積極的に加わることだった。ランパートは自らの実践を真正の数学的活動への参加ととらえたが、言語教育を行う教師は自らの実践をどのようにとらえるべきだろうか。

数学をわかることは、一般的に正解を素早く得られることだと思われている。同様に、〇〇語ができるということは、相手の発話に素早く反応し、正しい言語形式で応答できることだと認識されている。このような学習観に基づき、協働学習が行われる場合も多い。しかし、唯一絶対の規範からの逸脱をなくすことが教室の目的となるならば、教師は権威者としての役割を担い続けることになる。このような教室では、協働という形式はとられていても、教授—学習という構図は変化していない。

一方、数学的真理が議論の中で形成されていくという見方があるように、言語形式の適切さは現実のコミュニケーションのあり方によって規定されるとみるならば、教師と学習者の相互作用のあり方は大きく変化する。そこには、学習者同士の協働を推進する権威者としての教師は存在せず、授業の目標として設定された課題を達成するために、互いに学び合うコミュニティが形成される。

権威者ではなく熟達者としてふるまう教師がめざすのは、理想的な言語モデルを示すことだけではない。学習言語を用いてどのようなコミュニケーションを実現したいのか、すなわち、教室参加者のあいだにどのような関係をつくっていきたいのかを教師自身が明確に意識し、その意図が学習者に伝わるようなコミュニケーションを行っていくことが求められる。

筆者が教室で実現したいのは、書くこと、対話することによって他者や自分自身に対する理解を深める相互行為であり、筆者が教師という熟達者のモデルとして示したいのは、書くという問題解決へのアプローチである。そのためには、学習者が書こうとする内容に積極的にかかわること、読み手であり教師である私の価値観を提示することが必要だった。

4 ［研究3］［研究4］の授業デザイン

　前節で検討した授業デザインの問題点を踏まえ、5章［研究3］、6章［研究4］で示す実践研究の授業として設計した内容は次のようなものである。対象としたのは、国内の大学で学ぶ留学生を対象とした文章表現の授業で、同科目名、同内容で2クラス（受講者は異なる）が開講され、プレースメントテストで中級と判定された学習者が選択科目として履修していた。

　筆者は、1年半のあいだに3学期（1学期は週1コマ90分×15週間）計6クラスの授業を担当した（表4-1参照）。学期が終わるごとに、授業デザインは少しずつ変更が加えられ、［研究3］［研究4］の分析を行うことで、学習者や授業に対する筆者の考え方も変化していった。ここでは、授業方針と実際に行った授業の枠組みを示し、教師である筆者自身の変容と授業デザインの変化については、6章で改めて述べることにする。

表4-1 授業実施期間と受講者

第1期 2007年春学期	Aクラス	10名(アメリカ3名、韓国2名、中国2名、台湾・タイ・ドイツ1名)
	Fクラス	20名(韓国4名、台湾4名、中国3名、アメリカ3名、インドネシア・マレーシア・ドイツ・トルコ・フランス・不明1名)
第2期 2007年秋学期	Aクラス	8名(韓国2名、ドイツ・フランス・ロシア・タイ・エジプト・不明1名)
	Fクラス	16名(韓国3名、アメリカ3名、台湾2名、中国・インド・ドイツ・タイ・インドネシア・ブラジル・ベトナム・セルビア1名)
第3期 2008年春学期	Aクラス	6名(アメリカ2名、台湾・ブラジル・カナダ・香港1名)
	Fクラス	20名(韓国7名、タイ5名、アメリカ2名、イギリス・台湾・ロシア・サウジアラビア・アルゼンチン・マレーシア1名)

※Aクラスは別科生、Fクラスは大学院生・学部生・交換留学生対象クラス

授業目標:

　自分自身が考えていることを読み手にわかりやすい文章で表現できるようになることを目標とし、具体的項目として以下の3点を提示した。

(1) 読み手を意識した文章が書けるようになる。
(2) 自分が書いた文章を読み直し、自分でよりよい文章に書き直していく力を身につける。
(3) わかりやすい文章を書くために必要な文法、文体、構成など、日本語の文章の「書き方」に関する基本的な知識を身につける。

　よりよい文章を書くためには、読み手を意識すること、主張を明確にして根拠とともに示すこと、何度も書き直すことが重要であり、そのために教室での対話が必要だという考えを授業方針として学習者に伝えた。書くことはすべて宿題として課されること、授業中は書いたものについて仲間や教師と対話することに多くの時間がさかれることも事前に説明した。

授業内容：

　最初の課題はお互いを知るために自分を紹介する文章を書くことで、中盤以降中心となる課題は新聞に投書する500字程度の意見文を書くこととした。新聞への投書を主な活動としたのは、教室参加者だけではなく、対話の場を共有しない第三者に向けて書くことも学習者に意識してほしいと考えたからである。また、意見文というジャンルを選択することで、丸野（2008）が述べていたアーギュメントの構成要素を使用する必要性が書き手に意識され、自分自身や他者との対話によって内省がより深まることを期待した。想定される読み手に対して、自分が伝えたいことは何か、一般論ではなく、自分にしか書けない独自の主張を考えるよう促した。

　なお、新聞への投稿原稿として定められている500字の字数制限は、書き手でもあり、読み手でもある学習者にとってよい条件であると考えた。書き手としての利点は、日本人大学生を対象とした研究で、書き手の情報選択やその効率的使用において字数制限が有効だとする結果が示されている（﨑濱2005）。一方、読み手としては、長い文章は読む負担が増え、仲間の書いたものに対する理解が浅くなる場合が多いことをそれまでの経験から実感していた。対象授業の受講者にとっては、500字程度の課題が書くのにも読むのにも適切であると判断した。

　一つの課題につき複数回の書き直しを求め、アイディアを考える段階から校正し原稿を完成させるまでのさまざまな段階で、仲間や教師との対話を行った。投書の意見文の内容は口頭での発表も課し、完成した原稿は新聞社へメールで送付した。意見文の課題に入る前には、文体、話しことばと書きことばの違い、論文やレポートで使われる表現、パラグラフライティングの考え方に基づいた段落構成、アウトラインのたて方などについて説明し、例文や練習のプリントを配付した。

　また、ウェブ上で使用できる辞書や漢字にふりがなをつけてくれるサイトなど、読み書きに役立つリソースの紹介も行った。宿題の提出はメールで行い、書いたものや、それに対するコメント、授業で配付したプリントや紹介したリソースは、大学のLMS（Learning Management System：学習管理システム）やメーリングリストを使用してクラスで共有した。

　なお、クラスによっては、日本人学生が学習支援のボランティアとし

て出席しており、グループでの対話にも読み手として参加してもらった。その際、日本人学生には、日本語の支援よりも、書いたものについての感想や意見を積極的に述べてもらうように依頼した。

　教師から学習者の書いたものに対して行うコメントの形式・内容は、学期ごとに変化していった。学期を追うごとに、言語形式に対する注意喚起が減少し、反対に内容に対する疑問、意見、説明要求が増加した。ただし、文法や表現の訂正を行う教師添削は、最終稿に対してのみ行うという方針は一貫していた。教師のかかわり方も含め、新聞への投書を書く活動の詳細は、6章［研究4］で、学習者の相互行為の実態とともに改めて記述する。

　上記の枠組みで実践した授業において、書き手は読み手との対話をどう受けとめ、どのように書き直していったのか、5章［研究3］、6章［研究4］では、学習者の推敲過程に焦点をあてて、分析を進める。

注 [1] Berg (1999)、池田 (2000)、Min (2006)、田中 (2011) は分類基準を改定して使用している。
　 [2] 田中は後にピア・レスポンスを自身の授業で実践したあとにビリーフ調査を実施し、異なる結果が出たことを報告している（田中 2005b）。
　 [3] 広瀬 (2004) では、Faigley & Witte (1981) の分類基準を日本語のテクスト用に改定しており、田中 (2011) ではアイデア・ユニットを分析単位に用いている。
　 [4] ピア・レスポンスの音声データに加え、Paulus (1999) では発話思考法による推敲中のプロトコル・データを、広瀬 (2004)、田中 (2011) では、ポストインタビューのデータを分析している。
　 [5] Paulus (1999)、田中 (2011) では、推敲作文の評価得点が有意に上昇したという結果も示しているが、その要因と考えられるものは複数あり、ピア・レスポンスの影響によるものと特定することは難しいと考える。

第5章 ［研究3］
相互行為として書く過程
他者への応答として深まる推敲

4章では、「相互行為としての読み書き」を支える授業デザインについて考察した。5章及び6章では、4章で提示した枠組みに基づいて実施した授業を分析対象とする。5章［研究3］では、授業での対話を経て、個々の学習者が作文を書き直す過程に焦点をあて、6章［研究4］では、5章の分析を踏まえて授業デザインの改善を試みた教室において、学習者の相互行為がどう変化したのか、教室の全体像を分析する。5章ではまず、学習者が教室での対話をどう受けとめ、自分が書いたものとどう向き合い、何を書き直したのか、推敲過程の全容を記述することで、対話することと書くことの関係を考察する。

1 問題の背景と目的

1章で述べたように、ライティング教育で書く過程を重視するようになった背景には、80年代に盛んに行われた文章産出研究の影響がある。HayesとFlowerは、文章産出過程を、プランを立て、文章化し、推敲するというような直線的なものではなく、行きつ戻りつしながら進む非単線的でダイナミックな過程として示した（Hayes & Flower 1980, Flower & Hayes 1981）。第二言語の研究においても、Zamel（1983）やRaimes（1985）らがESL学習者の文章産出過程を分析し、第一言語の文章産出過程との類似を明らかにした。日本では、子どもの推敲過程を分析した内田（1989）の研究や、日本語学習者を対象とした衣川（1993）の研究などがある。こうした研究は書くことの認知的な側面に注目しており、考えていることを話しながら書くという発話思考法によって文章産出過程を明らかにすることを試みている。

ピア・レスポンスは、このような文章産出研究の影響を受けた書く過程重視のアプローチの一つとして位置づけられる。書くという本来ひとりで行う行為において、読み手としての他者の存在に注目し、協働の理念に基づき書き手と読み手の対話的活動として具現化した点にピア・レスポンスの意義があると考える。しかし、4章で論じたように、第二言語の教室で実践されるピア・レスポンスは、推敲作文への効果の有無が注目されることが多い。先行研究で分析対象とされているのは、ピア・レスポンスでの学習者同士のやりとり、あるいはその結果としての推敲作文であり、ピア・レスポンスによって学習者が何を考えどのように書き直すのか、推敲過程そのものに着目した研究はみあたらない。

　また、ピア・レスポンスにおける協働の考え方は、学習者同士の対等な関係を基盤としており、ピア・レスポンスで生じる相互作用と、教師とのやりとりで生じる相互作用の違いが強調される場合が多い。しかし、読み手がピアか教師かという対立で論じることは、最初から読み手の役割を分割し、本来の読み手の存在意義を見失う可能性がある。4章でみたように、書くことはそもそも、読み手として想定される他者との自己内対話によって進むものであり、書く過程そのものを読み手との対話ととらえることができる。学習者にとっての読み手とは、ピアだけでなく教師も当然含まれる。さらに、その文章を読む可能性のある教室外の読み手が意識されている場合もあるだろう。書き手にとって読み手はどういう存在なのか、なぜ書く過程を重視するのか、書くことと対話することの関係を問い直す必要がある。

　このような問題意識は、書くことの認知的側面だけではなく、社会的側面に注目する最近の研究動向の中にみられる。80年代の文章産出研究が書くことを書き手の頭の中に閉じられた認知的活動とみていたのに対し、近年では、書くことを社会的、文化的、歴史的な文脈において影響を受ける社会文化的実践ととらえる研究が増えつつある。Lei (2008) は、外国語として英語を学ぶ学習者を対象に、社会文化的アプローチにより作文ストラテジーを分析している。インタビューや書く過程を回想したデータに基づき、社会文化的な観点から作文ストラテジーをとらえ直している。一方、Braxley (2005) は、バフチンの「対話」を理論的背景とし、インタビューデータからESL学習者の書く行為を分析し、アカデミ

ックジャンルの文章を書くためには、テクストから学ぶだけではなく、友人やチューターや教師など他者との対話が必要であると主張した。

　序章でみたように、バフチンの「対話」の概念は、書く過程を分析するうえでも有用な示唆を与える。バフチンにとって、「言語とは、話し手たちの社会的な言語的相互作用によって実現される絶えまなき生成過程」（1989: 131）であり、その言語的相互作用の極めて重要な形式が「対話」である。「対話」はあらゆる言語的交通にみられ、書物のような印刷物も言語的交通の一要素とされる。

　［研究3］は、序章で概観したバフチンの「対話」の観点から、教室で行われる対話が書くこととどう関係するのか、日本語学習者の推敲過程を明らかにすることを目的とする。本研究では、書かれたテクスト及びテクストを介した読み手との言語的相互作用の過程を推敲ととらえ、推敲中に自己内対話によって生じるひとりごとも対話とみる。4章で検討した授業デザインに基づき、筆者自身が読み手との対話を重視した授業を実践し、学習者が書き直す過程を分析する。ここでは、書くことを、HayesとFlowerのように認知モデルとして示すのではなく、読み手との相互行為として実現される社会的活動として記述することをめざす。書くことをこのようにとらえることで、教室での対話の意義を新たな観点から論じることができると考える。

2　方法

2.1　方法の選択

　書く過程を明らかにしようとする先行研究の多くは、考えていることを話しながら書くという発話思考法によってプロトコル・データを収集し、分析している。しかし、考えを話すことと書くことを同時に行うのは被験者にとって負担が大きく、分析に耐えるデータを得るのは難しいと言われている（Hayes & Flower 1980, 内田 1989）。また、被験者に心の中を語らせるというプロトコル・データそのものの信頼性が問題とされる場合もある。

　プロトコル・データが信頼できるとみるためには、被験者が自分の行っていることを自覚しており、それをことばで説明することができ、な

おかつ偽りなく報告していると断言できることが必要とされる。茂呂（1993）は、このような観点でデータの信頼性が問題とされるのは、プロトコルと心理プロセスを素朴に結びつけてしまっているからであり、「コミュニケーションとしてのプロトコル」という側面が忘れられていると述べている。プロトコルもまただれかとだれかの共同する対話の出来事であり、その記録にほかならない。「知的な行為についての語りは、ある種のコミュニケーション事態であり、それゆえに、ともに何かを行う人どうしの関係性から逃れられないし、何らかのコミュニケーションの「型」から逃れることができない」（pp.22–23）という。プロトコルは発話であり、それはプロトコル・データの収集や分析も、対話という社会的過程であることを意味している。茂呂が指摘しているのは、対話の中の語りとして、プロトコルが生まれてくる場やプロセスを吟味する必要性である。

　本研究もプロトコルをこのような観点でとらえ、学習者の書く過程を対話の中の語りとして分析する。具体的にいうと、発話思考法のように書き手に考えていることをひとりごととして語らせるのではなく、書き手である学習者が書く過程で直面している問題を、教師である筆者に相談しながら書き直す過程をデータとして収集し、分析するという方法を採用した。それは、書くことそのものを読み手との対話ととらえる本研究においては、読み手を目の前にして何も語らないという行為そのものが不自然であり、また学習者と教師という関係性を排除してデータ収集を行う、つまり学習者に何も援助しないで書かせることは、対話としてのプロトコルを無理にゆがめてしまうと考えたからである。

　そこで、本研究では、学習者が書いているあいだは原則として隣で見守り、問題が生じて学習者が助けを求めたときは相談に応じるとともに、教師として学習者に助言が必要であると判断した場合や、学習者がそのように修正する意図が知りたいと思ったときは自分から声をかけた。書き手である学習者に、読み手あるいは教師としてかかわりながら、書き手が抱えている問題を書き手とともに探っていくという姿勢でデータ収集を行った。

　収集したプロトコル・データは、グラウンデッド・セオリー・アプローチ（以下、GTA）を用いて分析した。GTAは、既存の理論を検証するの

ではなく、データに根ざした理論生成を重視するアプローチである（グレイザー・ストラウス 1996/1967）。今日では、ストラウスとコービンのアプローチ（ストラウス・コービン 2004/1998）、修正版グラウンデッド・セオリー・アプローチ（木下 1999, 2003, 2005, 2007））、シャーマズの社会構成主義的アプローチ（シャーマズ 2008/2006）などさまざまなバージョンが存在する。認識論的立場も異なり、データを現実が反映されたものとみなし、データから理論を「発見」しようとする実証主義的立場もあれば、データと分析はともに研究にたずさわる人々によって構築されるものであり、結果として生成される理論も研究者の見方に依存した一つの解釈ととらえる社会構成主義的立場もある。共通しているのは、収集したータをコード化し、データとコード、コード同士の比較を繰り返すことで、現象を説明する概念（カテゴリー）を生成して理論化をめざすという分析方法である（ウィリッグ 2003/2001, シャーマズ 2008/2006, フリック 2011/2007）。

　本研究では、学習者はどのように書いているのか、教室での対話が書くこととどのようにかかわっているのかを分析するためにGTAを用いた。学習者の書く過程として収集したデータは多様な形態をとっており（作文やワークシート、授業中の発話の音声記録を含む教室データ・推敲過程を録音録画したデータ・インタビューデータなど）、そこで何が起きていたのか、複雑な要素を整理して理解するための観点が必要だったからである。また、このような多様なデータをもとに、学習者がなぜそのような推敲に至ったのか、データが生成される文脈を多面的に分析するため、コード化される前の元の文字テクストの文脈を重視する佐藤（2008）やCoffey & Atkinson（1996）のコーディングの考え方も参考にした。教室でのピアとの対話を経た学習者の推敲の特徴をプロセスとして理解するために、プロトコル・データを対象にGTAを用いてカテゴリー生成を行い、現象理解のためのモデルを作成して考察を行った。

　本研究は、上述したようなデータの収集や分析に関する認識論的立場について、研究当初から明確に意識していたわけではない。バフチンの「対話」概念も、この［研究3］の分析過程で必要とされるようになった観点であり、分析が進むにつれて、データの収集方法も分析観点も変化していった。結果的には、社会構成主義的な解釈を行ったと言えるかもしれないが、分析の試行錯誤の過程では異なる観点も混在していた。こ

こでは、その分析過程と筆者の解釈の変遷を記述し、その結果を実践に重要な影響を与えた示唆として述べる。

2.2 手続き

上述した方針に基づき、前章で記述した授業を受講した学習者を対象とし、授業の課題（新聞への投書意見文）を書き直す際に個別相談の時間を設け、学習者が教師である筆者に相談しながら書き直す過程をデータとして収集した。個別相談は、希望者を対象に研究用データとして使用する許可を得たうえで、授業時間外に実施した。授業では2～3人で対話[1]したあと、クラスで発表することになっており、個別相談は、その発表のための書き直しを対象とした（図5-1参照）。また、授業中の対話や学習者の作文、ワークシートなども、研究利用の許可を全員に得たうえでデータとして収集した。

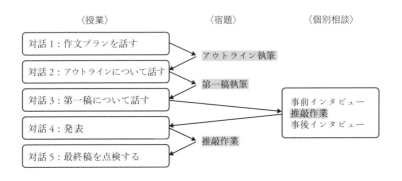

図5-1　授業と個別相談の流れ

個別相談では、作文の書き方、直し方に関して学習者の相談にのり、作文を書きあげるまで1対1で支援した[2]。文法などの誤りを一方的に訂正することはせず、学習者が推敲しているあいだ、様子を観察しながら見守った。ただし、学習者が助言を求めたり、1人では問題に対処できず行き詰まったようなときには積極的に介入した。

データとして、推敲作業中の学習者と教師のやりとり、相談前後に行ったインタビュー[3]を録音した。インタビューは、相談をはじめる前

に、書くことに対する意識（好き嫌い・困っていること・大切だと思うポイントなど）や授業でのピアとの対話の内容、学習者同士で対話することをどう思うかなどを尋ね、相談後には、どこを・どのように・なぜ直したか、どのような作文フィードバックが望ましいかなどについて質問した。

また、作文執筆にはコンピュータを使用し、画面上で修正されていく作文の変化をビデオカメラで録画した。この録音データと録画データから、学習者のひとりごと及び学習者と教師のやりとりを逐語記録し、録画データから作文の修正方法を文字化して（「しかし」を挿入、5行目を削除、などと記入）記録し、推敲過程データを作成した（表5-1）。

個別相談を受けた学習者は、2007年春学期15名、2007年秋学期4名、2008年春学期3名だった。このうち、分析対象者としたのは表5-2の12名である。

表5-1　推敲過程データの例

発話	作文の変化
S3：まず、スポーツのような時間がかかる活動、じゃ｛メモを書く｝…OK、スポーツの時間が、そして運動｛タイトルの「すぽっつ」を削除して｝、ここで運動、で、あと「忙しくて」をどっちかな…まずみんなの運動のイメージは、｛「運動のための時間はなかなか作れない」まで読んで｝、たぶん…	
T：このままでいいんじゃない。うん。タイトルもそうだからね。	
S3：そして、あと、だんだん定義しますから。	
T：いいかもしれない。	
S3：OK、 あと、次は、 そして、ここで｛「より適切な」の前を指して｝、心拍を書けば、 あ、	スポーツ「のような時間がかかる活動」を挿入。 「心拍が上がるという」を挿入。 心拍の前に「一日中」を挿入。

｛ ｝：修正方法を文字化したもの　「 」：産出中のテクスト

表5-2 分析対象者のプロフィール

	性別	出身地	レベル※	個別相談に要した時間	受講クラス	ステップ
S1	女	ドイツ	5	120分	07春学期F	1
S2	女	台湾	4	120分	07春学期F	
S3	女	アメリカ	4	110分	07春学期A	2
S4	女	アメリカ	4	80分	07春学期F	
S5	男	韓国	4	70分	07春学期F	
S6	男	中国	4	86分	07春学期F	
S7	男	タイ	4	104分	07秋学期F	
S8	女	インドネシア	4	75分	07秋学期F	
S9	女	アルゼンチン	5	126分	08春学期F	
S10	女	カナダ	4	126分	08春学期A	
S11	女	アメリカ	3	182分	07春学期F	3
S12	男	中国	5	88分	07春学期F	

※プレースメントテストによる1レベル（初級）～8レベル（上級）の8段階評価

2.3 分析方法

　分析対象としたデータは、上述した推敲過程データ、個別相談での学習者の様子や分析観点を記録したノート、学習者が書いた作文及びワークシート、授業での学習者同士の対話を録音した音声データ、授業記録である。学習者が読み手との対話をどのように受けとめ、どう書き直したかを記述するために、推敲過程データを直接的な分析対象とし、その他のデータは推敲の実態を多面的に把握するための資料として参照した。

　推敲過程データを対象とし、GTAを用いてカテゴリー生成を行った。本研究の分析は3段階に分かれている。ステップ1では、2名（表5-2のS1とS2）のデータを対象に探索的なカテゴリー生成を行った（カテゴリー生成の過程については次節で詳述する）。対象者とした2名は、推敲中の発話が多く、インタビューにおいても自らの経験や考えを率直に語っていた。さらに、教師とのやりとり及び観察された推敲過程が対照的であったこと、授業で対話したペアであったことから、この2名の事例を最初に比較検討することで、学習者の書く過程を理解するための基礎的な概念が

得られるのではないかと考えた。

　ステップ1で鍵概念と呼べるような重要な概念（カテゴリー）が生成されたため、ステップ2では、それらを精緻化することを目的とし、8名のデータを加えて分析を行った。個別相談を受けた学習者の中から、データがすべてそろっていること、推敲中の発話が多いことを優先条件とし、出身地、性別、受講クラスができる限り偏らないように対象者を選定した（表5-2参照）。ステップ2では、ステップ1のカテゴリーを基礎的な枠組みとし、カテゴリーの修正、再編成を行うとともに、新たなカテゴリー生成を同時に行った。複数の事例間、カテゴリー間の比較を通してカテゴリーを精査し、最終的に三つのカテゴリー・グループにまとめた。

　ステップ2の終了時点で、新しいカテゴリーが生成されることはなかったため、ステップ3では、今回生成したカテゴリーが本研究の対象者である学習者の推敲過程を説明しうるものであるかを確認することを目的とした。授業や個別相談において対照的な参加態度を示し、日本語を学ぶ理由や日本語学習レベルも異なる2名（表5-2のS11とS12）のデータを分析した。ここでも新たなカテゴリーは生成されなかったため、カテゴリー同士の関係を整理して階層化し、その関係をあらわす概念モデル図を作成した。さらに、このモデルを用いて、ステップ1で考察したS1とS2の事例を、2人が授業中に行った対話（約3時間分）の逐語記録データを加えて再度分析した。この推敲過程モデルと具体事例をもとに、書く過程で他者と対話することの意義を考察した。

3 分析過程と結果

　本節では、学習者の推敲過程をGTAによって分析する過程と、その結果として得られたカテゴリーについて説明する。3.1では、まず、学習者2名のデータに基づく探索的カテゴリー生成の過程（ステップ1）を説明する。前述したように、ステップ1では、鍵概念となる重要概念が生成された。そこで、3.1では、概念（カテゴリー）が生成され、それを重要概念であると判断するまでの過程について、具体的なデータを提示して説明する。3.2では、データを加え、ステップ1のカテゴリーを精査すること

で生成した最終的なカテゴリーとその過程（ステップ2及びステップ3）について述べる。3.3では、最終的に生成したカテゴリー同士の関係を、概念モデル図を用いて説明する。

3.1 【内容づくり】と【文章化】の概念生成（ステップ1）

ステップ1の対象者は表5-2のS1とS2（以後、仮名アンネとリンダを使用する）である。ここでは、書く過程を説明する概念を探索的に生成することを目的とし、豊富な言語データを提供している対照的な学習者2名に焦点をあてた。

アンネ：大学院生。母語はドイツ語。母語でも日本語でも文章を書くことが苦手であると感じており、第一稿を書くのに10時間かかった。複雑に考えすぎることが原因であると自分で分析している。書くことはチャレンジであると積極的。ピアとの対話を肯定的に評価していた。

リンダ：学部留学生。母語は中国語。母語でも日本語でも作文は苦手だと感じているが、書くことは好き。日本語でアイディアをまとめることが難しい、中国語で考えるのがよくないと思っている。ピアとの対話には否定的な評価をしていた。

2名とも日本語学習レベルは中級であるが、アンネはプレースメントテストで一つ上のレベルに判定されていた。リンダは休学後、復帰してすぐの学期であり、自分の日本語力に対して不安を訴えていた。

ステップ1では、まず、アンネとリンダの推敲過程データそれぞれに対し、推敲過程に生じた問題とその対処法という単位で分節し、その他のデータを参照して、問題、対処法、推敲リソース、修正結果を関連づけ、それがどのような推敲活動を意味しているのかを要約するラベルをつけてコード化した。次に、コード同士の関係を明らかにし、より抽象度の高い概念（カテゴリー）に置き換えていった。それと同時に、元の文字テクストの文脈に戻り、生成したカテゴリーがどれだけ事象を説明しうるか、授業時のデータなどを参照しながら検討し、意味を解釈し直すことでカテゴリーを練り直していった。ステップ1では最終的に九つの

カテゴリーを生成し、それらを統合して五つのカテゴリー・グループにまとめた。表5-3にはカテゴリーとその説明を示し、表5-4にはカテゴリーの具体例を示した。

表5-3 ステップ1で生成したカテゴリー

カテゴリー・グループ	カテゴリー	説明
【内容づくり】	〈コア・メッセージの確定〉	結論となる主張が書き手に明確に意識化される。
	〈発信内容の構想〉	書くべきアイディアを主張に沿って取捨選択し、構想を練る。
【文章化】	〈文章化の必要性の認識〉	必要な情報が文章化されていないことを認識する。
	〈文章化に伴う困難〉	思考を文章化する際に、適切な言語形式が選択できない。
	〈文章の校正〉	文章の形式的な部分を修正する。
【自己モニター】	〈読み手意識〉	読み手の視点から評価したり、読み手の意見を吟味したりする。
	〈自己モニター〉	現状の問題点に気づき、その理由を分析する。
【書くことに対する動機づけ】		書くことや書き直すことに対する動機・意欲について語る。
【推敲方略】		さまざまな方略（ex.メモ書き、辞書）を用いて文章を書き直す。

　表5-3に示したように、ステップ1では、【内容づくり】【文章化】【自己モニター】【書くことに対する動機づけ】【推敲方略】の五つのカテゴリー・グループが得られた。このうち、読み手の視点から自分の文章を評価し、問題点を分析する【自己モニター】、書くことや書き直すことに対する動機・意欲について語る【書くことに対する動機づけ】、プランニングのためのメモ書きや辞書・インターネットの使用などの【推敲方略】は、推敲過程のプロトコル・データを分析した先行研究においてすでに言及されている。
　これに対し、【内容づくり】と【文章化】は、読み手との対話を経て書き直す過程を分析した結果生成されたカテゴリーであると考えられ、特

表5-4 ステップ1で生成したカテゴリーの具体例

カテゴリー・グループ	カテゴリー	具体例（発話の説明／発話の引用）
【内容づくり】	〈コア・メッセージの確定〉	日本とドイツのどちらの立場で学費反対を言うかを考える。(S1)
		日本で学費はすごく高い、その、高いことに反対する。高い学費は一番問題だと思います。でもどちらのレベルから学費は高い、高くなるとか、それはgenerality、難しすぎ。どうしよう。
	〈発信内容の構想〉	具体的に税金を上げる方法については書かない。(S1)
		今の問題は具体的にどのように税金を上げるとか、あまり書いていませんけど、でも私は政治じゃなくて、あの、その問題わからないですけど…、あの、その問題わからないですけど、一番伝えたいことはその学費について考えてお願いします。
【文章化】	〈文章化の必要性の認識〉	書いたものを読み返していて、「公立大学」の説明が不足していたことに気づく。(S1)
		やーそれは、みんなわからないかもしれない。その「つまり経済的な理由でいい教育を受けられない人は公立大学に入学できない」。
	〈文章化に伴う困難〉	「だけ」と「ぐらい」の使い方に迷う。(S1)
		S：例えば…{書く}ドイツで半年のだけです。だけだけだけ…しか払わない、だけど…だけぐらいである、これは… T：「7万円だけぐらいである」は言わない。
	〈文章の校正〉	文法の誤りを修正する。(S2)
		S：先生、これ「英語で授業プログラム」は文法が違いますでしょうか。 T：ん、ん、そうね。 S：英語によって？ T：あーおしいおしい。「授業プログラム」は名詞だから「によって」じゃなくて。 S：による。

【自己モニター】	〈読み手意識〉	書きながら、ピアや教師が自分の作文をどう思うかを考える。(S2)
		S：多分なんか、アンネさんはもし、そう考えたら、ほかの、読み手は多分そう思うかもしれない… S：なんか先生は日本人としてその作文を読んだら怒らないですか？
	〈自己モニター〉	同じスタイル（疑問文）が続くので、修正しようとする。(S1)
		{「学生は高い学費が払えない場合は、どうするのだろうか」を選択して} どうするのだろうか。どちらの場合も最上の成績が必要である…ん…「でも…どのように」{「最上の成績がもらえるのか」が続く} …ちょっと同じスタイルですね。
【書くことに対する動機づけ】		発表でみんなに説明するために書き直した。(S1)
		もっと、簡単に説明したいと思いましたから。そしてあの、その作文、ほかの人に発表するので、もうちょっと簡単なことば使いたいです。でも、残念ながら今、もうちょっと簡単で説明、説明したけど、どう、さまざまなほかのことも、あの、書こうと思ったけど、500字で、意見文だから…
【推敲方略】		字数を減らすために漢字のことばを使用した。(S1)
		T：ちょっと説明が足りないんだと思う。リンダさんの文は… S：でも、なんか最初のときは、じ、じ、じそう？ T：字数？500字？ S：そうですね。大変だから、私はもともと、ひらがなのことばたくさん入れたので、でも、字数が足りないので、多すぎるなので、全部漢字のことばに変わりました。

{ }：修正方法を文字化したもの 「」：産出中のテクスト

にそれぞれの下位カテゴリーである〈コア・メッセージの確定〉と〈文章化の必要性の認識〉にその特徴が強くあらわれている。【内容づくり】の「内容」とは書き手の頭の中にある書こうとするもののイメージ（表象）と、すでに書かれたテクストの内容の両方を含んでいる。最終的に文章として伝達される内容が「発信内容」であり、それは結論として読み手に最も訴えるべきメッセージ（コア・メッセージ）を内包している。意見文を例にすると、結論としての主張がコア・メッセージであり、主張を支える根拠や具体例などさまざまなアイディアをどの順番でどう書くかという構成を含めた全体が発信内容となる。

　一方、【文章化】とは、内容を言語化し、内容とのズレを調整することで表現を洗練していく過程である。通常の推敲では、内容と表現のズレの調整を書き手の頭の中だけで行っているが、ここに読み手である他者が介入したことで、調整のある側面が活性化し、可視化されたと考えられる。それはステップ１では、読み手との対話によって内容そのものが変容していく場合〈コア・メッセージの確定〉と、書き手にとっては自明であるために内容が十分に文章化されていないことに気づく場合〈文章化の必要性の認識〉として観察された。以下、その具体例について説明する。

3.1.1　文章化の必要性の認識

　表5-4に示した〈コア・メッセージの確定〉と〈文章化の必要性の認識〉の具体例は、いずれもアンネの発話にみられたものである。アンネは、個別相談時に第二稿から第三稿へ修正した。図5-2にその変化を示す。

アンネの第二稿

学費

　私は学費に反対する。ほとんど全ての学生たちは、大学に学費を払わなくてはいけない。一般的に、学生たちがまだ経済的に自立していないので、親たちが学費を払うことである。残念ながら、その学費の制度はお金持ちに特権を与えると思う。

　日本やアメリカで、学費が高い。学生は高い学費が払えない場合は、どうするのか？その場合は、二つの可能性がある。まず、一つ目の可能性は、奨学金に申し込むことである。二つ目の可能性は、学費無料の東大のような公立大学に入学することもある。どちらにおいても、最上の成績が必要である。でも、どのように最上の成績がもらえるのか？天才の以外、普通の人には立派な教育を受けさせなければならない。でも、立派な教育は無料ではない。逆に、多くのお金がかかる。つまり、経済的理由で、いい教育を受けられない人は、公立大学に入学できない。また、奨学金ももらえない。結果として、経済的に恵まれない家庭の子供たちは、大学に入学できない。それで、大学教育の欠如のため、安い賃金しかもらえないと、自分の子供にいい教育を受けさせられないという悪循環があるように思う。

　その悪循環を断つために、学費を下げることが必要になる。税金を上げたら、大学の学費を税金で賄う可能性があると思う。お金持ちに特権を与える学費制度が廃止された場合に限り、公正な社会を目指すことができる。

[注記右上] 個別相談時に、教師に、学費反対というのはゼロにするのか、金額を下げるのか、日本の学費のことか、という質問をされ、答えに躊躇する。

[注記右中] 〈文章化の必要性の認識〉の例。この部分を読み返し、「みんな」がわからないかもしれないと発話する。

アンネの第三稿

学費

　日本やアメリカのように学費が高い国々は学費を下げるべきだと思う。一般的に、学生たちはまだ経済的に自立していないので、親たちに学費を払ってもらう。残念ながら、その学費の制度はお金持ちに特権を与えると思う。学生は高い学費が払えない場合は、どうするのだろうか。奨学金に申し込むか、あるいは学費が安い公立大学に入学するかである。どちらの場合も、最上の成績が必要である。しかし、いい成績を取るためには、子どものときからいい教育を受けなければならない。それには、多くのお金がかかる。つまり、経済的理由で、特に恵まれない家庭の子供たちは、大学に入学できないということだ。それで、大学教育が受けられないため、高い給料の仕事を見つけられないと、自分の子供にいい教育を受けさせられないという悪循環に陥る。

　それを断つために、学費を下げることが必要になる。例えば、ドイツで、半年の学費は7万円ぐらいである。国は税金を上げて、税金で学費を賄うべきだと思う。教育は社会にとって最も重要だろう。公正な社会になるために、お金持ちに特権を与える学費制度が廃止されるべきである。

[注記右上] 個別相談時に明確化し、修正された主張。〈コア・メッセージの確定〉

[注記右下] 〈文章化の必要性の認識〉による修正。

図5-2　個別相談時に修正されたアンネの作文

アンネの作文は、日本の教育格差問題を取り上げ、大学の高額な学費に反対する意見を述べたものだった。次に示す〈文章化の必要性の認識〉の発話例は、個別相談時にアンネが自分の第二稿を読み返して、「公立大学」の説明が足りないことに気づいた場面である。

◆〈文章化の必要性の認識〉発話例：アンネ
S1：やーそれは、みんなわからないかもしれない。その「つまり経済的な理由でいい教育を受けられない人は公立大学に入学できない」。
T ：公立大学に入学できないの？
S1：そうです。だからたぶんだれもわからない。でも、その最近調査、東大の大学で調査があって、東大の学生はみんなお金持ちの…
T ：あ、そうそう、それが頭の中にあるのね、アンネさんの。
S1：はい、はい。

　アンネは大学の高額な学費に反対する理由を「経済的な理由でいい教育を受けられない人は公立大学に入学できない」と書いていたが、その部分を読み返し、「やーそれは、みんなわからないかもしれない」と発話する。アンネの頭の中には、当時新聞に掲載された東京大学の学生に関する調査があり、東京大学の学生は裕福な家の子どもが多い、教育格差は問題である、というようなことが言いたかったのだが、文章化が不十分だった。アンネはこの点に自分で気づき、前後の文を含め、大幅な修正を行った。
　アンネの気づきは自己内対話によって生じたものであるが、そのきっかけは「みんな」の存在にあった。つまり読み手であるクラスメートが意識されていたのである。実際の読み手を意識することで生じたアンネの気づきは、批判的観点をもつ読み手としての自分との対話を通して、発信内容の見直し及び再構築という【内容づくり】の過程に向かったと考えられる。アンネが行った修正は、「公立大学に入学できない」という部分を、単に「いい大学に入学できない」と変えるようなものではなかった。教育格差の問題を指摘するために、頭の中で論を組み立て直し、文章化の段階でも試行錯誤する様子が観察された。【内容づくり】を経て【文章化】したアンネの修正は、段落構造を変える大幅な修正となり、経済格差が教育格差を生み、新たな経済格差につながるという悪循環を

強調する内容となった（図5-2参照）。

3.1.2　コア・メッセージの確定

このように、読み手を意識することは文章化の必要性を認識させ、【内容づくり】を活性化させる。その【内容づくり】の中でも、主張であるコア・メッセージを明確にしていくことが推敲するうえで最も重要な過程であると考えられるが、読み手との対話が大きな影響を与えるのは、まさにこの過程においてであった。それは、現実の他者との対話をきっかけに、書き手が自分の考えのあいまいさに気づき、思考を深める過程で、主張をより明確にしていくという場合である。次に示すのは、アンネが教師との対話によって、自分のコア・メッセージが確定していないことに気づいた場面である。

◆〈コア・メッセージの確定〉の発話例：アンネ
T ：学費に反対と学費を下げる、最初学費に反対で学費を下げる、なんだけど、どっちですか、アンネさんの意見。学費ゼロ？　学費を、今高い学費に反対？
S1：はい、高い学費に反対する。それもちょっと考えました。ここに学費に反対する、でも、ここに学費が高い。
T ：でも、ここが一番最初だから、ちょっ、高い学費何だろうな？　私は何に反対する。学費に反対するだと、ほんとに、学費を払うことに反対、になっちゃうから、ちょっと強すぎるかなあ…
S1：うん。そ、学費を払うに…
T ：学費を払ってもいいけど、高いっていうことが問題なんでしょ。で、それはどこのことを言っています？　日本のことを言っています？　学費に反対するっていうのは。
S1：高い学費ちょっと反対します。でも、最近その話はドイツもあるんです。今、学費はだんだん増えているから、日本と比べるとまだ安いだけど、ちょっと問題だと思いますから。
T ：一般的にね、一般的に学費のことを言っているんですね。アメリカとか、日本の学費のことじゃなくて。じゃ、それをちょっと分かるように書いたほうがいいね。大学…何て言ったらいいかな。
S1：ドイツの問題は学費は増える。
T ：学費を上げることに反対するのね。
S1：うん、運動ちょっと反対しますけど、日本で学費はすごく高い、その、高いことに反対する。高い学費は一番問題だと思います。でもどちらのレベルから学費は高い、高くなるとか、それはgenerality、難しすぎ。どうしよう。

アンネは第二稿の冒頭に「私は学費に反対する」と書いていたが、2段落では「日本やアメリカで、学費が高い」と述べ、最終段落では、学費を下げるべきだと主張していた。この時点で、アンネが思い描いていたコア・メッセージは「高い学費に反対する」であり、それは日本やアメリカの大学の学費を思い描くことで構想されていた。しかし、アンネの頭の中では、自国ドイツの学費値上げの問題もイメージされており、「高い学費」の基準をだれの立場でどこに置くのかが意識されていなかった。個別相談での教師の質問によって、アンネは自分の考えのあいまいさに気づき、コア・メッセージを「日本やアメリカの大学はドイツの大学の水準まで学費を下げるべきだ」に確定し、文章化した。アンネの〈コア・メッセージの確定〉は、メッセージをだれに向けるべきかということが、現実の読み手である教師との対話によって意識化されたことがきっかけとなっている。自分にとって「高い学費」に反対するのではなく、他者に対する主張として批判の対象を明確にすることで、自分自身の言いたいことが自覚され、【内容づくり】を経た【文章化】が行われた。

3.1.3 【内容づくり】を経ない推敲

　一方、アンネにみられたような自分の文章に対する気づきとそれに対応する修正は、リンダにはあまりみられなかった。つまり、リンダは【内容づくり】を経ない推敲を行っていた。リンダが個別相談時に行った修正は図5-3のとおりである。

リンダの第二稿

　　　　　　　日本の留学生政策　政府の独り芝居？
　日本が魅力的な国に進化させるために行われた、アジア・ゲートウェ戦略会議の一部は、日本留学意欲を盛り上がることと、国際化の大学を作ることである。このアジアーゲートウェイ策略はある程度に有効かもしれない。でも、それは政府自身の力で叶えるものであるか？
　日本留学は大勢の各国留学希望者にとって、候補のオプションである。<u>この現象がおこった原因の一つは、日本生活の難しさである</u>。高い物価はともかく、日本国民が留学生に対して、親切とはいえ、心から受けられないと思う。留学生は社会の一員と見なされてもらわないと、我らは生活の難しさから逃げられない。例えば、クレジットカートの申し込みや住宅の探すことに関する問題でも、潜在てきな留学生に断念させる原因になれる。
　さらに、日本企業が外国人の任用について、保守的な態度を持っている。日本語、留学試験の勉強や高い留学費用などの代価を払っても、卒業した後、日本で働けるとは限らない。それは　留学生たちの心配することである。これらの現象は他の国もあるかもしれないけど、日本で　特に　ひどいなので、"日本は外人を排斥する"イメージは海外で有名である。
　日本大学の国際化の程度は、不足である。英語で授業プログラムの足りなさ以外は、大学の四月入学制も致命傷である。日本大学の学期は他の国とずらしているので、他国の大学と交流することに陰にこもった。
　日本留学の魅力をあげる為に、日本国民や企業界や教育界は政府に協力しなければならない。政策的な問題より、意識的な問題の改善は大事であろう。留学生は一国の国際競争力にとって、大事な資産であるのは、日本人に　了解させたいと思う。そして、留学生の存在を認められたいと思う。

> 【内容づくり】を経ない推敲の例。
> 教師に「難しさ」「難しいことである」のどちらがいいか尋ねた。

リンダの第三稿

　　　　　　　日本の留学生政策　政府の独り芝居？
　日本が魅力的な国に進化させるために　行われた、アジア・ゲートウェイ戦略会議目的の一つは、日本留学意欲を盛り上がることと、国際化の大学を作ることである。このアジア・ゲートウェイ策略は、ある程度に有効かもしれない。でも、それは政府自身の力で実現できるものであるが？
　大勢の各国留学希望者にとって、日本留学は決して第一希望ではない。<u>この現象がおこった原因の一つは、日本の生活は、外国人からすると、山登りほど、大変である</u>。日本国民は留学生に対して、確かに親切だと思うけれども、留学生を心から受け入れていないと感じる。留学生は社会の一員と見なしてもらわないと、我らは　生活の不便から　逃げられない。例えば、クレジットカードの申し込みや住宅の探すことに関する問題でも、潜在的に日本へ留学しに行きたい人々に、留学を断念させる原因になる。
　さらに、日本企業が外国人の任用について、保守的な態度を持っている。日本語、留学試験の勉強や高い留学費用などの代価を払っても、卒業した後、日本で働けるとは　限らない。それは留学生たちの心配することである。これらの現象は他の国もあるかもしれないけど、日本で特にひどいので、"日本は外人を排斥する"ステレオタイプは海外で有名である。
　日本大学の国際化の程度は、不足している。英語による授業プログラムの足りないこと以外は、大学の四月入学制も致命傷である。日本大学の学期は他の国とずらしているので、他国の大学と交流することに障害になる
　日本留学の魅力をあげる為に、日本国民や企業界や教育界は政府に協力しなければならない。政策的な問題より、意識的な問題の改善は大事であろう。留学生は一国の国際競争力にとって、大事な資産であるのは、日本人に了解させたいと思う。そして、留学生の存在を認められたいと思う。

> 上記の質問によるやりとりによって修正された箇所。

図5-3　個別相談時に修正されたリンダの作文

リンダの作文は、日本での留学生活の困難を訴え、日本政府の政策を批判する内容だった。しかし、留学生にとって何が最も大変なのか、現状のどの部分を改善してほしいのかが伝わらない内容となっていた。教師である筆者は、リンダの意図を問う質問をコメントに記し、授業でも繰り返し尋ねたが、リンダが個別相談時に筆者に質問したのは、次に示すような表現の正誤についてだった。

◆〈文章の校正〉の発話例：リンダ
S2：「この原因が起こった日本の生活の難しさ…難しいことである」どちらのほうがいいですか。
T ：ここだけ変えてもあんまり意味がないかも。
（中略）
S2：難しい日本生活である？
T ：難しいがまず、日本生活が難しいってどういうことですか。
S2：えっと、例えば、もしアメリカに留学して、そのキャンパスの中で学校の寮があるでしょ？　だから通学はあまり問題がありません。でも、日本では学校から1時間以上のところに住んでは別に珍しいのことでしょ。（T：うんうん）だから。（T：そのこと）うん。それは例の一つ。
T ：例の一つだよね。
S2：あとは（T：住むところとか）欧米の人にとって多分日本の食べ物はあまり慣れないと思います。
T ：あー食べ物が合わない（S2：そうです）そういうこと？（S2：たぶん）これ、大切なとこじゃない。原因の一つって言ってるから。留学生が何の原因の一つ？これは。

　リンダは「日本留学は大勢の各国留学希望者にとって、候補のオプションである。この現象がおこった原因の一つは、<u>日本生活の難しさである</u>」の下線部分を修正しようとし、「難しいことである」「難しい日本生活である」などの表現を候補としてあげ、筆者にどちらがいいか相談した。しかし、ここで重要なのは「難しさ」が具体的に何を指すのかを明らかにすることであり、文法や語彙の問題を修正することではなかった。リンダは筆者に促され、「難しさ」の具体例を思いつくままにあげていくが、留学生にとって何が一番改善されるべき問題なのか、リンダの主張に結びつく例はなかなかあがってこなかった。リンダがこのあと行った修正は、「日本の生活は、外国人からすると、山登りほど、大変である」という表現への置き換えだった。

このように、リンダの場合は、主張のあいまいさや文章化が不十分であることを指摘されても、その場ではそれを文章化して修正するまでには至らなかった。それは、リンダにとって〈文章化の必要性の認識〉が不十分であったためだと考えられる。筆者が再三わかりにくさを指摘し、説明を求めたのに対し、発話として言語化はしても文章化して説明することはせず、作文に対して「自分にとっては完璧」という評価をし続けたからである。

　しかし一方では、「この作文は、ほかの人が読んだら多分意味がわからないと思います」というような実際の読み手を意識した発言もしている。読み手の理解を得られないのではという不安を抱きながら、それがなぜなのかという自己内対話には向かわなかった。リンダの修正はアンネとは異なり、【内容づくり】の過程を経ずに行われたものだった。〈文章化の必要性〉が認識されず、内容づくりが行われないので、文法や表現などの表面的な修正、つまり〈文章の校正〉だけを行ったことになる。

3.1.4 【内容づくり】【文章化】概念の重要性：推敲結果の分析

　リンダの推敲は、3章［研究2］の学習者の推敲の特徴と類似している。［研究2］の学習者がピア・レスポンス後に行った修正も、リンダのように〈文章化の必要性の認識〉が不十分で、【内容づくり】を経ないために、〈文章の校正〉だけが行われたのではないだろうか。ステップ1で得られた【内容づくり】と【文章化】の概念は、［研究2］の学習者の推敲結果についても説明することができるのではないかと考えられた。そこで、［研究2］の結果と比較しつつ考察するために、アンネとリンダの推敲結果を［研究2］と同様にFaigley & Witte（1981）の基準で分析することにした。

　表5-5は、アンネとリンダの第四稿までの変化を比較したものである。第二稿はピアとの対話後に、第三稿は個別相談時に、第四稿はクラスでの発表後に書き直したものである（作文全文は巻末資料3参照）。

表5-5　アンネとリンダの推敲の変移

	アンネ				リンダ			
	第二稿	第三稿	第四稿	合計	第二稿	第三稿	第四稿	合計
表面的な修正	2	9	3	14（42％）	13	24	1	38（76％）
内容面の修正	4	14	1	19（58％）	5	2	5	12（24％）
合計	6	23	4	33（100％）	18	26	6	50（100％）

　第四稿までに2人が行った表面的な修正と内容面の修正の割合は、アンネが2:3、リンダが4:1となっており、推敲結果からみてもアンネのほうが内容に関する推敲を活性化させていたことがわかる。特に個別相談時に書き直した第三稿にその傾向が強くあらわれている。アンネは第三稿で最も内容面の修正を多く行い、反対にリンダは表面的な修正を最も多く行った。

　このことは、教師との対話がアンネとリンダに異なる種類の推敲を促したことを示している。筆者は教師として、アンネの作文にもリンダの作文にも、主張のあいまいさ、論旨のねじれという同様の問題点を感じていた。個別相談では、2人に対して同様に、具体的な文脈の中で質問しながらそれを指摘していった。教師の指摘や質問に対しては、アンネよりもむしろリンダのほうが自分の考えや、作文に書かれていないエピソードなども含め多くを語っていた。リンダは自分の日本語力に自信がなく、それが理由でピアと対話することにも否定的な評価をしていたが、教師の目からみて、日本語力が不足しているために、リンダがピアとの対話や内容面の修正ができないとは思えなかった。アンネとリンダの違いは、日本語力の差にあるのではなく、教師が指摘した問題を、リンダが言語形式の修正で解決できる問題として認識していた点にあったと考えられる。日本語力への自信のなさが表面的な修正だけに意識を向かわせ、自分の作文の本質的な問題、すなわち、伝えるべき内容が文章化されておらず、主張があいまいであることを気づかせにくくしていた。

　読み手との対話は、このような書き手の気づきを促すものとなるはずであるが、読み手が教師であったために、リンダは教師を言語形式の誤りを訂正してくれる人として、個別相談でのやりとりをとらえていたの

かもしれない。しかし、リンダにも〈文章化の必要性の認識〉がまったくされなかったわけではない。第四稿ではリンダも内容面の修正のほうを多く行っており、実は個別相談で内容について教師とやりとりしたことは、この第四稿に反映されていた（リンダの第四稿の変化については4.1.2で述べる）。

　教師である筆者は、［研究2］の実践を踏まえ、本実践ではこのような内容面の修正が行われることを目標の一つとしていた。筆者にとって、アンネの第三稿やリンダの第四稿にみられた変化は「よりよい」作文への変化であった。しかし、対面でのやりとりを反映させた結果としての作文の修正が、その文脈を共有していない第三者である読み手にどのように評価されるのかという疑問もあった。

　そこで、他の日本語教師3名に2人の作文に対する評価を依頼することにした。この時点で筆者が考える「よりよい」作文に対する評価観点は、〈文章化の必要性の認識〉によって【内容づくり】が行われること、中でも〈コア・メッセージの確定〉がされることだった。しかし、【内容づくり】と【文章化】の概念を精緻化していくためには、「よりよい」作文に対する他の評価観点も考慮する必要があると思われた。このような理由から、日本語教師3名への評価依頼は、第二言語学習者の作文に対する一般的な評価観点[4]を提示して5段階評定してもらうと同時に、個別にインタビューを行い、なぜその評定をしたのか、また評価者自身の評価観点から2人の作文変化についてコメントしてもらうという方法をとった。

　その結果、アンネの第三稿、リンダの第四稿を他の改稿より「よりよい」とする評価は3名に共通しており、その主な理由が前稿ではあいまいだった書き手の言いたいことがみえたことである点も共通していた。特に、上述したアンネの〈コア・メッセージの確定〉は、3名の評価に強く影響していた。このことは、【内容づくり】を経た【文章化】がその推敲過程を共有していない第三者にとっても、つまりプロダクトとしての作文のみを評価する立場からみても「よりよい」変化であり、その判断には書き手の言いたいことが明確であるかという点が大きくかかわっていることを示している。アンネもリンダも、「よりよい」推敲を促す【内容づくり】に向かうためには、自分とは異なる視点をもつ他者として

の読み手を必要としていたと言える。

アンネとリンダの事例分析からは、【内容づくり】と【文章化】が鍵概念であること、そこに読み手がどうかかわっているのかをさらに分析することの必要性が示唆された。ステップ2、ステップ3では、こうした観点からカテゴリーの精緻化を行うこととした。

3.2　最終的なカテゴリーの生成（ステップ2及びステップ3）

ステップ2では、8名のデータを加えて分析した。先述したとおり、8名は分析対象者の属性に偏りがないよう選定するとともに、アンネとリンダの事例分析を踏まえ、【内容づくり】と【文章化】の観点からヴァリエーションがみられるのではないかと予想される学習者を選んだ。具体的にいうと、アンネやリンダとは異なり、書くべき主張が当初からある程度明確化していた学習者（S5）、あるいは反対に主張が確定せず揺れ動いていた学習者（S9、S10）、リンダよりも日本語学習レベルが低く、文章化がより困難だと思われる学習者（S7）も分析対象に加えた。ステップ2では、ステップ1で得られたカテゴリーを手がかりに、【内容づくり】と【文章化】の動きをどのように描くことができるかという観点から個々の推敲過程データを読み込み、類似例や対極例からその動きが何を意味しているのかを分析し、カテゴリーの再編成を行った。最後に、カテゴリーと事例の関係を俯瞰的にとらえ直し、事例の個別性・具体性を考慮するとともに、事例の特殊性をこえた全体図としてのパターンを見出すことができるかという観点から、カテゴリーを精査した。ステップ2で生成したカテゴリーを表5-6に示す。

表5-6　ステップ2で生成したカテゴリー

カテゴリー・グループ	カテゴリー	説明
【内容づくり】	〈アイディアの生成〉	書くべき内容に関連したさまざまなアイディアが生まれる。
	〈認識の深まり〉	内省により自分自身の考えを自覚し、変化させたり、深めたりする。
	〈アイディアの整理〉	書くべきアイディアを取捨選択し、文章の組み立てを考える。
【文章化】	〈思考の言語化〉	その時点で考えていることを言語化する。言語化しても文章化するとは限らない。
	〈文章化の必要性の認識〉	文章化すべき必要な情報が何かを認識する。
	〈表現の正確化〉	言語形式を整え、表現の正確さを追求する。
【読み手との対話】	〈読み手意識〉	読み手の存在を意識し、自らが想定した読み手と頭の中で対話を行う。
	〈気づきと内省〉	読み手との対話によって気づきを得る。自分と相手の違いを意識し、違いが生じる理由を内省する。

　ステップ2では、【内容づくり】、【文章化】、【読み手との対話】という三つのカテゴリー・グループが得られた。ステップ1の【自己モニター】、【書くことに対する動機づけ】の一部は【読み手との対話】に統合されたが、書くことの動機そのものを語る事例は他にみられなかったため、動機づけという観点からカテゴリー化することはできなかった。【推敲方略】は【内容づくり】と【文章化】のそれぞれの過程で何を目的として使用したかによって分類し直し、それぞれのカテゴリーに統合した。また、【内容づくり】、【文章化】の下位カテゴリーとしてそれぞれ三つのカテゴリーを立てた。ステップ1の〈コア・メッセージの確定〉は〈認識の深まり〉へ、〈発信内容の構想〉は〈アイディアの整理〉へ、〈文章化に伴う困難〉〈文章の校正〉は〈表現の正確化〉に統合した。

　このステップ2で得られた枠組みでデータをほぼ説明できると判断し、確認と最終調整を目的として2名（S11とS12）のデータを追加して分析した。S11は、自分の日本語がピアと比較して劣っていると感じてお

り、教師やピアが話す内容が理解できないことに時折感情を爆発させ、個別相談でも筆者に不満を述べ続けた。また書きたい内容がみつからないことに苛立ち、筆者に対してもっと自分に質問してほしいと訴えた。一方S12は、大学院でのゼミの発表やレポート作成に必要な書く力を身につけたいという目的が非常にはっきりしており、S11とは反対に授業や個別相談でのピアや教師との対話を最も肯定的に評価していた。個別相談では自分の書いたものについての説明を多く語り、筆者に助けを求める場面はほとんどなかった。

　これまでに分析した学習者とは異なる点で対照的な2名の学習者を分析することで、生成したカテゴリーが筆者の担当するクラスの学習者の推敲過程を十分に説明しうるものであるかを確認し、カテゴリー編成の最終調整を行った。最終的に生成したカテゴリーは表5-7のとおりである。

表5-7　最終的に生成したカテゴリー

カテゴリー・グループ	カテゴリー	下位カテゴリー
【内容づくり】	〈アイディアの生成〉	・［アイディアの生成］
	〈認識の深まり〉	・［言いたいことの自覚］ ・［認識の変化］
	〈アイディアの整理〉	・［構想］ ・［アイディアの削除］
【文章化】	〈思考の言語化〉	・［自己内対話の外化］ ・［文章化のための言語化］
	〈文書化の必要性の認識〉	・［文書化の必要性の認識］
	〈表現の洗練〉	・［文章化に伴う困難］ ・［文章の校正］
【読み手との対話】	〈現実の他者の声に対する応答〉	・［異なる意見への対応］ ・［意見の支持・補強］ ・［説明］
	〈内化された他者の声に対する応答〉	・［問題提起］ ・［反論の想定］ ・［配慮］

　ステップ3で新たなカテゴリーが生成されることはなかったが、【読み手との対話】概念を精緻化する過程で、下位カテゴリーの整理が必要

となったため、ステップ3では、カテゴリー・グループ、カテゴリー、下位カテゴリーという階層構造で示すことにした。カテゴリー・グループ、カテゴリーの基本的な枠組みに変更はないが、読み手との対話は〈現実の他者の声に対する応答〉〈内化された他者の声に対する応答〉という観点で編成し直した。表5-8は下位カテゴリーの説明とその具体例を示したものである。

表5-8　最終的なカテゴリーの説明と具体例

カテゴリー	説明	具体例（発話の説明／発話の引用）
アイディアの生成	書くべき内容に関連したさまざまなアイディアが生まれる。	書いたものを読み返していてアイディアが浮かぶ。（S11） やっぱりこの二つ［いじめと勉強が厳しいこと］は、別の問題ですよね、日本で。で、別の問題とこれがあった。…たしかにそれかいたい［書きたい］。（中略）…で、この二つの問題直してないから、もう一つの新しい問題［登校拒否］がおくった［起こった］。
言いたいことの自覚	結論となる主張や最も言いたいことが書き手に明確に意識化される。	ピアとの対話を思い出し、自分の考えを内省することで主張が明確化される。（S1） 教育は社会の成績だから、だから社会は税金で学費を支払ったほうがいい。あの、一番言いたいことは、教育というのは社会の成績です。
認識の変化	自分自身の考えを変化させたり、深めたりする。	書く過程で、結論としての主張が変化する。（S9） T：こっちが大事なのかな。私の国では絶対に考えられない。それを説明した。この作文で。どうしようね。私の国と違いますっていうことを書く。自分は鯨は食べられないと書く、日本人も鯨を捕るのをやめてほしいと書く、（S：あー）いろんな立場があるけど、何を言いたいか。この作文で。どこまで言いたいか。 S：えー（笑）。…私の食べたくないあまり、そんなことは説明するのはあまりもったいない。でも、たぶんは日本…日本人は…え、鯨捕りをやめることは…もし書き始めたときにそんなことは考えていなかった。でも別のときはそんなことが出て…もっと大切にしたいと考えていました。

構想	書くべきアイディアを主張に沿って取捨選択し、構想を練る。	*加筆しながら結論として書くべき内容を決定する。*（S9） …この段落に説明入れて、結論はここ{画面の「ですから、理解できるようにしたい」を選択して}だけにしたい。
アイディアの削除	重要ではないアイディアや文章化が困難だと感じたアイディアを削除する。	*論旨と関係ないアイディアを削除する。*（S4） T：じゃ、それが結論かな。この二つを解決したら国際結婚できる？ S：うーん、はい。この作文は［国際結婚の］メリットは消します。
自己内対話の外化	ひとりごとのように、書きながら考えていることをつぶやく。	*考えを声に出しながら文章化していく。*（S3） まず、スポーツのような時間がかかる活動、じゃ{メモを書く}…OK、スポーツの時間が、そして運動{タイトルの「スポッツ」を削除して}、ここで運動、で、あと「忙しくて」をどっちかな…まずみんなの運動のイメージは、たぶん…
文章化のための言語化	文章化しようとすることをそれに先だって言語化する。言語化しても文章化するとは限らない。	*教師に促されて、結論としての主張を言語化する。*（S10） S：うーん…少年は犯罪もできれば大人の同じように適当の刑罰受けるべきだ。 T：そのほうがわかりやすいんじゃない。書いてみて。そのほうがわかりやすいと思います。 S：少年は犯罪できれば大人と同じように適当刑罰を受けるべきだ。{メモを書く} T：で、結論は？ S：結論は、うーん、今の刑罰制度は、…足りない…うーん、不適当。
文章化の必要性の認識	読み手にとって必要な情報が文章化されていないことに気づく。	*書いたものを読み返していて、「公立大学」の説明が不足していたことに気づく。*（S1） T：やーそれは、みんなわからないかもしれない。その「つまり経済的な理由でいい教育を受けられない人は公立大学に入学できない」 T：公立大学に入学できないの？ S：そうです。だからたぶんだれもわからない。でも、その最近調査、東大の大学で調査があって、東大の学生はみんなお金持ちの… T：あ、そうそう、それが頭の中にあるのね、Sさんの。 S：はい、はい。

文章化に伴う困難	思考を文章化する際に、適切な言語形式が選択できない。	*教師に表現意図が伝わらない。*（S2） S：留学生は日本の、日本を助けに来ましたのことは了解…してもらいたい。 T：助けに来ましたの意味は？ S：助けても…えっと。 T：サポートしてほしいの意味？（S:あーサポート）留学生はサポートしてほしいの？ S：うん、そうです。えーいやいや。 T：違うよね。 S：うん、違います。なんかね。
文章の校正	言語形式を整え、より適切な表現を追求する。	*書くべき内容を考えていて、文法の誤りに気づく。*（S4） {「女ばかりがするだ」を指して}「だ」はいらない？
異なる意見への対応	他者との考え方の違いに気づき、反論したり、受け入れたり、さまざまな反応を示す。	*他者と異なる自分の考えの独自性を主張する。*（S7） Aさん（過去に対話したピア）はごみ箱の問題、私が言いたいのはシステムの問題。自分の考えると、ほかの人考える、どっちが違います。例えば私はリサイクルシステムは便利のシステムの問題、ほかの人は具体的…ここだけ考える。
意見の支持・補強	他者が自分に同意することで自信をもち、意見を強化する。	*対話したピアがみんな自分の意見に同意したので、この作文ではそれを中心に書きたい。*（S6） 読んで…みんな［ピア］も考えと私ちょっとだいたい同じと思った。私はもしこの法律なかったら、たぶん10歳の人たちも居酒屋に行ってウェイターとかも［酒を］売るかもしれない。（中略）そしてこっちがきっと××私のこの作文のためは［未成年の飲酒を禁止する法律が］必要かどうか…しか言わない。
説明	他者の理解を得るために自分の考えを説明する。	*自分が書いたものの中で、最も重要な部分を説明する。*（S12） （三つのアイディアの中で）これが一番重要です。私がそのとき考えたのは、企業ととりあえず中国の関係の企業2万社以上あるんで、その中でなんか政府と留学生を採用する企業とその場をつくったらいいじゃないですかね。

問題提起	読み手や読み手の所属するコミュニティに対する問題提起が書くテーマを決定する。	*日本人や日本社会に対する疑問が書くテーマを決定する。(S7)*	
		S：…スタッフが猛烈に働いているのをみます。…そして私の考えは…それをこの仕事［ごみの分別作業］がこの先進国［日本］でなぜ存在しますか。 T：それ、これだとちょっとはっきりしてない。「存在しますか」だと。えっと、Sさんの言いたいことは、この仕事は必要…無駄だっていうことでしょ。 S：無駄と…イメージは日本はすごい国だと思います。ですが、どうして、人は仕事する…そんでき…しないほうがいい。	
反論の想定	反対意見を想定し、その対応を考える。	*自分の意見に反対する読み手を想定し、その読み手に対する反駁として書きたい内容を説明する。(S5)*	
		整形にまったく反対する人にそういうことを言いたいですけど。なんか整形って神とか親の、親からもらった体だから、ん、ちょっとそうですね。	
配慮	読み手に配慮した書き方を模索する。	*日本人読者のために、日本語らしい表現を追求する。(S8)*	
		T：…そんなに日本人みたいな文章にしなくても説明できれば、説明できてSさんが納得できれば、自分の表現を書いたほうがいいと思うけど。さっきのこことかここか。「強み」も。だから私直さなかった。たぶん。 S：でもなんか読者のために日本語らしい表現が必要だと思います。私のためじゃなくて、読者のため。読者は日本人だから、日本人らしい表現必要と思います。	

｛ ｝：修正方法を文字化したもの　「　」：産出中のテクスト
［ ］：意味を推測して補った箇所　××：聞き取り不明の箇所

3.3　他者への応答としての推敲過程モデル

　ステップ3で最終的に得られたカテゴリーと、カテゴリー間の関係をモデル図としてまとめたものが図5-4である。モデル図に示すことによって、書く過程を、【読み手との対話】によって同時進行する【内容づくり】と【文章化】という動きとしてとらえることができた。ここでは、このモデル図を用いて、カテゴリー同士の関係を説明し、【読み手との対話】の特徴について述べる。

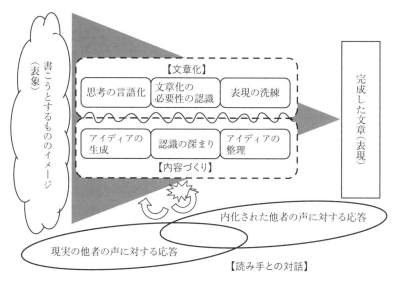

図5-4　他者への応答としての推敲過程モデル

3.3.1 【読み手との対話】によって同時進行する【内容づくり】と【文章化】

　先述したように、【内容づくり】の「内容」とは書き手の頭の中にある、書こうとするもののイメージ（表象）と、今まさに生成しつつあるテクストの内容の両方を含んでいる。【内容づくり】は、その内容が生成され、変容し、最終的に他者に伝達される文章の内容となるまでの過程を指す。一方、【文章化】とは、その時々刻々と変化する内容を言語化し、内容とのズレを調整することで表現を洗練していく過程である。しかし、【内容づくり】と【文章化】は個々の要素として対立し、段階的に進行するわけではない。書き手が推敲の対象として内容にアクセスしているのか、形式にアクセスしているのか、その境界はあいまいであり、【内容づくり】と【文章化】は相互に影響し合い、同時進行する非線的でダイナミックな過程として観察された。【読み手との対話】は、その【内容づくり】と【文章化】を支え促すと同時に、絶えず揺さぶりをかけ、一つの方向にまとまっていこうとする流れを遮ろうともする。

　図5-4の二等辺三角形は、左にある底辺から右の頂角の方向へ時間が

流れていることを示している。書こうとするもののイメージ（表象）から書くべきさまざまなアイディアが生まれ〈アイディアの生成〉、それを言語化することによって〈思考の言語化〉、自分が考えていることが明確になっていく〈認識の深まり〉。文章化すべきアイディアはどれか〈文章化の必要性の認識〉、どの順番で書くべきかを判断し〈アイディアの整理〉、それをより適切な表現に整えていく〈表現の洗練〉。

その結果としてあらわれるのが文章である。書き手の思考はことばとして形を与えられることによって書き手自身に認識される。確固とした思考（内容）がはじめからあり、それにふさわしい表現（文章）を選んでいるのではない。表現することで、内容もつくられていく。時間の経過を示す二等辺三角形は、混沌としたまとまりのない思考が具体的な形を得て、文章として収束していく過程もあらわしているが、それは決して一方向に進むわけではない。左から右へ行きつ戻りつしながら、思考（内容）も表現（文章）も洗練されていく。

文章産出過程が単線的段階モデルで説明できないことは先行研究で明らかにされている。本研究で強調したいのは、第一言語による【内容づくり】から、第二言語による【文章化】へ単純に移行するのではない、つまり、頭の中に第一言語で構成された確固とした内容があり、それを機械的に第二言語に変換しているのではないということである。第二言語で表現することによって、表現しようとする内容も変容していく。それは読み手という他者を意識することで促進される。推敲は、対話した他者への応答〈現実の他者の声に対する応答〉、あるいは他者の声を内化した自分自身の問いに対する応答〈内化された他者の声に対する応答〉として進行していく。書き手の言いたいことは【読み手との対話】によってつくられていくとも言える。

本研究における【読み手との対話】の読み手には、現前の読み手（相談している教師）、過去に教室で対話した読み手（ピア）、自分が想定した読み手（新聞を読むであろう日本人）、読み手としての自分自身といった多様な読み手が含まれている。書き手はそうした読み手の発話に対して、同意、反論、説明、疑問、配慮などさまざまな反応を示し、音声としての発話や、書くことによって応答する。そうした読み手への応答を繰り返すことで、自分自身の考えに対する気づきや迷いが生じ、それがそのま

ま推敲へとつながっていった。つまり、他者との対話、自分自身との対話を背景にテクストと対話することが推敲の実態であり、他者の声に応答することで【内容づくり】と【文章化】が同時進行していくのである。

3.3.2 【読み手との対話】の特徴

最終的に生成されたカテゴリーでは、【内容づくり】と【文章化】に加え、【読み手との対話】が新たなカテゴリー・グループとして立てられた。【内容づくり】と【文章化】についてはすでに3.1で述べたので、ここでは、【読み手との対話】の特徴を具体的な事例に基づいて説明する。

書くという行為は、自分を取り巻く他者、あるいは他者の声を内化した自己との終わりのない対話ととらえることができる。本研究では、さまざまな読み手を設定したことで、【読み手との対話】を意識する発話が多く観察された。しかし、通常の書く過程においても、【読み手との対話】は意識的、無意識的に常に生じていると推測できる。Braxley（2005）は、書くときにはいつもライティングクラスの教師の声が頭の中に聞こえるというESL学習者の事例を紹介している。学習者は常にその声に応えようと努力し、そうすることが自分をよい書き手に導くと感じているという。この学習者は、他者としての教師の声を内化し、その声と対話することを一つの作文ストラテジーとして意識的に使用している。このように意識化されることはまれであるが、多くの書き手が同様のことを行っていると考えられ、本研究はそのような読み手に対する応答が可視化されやすい状況にあった。

バフチンは、ことばは自己のコンテクストと他者のそれとの境界で生きており、他者の声と自分の声は完全に切り離せるものではないと述べている。書き手は現実の他者の声とそれを内化した自分の声を区別することなく応答している場合もある。次に示すのは、そのような融合した声に応答することで自分自身の声を見出していった事例である。

◆ ［問題提起］［認識の変化］の発話例：S9
S9：その…3段落。アルゼンチンの鯨で、そんな大切な動物と説明して…結論…結論のところで「私に鯨はとても大切なので、小さいの頃から守るためにさまざまな影響を与えてきた」。
T ：例えばどういうこと？
S9：学校とかテレビでも雑誌…いろんなところ。
T ：聞いたっていうこと？　大切ですよっていう教育を受けたってこと？
S9：うん。学校から家族から。テレビでもどこでもよく聞きました。
T ：それで、結論はどうなるんですか。理解できないで終わっちゃうの？
S9：…鯨捕りの日本…なんかそのアルゼンチンの問題では、去年か一昨年、えーと、日本の船が来て、その鯨を捕って、それはちょっと悪い…いるから、だから私はどうして鯨を捕るのは理解できない。
（中略）
T ：こっちが大事なのかな。私の国では絶対に考えられない。それを説明した。この作文で。…どうしようね。私の国と違いますっていうことを書く。自分は鯨は食べられないと書く、日本人も鯨を捕るのをやめてほしいと書く、(S9：あー) いろんな立場があるけど、何を言いたいか。この作文で。どこまで言いたいか。
S9：えー（笑）。…私の食べたくないあまり、そんなことは説明するのはあまりもったいない。でも、たぶんは日本…日本人は…え、鯨捕りをやめるのことは…もし書く始めたときにそんなことは考えていなかった。でも別のときはそんなことが出て…もっと大切にしたいと考えていました。

　S9の作文のタイトルは「鯨の問題」で、結論にあたる最終段落は「このように、私にくじらはとても大切なので、小さいの頃から守るためにさまざまな影響を与えてきた。ですから、私の立場でみると、鯨捕りの日本はぜんぜん理解できない」で結ばれていた。教師にどのような影響か質問されると、学校、家族、テレビや雑誌など、自分の周囲に鯨捕りに反対するさまざまな声が存在していたことを改めて認識する。その声に影響されている自分は、日本の船が自国の近海で鯨を捕ることは理解できないと語る。それは、内化された自国の人々の声に同意し、読み手である日本人や日本社会に対する疑問として［問題提起］され、作文のテーマにつながっていった。鯨捕りをやめてほしいとは、書きはじめたときは考えていなかったが、「別のときはそんなことが出て…もっと大切にしたい」［認識の変化］と語っている。
　S9はここに至るまで、意見文としての主張がまったく形成できなかった。S9のテーマは最初「日本料理」だった。しかし、教室での対話でピ

アに「テーマに何か問題があればそれを説明したほうがいい」と言われ、自分は日本料理は最高だとか高級だとか書いただけで、特に問題がなかったのでテーマを変えたと語っている。この時点で、S9はピアや教師からの結論は何かとの問いに答えようとするものの、まだ考えが明確になっていなかった。S9の作文は、日本人に鯨を食べることを勧められたらどうしたらよいかという問いかけではじまっており、自分には鯨捕りはやめさせられないとも述べている。S9の中では、鯨を捕る日本に反対する声、食文化を守ろうとする日本人の声、作文の結論が何かを迫るピアや教師の声が入り乱れていた。そうした声に一つひとつ応答すること、すなわち、書くこと、あるいは現実の他者と対話することによって、自分が言いたいことが少しずつ形になっていった。S9は、最終的に「私は、鯨捕りがやめさせられないが、この問題は解決がないと言わない。アルゼンチンと日本の文化が全然違うので、お互いにこの違いが理解できれば、次のステップに進むことができると思う」という結論にまとめた。

しかし、S9の中で問題が解決されたわけではなく、他者の声は結論を書き終えたあとも、S9を揺さぶり続けていた。S9を取り巻くさまざまな声がせめぎ合い、S9自身の声と相互作用し、ある部分は共鳴しながらも、それらは決して一つに融合することはない。ここでの結論としてのあいまいさは、必ずしも否定的に評価されるものではなく、むしろ自分が本当に言いたいことを自分のことばで表現するための最初のステップになっている。「次のステップ」へ進むために、S9の中で対話は続いていった。

このように、【読み手との対話】は【内容づくり】と【文章化】を支え促すと同時に、書き手の考えが一つに収束するのを遮ろうともする。他者へ応答することは、自分自身を見つめ直すことにつながり、自己の探求に終わりはない。推敲のサイクルはそれと呼応するように、テクストと自己の対話によって続いていく。本研究の学習者の推敲は、このような【読み手との対話】によって【内容づくり】と【文章化】が同時進行する過程としてとらえることができた。

4 考察

前節では、学習者の推敲過程を説明する【内容づくり】、【文章化】、【読

み手との対話】という概念と、それらの関係をあらわす推敲過程モデルの意味について述べた。本節では、このモデルを再び個々の事例に戻して検討することで、書く過程で、他者と対話することの意義について考察する。

4.1 他者への応答としての推敲過程モデルに基づく事例分析

ステップ1で最初に分析したアンネとリンダの事例は、ステップ3までのすべての分析を終えたあとも、最も豊富なデータであり、学習者の推敲過程の典型的な特徴としての対照性をよくあらわしていると考えられた。そこで、図5-4の推敲過程モデルに基づいて、2人の事例を再度解釈し直すことを試みた。【内容づくり】【文章化】【読み手との対話】の関係をより具体的に描くことを目的とし、2人が授業中に行った対話[5]を文字化し、個別相談も含めたすべての対話が、2人の書く過程にどのような影響を与えていたのかを分析して考察する。

4.1.1 【読み手との対話】によって内省を深める：アンネの事例分析

図5-2に示したように、アンネの作文は日本の教育格差問題を取り上げ、大学の高額な学費に反対する意見を述べたものだった。次に示す図5-5のピア対話Ⅰは、アンネの第一稿について、授業でリンダと対話したときのものである。

◆ピア対話Ⅰ（授業時）
S2：うーん、あの、S1さんの作文はとってもわかりやすいけれど、(S1：えーほんと）でもそれはそのアイディアはけっこう正しいけれど、ひとつの問題があります。(S1：はい) もし、何かね、みんなの学費払わないと、(S1：ん？) そのけいはい［経費］はどこからもらえると思いますか。
S1：政府から。
S2：でも、政府がそんなにお金持ちではありません。
S1：せいじ、せいじで…
（中略）
S1：はい、じゃtaxで。
S2：税金？
S1：税金で、あの、働いている人から、そのお金をもらうし。
S2：でも、それも足りないと思いますよ。
S1：足ります。
S2：でも私の国では…
S1：その制度はフランスでドイツであの××でフィンランドでいろんな××がある。
S2：でも、その国は人口が少ない。何か、アジアの国と比べて人口が少ないのでたぶん足りるけれど、でも日本とか中国とか絶対足りないと思いますよ。
S1：たぶん、それはちょっと政府の問題かもしれない。

◆テクストⅠ（S1が加筆した箇所）
税金を上げたら、大学の学費を税金で賄う可能性があると思う。お金持ちに特権を与える学費制度が廃止された場合に限り、公正な社会を目指すことができる。

◆教師対話Ⅰ（個別相談時）
S1：「公正な社会を目指すことができる」 そうそうそう、このあいだその、税金を上げたら、大学の学費を税金で…
T：何を悩んでいますか
S1：そのあいだ、あの、私の考えをもうちょっと説明したい。なぜ税金で学費を(T：払わなければならない) 払わなければならないか。
T：どうしてですか
S1：教育は社会の成績だから。だから社会は税金で学費を支払ったほうがいい。あの、一番言いたいことは、教育というのは社会の成績です。

図5-5　ピアとの対話後にアンネが行った推敲

リンダは、学費を下げることは「正しい」ことだが、そのための「経費」をどうするのかが問題だと指摘する。アンネは税金を使えばいいと述べ、リンダは税金では「足りない」と反論する。この対話後、アンネは宿題で作文を書き直し、第二稿でテクストⅠを加筆した。リンダに対する反駁［異なる意見への対応］としてアンネの考えが文章化されている。

　アンネとの個別相談は、ピア対話Ⅰのあと修正した第二稿を対象に、授業の約1週間後に行った。書き直し作業に入る前のインタビューで、ピア対話Ⅰの内容について筆者が尋ねると、アンネはリンダに税金のアイディアを反対されたことを語り、「たぶんそれは社会的な問題と思います。あの、私にとって学ぶことはすごく大切と思いますから、だから大学の教育はあの重視する国のほうがいいと思います。でも今たぶん中国ではそれはまだあまり…」と述べた。このように、他者の異なる考えに触発され、自分について内省することは、推敲過程において新たな方向に考えを発展させること〈認識の深まり〉へとつながっていく。

　インタビューが終わると、アンネはまずメモをとりながら修正プランを練りはじめた。「今、考えることは、一番目の段落で意見はっきり言う。で、学費反対する。お金持ちに特権を与える。そして2番の段落は…（中略）。問題はどうやって解決するか、それもちょっと入れたい」［構想］と自らプランを語っている。このあと、プランをもとに実際の修正作業に入った。教師対話Ⅰは、アンネがテクストⅠを読み返していたときのものである。ピア対話Ⅰのリンダの発話を具体的に思い出す様子がみられ、筆者が何を考えていのるか尋ねると、なぜ税金で学費を払うべきなのかを説明したいと語った［アイディアの生成］［文章化の必要性の認識］。それはなぜかと質問すると、教育は社会の成績だからという考えを言語化し［文章化のための言語化］、それによって自分が一番言いたいことはまさにその点にあることを認識する［言いたいことの自覚］。リンダとの対話時に考えたことが自分の文章を読むことで想起され、書こうとする意志によって認識が深まっていく。【読み手との対話】によって【内容づくり】と【文章化】が同時進行している。

　一般的に、書くというのは、頭の中で考えている内容を外に向かって文字で表現すること、推敲はその内容と表現のズレを調整することだと

考えられている。しかし、内田（1990）でも指摘されているとおり、実際は内容に合った表現を選択している場合は少なく、「具体的な表現を生成することにより、表象にはじめて形が与えられたり、変形されたり、自覚化される場合がむしろ多い」(p.218)のである。アンネの場合も、「教育というのは社会の成績」であると表現することによってはじめて自分の考えが自覚され、作文の主張が明確になっていった。アンネは教師対話Ⅰのあと、その明確になった考えを表現する方法を試行錯誤し、最後に「教育は社会にとって最も重要だろう」と文章化した。

　このように、書くことで新たな表象が生成され、それが言語化されて書き手に自覚されることは書き手にとって重要な意味をもっている。内田（1990）はそれを自分自身の発見であるとしたが、内田が主張した書くことによる自分自身の発見、探求は、第二言語で書く場合にも生じており、第一言語と同様に重視すべきものだと考える。

　さらに、第二言語でそれを行うということは、第二言語の世界にいる他者と自己の関係を構築する、あるいは再構築することを意味する。アンネの自分自身に対する気づきは、反対意見を述べたリンダに自分の考えをどう理解してもらうかを探っていく中で生じている。その気づきをことばにし、相手に伝えようとすることは、異なる考えをもつ他者との関係をつくっていくことになる。アンネの「教育は社会にとって最も重要」ということばは、リンダに向けられたことばであると同時に、リンダと同じような反応をするかもしれない他の読者の理解を得るために生まれたことばでもある。それはアンネのモノローグではなく、他者と関係を結んでいくためのダイアローグとして機能している。第二言語で表現することは、そのことばに応答する他者を意識することであり、第二言語で書くことは、自分が表現したもの、書かれたテクストとの対話を通して、第二言語の世界にいる他者と対話し、自分自身をそこに位置づける過程としてとらえることができる。

　このような推敲過程を経て、アンネは個別相談時に最終段落を次のように修正した（全文は図5-2参照）。

> **アンネの第二稿（最終段落）**
> その悪循環を断つために、学費を下げることが必要になる。税金を上げたら、大学の学費を税金で賄う可能性があると思う。お金持ちに特権を与える学費制度が廃止された場合に限り、公正な社会を目指すことができる。

（リンダとの対話後に加筆されたテクストⅠ。個別相談時にこの箇所を読み返して対話を思い出し、自分の言いたいことに気づいた。）

> **アンネの第三稿（最終段落）**
> それを断つために、学費を下げることが必要になる。例えば、ドイツで、半年の学費は7万円ぐらいである。国は税金を上げて、税金で学費を賄うべきだと思う。教育は社会にとって最も重要だろう。公正な社会になるために、お金持ちに特権を与える学費制度が廃止されるべきである。

（テクストⅠから明確化していった考え。個別相談時に加筆。）

図5-6　アンネの最終段落の変化

4.1.2 【内容づくり】の問題に気づけない：リンダの事例分析

一方、リンダの作文は、留学生の住宅問題や就職難などをあげ、日本政府の留学生政策を批判した内容だった（図5-3）。次に示す図5-7のピア対話Ⅱでは、リンダの第一稿についてアンネが助言している。アンネはリンダに、外国人に対する差別のようなことは他の国にもあるので、もっと自分の経験を語って、留学生としての意見を書いたらどうかと述べている。この対話のあと、リンダも宿題で作文を書き直し、第二稿にテクストⅡを加筆した。

◆ピア対話Ⅱ（授業時）
S1：賛成できる××、たぶん<u>それは、日本の問題だけじゃないと思う。ほかの国もその問題がある</u>。そのちょっと差別みたい。
S2：ふんふんふん。
S1：差別みたいな、それはどこでもあるけど、<u>もうちょっと自分のあの、自分について話したら明らかにするかもしれない</u>。あの、私のいけん、あのけいけんはそれはそれだって、たぶんそれを含めたら、自分、例えば、私は留学生とあのして、とって、いけんを、そういう含めたら××。

◆テクストⅡ（S2が加筆した箇所）
これらの現象［留学生の就職難］はほかの国もあるかもしれないけど、日本で特にひどいことなので、<u>日本人は外人を排斥するイメージは海外で有名である</u>。

◆教師対話Ⅱ-1（個別相談時）
S2：先生この、こちらは<u>イメージよりステレオタイプってかい、かい、書いたのほうがいいと思いますか</u>。
T：えーと、S2さんが使いたい意味はどういう意味？「外人を排斥する」っていうのはステレオタイプだと思うんですか？
S2：そうかもしれないですね。

◆教師対話Ⅱ-2（個別相談時）
T：そうすると、でもS2さんがこの作文で言いたいことは何？
S2：意識的な問題。
（中略）
S2：あのーこれは意識の問題でしょ。これは政策の問題。なので、なのに…
T：政策より意識が大事。(S2：そうそうそう) 政策っていうより、この4月入学制や英語のプログラムが足りないことより、こっちのクレジットカードとか住むところの問題、就職の問題、のほうが大切って言いたいんでしょ。(S2：そう) それは意識の問題なの？
S2：うん、いし…えー。
T：それが一番大事よ。一番言いたいことは、何を言いたいか。(S2：あの…) 意識を変えること？意識を変えたら、クレジットカードや住むところの問題は解決するんですか？
S2：…そうかもしれない。
T：それ、かもしれないじゃだめだよ。それが結論だから。何をS2さんが一番言いたいだから。
S2：意識をかんけつしたら、8割の問題は解決する。
T：あー、そうすると、わかりやすい。

図5-7　ピアとの対話後にリンダが行った推敲

　個別相談のインタビューで、リンダにテクストⅡを加筆した理由について尋ねると、「それはアンネさんの問題についての答え」［異なる意見への対応］だと言い、「多分なんか、アンネさんはもしそう考えたら、他の読み手は多分そう思うかもしれない」［配慮］［文章化の必要性の認識］と語った。リンダの場合も【読み手との対話】が【内容づくり】と【文章化】を促していたと言える。

　しかし、テクストⅡに対して個別相談でリンダが行った推敲は、アンネのように自身の考えを発展させる方向へは進んでいかなかった。教師対話Ⅱ-1は、作文の修正作業に入ってすぐ、リンダがテクストⅡについて発話したときのものである。リンダは「外人を排斥するイメージ」と「ステレオタイプ」のどちらを使うべきかを気にしている［文章の校正］。リンダがこのように表現したのは、移住先のカナダの高校から日本の大学へ進学することを決めたときに、高校の先生に日本人は親切だけれど、日本社会の一員になるのは難しいと言われて反対された経験が影響

していた。リンダは、アンネとの対話でも、筆者との対話でも、カナダと日本の違いについて言及している。しかし、その経験を具体的に文章化しようとはせず、ステップ1の分析でみたように、個別相談では「日本の生活の難しさ…難しいことである、どちらのほうがいいですか」などの質問を繰り返した。アンネのように、内容的な修正プランを立てたり、自身の主張について語ることはなかった。リンダは表面的な言語形式の問題を筆者にひととおり質問すると、自分はこれ以上直せないとして、筆者に助言を求めた。

　筆者は、作文を読んでも、それまでのリンダの推敲過程を観察していても、結論としてリンダが言いたいことが理解できないでいた。作文には「政策的な問題より、意識的な問題の改善が大事」と書かれていたが、何が政策的な問題で、何が意識的な問題かわからず、リンダが書いた具体例について一つずつ質問しなければならなかった。教師対話Ⅱ-2はその確認がすんだあと、筆者がこの作文で言いたいことは結局何かと尋ねたときのものである。リンダにとって、クレジットカードがつくれない、家が借りられない、就職できないなどの問題は「意識の問題」として認識されていた。しかし、意識を変えたらそれらの問題を解決できるのかという筆者の問いには「そうかもしれない」というあいまいな返答をしている。結論を強く促されてようやく「意識をかんけつ（解決：筆者注）したら、8割の問題は解決する」と語り、筆者はこの発話によってはじめてリンダの考えを理解することができた。このあと、リンダと筆者の対話は、だれのどのような意識をどう変えるのかという内容で続いていったが、それは個別相談の時間に文章化されることはなかった。リンダは、語の選択や文法に関する修正を続け、最後に「じゃ、こちら（意識的な問題：筆者注）はどうすればいいですか」とは述べたものの、結局「私はもう満足です」と言って、個別相談での推敲をやめてしまった。

　リンダの事例は、内容（自身の考え）のあいまいさに起因している文章のわかりにくさの問題を、言語形式の誤りを正すことで解決しようとする学習者の推敲の特徴をあらわしている。リンダの質問は教師に正しい答えを要求するものであり、アンネとの対話のように、他者のことばを評価し、自分の考えを述べるような相互作用を生む対話には発展していかない。教師のことばは評価の対象とはならず、互いの声が交差するこ

となく、そのまま学習者に受容される。

　このような対話は、教師と学習者に特有なものと言える。加えて、第二言語の教室に特徴的だと思われるのは、表現の正確さや流暢さに注意が向き、本来最も重視すべき表現する内容について「真正な対話」が行われることが少ないという点である。真正な対話とは、ここでは正答の存在を前提に行われる確認のための問答ではなく、他者のことばに自分の理解や評価のことばを重ねて応答する対話を指す。教師対話Ⅱ-2で、筆者は読み手として疑問を投げかけ、リンダも書き手として応答していた。しかし、リンダから筆者へ向けられた発話は、自身の日本語が正しいかどうか確認を求めるものがほとんどだった。真正な対話が行われないのは、教師だけに原因があるのではない。学習者が自分の問題を、内容にではなく、それを第二言語に変換できないことにあると考えていることが大きく影響している。

　しかし、教師対話Ⅱ-2がリンダにまったく影響を与えなかったわけではない。個別相談のあと、リンダは授業で第三稿を発表した。その際、読み手から主張は何か聞かれると、「なんか日本はもっと国際化の国に、なんか、なるために、なんか、民間とか国民の協力はとても大事と思います」と述べ、考えが具体化している様子がみられた。発表のあとに提出されたリンダの第四稿は大きく修正されていた。教師対話Ⅱ-2で話した内容が「政策的な問題と、意識的な問題は両方存在しているとはいえ、意識な問題の改善は優先するべきだと思う。意識的な問題を解決したら、八割の問題をなくなると思う」と文章化され、日本政府は義務教育によって若者を外国人に友好的な態度を示す国際人として育成すべきだという考えも加筆された。また、海外の学生が日本への留学を躊躇する理由として、日本で就職し、国籍をとることの難しさをあげ、カナダの移民政策との違いについても言及している。こうした修正は、3.1.4の推敲結果の分析でみたように、対話の文脈を共有していない他の教師の理解を得ることにも成功していた。

　リンダの変化は、【読み手との対話】に応答し、【内容づくり】と【文章化】が進行するには時間がかかる、あるいは教師とピアという異なる複数の他者と対話してはじめて〈文章化の必要性の認識〉に至ったなど、さまざまな解釈ができる。注目すべきなのは、〈表現の洗練〉だけで満足

していたリンダが、再び他者への応答として【内容づくり】と【文章化】を行ったということ、またそれによって作文が大きく改善されたということである。リンダが授業での発表後に提出した第四稿は図5-8のように修正されていた。

リンダの第四稿
　　　　　日本の留学生政策　政府の独り芝居？
〈摘要〉
　最近、日本政府は「アジア・ゲートウェイ」という戦略によって、日本留学生の質と数両方を上がるつもりです。しかし、日本留学の低い意欲の原因はただ政策的な問題ではない、日本国民の意識も絡まれている。意識的な問題は政策的なのより先に解決しないと、留学生は生活の不便や就業の問題に陥つづける。そして、日本の国際競争力も傷つけてしまう。
　日本が魅力的な国に進化させるために行われた、アジア・ゲートウェイ戦略会議の目的の一つは、日本留学意欲を盛り上がることと、国際化の大学を作ることである。このアジア・ゲートウェイ策略は、ある程度に有効かもしれない。でも、それは政府自身の力で実現できるものであるが？
　大勢の各国留学希望者にとって、日本留学は決して第一希望ではない。この現象がおこった原因の一つは、日本の生活は、外国人からすると、山登りほど、大変である。日本国民は留学生に対して、確かに親切だと思うけれども、留学生を心から受け入れていないと感じる。留学生は社会の一員と見なしてもらわないと、我らは生活の不便から逃げられない。例えば、クレジットカードの申し込みや住宅の探すことに関する問題でも、潜在的に日本へ留学しに行きたい人々に、留学を断念させる原因になる。
　さらに、日本企業が外国人の任用について、保守的な態度を持っている。日本語、留学試験の勉強や高い留学費用などの代価を払っても、卒業した後、日本で働けるとは限らない。それは留学生たちの心配することである。これらの現象は他の国もあるかもしれないけど、日本で特にひどいので、"日本は外人を排斥する"ステレオタイプは海外で有名である。カナダやアメリカなどの国で、優秀な留学生を守るために、日本よりずっと外人に友好的な移民政策がある。北米に留学し、卒業した後有名な会社に勤めて、四年や五年間に住んでいた後、あの国の国籍をとることは別に難しくなかった。それと比べて、十年や十五年に住んでいても、国籍をもらえるとは限らない日本は、もちろん外国人にとって、理想な留学する国ではないだろう。
　日本大学の国際化の程度は、不足している。英語による授業プログラムの足りないこと以外は、大学の四月入学制も致命傷である。日本大学の学期は他の国とずらしているので、他国の大学と交流することに障害になる
　日本留学の魅力をあげる為に、日本国民や企業界や教育界は政府に協力しなければならない。政策的な問題と、意識的な問題は両方存在しているとはいえ、意識な問題の改善は優先するべきだと思う。意識的な問題を解決したら、八割の問題をなくなると思う。そのため、且本政府は義務教育によって、日本の若者は外国人に友妊な態度を持っている国際人として、育成するべきだ。留学生は他国と交流するのに、大事な橋渡しである。日本へ留学して来て、日本の文化に恵まれた私たちは、たとえ自分に国へ帰っても、自分の国の立場だけではなく、日本の立場も守って、働こうと思う。留学生は一国の国際競争力にとって、大事な資産であるのは、日本人に了解してほしい。そして、留学生の存在を認めてほしい。

> アンネとの対話、教師との対話で語っていたカナダとアメリカでの自分の経験に基づく考え。第四稿ではじめて加筆された。

> 教師対話Ⅱ-2で語った自分の考え。

> 個別相談時に教師が、意識を改善するために何をすべきかと質問したことに対する答え。

> 表5-8「文章化に伴う困難」の例。個別相談時には言語化できなかった内容が文章化された。

図5-8　リンダの第四稿の変化

4.2 実践への示唆

4.2.1 学習者の推敲過程の特徴

個別相談でのアンネとリンダの推敲は、このように対照的な側面が際立っていた。しかし、それは個人差とみるのではなく、推敲の対照的な特徴の一方が強くあらわれた状況をあらわす事例として解釈すべきではないかと考える。【読み手との対話】によって自分に対する気づきが生じ、主張を明確にしていったアンネも、リンダのように〈表現の洗練〉に集中し、伝えるべき内容に意識が向かない場面もあった。一方、【内容づくり】の問題を言語形式の訂正で解決しようとしていたリンダも、ピアや教師への応答として、加筆すべき自らの考えに気づき、具体的に文章化している。

ひとりの書き手が行う推敲は、書き手が置かれている状況とともに複雑に変化する。書き手が他者のどのようなことばにどう応答するかによって【内容づくり】と【文章化】の方向性は左右される。〈表現の洗練〉に集中した【文章化】も、【読み手との対話】が促している場合もある。表5-8の具体例に示したように、S8は、読み手である日本人のために日本語らしい表現が必要だと述べている（〈内化された読み手に対する応答〉としての［配慮］）。正しく書くこと、日本語らしい表現をすることは、書き手の内的な欲求であるだけでなく、そうすることを要請する社会的環境が大きく影響している。学習者は自分自身の声を優先すること、決められたルールに従って表現することのあいだで常に葛藤している。

アンネとリンダの事例にみられた対照性は、本研究の12名の学習者一人ひとりの推敲過程にあらわれた特徴でもあった。先に示した図5-4のモデルは、このような学習者の推敲過程をあらわしたものである。学習者はみな、他者の存在によって、文章化されていない自分の考えに気づき〈文章化の必要性の認識〉、他者の異なる考えを理解すること、理解しようとすることによって自分自身に対する理解を深めていった〈認識の深まり〉。書く過程で他者と対話することの意義は、このような自分自身に対する気づきをもたらすことにある。本研究の事例にみられたのは、現実の他者との対話が、自分自身を内省する自己内対話に及ぼす影響の大きさであった。それは、単に考えていることを可視化し、モニターするための外的資源としての他者の必要性を示しているのではない。

バフチン（1996）は「ことばは、対話の中で、その生きた応答として生まれ、対象において他者のことばと対話的に作用しあう中で形式を与えられる」(p.45) と述べる。バフチンによれば、だれのものでもない普遍的な意義をもったことばは存在しない。自己の対象に向かうことばは、他者のことば、評価、アクセントが対話的にうずまく緊張した環境に入ってゆき、その複雑な相互関係の中に織り込まれ、あることばには合流し、あることばには反発しながら自分のことばが形成されていく。

　学習者はみな、他者のことばと評価にさらされ、それらとの対話的な緊張関係の中で自分自身の声とそれを表現することばを見出していった。それは辞書から取り出した中性的なことばではなく、他者のことばに自己の意味を重ね、吸収し、支配し、獲得したことばである。【読み手との対話】によって促進される【内容づくり】と【文章化】はそのようなことばの獲得過程とみることができる。

　教室でのコミュニケーションにはさまざまな意味や価値づけが含まれている。書き手と読み手はテクストを介して互いの違いに気づき、相手の理解を得るために対話を行う。読み手は仲間である書き手への共感を示しながらも、自身の異なる考えや評価を伝え、書き手はそれに応答することで、自分自身の考えに対する気づきや迷いが生じ、それが自分のことばで自分をとらえ直す推敲へとつながっていった。学習者の推敲過程をこのように理解することは、教師としての筆者に自身の実践を見直すうえで重要な示唆を与えるものとなった。

4.2.2　推敲過程における教師添削とピア・レスポンス

　書き手は他者への応答として推敲を重ねている。他者を意識することで自己に対する内省を深めることが、自分を表現する新たなことばを見出すことにつながっていく。書くことを学ぶ教室は、書き手にそのような内省を促す場となるべきだと考える。他者との対話はそのために不可欠であるが、書き手自身が対話の意義を理解し、そこに価値を見出さなければ、書き手は学びを実感することができない。

　図5-4の推敲過程モデルにおいて、文法などの誤りを訂正する教師添削は、二等辺三角形の頂角付近にあらわれる書かれたテクストに対して行われる。学習者がなぜそのような表現をしたのか、二等辺三角形の底

辺から頂角へ至る思考生成の過程が教師にはみえないため、〈表現の洗練〉だけが指導の対象となり、学習者に問題の本質を見失わせる可能性がある。これに対し、ピア・レスポンスは書き手の意図を確認し、二等辺三角形の底辺部、書くための土台としての思考を広げることができる。しかし、しばしば文章から逸脱したやりとりになることもあり、アイディアが生まれても文章化されず、思考の拡散に終わってしまう場合も多い。

　書き手の内省を促すということは、この二等辺三角形の底辺と頂角をつなぐこと、すなわち〈文章化の必要性の認識〉〈認識の深まり〉を促すことだと考えられる。拡張する思考を収束に向かわせ、それによって文章化したものを読み手の視点から吟味し、自分が本当に書きたいことは何か、再び思考の広がりと深まりを経ることで新たな表現が創造されていく。こうしたサイクルを繰り返すことが推敲を深めることであり、書き手にとってよりよい表現を生み出す原動力となっている。〈表現の洗練〉や〈アイディアの生成〉だけが活性化しても、推敲のサイクルはまわらない。

　書き手の内省を促すために他者ができることは、読み手として自分自身の価値観を示し、互いを理解するための対話を呼びかけることである。教師がすべきことは、そのような対話の場をつくり、書き手が本当に言いたいことは何かを内省し、それを表現することばを見出すための支援を行うことだと考える。書き手の言いたいことは書き手にしか表現できない。伝えるべき内容があいまいなままで〈表現の洗練〉をめざしても、他者に思いは伝わらないことを書き手自身が自覚する必要がある。教師添削では解決されない問題の重大性を教師も学習者も強く認識すべきである。そのような認識にたったとき、はじめて対話の意義と価値が書き手に実感されるのではないだろうか。書き手と読み手が書かれたテクストを介して互いへの理解を深めることで、自分に対する気づきが生まれる。それを他者へ伝えようという思いが新たな表現となっていく。他者理解を必要としないモノローグは、他者への応答としての推敲を生じさせない。アンネとリンダの対話では、互いがテクストの主旨を理解し、相手の考えをいったん受け入れたうえで異なる視点を提示したことが、書き手に内省を促し、それがテクストの修正につながっていった。

5 | まとめ：書く過程で他者と対話する意義

　本章では、教室で対話することが書くこととどう関係するのか、日本語学習者の推敲過程を記述することを試みた。日本語を第二言語とする学習者の推敲は、非単線的でダイナミックな過程であり、第一言語で考えた内容を第二言語へ機械的に変換しているわけではない。第二言語で表現することで、内容はつくられ、変容していく。それは、他者である読み手との対話が支え、促していた。書き手は他者への応答として推敲を重ねている。他者の存在によって自己に対する内省を深めることが新たな表現の獲得につながっていく。

　第二言語の文章産出過程は、第一言語よりもさまざまな要素が関係し、より複雑で困難な過程だと考えられる。教師も学習者も第二言語への変換にかかわる問題が最も重大だとみている場合も多いだろう。

　しかし、本研究で明らかになったのは、学習者が書く過程で直面しているのは狭い意味での第二言語への変換ではなく、変換すべき内容にかかわる問題であった。主張のあいまいさや、書き手にとっては自明であるために文章化されていない情報の存在が読み手の理解を困難にしており、それを解決するためには、読み手とのやりとりによって書き手自身がそのことに気づき、読み手に対する応答として推敲を重ねることが必要とされた。内容をつくっていくことと、それを表現することを切り離すことはできない。教室の読み手も、教室の文脈を共有しない読み手も、表面的な言語形式を整えただけでは、書き手の意図を理解することはできなかった。

　第二言語学習者にとって、言語形式を学ぶことが重要であることは言うまでもない。問題なのは、表現したい内容と切り離して言語形式が学べると考えること、書いたものが読み手に理解されない原因のすべてを言語形式の問題としてとらえてしまうことである。日本語が上手ではないというリンダの不安は、ピアとの対話を敬遠させ、教師との対話は言語形式の訂正のためという認識から脱することを困難にさせた。

　第二言語だから表現できない、語彙や文法知識を増やせば書けるようになる、教師も学習者もそう思いこむことで、学習者が抱えている本質

的な問題がみえなくなっている可能性ある。学習者は第二言語だから表現できないのではなく、第二言語で表現したい内容がみつからないから表現しないのであり、それはそのことばを向ける他者、第二言語の世界とのかかわりを実感できないためであるかもしれない。自分は今ここで、だれに向けて何を表現したいのか、書き手自身が他者とのかかわりの中で自分の声を自覚し、それを表現するためのことばを見出す必要がある。教室での対話はそのためにある。

　学習者が、あるいは教師も、内容と切り離して言語形式が学べると考えるのは、第二言語の教室が、複雑で不規則な言語使用の実態を整理、構造化し、言語形式だけを取り出して学べる環境を努力してつくりあげてきたからだとも言える。そこでは、表現する内容と言語形式は1対1で対応し、決められた内容を正しく第二言語に変換することが重要な目的となる。そのような環境で段階的、構造的にことばを学ぶことは、その規則性、体系性を把握することに役立つ。

　しかし、規則性と体系性を維持するために、人為的に操作して設定した環境を、学習者はいつのまにか自然な環境であるかのように錯覚してしまう。それは、私が言いたいことを正確に表現することばがある、それがみつからないのは私の日本語が不十分だからだ、私がうまく言えないことは先生が教えてくれる（直してくれる）はずだという錯覚である。

　読み書きを学ぶ教室は、そのような意識を変えることがまず求められる。自分が言いたいことは自分にしか表現できない。言いたいことははじめから明確に意識されているものではなく、他者とのやりとりによって自覚され、ことばとして表現されていった。書き手のことばを引き出すために、読み手ができることは、書き手のことばに対する読み手自身の理解や評価を示し、異なる視点を提供すること、違いを受け入れ、理解しようとする姿勢をもち続けることだと考える。言いたいことは伝えたい相手がいることで生まれる。他者との関係を築くために、自分自身を振り返り、表現する場が教室には求められている。

　本研究で得られた実践への示唆は、次の実践研究によって新たな考察を加えることで精査すべきものである。本研究では、教室での対話を経て学習者が書き直す過程を分析しており、教室そのものの分析がなされていない。複雑な要素が絡み合う教室という場を対話の観点から記述す

る必要がある。教室にはさまざまな声があり、そこでの対話は二者間に閉じられていない。多様な声が交錯し、せめぎ合う中で、学習者がどのように自分のことばを紡いでいくのか、次章では、対話することと書くことの関係を教室という場を記述することでさらに分析を進めていく。

注 [1] 授業デザインは毎学期少しずつ変えているため、活動の形態も変化している。2007春学期は図5-1の対話2、対話5は行っていない。
[2] 個別相談時の教師の対応のしかたは、市川（1993, 1998）の認知カウンセリングの考え方を参考にした。
[3] インタビューにかかった時間は一人30分ぐらいである。インタビューを含め、個別相談に要した時間は表5-2参照。
[4] 評価項目は原田（2006）を一部修正した9項目（①主旨の明確性②具体的叙述③文章全体の構成④着眼点のおもしろさ⑤他者の視点⑥自己表現の率直さ⑦文法の正確さ⑧表現の正確さ⑨文や段落の接続関係）とした。
[5] アンネとリンダは2007春学期の受講者であり、対話1（作文プランを話す）、対話3（第一稿について話す）、対話4（発表）を行った（図5-1参照）。

第6章 ［研究4］教室での対話から生まれることば

5章［研究3］では、学習者が対話を経て書き直す過程を分析し、書くべき内容をつくっていく過程とそれを表現する過程は一体であり、他者への応答として推敲が深まっていくことが明らかになった。自己への内省を深めることが新たな表現の獲得につながるという［研究3］の分析を踏まえ、6章［研究4］では内省を深める対話の実現をめざして授業デザインに変更を加え、教室での相互行為にどのような変化がみられたのかを分析した。学習者は仲間や教師とどのように相互作用し、書くこととどう向き合い、教室での学びをどのように意味づけたのか、教室における相互行為の全体像を描くことで、書くことを学ぶ教室がめざすべき方向性を議論する。

1 問題の背景と目的

［研究3］の分析を通して、学習者の書く過程に対する筆者の考え方は大きく変化した。学習者が書く過程で直面していた問題は、表現する内容にかかわるものであり、表現のしかたを学べば解決できるというものではなかった。書く前はぼんやりとしていたものが書くことではっきりし、自分が言いたいことが何かをさらに明確化するためには、書いたものについて他者と対話し、内省を深めることが必要だった。このような考えは［研究3］の分析を進める中で強くなり、それと同時に授業デザインも変化していった。

まず、学習者が書く内容に意識を向けるよう工夫を試みた。自分たちが書こうとしている意見文はどうしたらいい文章となるのか、二つの対比的な文章を提示してクラスで議論した。一つは、文法や表現に誤りは

ないが、主張を繰り返すだけで根拠に対する考察がないもの、もう一つは、反対意見を考慮して主張を展開することを試みてはいるが、文法的な誤りを多く含んでいるものである。どちらの文章がいいと思うかは学習者によって異なり、グループやクラス全体での議論によって、学習者は互いの違いに気づき、自分の考えを理解してもらう文章を書くためには何が必要なのかを意識するようになっていった。

　また、自分の意見が書けず、説明文で終わってしまう学習者が多くいたことから、自分が一番言いたいことは何か、主張を文章化することからはじめた。ある程度主張が固まった段階で、アウトラインを組み立てていくように促した。

　対話による内省を促すためには、対話の質を深めることが教師の課題となった。仲間の文章を読んで理解することは学習者にとって思った以上に困難であることがわかり、読むための時間の確保、読むことに対する動機づけが必要となった。読みが浅ければ、対話の内容は表面的な意図確認で終わってしまう。読むときには何に注目し、仲間にどのようなコメントをすればいいのかということを教師の側から提示することが必要だと思われた。

　そこで、グループでの対話とは別に、クラス全体で一つの作文に対して話し合う場を設定した。それは、作文の途中経過を発表するという形式をとった。書き手は事前に作文をメーリングリストに送っておき、他の人は教師も含め作文に対する質問やコメントを書いてくる。当日は、事前に決めておいたコメント担当者を中心に話し合いを進め、教師も一参加者としてコメントする。コメント担当者は作文を十分に読み込んでくるので、意図があいまいだと教師が感じていたような箇所は、ほとんどがコメント担当者の質問によって指摘された。書き手とコメント担当者のやりとりが白熱してくると、それを聞いていた参加者からも異なる観点からコメントが出てくるようになった。教師は時折議論の交通整理をし、さらに深く掘り下げてほしい点を自身のコメントとして示すようにした。

　このようなクラス全体での対話、グループでの対話のあとには、毎回、振り返りシートを提出させた。学習者は対話の中で印象に残ったこと、考えたこと、学んだことなどを教師への質問やコメントなどとともに書

き、教師はそれにコメントして返却した。振り返りシートのやりとりをすることで、学習者が対話をどのようにとらえ、書くこととどのように結びつけているのかを段階的に知ることができた。

また、作文への教師フィードバックも変化した。1期目（2007年春学期）の授業では、手書きでコメントを書き、文法や表現の明らかな誤りについては下線を引くなどして注意を促していた。しかし、2期目からは文書作成ソフトウェアのコメント機能を利用し、書き手の意図がわからない箇所にはその都度何がどのようにわからないのかを記述し、自分が読んで理解した範囲を伝えた。主張のあいまいさ、根拠の適切さ、書き手の意見に対する反論なども同様に該当箇所を指摘したうえでコメントした。上記のような授業デザインの変化とともに、学習者の相互行為も変化していった。

1章でみたように、近年の日本語教育では教室での対話を重視するさまざまな授業実践が報告されている。ピア・ラーニング（池田・舘岡 2007）や対話的問題提起学習（野々口 2010）と呼ばれる実践では、教室参加者同士の対話によって学習課題が遂行され、学ぶ対象を理解するとともに他者との社会的関係を構築することが重視されている。学習者は課題に取り組んでいく過程で、他者と相互作用することによって学んでいくのであり、対話はそのために不可欠なものとして位置づけられている。

しかし、対話をすれば学べるというわけではもちろんない。教室でどのような対話が実現されたのか、対話の質と学びの実態が問われなければならない。舘岡（2007）は、ピア・ラーニングでは、「学習者自身」「仲間の学習者」「学ぶ対象」に対する理解が三位一体となって進化するよう授業をデザインすることが必要であり、中でも自己との対話を通して内省を深め、自分の考えを探求する過程が重要であることを指摘している。

一方、野々口（2010）は、言語文化を異にする人々が自分たちのあいだにある問題を解決するために対話能力の養成が不可欠だと述べる。対話の成立には、他者の枠組みを否定しないで自己の枠組みを省察する姿勢と、他者の発言を支える協働的な言語使用で信頼関係を表出しながら、一時的な対峙が可能な環境をつくり、当事者性をもって自分がどう思うかを率直に述べることが必要であるという。

舘岡や野々口が指摘しているのは、対話による内省を通して、自分自身の問題として学ぶ対象をとらえることの重要性である。教室で活発に対話が行われているようにみえても、それが自分とは無関係な話題として表面的に受け答えすればすむような内容であれば、対話者同士の理解は生まれず、学ぶ対象への理解も深まらない。

本章［研究4］では、対話による内省を重視した授業において学習者はどのように書くことと向き合っていったのか、教室という場を記述することで、相互行為の実態を明らかにすることを目的とする。

2 方法

2.1 実践を分析する観点：発話の単声機能と対話機能

本研究では、教室での相互行為の分析にあたって、テクストがもつ複数の機能「単声機能」と「対話機能」（ワーチ 2004/1991, 2002/1998）に着目した。ワーチは、序章で概観したバフチンの多声性概念[1]と、Lotman（1988）の「テクストの機能的二重性」に関する概念とを結びつけてこれを論じている。単声機能とは意味が適切に伝達される機能で、話し手と聞き手のコードが完全に一致するとき、テクストは最大の単声性を獲得する。序章で述べた導管メタファーによるコミュニケーションの伝達モデルは、この単声機能を前提としたモデルである。テクストの単声機能は言語研究の中心に位置づけられており、それ以外の機能の存在をみえにくくしているという（ワーチ 2004/1991）。

このようなテクストの伝達機能とは対照的に、バフチンの多声性概念に基づいているのが対話機能である。単声機能では情報システムの欠陥とみなされる話し手と聞き手の意味の不一致は、対話機能ではむしろ標準となる。テクストの対話機能に注目するということは、導管メタファーから連想されるような、発話に備わっている意味を受け取ろうとする側面ではなく、いかに対話者がテクストを「思考の装置（thinking devise）」（Lotman 1988）として使い、新しい意味が生み出されるようなやり方でそれに応じるのかに焦点をあてるということである。単一の、共有された、同質なものの見方になりがちな単声機能とは異なり、対話機能は新しい意味を生成し、「声と声の間のダイナミズム、異種混交性および葛藤

へと向かっていくもの」(ワーチ 2002/1998: 127) であるという。

　ワーチはさらに、バフチンの「権威的な言葉」と「内的説得力のある言葉」の区別に関連づけて議論を発展させる。「権威的な言葉」とは、「発話とその意味が固定されており、他の新しい声と出会っても変わることがない、という仮定に基づいた言葉」(ワーチ 2004/1991: 107) である。バフチンが例にあげるのは、「宗教、政治、道徳上の言葉、父親や大人や教師の言葉」で、それは無条件の承認を要求する。「権威的な言葉」の意味は完結し、硬化しており、権威性ゆえに孤立し、他者との論争を許さない。それが単声テクストを生み出す理由になっているとワーチは述べる。一方、「内的説得力のある言葉」は対話的な活性をもたらすとされる。それは「半ば自己の、半ば他者の言葉」であり、新しい意味の可能性に絶えず開かれた創造的なものであり、「自立した思考と自立した新しい言葉を呼び起こし、内部から多くの我々の言葉を組織するものであって、他の言葉から孤立した不動の状態にとどまるものではない」(バフチン 1996: 165) という。

　ワーチは、Lotmanやバフチンが主張する対話主義に基づく動的過程において社会や個人をとらえることの必要性を説いているが、テクストの単声性を否定しているわけではない。テクストは複数の異なる機能を同時に発揮するものであり、単声機能と対話機能は両者がつくり出す力の対立関係の中で理解されるべきだと述べている。どちらの機能が支配的となるかは、社会文化的コンテクストによって決まるからだ。

　Wertsch & Toma (1995) では、この単声機能と対話機能の概念を用いて、日本の小学校で行われた理科の授業の教室談話を分析している。単声機能と対話機能の対照性を示す談話として、生徒が教師や他の生徒に単に情報を伝えるという単声機能が支配的となっている談話と、他の生徒の発話を引用しながら自分自身の発話(科学的概念)を構築していく発話を取り上げている。後者の発話は対話機能が強くあらわれたものであり、このような談話を教室でみることは少ないと指摘する。こうした指摘は、教室が自己の発話や他者の発話を思考の装置として機能させ、自分自身の意味や理解を獲得する場となる必要があることを示唆している。

　第二言語の教室談話にも、単声機能と対話機能の対立をみることがで

きる。例えば、教師が文法や単語の意味を説明し、学習者が習った項目を使って文をつくったり、学習者同士で質問と応答の練習をしたりする場合は、単声機能が圧倒的に優位となる。そこでは、教授項目が正しく学習者に伝わっているか、つまり学習した言語形式がいかに適切に使用できているかが重視され、学習者同士の相互行為は、言語形式の正確さや適切さの基準によって教師に評価される対象となる。「権威的な言葉」として教授された第二言語は、非母語話者にとって無条件に受け入れるしかない。

しかし、そのような場面であっても、そこでのコミュニケーションが、正答が存在する練習の対話ではなく、他者のことばに自己の理解や評価のことばを重ねる真正な対話であるならば、他者のことばを自分のことばにする機会が生まれる可能性がある。一つの発話において単声機能と対話機能は同時に機能するものであり、分析の観点として重要なのは、両機能を二項対立にとらえることではなく、文脈の中でどのような力関係において成り立っているのかを理解することだと考える。本研究はこのような観点から、教室における学習者同士の相互行為を分析する。

2.2 対象クラス

分析の対象としたのは、4章の表4-1に示した2008年春学期に開講されたAクラスである。3期目の授業で、筆者の方針や授業デザインがほぼ固まっており、クラス全体の相互行為を分析するには受講者6名が適切であると判断した。受講者のプロフィールを表6-1に、投書意見文を書く活動の具体的な流れを表6-2に示す。

表6-1 受講者のプロフィール

仮名	性別	出身地	母語	レベル※
ミキ	女性	カナダ	広東語・英語	4
ハル	女性	ブラジル	ポルトガル語	4
ニナ	女性	香港	広東語	4
ジム	男性	アメリカ	英語	4
ヨウ	男性	台湾	台湾語・北京語	4
ヤス	男性	アメリカ	英語	5

※プレースメントテストによる1レベル（初級）〜8レベル（上級）の8段階評価

表6-2 投書を書く活動の流れ

5/1	論理的な文章とは何かを考える1： 二つの対比的な意見文について違いを話し合う。	
5/8	論理的な文章とは何かを考える2： どうすれば論理性を高められるかについて話し合う。	
5/15	新聞の投書の構成をグループで分析する。	
5/22	対話1	各自のテーマについてグループでアイディアを出し合う。
5/29	対話2	各自のアウトラインについてグループで話し合う。
6/5	対話3	各自の第一稿についてグループで話し合う。
6/12	対話4	発表者の作文に対し、クラス全員で話し合う。作文は事前にクラスのメーリングリストに流し、全員が読んでコメントを書いてくる。コメント担当者を決めておき、担当者を中心に話し合いを進める。（2名ずつ3回に分けて行った。）
6/19		
6/26		
7/3	対話5	グループで作文を最終点検し、お互いにコメントを書く。
7/10	新聞社にメールで投書する。	
7/17	授業の振り返り：最終稿について自分自身でコメントを書く。	

　表6-2は投書を書く活動の流れ[2]を示したものである。テーマを考えること、アウトラインや作文を書くことはすべて宿題とし、クラスで対話する前にメールで提出させ、教師のコメントをつけて返却した。コメントは主に内容や構成について、わかりやすさ、主張の明確さ、説得力があるかなどの観点から記述した。対話の前に返却したのは、それまでの実践の経験から、教師コメントが学習者同士で議論するきっかけとなったり、コメントを批判的に検討し、自分たちで新しい方向を模索したりする事例がみられたからである。また、表現の誤りを訂正する添削は新聞社へ投書する最終稿執筆時にのみ行った。

2.3　分析方法

　分析の対象としたデータ[3]は、表6-2の対話1〜5（クラス全員分）を録音し、文字化した逐語記録、学習者が書いた作文・振り返りシート・仲間の作文へのコメントなどの提出物、教師が書いた授業記録である。
　クラス全体の相互行為の実態を把握するため、まず、上記データをもとに対話と書く過程がどのように関係し、進行したのかを学習者ごとに時系列にまとめた表（巻末資料4参照）を作成した。表の分析から、教室で

の対話が学習者の作文の内容に重要な影響を与えていること、つまり意見文としての主張の形成に大きく関与していることが判明した。このことは、［研究2］［研究3］で推敲結果を分析する際に使用したFaigley & Witte（1981）の基準では、本研究の学習者の作文変化を十分にとらえられないことを示していた。学習者は他者の発話に同意や反駁を示す中で、それらの発話を自分なりに意味づけ、自分の意見を支える根拠や反論として作文に取り込み、ときには主張そのものを変化させていったからである。本研究の対話と作文の関係を分析するためには、だれのどの発話が作文にどのような影響を与えたのかを把握することができる記述方法が必要であり、それによって、教室全体の相互行為のプロセスが描けるのではないかと考えた。

そこで、作文の論証構造を記号によって簡潔にあらわすことができるトゥールミン（2011/1958）の論証モデルを使用することにした。このモデルは、「主張（claim）」「データ（data）」「論拠（warrant）」「裏づけ（backing）」「限定詞（qualifier）」「論駁（rebuttal）」（以下C、D、W、B、Q、Rと記す）の要素で構成される。要素間の関係と、トゥールミンが提示している例を図6-1に示す。

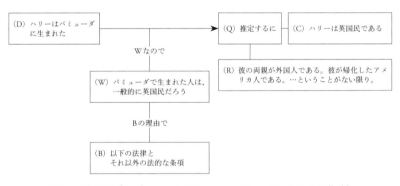

図6-1　論証モデル（トゥールミン 2011/1958: 154図5をもとに作成）

Cは結論として述べたいこと、DはCの正当性を示す根拠となる事実、WはなぜDからCが導かれるのかを説明する理由づけ、BはWを支持する裏づけ、QはDからCを導く際にWの説明がどの程度確かであるのかを示す限定詞（おそらく、必然的に等）、Rは論拠づけられたCを論駁しうる

例外的な条件のことを指す。このモデルは議論のスキルを高めるための規範として参照されることが多く、鈴木・舘野・杉谷・長田・小田（2007）は、大学生が初年次に修得すべき主張型レポートにおいても論証の規範として有効であると述べている。

　しかし、本研究ではトゥールミンモデルを議論の規範として用いたわけではない。筆者が授業で学習者に求めていた論証構造は、自分自身の主張を明確にし、それを他者に理解してもらうための根拠とともに示すという、非常にシンプルなものである。また、根拠については事実としてのデータを示す必要はなく、データを探してくるよりもむしろ他者が納得するような理由を自分で考えることを重視していた。しかし、学習者の作文や、教室での対話の内容を分析すると、学習者がさまざまな他者の発話（仲間や教師の発話、資料として収集した書物）を自身の主張や根拠として取り込み、複雑に論を展開していることが明らかになった。そのためトゥールミンモデルを使用すれば、そのような複雑な論証構造を記号化し、教室での相互行為の全体像を記述できるのではないかと考えた。加えて、トゥールミンモデルで説明すると、W（論拠）という考え方を分析観点に使用できる。

　福澤（2002）は、トゥールミンの論拠を、主張と根拠（事実）を結合させる役目をする「暗黙の仮定」[4]と呼び、議論を進めるにあたり中心的な役割を担うものとして重視している。それは論拠が通常の議論では隠れた根拠として機能しているために、議論を行う両者のあいだに共通認識がなければ、つまり両者の論拠が同じであることが暗黙のうちに了解されていなければ、議論が成立しないからである。図6-1の例で言えば、バミューダで生まれた人が英国民であると推定できるのは、英国領に生まれた人は英国民であるという暗黙の仮定があるからであり、その仮定を共有していない人（例えばバミューダを知らない人）にとっては、D（根拠）とC（主張）を結びつけることはできない。

　本研究の対話では、このような書き手の論拠や主張が問題とされ、その結果、作文の論証構造が大きく変化した。そこで、本研究ではトゥールミンモデルの枠組みを用いることで、学習者一人ひとりがどのように議論を展開し、教室での対話が論証のステップをどう支え、最終的にどのような結論に至ったのかを教室全体の相互行為のプロセスとして記述

することを試みた。さらに、そのプロセスにおいて対照的な特徴を示した2人の学習者に焦点をあて、相互行為の実態を発話の単声機能と対話機能の観点から分析した。

3 結果と考察

3.1 対話から言いたいことが生まれるプロセス

トゥールミンモデルを用いて、論証構造の変化を教室での相互行為プロセスとしてまとめたのが表6-3である。論証構造の変化に対話の影響がみられた場合はセルに色をつけ、影響を受けた要素を下線つきの斜体で示した。要素に付した数字は、作文や対話の中で新出した順に振ったもので、数字に付した*は、内容的に変化はみられないが、表現が修正されたことを示している。最終的に主張が確定した時点に◆を付した。

3.1.1 対話によって意識化される主張

ここではまず、表6-3から言える結果を述べる前に、表6-3がどのような相互行為をあらわしているかを説明するため、ミキの事例を取り上げる。ミキの論証構造の変化は、表6-3で一番左の列に示している。ミキが宿題として提出したテーマは「謀殺か犯罪かの刑罰」で、対話1ではこのテーマについてヨウと対話した。図6-2は、ミキとヨウの対話1、それを受けてミキが書いたアウトラインの論証構造を示したものである。

表6-3 論証構造の変化からみた相互行為プロセス

	活動内容	書き手					
		ミキ	ハル	ニナ	ジム	ヨウ	ヤス
宿題	テーマ	主張がない	主張がない	主張がない	テーマ未定	D1→C1	D1→C1
5/22	対話1 テーマ	ヨウ D1→C2提言	ニナ テーマに質問	ハル テーマに質問	ヤス テーマに質問	ミキ 内容確認	ジム C1説明要求
宿題	アウトライン	_D1_,D2 → _C2_ D3,D4,D5 (_C1_)	主張がない	D1→C1	テーマ未定	未提出	D2,D3,D4→C1 W1
5/29	対話2 アウトライン	ヤス D1反論	ジム テーマに質問	ヨウ C2提言 D1反論 D2提言	ハル テーマに質問	ニナ C1説明要求	ミキ D2説明要求 D4反論
宿題	第一稿	D1*, D2→C2 D3, D4 (C1)	テーマ変更 D1,D2→C1◆ D3,D4 W1	_D1*_,_D2_→_C2_◆	D1,D2,D3→C1 W1	D2,D3,D4→C2 W1	D2,D3,D4→C1 W1 B1
6/5	対話3 本文	ヨウ D2助言	ヤス D4助言	ハル・ヤス D1*,D2反論	ニナ D1説明要求 W1説明要求	ミキ D2説明要求 C2明確化要求	ハル C1説明要求 D2説明要求 D4助言
宿題	第二稿	D1,_D2*_→C2 D3,D4	D1,D2,D4→C1 W1	論証構造 変化なし	D1,_D4_→C1 W1	_D3*_,_D4*_,→_C3_ _D5_,_D6_ _W2_	D2,D3,→_C1*_◆ D4 W1 B1
宿題	第三稿	D1*,_D2*_→_C1*_	D2*,D4,D5→C1 W1	論証構造 変化なし	/	D2*,D3,→C1* D4 W1 B1	
6/12 6/19 6/26	対話4 発表	C1*明確化要求 D1*反論	D2*反論 D4助言	D1*,D2反論	C1説明要求 W1説明要求 D1,D4反論	C3明確化要求	W1説明要求 D4助言
宿題	第四稿	_D6_,_D7_→_C3_◆ R	D4,_D6_→C1 W1	論証構造 変化なし	未提出	D3*,D4*,→C3 D6,_D7_ W2	論証構造 変化なし
7/3	対話5 点検	ハル C3表現助言	ミキ W1助言	ジム C2疑問	ニナ D5説明要求	ヤス D8提言	ヨウ W1反論 D3反論
宿題	第五稿	表現の修正	表現の修正	表現の修正	D1*,D5→_C2_◆ W1	D3*,D4*,→C3 D6,_D8_ W2	表現の修正
	第六稿	/	/	/	表現の修正	D3*,D6,D8→C3 W2	/

【対話1:ミキのテーマに関するやりとり】

23ミキ:入獄は20歳から、たぶん日本で20歳から入獄できる。もし、例えば子ども8歳、人を殺した、入獄ほうがいいかどうか…
24ヨウ:私?あなたの主張はどうですか。あなたはどう考えますか。
25ミキ:もし入獄のほうがいい。入獄すれば、あの、将来、子どもの将来はどうなって…
26ヨウ:え、ちょっと待って。あの、入獄、例えば8歳の子どもが入獄するの賛成するのか、今ミキさんは、賛成するかどうかまだわからないですから。
27ミキ:そう。まだわからない(笑)。問題はもし…
28ヨウ:自分の考え方はどう?
29ミキ:わからない
30ヨウ:え!
31ミキ:だから、主張がない。(笑)
(中略)
58ヨウ:じゃ、8歳じゃなくて16歳はどう? 16歳から人が殺して入獄は賛成とか反対どっち?
59ミキ:たぶん16歳は入獄ほうがいい。
60ヨウ:だから年齢の問題でしょ。
61ミキ:そう。今は年齢の問題。
62ヨウ:たぶん、8歳が反対。
63ミキ:でも何歳まで…それは…
64ヨウ:そうです。たぶん、今の私の感じはミキさんは8歳の子どもは入獄はちょっと厳しすぎると思うから決めることができない。でも16歳はできる。じゃ、13歳はどう?
65ミキ:…人によって違う。みんなの…
66ヨウ:でも、法律は人によって違うではない。
67ミキ:そう。
68ヨウ:だから、法律は…13歳は絶対気持ち。
69ミキ:あの、法律は人によって。
70ヨウ:同じ。
71ミキ:いえ。
72ヨウ:法律は同じ。
73ミキ:ノー、私の主張は法律は人により、ケースとか人によって…あの。 〈C1表明〉
74ヨウ:えー、だめですよ。それは無理。冗談ですよ。
75ミキ:ちょっと難しい。
76ヨウ:無理と思う。法律は、書いたまま、その規則を、に、そそなんと言う、法律は一つだけ書いて人によって同じだから、だからテーマはこれでないでしょ。 〈C1反論〉
77ミキ:もしそれできれば。
78ヨウ:ミキさんのテーマは今これではないと思う。今テーマは入獄の歳を…
79ミキ:入獄の年齢。
80ヨウ:入獄の年齢をたぶん…決めることだと思う。でも何歳わからない。今、刑罰ではない。
81ミキ:でも、たぶん殺人のことについて話した。
82ヨウ:でも、ミキさんの話は全部子どもと…

```
83 ミキ：うん、でも入獄は。
84 ヨウ：何年でしょう。
85 ミキ：うん。
86 ヨウ：年齢でしょ。…ではなく年齢とテーマするの…ほうがいいと…たぶんミ
       キさんが年齢に興味がありますと思う。
87 ミキ：うん。たぶん、殺人入獄年齢。
（中略）
92 ヨウ：じゃ、今テーマは変える？
93 ミキ：どうする。…殺人年齢。
94 ヨウ：じゃ、殺人入獄の年齢はあの、
       減らすのほうがいいと思います。              〈C2提言〉
95 ミキ：あー。
       （「減らす」の意味を中国語で確認し合う。）
103 ミキ：減らすほうがいい。あ、私の主張、ありがとう。    〈C2同意〉
104 ヨウ：いえいえ、とんでもない。
105 ミキ：OK。
106 ヨウ：じゃ、主張が減らす。でも、歳はどう。何歳以上は…
107 ミキ：難しい。
108 ヨウ：でも、今より減らすほうがいい。理由はどうですか。
109 ミキ：20歳はちょっと…日本人は20歳前に結婚もできるでしょ。20歳までは飲
       酒とたばことあのドライブができない。結婚もできる、赤ちゃんもある、
       それを成人のことでしょ。
（中略）
114 ヨウ：でも自分の意見書くのがいい。私の感じがある。今の子どもは、昔はた
       ぶん20歳は成年、何でもわかる、考えられる。でも、今の子どもは小さ
       いからたくさんインフォメーションがみて、考えて、たぶんもっと早く
       成人…                                      〈D1提言〉
115 ミキ：そうそうそう。私もそう考える。            〈D1同意〉
116 ヨウ：はい、これも根拠に書く…でしょ。
117 ミキ：あー、はい。英語でもいいですか。
```

【ミキのアウトラインの論証構造】

```
D1 成人化が早くなった    → C2 日本の殺人入獄年齢を引き下げる
D2 殺人犯罪率              （C1 ケースと犯罪者によって刑罰を
D3 少年犯罪事件例①            決める）
D4 少年犯罪事件例②
D5 少年犯罪事件例③
```

図6-2　対話によって意識化されたミキの主張

　ミキは少年の刑罰が軽すぎると考えていたが、対話1の段階では、8歳の子どもが人を殺したら入獄させるべきかわからない、だから主張がないと述べている（31）。ヨウは主張がないのにテーマに選んだことに驚き、具体的な質問を投げかけていく。16歳ならどうか、13歳は、と畳み

かけるが、ミキは「人によって違う」(65)とし、「私の主張は法律は人により、ケースとか人によって」(73)刑罰を決めるべきだとはじめて語る〈C1表明〉。ミキの主張は、入獄させるかどうかは年齢ではなく、状況によって決めたほうがいいというものだったが、ヨウはそれは無理だと強く反対する。法律は人によって変えられない、ミキは年齢に関心があるのだから、殺人入獄年齢を減らす(94)という主張にしたほうがいいと話す〈C2提言〉。ミキは「減らす」という表現になるほどと感心する様子をみせ(95)、「減らすほうがいい、私の主張、ありがとう」(103)と提案を受け入れた〈C2同意〉。さらに、C2を支えるD1として、今の子どもは昔より早く成人になる(114)というアイディアがヨウとのあいだに共有された〈D1提言〉〈D1同意〉。この対話のあと、筆者がミキに主張が決まったか尋ねると、「ヨウさんのおかげ」で決まったと嬉しそうに話した。対話1のあとミキが書いたアウトラインは、ヨウの提言を受け入れた論証構造（D1→C2）となり、D2、D3、D4、D5が主張を支える根拠として新たに加えられた。しかし、C2とは矛盾する、自分自身が最初に述べたC1も文章化されており、C2は「C1は無理かもしれないので、次の一番良い選択」として記述されていた。

3.1.2　自分の主張を見つけることの困難

このように、対話の内容と論証構造の関係が具体的に特定できる場合のみ、対話の影響があったと判断した。表6-3から、ミキだけでなく、学習者はみなはじめから明確な主張があったわけではなく、書いたものについて対話し、書き直すことを繰り返す過程で、考えが定まり、論証構造が変化していったことがわかる。対話1では、ミキ、ハル、ニナが「主張がない」と言い、ハルとジムは主張がみつからないために、テーマを変更している。自分自身で選んだテーマであっても、それについて何を主張し、読み手に最も訴えるべきことは何かということは意識されていない。それはテーマ選定時から主張につながる自身の考えをある程度言語化していたヨウとヤスも同様だった。

学習者が選んだテーマは時事問題に関連するものが多かった（巻末資料4参照）。新聞への投書を書くという課題設定が影響していると思われるが、筆者がテーマ選定に際して学習者に伝えたのは、教室内の読み手

（仲間や教師）と教室外の読み手（新聞読者）に対して自分にしか書けない主張を考えてほしいというものだった。例えば、新聞への投書というと、環境問題などが取り上げられ、資源を大切に使って地球にやさしい生活をしようという主張が述べられる場合がある。しかし、多くの人がいろいろなところで言っている「どこかで聞いたようなだれかの意見」を繰り返し述べても意味がない。もし、そのようなテーマを選ぶのなら、なぜ自分がそのテーマを取り上げたのか、自分がそう主張することにどのような意味があるのか、それを読む価値があると読み手に実感してもらえるかという点をよく考えてほしいと話した。

　しかし、筆者が話したことは、実際に書き、他者と対話を行ってみないと、理解できないことであったと思われる。学習者の多くは、単に関心をもったキーワードを並べ、それについて調べてみたい、知りたいという態度で臨む者が多かった。あるいは、取り上げた事象を深く理解しようとしないまま、その是非や価値の有無を判断している場合が見受けられた。しかし、自分がよく理解していないことや自分の考えがまとまっていないことを文章にすることは非常に困難であり、学習者は書く過程でそれを認識するようになっていく。書き手の言いたいことははじめからあるのではなく、他者との相互行為によって意識化され、明確化していった。そのプロセスは学習者によって異なり、とりわけミキとヤスが対照的な特徴を示した。対話によって考えが揺らぎ、なかなか主張が確定しなかったミキに対し、ヤスはさまざまな異論がある中でも、自分の考えの正しさを主張し続けた。2人の対照性を記述することは、本実践でみられた学習者の相互行為の意味を説明し、その意義を明らかにすることにつながると考えられる。そこで、2人がどのように対話し、作文を完成させたのか、相互行為の実態を次にみていくことにする。

3.2　他者のことばとの葛藤から自分のことばへ：ミキの事例分析

　ミキの第一稿から第四稿までの変化と、それがあとで詳述する相互行為とどう関係しているのかを、図6-3に示す。第四稿までは、教師添削を行っておらず、修正はすべて学習者が教室での対話を経て行ったものである。

ミキの第一稿

日本の刑罰対象年齢

　日本で犯罪の未成年は入獄しないで、少年院で矯正教育を受ける。この刑罰は足りないかどうか良く分からないが、今の入獄年齢を引き下げるべきだと思う。未成年と言えばのに、殺人のような重大な犯罪もできる。

　昔から未成年が人を殺す事件もうあった。平成15年の年齢階層別殺人率は未成年10万人当りの殺人検挙人は0.73であり、14歳－19歳の率は1.15であった。20歳－59歳は平均1.56であった。したがって、少年の殺人犯罪は少ないである。

　たとえば、平成19年少年6名は殺意を持ち、少年2名に殺した。同年に、高校生が就寝中の親を殺した。年齢は別として、自分が犯罪したことの責任を取るべきだ。

　さらに、周りの少年を見たら、彼らの知識や成熟度が、以前の少年に比べ、増えた。そこで、彼らの犯罪可能性が多くなり、より若いから犯罪事件もあるかもしれない。彼らは自分の行為が分かると、適当な責任や刑罰を取らなければならない。

　できれば、事件と犯罪者によって、刑罰を決める。年齢はそのような大切ではないだと思う。未成年は殺人のことをできれば、入獄もできるだろう。彼達と成人の犯罪能力差は大きくない。

　結局、少年院に入る刑罰が足りないで、入獄年齢を引き下げると思う。未成年者は殺人能力があれば、結果に苦しむはずではないか

> 上記対話1で、ヨウの提案によって文章化された主張〈C2〉。

> 上記対話1で、ヨウと共有された根拠〈D1〉。
> 対話2では、ヤスに考え方には賛成だが、これを根拠にするのは無理だと強く反対される。

> 上記対話1で、最初に言語化された主張〈C1〉。教師から説明を求められ、第二稿では削除されるが、個別相談時に再び話題となる。3.2.1で詳述する。

ミキの第二稿

日本の刑罰対象年齢

　日本で犯罪の未成年は入獄しないで、少年院で矯正教育を受ける。この刑罰は足りない、今の入獄年齢を引き下げるべきだと思う。未成年と言えばのに、殺人のような重大な犯罪もできる。

　昔から未成年が人を殺す事件もうあった。警察庁の「少年犯罪統計データ」によると、年齢階層別殺人率は未成年と成人に比べって、その差は大きくないである。したがって、少年の殺人犯罪は少ないである。

　年齢は別として、自分が犯罪したことの責任を取るべきだ。たとえば、警察庁の「少年非行等の概要」によると、去年少年6名は殺意を持ち、少年2名に殺した。同年に、高校生が就寝中の親を殺した。年齢はそのような大切ではないだと思う。未成年は殺人のことをできれば、入獄もできるだろう。彼達と成人の犯罪能力差は大きくない。

　さらに、周りの少年を見たら、彼らの知識や成熟したことが、以前の少年に比べ、増えた。そこで、彼らの犯罪可能性が多くなり、以前よりも若いから犯罪事件もあるかもしれない。彼らは自分の行為の結果を理解する時、適当な責任や刑罰を取らなければならない。

　結局、少年院に入る刑罰が足りないから、入獄年齢を引き下げると思う。未成年者は殺人能力があれば、その結果に苦しむはずではないか。

> 主張〈C1〉が削除され、〈C2〉だけになる。

> 対話3でヨウに第一稿に書いた数字の意味を説明できず、具体的な数字を削除した根拠〈D2〉。

> 対話3でヨウに第一稿の2段落は5段落の例だから、一つにまとめたほうがいいと言われ、統合した。

ミキの第三稿

日本の刑罰対象年齢

　日本で犯罪の未成年は入獄しないで、少年院で矯正教育を受ける。この刑罰は足りない、犯罪者の年齢に関係なく刑罰を決めるべきだと思う。なぜなら、未成年と言っても、殺人のような重大な犯罪も犯しているからである。

　昔から未成年が犯罪事件もあった。警察庁の犯罪統計書によると、未成年と成人の犯罪事件に比べ、未成年と成人の事件率は同じぐらいであった。したがって、少年の犯罪事件は少なくないである。

　年齢は別として、自分が犯罪したことの責任を取るべきだ。年齢はそのような大切ではないだと思う。未成年は犯罪できれば、大人と同じように適当な刑罰を受けるべきだろう。彼達と成人の犯罪能力差は大きくない。

　さらに、周りの少年を見たら、彼らの知識や成熟したことが、以前の少年に比べ、増えた。現代の少年のほうが以前の同じ年の少年より、犯罪についての知識がもっとあるかもしれない。そこで、以前よりも若い少年が犯罪を犯す可能性が多くなると思う。

　日本でも、他の国でも、どのような刑罰を決めることをちゃんと考えてほしい。年齢と関係なく、犯罪者の状況や事件によると、刑罰を決めるべきだ。

> 個別相談時の教師との対話により、〈C2〉を削除し、〈C1〉を復活させた。
> 対話4で主張のあいまいさをみなに指摘される。3.2.2で詳述する。

> 対話4でニナに、今の少年は昔より成熟しているわけではないと反論される。

ミキの第四稿

日本の刑罰対象年齢

　日本で凶悪犯罪の未成年は入獄しないで、少年院で矯正教育を受ける。この刑罰は足りない、凶悪犯罪者の年齢と関係なく、未成年も成人も同様の刑罰を決めるべきだと思う。なぜなら、未成年と言っても、殺人のような重大な犯罪も犯しているからである。

　年齢は別として、自分が犯罪したことの責任を取るべきだ。未成年は犯罪できれば、大人と同じように適当な刑罰を受けるべきだろう。彼達と成人の犯罪能力差は大きくない。

　さらに、周りの少年を見れば、以前の少年とは違っている。現代の少年のほうが以前の同じ年の少年より、犯罪についての知識がより多くあるかもしれない。特に、近代のマスコミから大きい影響を受ける。そこで、以前よりも若い少年が犯罪する可能性が多くなると思う。

　警察庁の「少年非行等の概要」によると、少年は犯罪少年（14歳から20歳未満）と触法少年（14歳未満）に分けれた。多くの少年凶悪犯事件は犯罪少年が犯し、主に14歳から17歳までの少年である。また、その凶悪犯を犯した少年のなかで、半分以上は再犯者である。だから、凶悪犯の少年は成人の同様の刑事処分を最小に14歳に引き下がたほうがいい。

　日本でも、他の国でも、どのような刑罰を決めることをきちんと考えてほしい。特に凶悪犯について、年齢と関係なく、犯罪者の状況や事件によると、刑罰を決めるべきだ。

> 主張〈C1〉と〈C2〉の葛藤を経て、最終的に文章化された主張〈C3〉。3.2.4で詳述する。

> ヤスやニナに反論された根拠〈D1〉が〈D6〉に統合された。3.2.4で詳述する。

> 主張を論駁しうる例外的な条件〈R〉が提示された。3.2.4で詳述する。

図6-3　ミキの第一稿から第四稿までの変化

3.2.1 矛盾する二つの主張

ミキは、図6-2のアウトラインの構造をほとんど変えずに第一稿を書いた。第二稿ではC1「ケースと犯罪者によって刑罰を決める」を削除し、C2「入獄年齢を引き下げるべきだ」を主張したが、考えが揺れており、非常にわかりにくい文章となっていた（図6-3参照）。筆者はミキとヨウの対話1の詳細を知らず、それまでのミキの主張の形成過程がみえていないため、第一稿に書かれていた「事件と犯罪者によって、刑罰を決める」の意味が理解できず、そのことをミキへのコメントにも記述していた。ミキの意図を筆者が理解したのは、授業時間外に行った個別相談時[5]だった。作文に書かれたミキの意図を質問によって確認していく過程で、筆者はミキが罪を犯した少年の「成熟度」が大切だと考えていることに気づく。

◆ミキと教師の対話（個別相談時）
教師：どうもミキさんは成熟のところが気になってるみたいですね。これが大事なの。（はい）今の若者は昔の若者より大人だから。
ミキ：みんな…各犯罪者の考えと成熟度も違う。
教師：じゃ、でも、人によって、あなたは18歳から刑務所で、あなたは20歳から刑務所にする？
ミキ：年齢は別として、その人、人だけによって刑罰する。それが言いたい。
教師：あ、その人によって、（はい）えーそれだれが決めるの？ この人はもう刑務所へ行ったほうがいいとか、この人は少年院でいいとか、そうやって決めるの、（はい）あー。
ミキ：それは最初に言いたい。でも先生はちょっとわからなかったと思う。
教師：わからなかった。前に書いたところ今わかった。人によって刑務所へ行く年齢が違うの。
ミキ：うん。
教師：え、人によってできる？ 聞いたことない。
ミキ：たぶん無理と思う。

ミキは、人によって成熟度が異なるので、「年齢は別として、…人だけによって刑罰する。それが言いたい」と語る。これは、ヨウとの対話で最初に語られたミキの主張C1である。しかし、人によって刑務所へ行く年齢が違うことは「たぶん無理」だと言い、「入獄年齢を引き下げる」がその次にいいと思うアイディアだと述べた。筆者との対話を通して、ミキはやはり最初に自分が言いたかったことを結論にすることに決め

た。「結論は、うーん、今の刑罰制度は、足りない、うーん、不適当。…結論は日本だけではなくて、他の国も同じように年齢を別として刑罰を決めてください」と語り、第三稿に「年齢と関係なく犯罪者の状況や事件によると、刑罰を決めるべきだ」と書いた。

C2ではなくC1だというミキの主張を、仲間も教師もミキ自身も、この時点では十分に理解できていなかった。C1が無理ならC2というミキの発話は、自分に不同意な他者のことばをそのまま無批判に受け入れるもので、そこに新しい意味は生まれていない。しかし、C1とC2が葛藤する中で、言いたいことが少しずつだが形になりはじめている。「年齢と関係なく」という表現がそれであり、このことばを他者に向けることで、ミキの主張は大きく変わっていった。

3.2.2 主張のあいまいさに気づく

ミキは第三稿をクラスで発表した。第三稿の論証構造、それに関する対話4①のやりとり、対話後に書き直した第四稿の論証構造を図6-4に示した。

【ミキの第三稿の論証構造】

D1*少年の知識や成熟度は以前に比べ → C1*年齢と関係なく犯罪者の状況や事 　　増えた　　　　　　　　　　　　　　　　件によると、刑罰を決めるべきだ D2*殺人犯罪率（数値データ削除）

【対話4①：ミキの第三稿に関するやりとり】

52 ヨウ：あの、この文の中心文は「年齢と関係なく犯罪者の状況や事件によると、 　　　　刑罰を決めるべきだ」ですか？（ミキがうなずく）じゃ、この中心文を 　　　　読んでは、えと読者は全部の年齢は同じ刑罰を決めると主張すると思い 　　　　ます。 53 教師：ミキさんはそうじゃないの？ 54 ミキ：みんな同じ… 55 ニナ：例えば5歳と20歳も同じ刑罰… 56 ミキ：同じ方法に決める、その刑罰決める、でも同じ、刑罰ではない。 57 ヤス：それはわかりにくいですね。 58 ミキ：え、でも、2人も殺人をした。5歳と20歳。同じ刑罰を受けるではない。 　　　　1人の事件をと環境をみてそれを決める。人によると刑罰決める。 59 ニナ：でも年齢に関係なくの理由は何ですか？

60 ミキ ：それは5歳と20歳をみないで（笑）。
61 ヤス ：でもさっきから年齢をみないでその状況を…
62 ニナ ：事件と…
63 ミキ ：事件とその人の、うーん、状況。
64 ニナ ：でも、年齢。
65 ヤス ：言いたいことわかるけど、書いてることは反対してる。
66 ミキ ：年齢は少し関係、何でもいい、でも年齢は関係がある。
67 ヤス ：でも、書いてあるのは反対してる。これを書いて、同じ反対ことも書いて。
68 ヨウ ：でももしミキさんは本当にそう思います、思うなら、じゃ、強く説明しよう。みなさんに説得ために強く、あのもし本当に年齢に関係なくなら、みなさんは同じ、どうして反対の意見つくってる、つくっています。
（中略）
76 ヤス ：たぶんもっとあの具体的な主張が必要。例えばアメリカでは、未成年の人は、ほんとにひどい犯罪、だれか殺すとか、時々大人と同じような刑罰ができる。したらその、もしほんとにひどい…
77 ミキ ：それは年齢は…
78 ヤス ：これじゃなくて、このルールのexception、もしほんとにひどいだったら。
79 ミキ ：それももうちょっと言いたいことです。
80 ヤス ：問題はもし年齢を問わず、決めるすっごくひどい。
81 ミキ ：うん。
82 ヤス ：だからその問題は5歳3歳、もっとspecificにしたほうがいい。年齢問わずはできない。
83 ミキ ：年齢を…
84 ヤス ：それはできない。みんな、だからここに書いてあることはちょっと…
85 ミキ ：年齢を決める、書いて…

【ミキの第四稿の論証構造】

D6 現代の少年はマスコミの影響で犯罪の知識が多い D7 14歳から17歳の凶悪犯が多く再犯率も高い	→	C3 凶悪犯罪者の年齢と関係なく刑罰を決めるべきだ R 凶悪犯罪者が13歳以下でない限り

図6-4　ミキの論証構造と発表時の対話

　発表を聞いたヨウは、ミキの主張が変わっていることに驚き、読者はC1「年齢と関係なく、犯罪者の状況や事件によると、刑罰を決めるべきだ」を読むと、何歳でもみな同じ刑罰を受けるべきだという意味に理解すると述べる（52）。筆者はそう理解していたので、答えに躊躇するミキに返答を求めると、ミキは「同じ方法に決める…でも、同じ刑罰ではない」（56）と述べ、聞き手を混乱させる。ミキは対話1でも8歳の子どもを入獄させるべきかわからないと述べており、この時点でも結論を出せ

ずにいたと思われる。ミキが成人と同様の刑罰の対象として想定していたのは10代の少年であり、ニナが問いただした5歳の子ども（55）は想定外だった。ミキは「事件と環境をみて」（58）刑罰を決めると説明するが、その判断には年齢が考慮されていることをミキ自身も聞き手も感じ取っていた。ニナが発した「でも、年齢」（64）ということばは、その場にいる聞き手全員の疑問をあらわしていた。答えに行き詰まったミキは、ここでとうとう「年齢は少し関係…でも年齢は関係がある」（66）と、自分の主張のあいまいさを認める発言をする。ヤスは言いたいことはわかるが書いていることと矛盾していると言い（67）、ヨウはミキが本当に年齢に関係なく刑罰を決めるべきだと思うなら、みんなを説得できるようにはっきり説明しようと励ました（68）。

3.2.3 「本当に言いたいこと」を内省する

ミキは、対話を通して、自分が5歳の子どもも大人と同じ刑罰を受けるべきだとは思っていないことを認め、「年齢と関係なく」という主張をどうすべきか迷いはじめる。考えに行き詰まったミキのために、ヤスが「具体的な主張が必要」（76）と助言する。ヤスは、アメリカの場合、本当にひどい犯罪には「ルールの exception」（78）があり、未成年でも大人と同じ刑罰を受けると述べる。ミキは、それは自分が言いたかったことだと語り（79）、ヤスは年齢を問わず刑罰を決めることはできないと強く否定した。ミキは再び「年齢を決める、書いて…」（85）と述べ、刑罰対象年齢を決めるという主張C2に再び傾いていった。ヤスとミキの対話を聞いていたヨウとニナは、「今の問題は中心文が迷っている。中心文はまだ決めてないですから、文はちょっと変です」「ミキさんの意見は中心文と違います」と、ミキの主張をあらわす文（中心文）がミキの考えとずれている点を繰り返し指摘した。ミキの発表はここで時間切れとなり、ミキが「また主張考える」と述べて終わった。

ミキは発表後の振り返りシートに「私が言いたいことを書いたと思ったけど、クラスメートの意見を聞いたあと、たくさん質問があって、いまもう一回考えていく。主張やかんきょう（根拠：筆者注）は弱い。（中略）私の言いたいこと。いま（>_<)←を感じている。迷ています」と書いた。対話によって主張のあいまいさに気づき、自分が「本当に言いたいこと」

は何かを内省している様子をうかがうことができる。ミキはこの日、授業が終了したあとも、ヨウとニナに相談を続けていた。

3.2.4 他者への応答として明確化していく主張

対話4①のあとに提出された第四稿は、論証構造が最も大きく変化した。ミキの作文の変化（主張にかかわる部分の抜粋）を表6-4に示す。

表6-4 ミキの作文の抜粋（全文は図6-3参照）

【第一稿】 　日本で犯罪の未成年は入獄しないで、少年院で矯正教育を受ける。この刑罰は足りないかどうか良く分からないが、今の入獄年齢を引き下げるべきだと思う。〈C2〉未成年と言えばのに、殺人のような重大な犯罪もできる。 　…さらに、周りの少年を見たら、彼らの知識や成熟度が、以前の少年に比べ、増えた。〈D1〉そこで、彼らの犯罪可能性が多くなり、より若いから犯罪事件もあるかもしれない。彼らは自分の行為が分かると、適当な責任や刑罰を取らなければならない。できれば、事件と犯罪者によって、刑罰を決める。〈C1〉年齢はそのような大切ではないだと思う。…
【第二稿】 　日本で犯罪の未成年は入獄しないで、少年院で矯正教育を受ける。この刑罰は足りない、今の入獄年齢を引き下げるべきだと思う。〈C2〉未成年と言えばのに、殺人のような重大な犯罪もできる。 　…さらに、周りの少年を見たら、彼らの知識や成熟したことが、以前の少年に比べ、増えた。〈D1〉そこで、彼らの犯罪可能性が多くなり、以前よりも若いから犯罪事件もあるかもしれない。彼らは自分の行為の結果を理解する時、適当な責任や刑罰を取らなければならない。…
【第三稿】 　日本で犯罪の未成年は入獄しないで、少年院で矯正教育を受ける。この刑罰は足りない、犯罪者の年齢に関係なく刑罰を決めるべきだと思う。〈C1〉なぜなら、未成年と言っても、殺人のような重大な犯罪も犯しているからである。 　…さらに、周りの少年を見たら、彼らの知識や成熟したことが、以前の少年に比べ、増えた。〈D1〉現代の少年のほうが以前の同じ年の少年より、犯罪についての知識がもっとあるかもしれない。そこで、以前よりも若い少年が犯罪を犯す可能性が多くなると思う。
【第四稿】 　日本で凶悪犯罪の未成年は入獄しないで、少年院で矯正教育を受ける。この刑罰は足りない、凶悪犯罪者の年齢と関係なく、未成年も成人も同様の刑罰を決めるべきだと思う。〈C3〉なぜなら、未成年と言っても、殺人のような重大な犯罪も犯しているからである。 　…さらに、周りの少年を見れば、以前の少年とは違っている。現代の少年のほうが以前の同じ年の少年より、犯罪についての知識がより多くあるかもしれない。特に、近代のマスコミから大きい影響を受ける。〈D6〉そこで、以前よりも若い少年が犯罪する可能性が多くなると思う。 　警察庁の「少年非行等の概要」によると、少年は犯罪少年（14歳から20歳未満）と触法少年（14歳未満）に分けれた。多くの少年凶悪事件は犯罪少年が犯し、主に14歳から17歳までの少年である。また、その凶悪犯を犯した少年のなかで、半分以上は再犯者である。〈D7〉だから、凶悪犯の少年は成人の同様の刑事処分を最小に14歳に引き下がたほうがいい。〈R〉…

C1とC2の葛藤を経て、最終的にC3「凶悪犯罪者の年齢と関係なく、未成年も成人も同様の刑罰を決めるべきだと思う」を書いた。また、その根拠であるD1「彼らの知識や成熟したことが、以前の少年に比べ、増えた」も修正した。これはヨウと共有したアイディアだったが、ヤスとニナには根拠がないと強く反論された。ミキはこれを、今の少年は「以前の少年とは違っている」という表現に変え、D6「特に、近代のマスコミから大きい影響を受ける」に統合した。さらに、14歳以上に凶悪犯罪が多く、再犯率が高いというD7を加え、「凶悪犯の少年は成人の同様の刑事処分を最小に14歳に引き下げたほうがいい」というRを提示した。

　作文の変化だけに注目すれば、ミキが行った修正は論理的整合性を追究する過程であり、あいまいな主張を明確にすることは意見文を書くうえで当然の帰結であるとも言える。しかし、ミキが一つひとつ吟味して書き直したことばには、教室で対話した相手の声や、それに応答するミキ自身の声が含まれており、第四稿に書かれている主張は、論理的な必然性がもたらした結論というよりも、書き手と読み手が互いを理解するための一致点を模索した結果とみるべきだと考える。

　ミキは他者のことばをそのまま鵜呑みにしたのでも、単に反論されたことを削除したのでもない。対話によって他者と自分の異なる考え方がせめぎ合い、ある部分は変容を余儀なくされ、ある部分は自分自身に対する気づきとして新たな表現を生み出している。それは、ミキと教室参加者が互いの考えに違いがあることに気づき、それが何であるのかを探ろうとすること、相手の言いたいことを知りたい、理解したいという双方の思いが支えていた。対話の中で繰り返し語られた「人により」「年齢と関係なく」刑罰を決めるというミキのことばは、自分の思いに共感を示しつつも主張としてのあいまいさを指摘する仲間のことばと衝突し、葛藤の中で自分なりに意味づけ直す過程で変容していった。対話への応答として自身の考えを内省することで、他者への同意と反駁の緊張の中で見出される自分のことばとして、内容と表現がともにつくられていったと言える。

3.3　他者のことばで語ることのもどかしさ：ヤスの事例分析

　主張が揺れたミキとは対照的に、ヤスの主張は明確だった。ヤスのテ

ヤスの第一稿

引き籠り

　引き籠りというのは普通の社会生活を避けてあんまり外に出ないで部屋の中でずっと暮らしている人だ。その人が増えてきて今日本には100万人がいると信じられている。今大きい社会問題になってるので解決しなければならない。これはほとんど親の責任だと思う。引き籠りを減らすために親は子どものことをよく気にしながら甘過ぎないようにするべきだ。

　まず、引き籠りになる多く原因はほかの人に苛められたをきっかけにして普通の社会生活を避ける。それで子どものことも調子などをいつも聞いたりコミュニケーションをとったりした方がいい。なぜなら、子どもを助けて問題や苦労などを一緒に乗り換えられるから。

　それから、多くの親は自分の子どもが引き籠りになってしまったのが恥ずかしくて誰にも助けて頼まない。また、親は時間が立てば当然に直ると思ってるので何もしない。しかし、これらをするとその引き籠りの条件が変わらないで続けるので医者か心理者に手伝って頼むべきだ。

　最後に、引き籠りの生活を支えてはいけない。もしその人の部屋の前にご飯を置いておきたら引き籠りの生活が続けられる。だから、食事を作っておくのをやめて家族と一緒に食べさせるかその人のお金で食事を買わせる。お金がなくなったら働かなければならないか家族と食べなければならない。部屋か家をでかけさせるのと他の人と話させるのは元気になるの一歩。

　引き籠りは重大な社会問題が解決ことができます。親はちゃんと子どもの世話をしたり子どもの幸福を気にしたり社交的な普通生活を支えたらきっと引き籠りの人減らしていく。両親たち、育つのに引き籠りにさせいないように気をつけて下さい。

> 対話1で、ジムにひきこもりの生活はなぜだめかと聞かれ、答えた論拠〈W1〉とその裏づけ〈B1〉。

> 対話1で、ジムに主張を聞かれ、答えられず、教師に助けを求めた際に、発話された主張〈C1〉。3.3.1で、詳述する。

> 対話2で、ミキに食事を与えなければ子どもが死んでしまうと反論された根拠〈D4〉。3.3.2で詳述する。

ヤスの第二稿

引き籠り

　引き籠りというのは普通の社会生活を避けてあんまり外に出ないで部屋の中でずっと暮らしている人だ。その人が増えてきて今日本には100万人がいると信じられている。今大きい社会問題になってるので解決しなければならない。これを解くのはほとんど親の責任だと思う。引き籠りを減らすために親は子どものことをよく気にしながら引き籠りの生活を支えないようにするべきだ。

　まず、になる多く原因はほかの人に苛められたをきっかけにして普通の社会生活を避ける。それでもし引き籠りの子どもがいればそ自分で自分の問題を解決するのができないので彼の状態についてよく聞いたりコミュニケーションをとったりした方がいい。なぜなら、子どもを助けて苦労なことや出かけるの壁などを一緒に乗り換えられるから。

　それから、多くの親は自分の子どもが引き籠りになってしまったのが恥ずかしくて誰にも助けて頼まない。また、親は時間が立てば当然に直ると思ってるので何もしない。しかし、これらをするとその引き籠りの条件が変わらないで続けるので医者か心理者に手伝って頼むべきだ。

　最後に、引き籠りの生活を支えてはいけない。もしその人の部屋の前にご飯を置いておきたら引き籠りの生活が続けられる。だから、それをやめて家族と一緒に食べさせる。それともその人のお金で食事を買わせる。お金がなくなったら働かなければならないか家族と食べなければならない。部屋か家をでかけさせるのと他の人と話させるのは元気になるの一歩。

　引き籠りは重大な社会問題が解決ことができる。親はちゃんと子どもの世話をしたり問題に立ち向かったり社交的な普通生活を支えたらきっと引き籠りの人減らしていく。両親たち、この問題を答えるのはあなたの力でできますので彼らを助けて下さい。

> 対話3でハルに「甘過ぎない」はどういうことがと質問され、表現が修正された主張〈C1〉。

> 対話2のミキに続き、対話3でハルや教師にも疑問をもたれるが、修正されることはなかった〈D4〉。3.3.2で詳述する。

ヤスの第三稿

引き籠り

　現在日本には100万人がいるとかんがえられている。大きい社会問題になってる。これを解くのはほとんど親の責任だと思う。親は子どものことをよく気にしながら引き籠りの生活を支えないようにするべきだ。
　まず、もし引き籠りの子どもがいれば彼の状態についてよく聞いたりコミュニケーションをとったりした方がいい。なぜなら、引き籠りの人は自分で自分の問題を解決するのができないので助けるから。それすると、苦労なことや出かけるの壁などを一緒に乗り換えられる。
　それから、多くの親は自分の子どもが引き籠りになってしまったのが恥ずかしくて誰にも助けて頼まない。また、親は時間が立てば当然に直ると思ってるので何もしない。しかし、これらをするとその引き籠りの条件が変わらないで続けるので医者か心理者に手伝って頼むべきだ。
　最後に、引き籠りの生活を支えてはいけない。もしその人の部屋の前にご飯を置いておきたら引き籠りの生活が続けられる。だから、それをやめて家族と一緒に食べさせる。それともその人のお金で食事を買わせる。お金がなくなったら家族と食べなければならない。部屋か家をでかけさせるのと他の人と話させるのは元気になるの一歩。
　引き籠りは重大な社会問題だが解決することができる。親はちゃんと子どもの世話をしたり問題に立ち向かったり社交的な普通生活を支えたら引き籠りの人数を減らすことができる。両親たち、この問題を答えるのはあなたの力でできますので彼らを助けて下さい。

> 対話4でジムに再び、なぜひきこもりが問題なのかと問われ、答えた論拠〈W1〉とその裏づけ〈B1〉。ジムは対話4ではこの答えに納得しない。3.3.3で詳述する。

ヤスの第四稿

日本の刑罰対象年齢

　現在日本には100万人の引き籠りがいると考えていて大きい社会問題だ。これを解くのはほとんど親の責任だと思う。親は子どものことをよく気にしながら,引き籠りの生活を支えないようにするべきだ。
　まず、もし引き籠りの子どもがいれば、その人の状態についてよく聞いた,りコミュニケーションをとったりした方がいい。なぜなら、その人は自分で自分の問題を解決するのができないので助けるから。それすると、苦労なことや社会に戻るの壁などを一緒に乗り換えられる。
　それから、多くの親は自分の子どもが引き籠りになったのが恥ずかしくて誰にも助けて頼まない。また、親は時間が立てば当然に直ると思っているので何もしない。しかし、これらをするとその条件が変わらずに,続けるので心理者に手伝って頼むべきだ。
　最後に、引き籠りの生活を支えてはいけない、たとえば部屋の前にご飯を置いておきこと。それをするとその生活が続けられるので、やめて家族と一緒に食べさせる。部屋か家を出かけさせるのと他の人と話させるのは元気になる一歩。親は頑張ったらその引き籠りの人が普通の性格に戻れる。両親たち、これを答えるのはあなたの力でできますので彼らを助けて下さい。

> 対話4のジムと同様に、対話5でもヨウになぜ問題かを問われる。

> 対話5でヨウに、親は恥ずかしくないと反論された〈D3〉。論点はわかるが納得できないというヨウに強く反発。

> 教師の助言により、1段落との重複を削除した。

図6-5　ヤスの第一稿から第四稿までの変化

ーマはひきこもりで、親の責任でそれを解決すべきだという主張は終始一貫しており、対話によって論証構造が大きく変化することはなかった。ヤスの第一稿から第四稿までの変化を図6-5に示す。

3.3.1 日本語で何て言えばいい？

対話1の構想段階で、ヤスはジムに対し、ひきこもりを減らすためには、まずひきこもりにならないように親が子どもの様子をいつもチェックすること、ひきこもりになったら心理学者などに援助を求めること、ひきもりの生活を支えないよう食事やお金を与えないことなどをすでに語っている。しかし、ジムに改めて「主張は？」と聞かれると、「ひきこもり…を減らすために、うーん、何という…親が、親は、子ども、うーん、一般的に難しい。(中略)うーん、日本語で何て言えばいいですか」と口ごもり、2人の対話はここで途切れてしまう。教師が巡回した際、ヤスは、主張を一般的な文にまとめるのは難しいと訴えた。

◆ヤスと教師の対話（授業時）
ヤス：でも、日本語で何と言う？　親は引きこもりを減らすために…
教師：親は…
ヤス：子どものことをよく気になって…
教師：気にする？
ヤス：気にする。気にして、それ子どもが病気、困っているとか…
教師：相談にのる？
ヤス：そう。とあとに、それと、甘すぎない。
教師：いっぱいあるね。
ヤス：そう。両方。
教師：気にすることと、甘やかさない。
ヤス：そう。
教師：それじゃ、二つでいいんじゃないの。
ヤス：そう。

ヤスは、ジムに主張を聞かれるまでは、ひきこもりについて雄弁に語り、途中日本語で表現できない部分があれば、英語に切り替えて話し続けていた。しかし、自分自身の主張を述べる段階になると、「日本語で何と言えばいいですか」と自問し、教師には「日本語で何と言う？」と助けを求めている。ここでヤスがことばにつまったのは、日本語で表現で

きないからではなく、ひきこもりを減らすための複数のアイディアをまとめることができなかったからであると考えられる。ヤスは、筆者に自分が言いたいことを伝えようとして、「親はひきこもりを減らすために、子どものことをよく気になって」と発話し、それに加えて「甘すぎない」ことが必要だと述べている。この二つのことばは、ヤスの作文のキーワードになっていくのだが、それは「日本語で何と言えばいい」と質問したヤス本人が見出した表現である。筆者はそれを「気にする」「甘やかさない」と言い直したにすぎない。しかし、ヤスにとっては、この場面で表現できなかったもどかしさの原因は日本語の問題として認識されていた可能性がある。このあとに続く対話においても、ヤスは同じような発言を繰り返すことになった。

3.3.2 言いたいことは500字では足りない

ジムと対話したあと、ヤスはアウトラインについてミキと対話し、第一稿ではハルと対話している。アウトラインを書く段階でヤスはひきこもりについて詳細に調べており、ミキとの対話では、7分間相手にターンをとらせることなく、その内容を話し続けた。ヤスが語った内容はすべて自分で考えたのかと、ミキが質問すると、ヤスは全部調べたと答え、D4（ひきこもりが続けられないように部屋の前にご飯を置いておかない）だけは、自分で考えたと述べている。ヤスの7分間の説明のあと、ミキがやっとターンをとって発話したのはD4についてであった。「でも、もし、お母さんは食べ物をあげない、子どもが死んで…」と反論しかけたミキに対して、ヤスは「それはそうしない。僕は食べない、死ぬまで食べない、そういうことはないです。本当にstarvingだったら絶対食べる。そしたら前に置いたらだめ。一諸に食卓に食べるのことだけ、これはほんとに続ける、お母さんは…」と即座に否定した。

このD4について、対話3でハルは「でもその例えはほんとに必要ですか」と質問し、筆者も例として長すぎないかと指摘している。読み手は、ヤスが唯一自分で考えたD4を重要な部分とはみなしていなかったことになるが、ヤスは改稿の過程でその重要性を強調することはなく、ミキの反論に応えることもなかった。この時点で、ヤスが一番問題に感じていたのは500字以内にどうやっておさめるかということで、ハルにも教

師にも短く簡単にあらわすのが難しいと訴えていた。字数制限によって書き手の言いたいことが十分に表現できないということは確かにあるだろう。しかし、ここでの字数制限には、自分が最も言いたいこと、自分にしか言えないことに絞って書いてほしいという狙いがあった。

　学習者が書く意見文は、ヤスのようにほとんどが調べた内容で、最後の数行が自分の意見というものが少なくない。この授業では、自分の主張を支える根拠として本やインターネットなどから引用する必要はなく、なぜ自分がそう考えるのか、読み手が納得できるような理由を書いてほしいと説明していた。この場面で読み手がヤスに求めていたのは、字数制限解除によって増やすことができる詳細な説明ではなく、読み手が何について疑問をもっているのか、ヤスの考えとどのような点で異なっているのかに気づくこと、その声に何らかの形で応えることだったと考える。

3.3.3　情報として伝達される主張：「権威的な言葉」

　このようなヤスと読み手のやりとりの特徴が最も顕著にあらわれるのが発表時の対話である。図6-6にヤスの第三稿の論証構造とそれに関する対話4②のやりとりを示した。

【ヤスの第三稿の論証構造】

| D2* 親が子どもとコミュニケーションすれば解決できる
D3　親が恥ずかしがって専門家に相談しないのが問題
D4　親が食事を与えるとひきこもり生活が続けられる | | C1* ひきこもりを減らすために親は子どもを気にかけひきこもりの生活を支えないようにすべきだ
W1 ひきこもりは解決すべき社会問題だ
B1 ひきこもりは100万人もいる |

【対話4②：ヤスの第三稿に関するやりとり】

```
29 ジム ：どうしてひきこもりのことは問題でしょうか。
30 ヤス ：100万人の社会に参加しない人、それはすっごい問題。その人も何もしない。
31 ジム ：じゃ、どうして？
32 ヤス ：どうしてそれ問題ですか？
33 ジム ：はい。言ってない。
```

```
34 ヤス ：でも、それは…
35 ジム ：問題だけで言った。でも、どうして問題か言ってなかった。
36 ヤス ：それは、…500字だけだと思ってるんですけど。でもそれはちょっとあたり
         まえと思ってるんですけど、たぶん、あたりまえじゃないですけど。…ひき
         こもりの人は何もしないです。部屋にずっといる。もしあの、その人の家族
         とか、知ってる人みんなそれは問題だと思ってる。ほかの人は、あ、これは
         問題じゃないと思わない人は少ないと思う。みながわかってる。それはす
         ごい問題。…と、経済、社会的、だったら、経済とかも参加しないし、あの
         人の家族も、お金も、使うか、ほかの人にちょっと、うーん、苦しみをさせ
         る（笑）、与える、と、実はあの人たぶんわかってないけど、あの人にもす
         ごい問題です。ひきこもり前は、ひきこもりの人と普通の人、元気になった
         人は、ほんとになんか後悔してる。あ、10年間か20年間、私のちょっと、時
         間を無駄でした。その人すっごい…。あと、もし、元気になったら、あと社
         会に入るのは難しい。も、教育も、10年間かいつかわからないけど、もう入
         ってないし、もうあの、人と話すのとき、コミュニケーション能力も力があ
         んまりできないし。
37 ジム ：じゃ、
38 ハル ：病気みたいな…
39 ヤス ：病気ですよ。
40 ジム ：元気になるっていう意味はほかの人とコミュニケーションできるってい
         う？
41 ヤス ：うーん、それは一つのステップ。元気になるは普通の（ジムの発話を遮
         って）、あの、まずは部屋を出る、出かけて、なんかする。
42 ジム ：でも、僕は部屋出なくても元気と思う。
43 ヤス ：あ、なるほど。そう、わかった。あー、そうですね。あの、「元気」とい
         うのはちょっと、ひろすぎと思います。
44 ジム ：かもしれない。
45 ヤス ：はい、わかりました。そしたら、それ…私もそう思うんですけど、何て言
         えばいいでしょうか。…普通、なんか普通の人になる。それもちょっと…
46 教師 ：普通の生活にもどる？
47 ヤス ：普通の生活にもどる、あーそれいい。
```

【ヤスの第四稿の論証構造】

論証構造変化なし

図6-6　ヤスの論証構造と発表時の対話

　ヤスの発表はミキの発表と同じ日に行われ、コメントを担当したのはジムとハルだった。これまで、ヤスは対話相手からの疑問や異論には、自信にあふれた力強いことばで反論し、言いよどむことはほとんどなかったが、対話4②で、そもそもひきこもりはなぜ問題かを問うジム（29）に対しては戸惑いをみせた。ヤスは100万人もいると応じるが（30）、ジムは納得せず、どうしてそれが問題なのかをさらに追及した。先述した

ように、対話1でジムは同じ質問をしており、そのときも100万人という数字が提示され、それ以上議論が進まなかったのだが、ジムはここではあとへ引かなかった。ヤスは「それは…」と口ごもり、500字しか書けないのでと弁解し、「それはちょっとあたりまえ」(36)と反論した。

　ジムの質問は、ヤスの論拠W1に疑問を投げかけるもので、筆者もアウトラインのコメントに同じ質問を書いていた。このコメントを読んだヤスは、対話2でミキに「あたりまえだと思ったけど、もう100万人のひきこもりの人がいると信じられている」と述べている。先述したように、通常の議論では論拠はわかりきったこととして表に出ることは少なく、ヤスが戸惑うのも無理はない。しかし、ひきこもりの存在を親の無関心の結果として強く非難するヤスに対し、仲間も教師も、ひきこもりの何が問題なのか、親が強く非難される理由は何かを語ってほしいと思っていた。対話5でもヨウが同じ疑問を表明している。「あたりまえ」の論拠が共有されなければ、ヤスの主張を他者が理解することはできない。

　対話4②でヤスはジムのことばに応じ、はじめて論拠の正当性を熱心に訴えた。しかし、他者が再び応答することは拒むかのように矢継ぎ早にことばをつなぎ、ひきこもりが「すごい問題」であることを繰り返し強調した。ヤスの語り(36)は2分近く続いたが、ジムは納得しなかった。「でも、僕は部屋出なくても元気と思う」(42)というジムのことばは、2人が問いを共有し、その答えに接近するための対話に発展させるきっかけとなるかもしれないものだった。しかし、ヤスはそれを形式的な意味の問題ととらえてしまう。「元気」の意味が広すぎるので、他の表現にしたほうがいいと受け取ったのである。「元気というのはちょっと、ひろすぎと思います」(43)というヤスに、ジムも「かもしれない」と応答することで、ヤスの関心は表現へと移ってしまう。「何て言えばいいでしょうか」(45)と質問し、筆者のことば(46)を受けて、「元気」から「普通の生活にもどる」(47)へ表現を変えた。このあと、筆者は表現の問題で解決しようとするヤスに対し、もう一度ジムの質問に対する内省を促そうとした。ジムの意見はひきこもりの人に近い意見だから、ひきこもりの人は同じような反対意見を言うのではと質問したり、ひきこもりの人がそういう気持ちでいたら、両親がいくらいろいろサポートして

も本人は変わることができないかもしれないと反論したりした。しかし、ヤスの態度に変化はみられなかった。

　ヤスの発話の特徴は、相手が知らない情報を事実として伝達しようとするもので、相手の発話は伝達方法の問題や説明不足を指摘するためのものとして受けとめられている。伝達する内容に間違いはないというヤスの強い信念は、ひきこもりについて語る専門家のことばが支えていたと思われる。ヤスは、対話3でハルに、ひきこもりが100万人いるというデータの引用元を聞かれ、「実は、斎藤先生、心理学者は世界の中で一番ひきこもりに詳しい人。この人はもう10年間研究してる。そしてあの人もひきこもりということばをつくりました。あの人がこれを…だから信じられてる」と答えている。ヤスはD4だけが自分の考えだとも語っている。「世界の中で一番ひきこもりに詳しい人」のことばには、自分も対話相手も異議をさしはさめない。ヤスの作文は、他者に評価を受けることのない「権威的な言葉」で書かれていたと言えるだろう。

3.3.4　私は日本語で「本当に言いたいこと」をあらわせない：単声的学習観

　発表のあと、ヤスは振り返りシートに「私は日本語で本当にいたい（言いたい：筆者注）ことをあらわせない。もっとみじかくすることができます。どやってというとくりかえしたことを消して、2つ文を1つ文にかえることです。てんをいれるのが足りなかった。もっといれたほうがいいとわかってきた。この前全然気がつきませんでした」と記した。発表でヤスがことばにつまったのは、対話4②のジムとのやりとりの場面であり、日本語で「本当に言いたいこと」をあらわせないと感じたのは、ひきこもりがどうして問題かを説明できなかったことを指していると推測できる。そのあとに続く、文を短くすることや読点を入れることは、いずれも発表の中で仲間や教師に助言されたことである。

　対話4②のヤスの発話は、「権威的な言葉」に支えられた正しい情報を伝達するという単声機能が強く作用し、異なる声に出会っても、その声と対話関係に入ることはなかった。相手の理解が得られない場合は、正しく伝わっていないと認識され、ヤスはその原因を自分の日本語力の不足にあるとみている。しかし、ヤスは他者にターンをとらせることなく、クラスのだれよりも雄弁に語っている（36）。「本当に言いたいこと」

をあらわせないのは日本語のせいではなく、目の前の仲間がなぜそのような問いを自分に向けるのかを理解しないまま、権威者である専門家や教師のことばで語り続けていたからだと考えられる。ヤスは、「部屋出なくても元気と思う」と主張するジムの真意をただそうとはしなかった。他者のことばが自分にとってどのような意味をもつのかを内省することなく、いくらことばをつくしても、それは自分の声として実感することができない。「本当に言いたいこと」はどこか別のところにあるというもどかしさがつきまとうことになる。ヤスの振り返りシートには、情報伝達の正確さを追求する単声的学習観があらわれている。ことばの単声機能だけが重視されると、期待される反応が得られない場合は失敗であり、いくら努力しても日本語では表現できないという無力感につながってしまう可能性がある。

3.4 「本当に言いたいこと」はどこにあるのか

他者のことばに対するミキとヤスの態度の差は、主張の明確さの違いとも言える。両者とも他者からの問いかけには真摯に応じており、表面的には対話的なやりとりが成立していた。しかし、内省を伴わずに他者のことばを受容する、あるいは拒否することは、一方の声が無条件に優先されたことを示し、そこに対話はみられない。両者が異なるのは、ミキが対話を通して他者と自分の違いに気づき、その違いがなぜ生じているのか、自分が言いたいことは何か、それを他者に説明し、理解を求めるためにはどのようなことばが必要かということを考え続けたのに対し、ヤスはそうではなかったという点にある。議論の前提である論拠を問題にされたヤスにとって、自身の考えを振り返ることは容易なことではなかっただろう。しかし、ミキやハルとの対話でみられたように、仲間や教師は主張や論拠に関連する他の重要な問いも繰り返し投げかけており、ヤスが内省に向かうきっかけはいくらでもあったのである。

他者とのやりとりが活発であるようにみえても、それが自身への内省を伴わなければ、舘岡（2007）や野々口（2010）が指摘したような自分自身の問題として意識されず、対話者同士の理解も学ぶ対象への理解も深まらない。自分とはかかわりがみえにくいテーマであっても、他者と対話するときには、相手との関係の中で、問題を自分とかかわらせて論じ

る必要が生じる。ヤスにとって、ひきこもりの存在やそれを放置する親はまったく理解できないものだった。外部者としての評論的な意見に徹したヤスに対し、対話相手はひきこもり本人や親の声を代弁し、自分の身にひきよせて議論していた。対話2ではミキが、ヤスが言うように親が食事を与えなければ子どもが死んでしまうと心配し、対話4ではジムが、部屋を出なくても元気だというひきこもり本人の側からの反発を示し、対話5ではヨウが、親はひきこもりの子どもを恥ずかしがっているわけではないと強く反論した。

「本当に言いたいこと」は、このような他者の声に自分の声で応答し続けることでしかたどりつけない。言いたいことは書き手の中に閉じられているものではなく、他者とのあいだで生まれ、変容していく。ひきこもりがなぜ問題なのかを問い続けたジムも、対話1で100万人という数字に驚き、対話2で語られた論拠に耳を傾け、ヤスとある部分問題を共有していた。それでもなお、「部屋出なくても元気と思う」という反論を試みたのは、ジム自身が考えてみようとする問題として対話の継続を望んでいたからだと思われる。ジムは自分の問いに対する明確な答えや主張をもっていたわけではない。ジムの振り返りシートには「ひきこもりの問題はどうして問題かとはっきり説明するのは難しい」と記されていた。

ヤスが感じたもどかしさは、ジムや他の仲間も感じていたかもしれないものであり、それは互いのことばに対する衝突と葛藤があったことを示している。「権威的な言葉」の単声性が最大限に発揮される場では、そのような衝突はありえない。しかし、ヤスは衝突を認めず、葛藤もなかったかのようにふるまうことで、言いたいことがみえなくなっていった。他者のことばとの葛藤は、ミキがそうであったように、自己への内省を深め、自分のことばを見出すきっかけとなりうるはずである。教室で対話することの意義は、このように異なる複数の声が「相互活性化」（ワーチ 2004/1991）することで、新たな意味をその場でつくり出していくことにあると考える。

3.5 他者との関係をつくるということ

「主張がない」状態から作文を書きはじめたミキは、授業最終日の振り

返りシートに次のように記した。

> 意見文を書いた。よかった。たくさん学んだ。最初は「そんなむずかしくないでしょう」と思った。しかし、もっと先生やクラスメートのコメントを聞いて、私の作文についていろいろな問題がある。実は意見文を書くのはとてもむずかしいだ。意見文を直して、最終に一番言いたかったところを書いて（そしてみながわかった）それが最も努力したことや満足したことだった。

ミキは自分が「一番言いたかった」ことが他者とのやりとりによって形になり、みなに受け入れられたことに満足し、そこに学びの意義を見出している。言いたいことは、他者とのあいだで絶えず変化する。自分が言いたいことを自覚するということは、そのことばの宛先となる他者と自分がどうかかわりたいかを意識することであり、他者に向けてことばを発することは、他者との関係をつくっていくことを意味する。

ミキとヤスが発表した日、ヤス以外は全員、ミキの発表について振り返りシートに自分の感想を記した。ミキの発表時にはほとんど発言しなかったジムとハルも、振り返りシートにはコメントを綴っている。ジムは「ミキの年齢を問わず、同じ刑罰って言ったことはおもしろい。5さいと20さいの話。刑罰のことは思ったより複ざつだった。それは学んだことだ」と記し、ミキの考えを評価し、関心を示している。一方、ハルはヨウやニナが指摘したミキの主張のあいまいさを自分の問題に置き換えていた。「残った印象は…多分、私は他人の文章の形をよく見めますが、内容はいつも賛成なので、あまり変なポイントを見つけません。けれども、他の意見を聞いて、深く考えることができます。例えば、今日のヨウさんのコメントはとても大事なポイントだと思いましたけど、前の読む時に、それを思えませんでした。ミキさんの発表のコメント後、主張がなければ、文章の容（内容：筆者注）は読みにくくなると思います。私の場合は、ミキさんの問題と同じかもしれません」と記していた。ハルは、自分自身について、文章の形式には注目できるが、内容の問題を見つけるのは苦手であること、自分の文章も主張がないために読みにくくなっているのではないかという点に気づいたのである。

ミキが自己への内省を経て他者に向けて発したことばは、教室参加者一人ひとりに、ミキとの関係において自分を振り返らせる契機となった。他者との関係をつくるということは、単に共感を示すこと、親しくなることを指していない。むしろ、他者と自分が異なる存在であること、その異なりを理解することの困難さに自覚的になることこそが、関係をつくっていくことにつながる。相手に対する共感や信頼、愛情は、ことばに表現しなくても伝わる文脈がある。しかし、異なる考えをもつ者同士が、どちらか一方の声にのまれることなく、互いの立場を説明し、新しい関係をつくっていくためには、互いの理解を育む共通のことばが必要とされる。ことばを学ぶ教室では、とりわけ第二言語の教室においては、異文脈の他者との関係をつくっていくために、自己を内省し、表現する自覚的なことばの使用が学ばれるべきだと考える。
　ミキは共感と反駁が入り混じる仲間のことばに触れ、そのことばとの距離をはかり、自分が立とうとする位置を探し続けていた。他者とのかかわりの中で、自己を表現するために表出されることばは、他者のことばに対する理解と評価という新たな意味が付与された自分自身のことばとして獲得される。それは、他者との新たな関係をつくっていく可能性をもったことばでもある。

4 ｜ まとめ：ことばを学ぶ教室での相互行為

　本章では、教室での対話を通して、学習者がどのように書くことと向き合ったのか、相互行為の実態を教室という場を描くことで明らかにした。
　教室での対話や書くことを通して、ミキは自分のことばを獲得したと言える。それは、他者のことばに対する理解や評価という新たな意味が付与された、自分を語るためのことばであり、他者との新たな関係をつくっていくためのことばでもある。このようなことばとは対照的に、権威者としての教師や専門家のことばは、他者の評価を拒み、正しい知識として受容することを強いる。ヤスにとって、頭の中で構想したアイディアは「権威的な言葉」に支えられた正しい内容であり、教室ではそれを正確に第二言語で伝達することに関心が向けられていた。このような

単声機能優位の発話では、結果だけが注目され、伝達に失敗した場合はその原因が追究される。失敗の原因を取り除けば、すなわち、第二言語を完璧に習得すれば、自分の「本当に言いたいこと」は相手に伝わるはずだということになる。しかし、「本当に言いたいこと」は、それが向けられる他者とのあいだでしか生まれない。他者の異なる価値観とぶつかり、ある部分は受け入れられ、ある部分は拒絶されることを繰り返す中で、自己を表現し、相手との関係をつくっていく過程であらわれる。ことばはそこでは伝達ではなく、人と人をつなぐために機能している。

　第二言語の教室では、情報を正しく受け取り、伝達することを目的とする単声的学習[6]が中心となる場合が多い。受信し伝達する内容が自明なものであればあるほど、ことばは道具として認識され、いかに効率よく道具を扱うスキルが習得できるかが重視される。単声的学習に効率性を求めれば、ことばの対話機能を最小限におさえることになるだろう。正解のない相互行為としての対話を教室で行うことは、スキルの上達を目的とする訓練としては非効率である。ピア・ラーニングに対して学習者が意味を見出せず、抵抗を感じたり、仲間との言語能力差を問題視したりするのは、単声的学習観に基づくものだと言える。単声的学習観からみたことばの学びは、ことばの現実の使用場面にみられる意味のあいまいさを極力排除し、明確化あるいは定型化している内容をどれだけ規範に忠実に表現できるようになるかということを重視する。学習者が協働する目的は、互いの意図が正確に伝わったかを確認し、より適切に伝えるためにはどのような表現を選択すればよいのかを吟味することであり、そこでのやりとりは互いを理解するためではなく、規範を身につけるという共通の目標を達成するために行われる。

　佐藤公治（1999）は学校教育における学習と教室での対話を論じる中で、竹内（1986）の「共同行為」と「相互行為」を引用し、これらを混同してはならないと述べる。竹内によれば、共同の目的を遂行するためにそれぞれの関係そのものが道具になっている共同行為では、ことばは人が人を動かす手段として機能する。これに対し、人と人とが互いに価値あるものとして認め合う相互行為においては、ことばは互いのあいだを交流し、結びつきを強めるという異なる側面をみせるという。佐藤公治（1999）は、協同的学習場面において共同行為としてのことばのやりとり

だけに注目すると、単に相手のことを自分に有益なメッセージを出してくれる情報のソースとしてしかみなくなってしまうと警鐘を鳴らす。学びの中の会話には相互行為的なことばがいつも含まれているべきであり、互いが共感し合える関係がしっかりつくられていることで本当の意味の対話、つまり異質な考えや意見のあいだの交流がはじめて可能になると主張する。

　ことばを学ぶ教室では、「相互行為」としてのことばのやりとりこそが第一にめざされるべきだろう。仲間とともに学ぶ場で「共同行為」が優先されれば、学習者は無意識のうちに互いを教科書や辞書と同じ言語的リソースとみなしてしまうかもしれない。ことばの学びを、道具を扱うスキルの習得とみるならば、学習者のレベルにあった適切な教材、正誤判断としてのフィードバックがあればよく、生身の人間との対話は必ずしも必要ではなくなる。一方、互いを理解するためにことばがやりとりされる対話的活動では、対等な声と声のぶつかりあいによる新しい意味の創造が重視され、教室に集う人々の差異や多様性が尊重される。正誤の観点からコミュニケーションを評価することはなくなり、自分を表現し、他者との関係をつくることそのものがことばの学びとして実感される。

　本研究は、ことばの単声機能や単声的学習を否定するものではない。ことばの単声機能と対話機能は同時に機能するものであり、ことばの学びも二項対立でとらえるべきでないと考える。他者のことばを辞書的な意味のレベルで理解できなければ、対話ははじまらない。問題視すべきなのは、ことばをモノ化し、他者が自分の思い通りに反応してくれる正しい使用法があるかのように錯覚し、それを身につけるための手段として他者とのやりとりをとらえることである。学習者が学びを実感するためには、教師と学習者双方がことばの二つの側面に自覚的になり、自分を表現することばの価値を十分に認識することがまず求められる。学習者が混乱するのは、教師あるいは学習者自身がことばの二つの機能に無自覚なまま教室活動を進めるからであり、活動の目的と内容が乖離し、何のために教室で学んでいるのかわからなくなってしまうためだと考えられる。［研究2］のピア・レスポンスの実践で筆者が抱いていた違和感はここに原因があったと言える。

しかし、ことばの単声機能や単声的学習観が強くあらわれる場面であっても、実際の他者とのコミュニケーションにおいては、それのみが単独で機能することはありえない。ヤスが「本当に言いたいこと」を言えないもどかしさを感じたのは、他者との意味交渉によって自分を表現することばを必要とした瞬間かもしれない。他者との対話は、自己との対話を促す契機となりうるはずである。ヤスにとって、新聞へ投書するという課題や500字の字数制限は、書くテーマを自分自身の問題としてとらえ、内省を深めることを難しくさせていた可能性がある。それは課題変更や字数制限の解除で直ちに解決されるとは思えないが、少なくともテーマの選定に対し、本実践とは異なる支援が必要であった。ヤスは、仲間の書いたものに対するコメントでは、相手の声に耳を傾け、それに対する自身の考えを積極的に語っている。ことばの単声機能だけを重視して教室活動に参加していたわけではない。ヤスが選んだテーマがひきこもりという時事問題ではなく、自分自身と関連づけられるようなより身近な問題であったなら、教室での対話に変化がみられたかもしれない。

　ヤスと同様に、ジムも当初は時事問題をテーマにしようとしていた。ジムは「何を書けばいいかわかんない。何も興味がない」と語っていたが、日本社会に入りにくいと感じた外国人としての自分の経験を文章化し、教室での対話を重ねることで少しずつ授業への取り組みが変化していった。対話4の発表時点でも、「私は自分の意見をよく分かりません。主張も」と述べていたが、最後の振り返りシートには次のように記していた。

　　僕の作文を読むと、ちょっと気持ち悪いです。僕の書いた物を読むのが嫌いです。自分の意見もほとんど嫌いなんですけれどー。でも、この作文は僕の本当の意見をよく表示していると思います。それだけで、すこしうれしいです。

　自己と向き合うことは、ときに嫌悪や苦しみを伴う。その中で得られた「本当の意見」は、教室の仲間の存在によって実感されたものであり、それをことばに表現できたこと、表現する場があったことが「うれしい」

というジムのことばにあらわれている。筆者の目からは、ジムはクラスの中で書くことや対話することにおいて積極的に参加しているようにはみえず、むしろ途中でクラスをやめてしまうのではないかと心配するような面さえあった。ジムの変化は、他者がそれぞれの書いたものについて語ることばに耳を傾け、それに触発されるように自分自身も書いたものと向き合い、自分の「本当の意見」が教室参加者とのあいだで少しずつ明らかになっていく過程と重なっていた。

　書くことは、書くべきテーマを見つけることと言い換えることができる。本実践は、学習者一人ひとりが教室での相互行為を通して自分のテーマを発見していく過程、すなわち他者とのかかわりの中で、自分が「本当に言いたいこと」を自覚し、それを表現することばを見出す過程として描くことができた。それは教室参加者が互いのことばを理解し、新たな関係をつくっていく過程でもあった。次章では、本章までの考察を踏まえ、第二言語で読み書きを学ぶ教室がどうあるべきかを、実践研究の総合考察として述べる。

注 [1] 発話には常に複数の話者の声が含まれているとするバフチンの対話のとらえ方を指す。
　　[2] 授業開始後3週間は、お互いを知るための活動を通して、書きことばや文体に関する基本事項を確認し、書くことに役立つリソースの紹介などを行った。
　　[3] グループ活動の音声はICレコーダーをグループに一台ずつ設置して録音した。また、授業データ（音声記録、作文など）の研究利用については学習者の了解を得た。
　　[4] トゥールミンはこのような表現をしていない。福澤は、トゥールミンが「論拠には裏づけが必要である」と述べている「裏づけ」を、「仮定の集合」ととらえている。
　　[5] このクラスではミキだけが個別相談を希望していた。
　　[6] 田島（2008）は、学校教育において生徒が暗記的に概念を習得する態度を「単声的学習」と呼び、概念理解を、単声的学習から始まり、自らの既有知識との間で妥当な意味を創発する多声的学習へ向かう発達過程ととらえている。

第7章 総合考察：相互行為としての読み書きがもたらすもの

　本書は、第二言語で読み書きを学ぶ教室がどのようにあるべきかを実践研究によって考察してきた。教室のあり方を考えるために、本書は序章で二つの問いを立てた。一つは、学習者はどのように書いているのかという問いであり、それは書くという相互行為の全体像を記述することを必要とし、書くことの意義をとらえ直すことにつながった。もう一つは、書くことで学習者は何を学んでいるのか、教室でことばを学ぶという文脈において、書くという相互行為がどのように意味づけられるのかという問いである。

　書くことが成り立つためには、書き手が言いたいことを文章という形式で表現しなければならない。第二言語教育では、言いたいことと、それを表現する言語形式は切り離して学べるという学習観・教育観が深く浸透しており、それは「相互行為としての読み書き」を実践しようとする教室において、さまざまな矛盾や軋轢を生じさせる。学習者が何を学んでいるのかという問いに迫るためには、教室で対立する言語観、価値観を表面化し、教室参加者の葛藤の意味を実践の文脈の中に位置づけることが必要とされた。

　7章では、序章に掲げた二つの問いに基づき、実践研究の総合考察を行う。まず、[研究1]〜[研究4]で得られた知見をまとめ、実践研究の全体の中にそれを改めて位置づける。次に、そこから導き出される考察として、読み書きを学ぶ教室がどうあるべきかを議論する。最後に、二つの問いに対する答えを、実践研究のサイクルを通して得られた読み書きに対する新たな見方として提示し、実践研究を総括する。

1 実践研究による知見のまとめ

1.1 ［研究1］のまとめ：添削の限界と限界に気づけない添削依存の問題

［研究1］では、「相互行為としての読み書き」を実践する教育とは異なる教育観に基づく添削指導について考察した。一編の作文を複数の添削者がどのように解釈し、どのような判断を経て修正に至るのかという添削過程に注目した。作文添削支援システムXECSを用いて収集した日本語母語話者34名のデータを添削の結果として分析し、そのうち3名の日本語教師については添削の過程も分析した。ここでは、学習者がどのように書いているのかという分析を、日本語の作文をその母語訳と対照することで行った。添削者が学習者の意図を読みとれず、添削するのに迷いを生じた箇所を分析対象とし、なぜそのような迷いが生じるのかを添削者の解釈とともに分析した。

分析の結果、学習者の作文のわかりにくさは、言語形式の不適切さだけに原因があるのではなく、書き手の主張が文章化されていないことが大きく影響し、読み手の理解を困難にしていることが明らかになった。そのような箇所に対する添削者の解釈は書き手の意図とずれた形でさまざまなヴァリエーションを示し、修正のしかたも多様であった。書き手の意図がわからない状態で、読み手の一方向的な応答として添削を行うには限界があり、教師自身もそのことを十分に認識していた。しかし、教師へのインタビューからは、徹底した添削を要求する学習者と、それに応えようと負担を背負い込む教師の姿が浮き彫りになった。

添削の限界が認識されていながらも、添削が広く行われている状況が示唆しているのは、学習者が言いたいことを教師が代わって表現することが可能だという考え方が、教師と学習者双方にあるからだと思われる。対面のコミュニケーションであれば、特定の文脈において、聞き手が話し手の意図を推測してことばを先取りすることもあるだろう。しかし、書いたものを読み手が理解しようとする過程において、書き手に代わって読み手がその意図を汲んで言語化することは非常に特殊なことだと言える。書くときには、具体的な文脈を離れ、他者の反応を確かめることができない状態で、言いたいことを表現しなければならない。だか

らこそ、言いたいことは自分にしか表現できないことを実感することにつながると考えられる。しかし、添削に依存する教室では、書くことをそのようにはとらえておらず、言いたいこととは切り離して形式だけを整えることが可能だという認識が教室参加者のあいだで共有されている。

　添削者が修正できるのは、言語形式上の問題の一部分であることを添削者も添削される者も十分に自覚することが必要である。自分が言いたいことは自分にしか表現できない、そんなあたりまえのことを自覚することが、第二言語の教室では難しい状況にある。決められた内容を文章にしたり、習った文型や単語を使って書くことは、言語形式を内容と切り離して学べるものであるという認識を学習者に強くうえつける。このような書くことの練習においては、教師は学習者が書くべき内容をはじめから承知しており、その内容にふさわしい表現を教え、誤りがあれば訂正できることが前提となっている。しかし、それは現実のコミュニケーション場面では起こりえない。練習が常態化すれば、学習者は、自分が言いたいこと、つまり、書き手としての声を失ってしまう。教室は、他者には表現できない学習者本人が言いたいこと、伝えたいことが生まれる場となるべきであり、それをつくるのが教師の役割であると考える。［研究1］で得られたのはめざすべき実践の方向性である。その方向とは、添削の限界を自覚すること、つまり、自分が言いたいことを他者が代わって語ることはできないということを学習者自身が実感し、自分を語るためのことばを獲得していく教室の実現である。

1.2　［研究2］のまとめ：テクストをめぐる理解と価値づけの応答の可視化

　このような添削指導とは対照的な学習観・教育観に支えられているピア・レスポンスを自身の授業で実践し、推敲作文への影響を分析したのが［研究2］である。ピア・レスポンスは、教師主導、プロダクト重視で行われる添削指導を批判し、協働とプロセス重視の理念を掲げる学習活動としてライティング教育の現場に普及した。しかし、ピア・レスポンスの実践においても前述したような添削に依存する意識がなくなったわけではなく、筆者の実践も含め、多くの現場でさまざまな矛盾や問題点が生じていた。［研究2］は、推敲作文の変化に着目するという点で、

プロダクト重視の観点を残しており、教室で対話すること、推敲することの目的を筆者自身があいまいにとらえていたために、学習者の推敲が教室でのやりとりと切り離されて行われたことが問題化した。

広瀬（2000）は、韓国の大学で日本語を学ぶ韓国人学部生25名を対象に、母語によるピア・レスポンス活動を実践し、推敲作文の変化をFaigley & Witte（1981）の基準で分類した。その結果、表面的な修正と内容面の修正の割合が4対1となり、学習者は内容をほとんど変更することなく、文法や表記の誤りだけを訂正していたことが明らかになった。しかし、活動中のワークシートの分析からは、ピア・レスポンスでは作文の内容について活発にやりとりされており、作文の要旨に影響を及ぼすマクロレベルの修正を促していたこともわかった。

そこで、広瀬（2004）では、ピア・レスポンスの音声データを加え、ピア・レスポンスの話題と推敲の関係を改めて分析した。日本の大学に在籍するマレーシア人留学生5名を対象に、広瀬（2000）とほぼ同じ手順でピア・レスポンス活動を行い、活動時の使用言語の違い（母語であるマレー語と第二言語である日本語）によって、活動及び推敲作文に変化がみられるのかも合わせて検証した。その結果、ピア・レスポンスの話題は、母語で話した場合も、日本語で話した場合も、内容に関する話題が最も多くなった。しかし、推敲作文では、表面的な修正と内容面の修正の割合が9対1となり、ピア・レスポンスで最も多く取り上げられていた内容に関する話題は推敲作文にほとんど反映されていないことが明らかになった。

このように、推敲が教室でのやりとりと切り離されて行われたことについて、4章ではその原因を分析し、ピア・レスポンスをフィードバックとみる考え方を批判したうえで、相互行為としての読み書きを支えるための授業デザインについて考察した。［研究2］の学習者は、ピア・レスポンスでは、相手の書いたものを理解するためにやりとりをし、そのことを否定的にとらえる様子は観察されなかった。ピア・レスポンスでのやりとりが書くことと結びつかなかったのは、ピア・レスポンスに添削と同じような効果を期待する、つまり、ピア・レスポンスをある規範に近づけるためのフィードバックとみる教師の考えが授業デザインに反映されていたからだった。教師である筆者は、ピア・レスポンスで内容

について深く話し合われることを期待しながらも、それが書くこととどうつながるかを意識していなかった。それは書く課題や、読み手と対話する目的、書き直しのさせ方、教師のかかわり方などにあらわれており、結果として学習者に内容よりも表面的な修正を促すことになった。4章では、これらの観点から授業デザインを見直し、相互行為として書くための枠組みを提示した。

　ピア・レスポンスの実践研究として行った［研究2］と、授業デザインを新たにした［研究3］、［研究4］が異なるのは、後者の研究では書くことそのものを対話ととらえたことにある。書き手は読み手に向けて書いているのであり、書くときにも話すときと同じように相手の応答を必要としている。［研究2］のピア・レスポンスでは、読み手を作文の改善のために助言する人と位置づけていたが、相互行為として書くために必要なのは、書き手を理解するために質問を投げかけ、同意や反駁を示す他者としての読み手だった。教室に求められるのは、このような書き手と読み手のテクストをめぐる理解と価値づけの応答の可視化を、仲間や教師との対話によって実現することであり、そのための環境をつくることが課題となった。

　読み手との対話をはじめるためには、だれに向けて何のために書くのかという書く目的を明確にする必要がある。教師がテーマを決め、学習者がそれについて書き、教師が読んで評価するという、ライティング教育での一般的な課題設定では、読み手を意識し、書く目的を明確化することは難しい。そのような課題では、学習者は教師が評価するであろう項目に注意を向けて書くことが予想されるが、多くの場合、それは書いた内容よりも書き方に関する項目となっている。しかし、読み手との対話は、いかに書いたかではなく、何を書いたかについてなされるものであり、書き手にとっては、何を書くべきかを追究することが重要である。書き手の学びや成長は、読み手との対話を基盤として自分が書いたものと向き合い、自分自身が書くべきテーマを探究する書く過程の中に見出される。教師は、その過程で、学習者が表現しようとする内容そのものに積極的にかかわり、教師であり読み手でもある自分自身の価値観を示すことが必要とされる。教室は、教師が教室参加者のあいだにどのような対話を実現しようとするのかによって大きく変化する。4章で示した

のは、相互行為として書くために、筆者が教師として教室で実現しようとする対話のあり方である。

1.3 ［研究3］のまとめ：内容と表現が一体化して進行する推敲

4章で提示した枠組みで、国内の大学で日本語を学ぶ留学生を対象に3期6クラスの授業を実施した。［研究3］は、［研究2］の分析上の問題点を踏まえ、学習者が対話を経て書き直す過程に注目することにした。［研究2］では、ピア・レスポンスでのやりとりと、その結果としての推敲作文を分析したが、書き手がピア・レスポンスをどう受けとめ、どのように書き直したのか、推敲過程そのものが明らかになっていなかった。また、ピア・レスポンス活動における読み手は教室でともに学ぶ仲間に限定されていた。書く宛先としての読み手には、教師や教室外の不特定多数の人も含まれるはずであり、そのような読み手を想定した自己内対話によって書くことは進行すると考えられる。［研究3］では、学習者が書く過程は、このような自己内対話を含めた読み手との対話であるととらえて、学習者12名の推敲過程を分析した。授業を履修した学習者のうち、希望者を対象に個別相談の場を授業時間外に設け、学習者がそこで授業課題を書き直す過程をデータとして収集した。学習者がパソコンに入力する画面をビデオ撮影し、教師との対話や学習者のひとりごとを録音したものを文字化し、ビデオ映像とともに分析した。GTAを用いてカテゴリー生成を行い、現象理解のためのモデルを作成した。

学習者の推敲は、非単線的でダイナミックな過程であり、第一言語で考えた内容を第二言語へ機械的に変換しているわけではない。第二言語で表現することで内容はつくられ、変容し、それは他者である読み手との対話が支え、促していた。学習者が書く過程で直面していたのは狭い意味での第二言語への変換ではなく、変換すべき内容にかかわる問題だった。主張のあいまいさや、書き手にとっては自明であるために文章化されていない情報の存在が読み手の理解を困難にしており、それは表現を修正すれば解決できるような問題ではなかった。他者に伝えたい内容を明確にすることと、それを表現することは切り離せない。しかし、第二言語の教室ではときに、学習者も教師もそれを忘れ、表面的な言語形式を整えることで問題を解決しようとしてしまう。第二言語だから表現

できない、教師も学習者もそう思いこむことで、学習者が抱えている本当の問題、自分が言いたいことを自覚できないために表現できないということを見過ごしてしまう可能性がある。表現できない本当の理由に学習者自身が気づくためには、他者とのやりとりによって自分に対する内省を深め、他者への応答として推敲を重ねることが必要とされた。

　書き手の内省を促すために読み手ができることは、書き手のことばに対する読み手自身の理解や評価を示し、異なる視点を提供すること、違いを受け入れ、理解しようとする姿勢をもち続けることだった。書き手はそうした読み手のことばに応答することで、自分自身の考えに気づいたり、迷ったりする。そのような内省が自分のことばで自分をとらえ直す推敲へとつながっていった。学習者の推敲過程をこのように理解することは、教師として自身の実践を見直す重要な契機となった。

　［研究3］で作成したモデルは、学習者の推敲過程に対する新たなとらえ方をあらわしていたが、［研究1］の教師添削と［研究2］のピア・レスポンスの影響についても、このモデルで解釈し直すことができた。文法などの誤りを訂正する教師添削は、書かれたテクストに対して行われる。学習者がなぜそのような表現をしたのか、学習者の思考過程がみえないため、言語形式を表面的に整えることが中心となり、教師も学習者も、書くべき内容が明確になっていないという問題の本質に気づくことができない。これに対し、ピア・レスポンスは書き手の意図を問うやりとりが多く、書くための土台としての思考に影響を与える。しかし、しばしば文章から逸脱したやりとりになることもあり、何らかの気づきを得ても文章化されず、思考の拡散に終わってしまう場合も多い。

　よりよい表現が創造されるためには、拡張する思考を収束に向かわせ、それによって文章化したものを読み手の視点から吟味し、自分が本当に書きたいことは何か、再び思考の広がりと深まりを経ることが必要となる。こうしたサイクルを繰り返すことが推敲を深めることであり、それはすなわち、書き手が対話によって自身に対する内省を深めることであった。［研究3］では、［研究1］で議論した添削の限界と、［研究2］で問題化した対話と書くことの乖離を、データから学習者の推敲過程をモデル化することで説明し、自分が言いたいことを明確にしていくために、対話による内省が重要であることを主張した。

1.4 ［研究4］のまとめ：他者とのかかわりの中で獲得されることば

［研究3］の分析過程で、対話による内省の重要性が明らかになるに従い、授業デザインも変化していった。学習者が書く過程で直面していた問題は、表現する内容にかかわるものであり、表現のし方を学べば解決できるというものではなかった。対話による内省を促すために、対話の質を深めることが教室での課題となった。学習者が書き方よりも書く内容に注意を向け、自身の考えを振り返るよう、書く前、書いているとき、書いたあと、それぞれの段階で必要とされる課題を設定し、教師フィードバックでは、自分が読んで理解したことを疑問や反論とともに伝えた。授業デザインの変化とともに、学習者は作文の内容について活発に議論するようになったが、個々のやりとりに注目してみると、質的に異なる側面が浮かび上がってきた。［研究4］では、6名が受講するクラスを対象に、その異なりを発話の単声機能と対話機能の観点から分析し、教室での相互行為の実態を記述した。

学習者の言いたいことは固定的なものではなく、教室での他者との対話によって変容し、明確化していった。言いたいことは、他者とのあいだで絶えず変化する。自分が言いたいことを自覚するということは、そのことばの宛先となる他者と自分がどうかかわりたいかを意識することであり、他者に向けてことばを発することは、他者との関係をつくっていくことを意味する。それは単に共感を示すこと、親しくなることではない。他者と自分が異なる存在であること、その異なりを理解することの困難さに自覚的になることが、関係をつくっていくことにつながる。異なる考えをもつ者同士が、どちらか一方の声にのまれることなく、互いの立場を説明し、新しい関係をつくっていくためには、互いの理解を育む共通のことばが必要となる。ことばを学ぶ教室では、とりわけ第二言語の教室においては、異文脈の他者との関係をつくっていくために、自己を内省し、表現する自覚的なことばが必要とされている。

仲間の異なる考えや評価にさらされ、自分をどう表現すべきか悩み続けたミキは、他者の声と自分の声とのせめぎ合いの中で、どちらか一方に吸収されることのない自分自身の新たな表現を見出し、そのプロセスに学びの意義を見出していた。他者とのかかわりの中で、自己を表現するために表出されることばは、他者のことばに対する理解と評価という

新たな意味が付与された自分自身のことばとして獲得される。

　このような発話の対話機能よりも、情報の正確な伝達を重視する単声機能が優位になると、伝達に成功したかどうかという結果だけが注目され、学習者は他者とのかかわりを実感できない。伝達に失敗した場合はその原因が追究され、失敗の原因を取り除けば、すなわち第二言語を完璧に習得すれば、自分の言いたいことは相手に伝わるはずだと認識される。しかし、言いたいことは、それが向けられる他者とのあいだでしか生まれない。他者の異なる価値観とぶつかり、ある部分は受け入れられ、ある部分は拒絶されることを繰り返す中で、自己を表現し、相手との関係をつくっていく過程が必要である。

　仲間の疑問や反駁が何を意味するのか、仲間が自分をどう理解しようとしているのかを内省することなく、権威者である教師や専門家のことばで語り続けたヤスは、自分の「本当に言いたいこと」が言えないもどかしさを感じていた。ヤスはそれを日本語だから表現できないと受けとめていたが、「本当に言いたいこと」は他者の声に自分の声で応答し続けることでしかたどりつけない。ヤスが「本当に言いたいこと」を言えたと実感するためには、他者のことばとの葛藤によって新しい意味を創出していく過程、すなわち、対立する価値観をぶつけ合い、他者との関係をつくっていく過程を経る必要があった。

　ことばの単声機能と対話機能の対立は、教室のやりとりの中でさまざまな形態をとってあらわれる。ことばの単声機能を重視すれば、教室でのやりとりは、決められた内容をいかに正確に伝達できるかという観点から行われる。学習者が協働する目的は、互いの意図が正確に伝わったかを確認し、より適切に伝えるための表現を吟味することであり、学習者同士のやりとりは、規範を身につけるという目的を共有した「共同行為」として行われる。目的を効率よく達成するためには、正誤判断としてのフィードバックが最も必要とされる。ことばを学ぶことは道具を扱うスキルの習得となり、適切なフィードバックが即時に得られない教室は非効率と認識される。学習者が、ときには教師も抱くピア・ラーニングに対する抵抗感は、このような見方でことばの学びをとらえていることから生じている。学習者の言語能力差を問題視したり、表現の誤りが増えることを懸念するのは、ことばの単声機能を重視する単声的学習観

が強くあらわれたものである。

　しかし、ヤスの事例が示しているように、単声機能優位のやりとりが続くと、学習者は他者とのかかわりがみえなくなってしまう。ことばには人と人をつなぐ重要な機能がある。ことばを学ぶ教室では、人と人とが互いを尊重し、認め合う「相互行為」としてのことばのやりとりこそが第一にめざされるべきだと考える。仲間とともに学ぶ場で「共同行為」が優先されれば、学習者は無意識のうちに互いを教科書や辞書と同じ言語的リソースとみなしてしまうかもしれない。学習者が互いの書いたものについて行うやりとりは、正解のない「相互行為」としてのやりとりであり、互いを理解するために行われるものである。そこでは、対等な声と声のぶつかりあいによる新しい意味の創造が重視され、教室に集う人々の差異や多様性が尊重される。正誤の観点からコミュニケーションを評価することはなくなり、自分を表現し、他者との関係をつくることそのものがことばの学びとして実感される。

　［研究4］で明らかになったのは、教室談話にみられる単声機能と対話機能の対立だったが、その力関係は一方的なものではなく、教室全体でみても、学習者一人ひとりでみても、状況とともに常に揺れ動いていた。ことばの単声機能と対話機能は同時に機能するものであり、ことばの学びも二項対立でとらえるべきではない。［研究4］で批判したのは、ことばをモノ化し、他者が自分の思い通りに反応してくれる正しい使用法があるかのように錯覚し、それを身につけるための手段として他者とのやりとりをとらえることである。学習者が学びを実感するためには、教師と学習者双方が、単声機能と対話機能という、ことばの二つの側面を自覚し、自分を表現することばの価値を認識することが必要である。

2　第二言語教育における省察的対話の意義

　学習者はどのように書き、それを教室という文脈にどう位置づけているのかという二つの問いを追究することは、対立する言語観・学習観の存在を浮かび上がらせ、そのあいだで葛藤する学習者と教師である筆者自身の姿を描くことにつながっていった。それは教室参加者一人ひとりの葛藤でもあり、教室というコミュニティ全体の揺れ動きとしての葛藤

でもあった。本節では、［研究1］〜［研究4］の実践研究によってみえてきた、第二言語で読み書きを学ぶ教室がどうあるべきかを、そこで生じている、さまざまな葛藤とともに考察したいと考える。

2.1 教師がめざしたもの

　ピア・レスポンスの実践研究からはじまった本研究では、研究することそれ自体が、書くこと、書くことを学ぶこと、そのための教室のあり方について、教師である筆者の考えに大きな影響を与え、研究の過程で教室が大きく変化していった。［研究2］における筆者の関心は、学習者が自分の言いたいことをどうしたらより適切に表現できるようになるのかにあり、そのためには学習者が書くこと、書くことを学ぶことをメタ的にとらえることが重要だと考えていた。教室の仲間は自分では気づかないことを気づかせてくれる存在であり、互いの気づきがより多く生まれるような相互作用を起こすことが教師の役割であると認識していた。第二言語学習者同士の相互作用を活性化するためには言語的足場かけが必要であり、そのうえに仲間同士の連帯が深まるような社会的足場かけもなされなければならない。しかし、［研究2］の結果において、筆者が期待するような書くことの学びは生じていなかった。それは、教室でめざすものや、書くこと、対話することに対する筆者の考えが定まっていないことが原因となっていた。

　［研究3］の実践をはじめるにあたり、筆者が最初に行ったのは、日本語で意見文を書くことにおいて、学習者の理解と習得をどう促すかという分析的足場かけだった。読み手を意識した論理的、説得的な文章をつくっていくプロセスを体験することで、書くという活動の意味、書くことの対話性を実感してほしいと考えていた。筆者が教師としてめざしたのは、学習者が教室での対話によって推敲を活性化させ、言語形式の問題にとどまることなく、内容を熟考することで自身の考えを発展させるような書き直しがなされることだった。

　［研究3］の学習者の推敲過程の分析は、その考えをある面では後押しし、ある面では異なるアプローチが必要であることを認識させた。学習者の推敲は、教室での対話相手に対する応答として、内容と表現がともにつくられていく過程として分析された。しかし、書く過程で自己内対

話として行われる他者への応答はしばしば滞り、言語形式を整えることで解決しようとする問題が浮かび上がった。［研究4］の実践では、内容そのものをつくること、そのための対話の場をどう実現すべきかが課題となった。

　学習者は自分が書くべき内容を明確に意識していないという気づきは、［研究4］の実践において、書くべき内容をいかにつくっていくか、すなわち、意見文の主張を明確化することに目的を焦点化させた。目的を達成するためには、書き手と読み手が互いに異なる見方・考え方を提示し、相手の考えについて自分がどう思うかを率直に語ることが必要となった。それは仲間同士の対話に限らず、教師自身も読み手として自分の価値観を語り、書き手に対して対話の呼びかけを行うことを含んでいた。

　教師も学習者もひとりの読み手として書き手と対話を行う場は、その対話に直接参加していない学習者に対してもさまざまな気づきをもたらした。投書を書く活動で、ある学習者は、若者のための職業訓練プログラムについて書いたが、プログラムの内容説明にとどまり、自分の意見を述べることができなかった。筆者は、調べたことを書くのではなく、それについて自分がどう思うかを書くことが必要であることを繰り返しコメントしたが、学習者は当初教師のコメントが理解できないようだった。しかし、自分以外の書き手が仲間や教師から疑問や異なる意見を投げかけられ、それに対して書き手が懸命に自分の言いたいことを説明しようとする姿をみて、振り返りシートに次のように記した。

　　　意見文の書き方が迷った。説明文との違い所が分からなかった。インタネットや本をいろいろな読んだ後、また理解できていなかった。でも、他人の発表を聞いたら、やっと分かった。発表の練習がいいと思う。

　書き手の言いたいことは、書き手の中にあるのでも、どこか他の場所にあるのでもない。書き手の言いたいことは、外から与えられたり、書き手の中で醸成されていくようなものではなく、他者との関係性によって絶えず変容し、ことばにすることで、自分の声として実感されるもの

だった。

　意見文の主張をつくるという実践は、書き手の思考を論理的で説得的とされる、ある決まった型に押し込めることを強いる側面がある。［研究4］において、ヤスが自らの主張の正しさを訴え続けたことは、書くことで論理性、合理性を追究する中での必然だったと言えるかもしれない。しかし、論理性、説得力というものもまた、他者とのあいだで意味をなすものであり、主張を明確化することは他者とのかかわりを固定化することではなく、省察的思考によって柔軟で可能性に開かれた他者との関係をつくっていくことを意味する。

　筆者が教師としてめざしたのは、学習者が自分の言いたいことを、自分とは異なる考えをもつ他者に対して、一方的に押し付けるのでも、逆にのみこまれるのでもなく、違いは違いのままとして互いの立場を認め合い、それでもなお自分が相手に理解してほしいと思うことを語ること、そのための自分のことばを学習者が獲得することだった。それは、筆者が実践をはじめる前から明確に抱いていたものではなく、筆者と学習者の相互行為を通して、学習者に必要とされているものは何かを探っていく中でもたらされた確信であり、実践の分析を終えた今この時点において言語化できる確信である。

2.2　第二言語の教室における対話としての学び

　このような意識的、無意識的な教師の教育観によって方向づけられた教室での対話は、学習者にとってどのような意味があり、何を学んだと言えるのだろうか。佐藤学（2010）は、学びには「修養」としての学び、「対話」としての学びという二つの伝統があると述べる。「修養」としての学びは中世の修道院や寺院、大学のリベラル・アーツの教育において形成され発展したもので、ここでの学びは、自己を少しでも完全な存在へと近づけること、あるいは自分の内面を教養で豊かにすることを目的とする。一方「対話」としての学びは、ソクラテスの「産婆術」以来の伝統を有し、対話的コミュニケーションによる学びの実践として継承されている。教室における学びは、教材や教具によって媒介された活動であり、教師や仲間とのコミュニケーションの活動であり、その過程にいくつもの対話的実践が埋め込まれている。佐藤学（2010）は、このような

学びの伝統を踏まえ、学びを三つの次元の対話的実践として定義する。それは対象世界（題材・教育内容）との対話（認知的文化的実践）、教師や仲間との対話（対人的社会的実践）、自分自身との対話（自己内実存的実践）であり、学びとは「世界づくり」「仲間づくり」「自分づくり」を三位一体で追究する対話的実践であるという。

　日本語教育においてピア・ラーニングを提唱する舘岡（2007）は、協働的な学習の場における学習者と「対象」「他者」「自己」の関係を論じ、知識偏重教育では学ぶ対象との関係だけが重視され、他者との対話や自己への内省が弱かったと批判する。学びのサイクルは「対象」「他者」「自己」が一体となって促進されるものであり、中でも自己との対話、つまり自問自答しながら内省することが重要だと述べている。それは、内省がなければ、学ぶ対象に対する理解や仲間との関係が深くなっても、自分自身を振り返って変革するような事態が起きないからである。学習者は、学ぶ対象、仲間や教師との対話を通して、自分自身とも対話し、自らのアイデンティティを形成しながら学びを遂行していく。協働的な学習はそのような学びの場を与えるという。佐藤学（2010）はそれを「自己内実存的実践」と呼んだ。

　第二言語で読み書きを学ぶ教室では、学ぶ対象との対話、佐藤学（2010）のいう「認知的文化的実践」が最も重視され、ピア・レスポンスの実践では、他者との対話、すなわち、「対人的社会的実践」にも焦点があてられるようになった。しかし、「対象」「他者」「自己」の学びが三位一体となって促進されるためには、舘岡（2007）がいうように、自己への内省を深めることが最も重要であると考える。

　第二言語の教室における、学びの「対話的実践」は、学びの対象である第二言語によって対話がなされるために、対話の意義と学びの関係がとらえにくくなる場合がある。対話が学びの対象である第二言語の構造や言語的意味を理解するためになされているのか、他者や自分自身に対する理解を深めるためになされているのか、ことばを学ぶことは常にその両面を合わせもっており、どちらか一方に分解することはできない。問題なのは、ことばをモノ化し、道具を扱う技術の習得がことばの学びであるとして、他者とのやりとりを、目的を達成するための手段ととらえることである。

第一言語の教育においても、読み書き能力を思考や活動の「道具」あるいは「手段」とみなし、訓練やテストによって習熟する技能とみる考え方があることは第二言語教育と変わりはない。佐藤学（2009）は、日本の言語教育がこのような［言語＝道具技能］イデオロギーに支配されている現状を批判し、特に外国人を対象とする日本語教育において最も顕著であると述べた。［言語＝道具技能］イデオロギーによる教育では、社会生活を送るうえで有用な道具として、書き方の規範を身につけることがめざされる。

　道具を扱う技術の習得としてことばの学びをとらえる学習観・教育観は、あまりにも広く浸透しており、さまざまな形で教室のあり方に影響を与える。対話による内省を重視する筆者の実践に対し、他の教師からは関心や共感を得た一方で、初級の学習者には不可能だ、中級の学習者に実践したのは無理があったという意見、コメントもあった。学習レベルに対するこうした見方は、そのような実践の価値は認めるものの自分の実践では条件的に不可能だとする点で共通するようにみえるが、その内実は人それぞれであるだろう。学習者や学習環境の違いは、教師のめざすものを実現するうえでさまざまな制約を与えるが、実践レベルで本当に不可能なのか、それとも困難を克服して実践するほどの価値を認めていないのか、教師の無意識の教育観、あるいは意識的な教育観の揺れが関係している。

　学習者もまた教室でさまざまに葛藤している。他者の書いたものを読み、自分が書いたものに他者からコメントをもらうことで、他者や自分自身に対する理解を深めることに学びの意義を見出している一方で、新しい単語や文法を覚え、正しく書かなければならないという思いが、ときに対話の意義を見失わせる。教室という文脈における対話は、教室参加者の学習観・教育観によって多様に変化し、ときに激しく衝突する。このような衝突はないほうがよく、対立は避けるべきだという考え方もあるだろう。協働学習を実践する教師は、学習者同士の話し合いを遮らないよう、消極的介入にとどまる場合がみられる。教師の存在がみえなければみえないほど、学習が円滑であるかのようにとらえる傾向もある。

　しかし、本実践の対話においては、教師の考え方や価値観を示すこと、

それによって教師と学習者とのあいだに、あるいは学習者同士のあいだに、ときには故意に対立を引き起こすことが必要であり、それが教室での相互行為や学習者の内省を促すことに大きく影響した。本研究が実践研究として描き出したのは、そのような対立する価値観、異なる考えとの葛藤の中で、対話によって自分自身と向き合い、他者とのかかわりの中で自分の声とそれを表現することばを見出していった学習者の姿であり、そうした葛藤から生まれる学びが教室という場やそこに集う人々の関係性を新たなものにしていく可能性だった。

2.3 他者のことばの対話的理解と自分のことばの獲得

このように、対話によって自己への内省を深め、他者とのかかわりの中でことばが獲得されるとみることは、第二言語の研究における「習得」、すなわち、正確な言語形式を円滑に産出できるという考え方とは大きく異なる。第二言語の教室において、読み書きを学ぶ目的は、読み書きを「習得」することだと考えるのが一般的であるかもしれない。教室での対話を重視していても、教師である筆者、学習者ともに、第二言語での読み書きの「習得」をめざさなければならないという意識的・無意識的な思いに束縛されていた。その思いは否定すべきことではなく、また否定したとしても束縛から解放されることはありえない。しかし、本研究が明らかにしたのは、その束縛と葛藤に無自覚なままに「習得」をめざすことが、書くという言語活動の妨げになっている、つまり、「習得」をめざすことで「習得」が進まないという矛盾が生じていたということである。

［研究3］と［研究4］では、規範に従い、正しく書かなければならないという学習者の強い思いが書くことを妨げる事例と、自身の声を自覚することでそうした縛りから自由になっていく事例の対照性をそれぞれにおいて検討した。

［研究3］では、日本語で正確に書くことを重視するあまり、書くべき内容に対する考えが深まらず、そのことがわかりにくさの根本的な問題となっている学習者の推敲の実態が明らかになった。リンダは、言語形式の誤りを直すことだけに注意が向き、言いたいことが言語化されていないために相手が自分の書いたものを理解できないということになかな

か気づくことができなかった。リンダとは対照的に、アンネは現実の他者や他者の声を内化した自己との対話によって推敲を重ね、言いたいことを自覚し、自分の考えを深めることで、他者の理解を得られる文章へと改稿することができた。

しかし、2人の対照性は個人差としてみるよりも、推敲の対照的な特徴の一方が強くあらわれた状況の事例として解釈すべきものであり、それは［研究3］の12名の学習者一人ひとりの推敲過程にみられた対照性でもあった。当初、自分が言いたいことは何かを内省することなく、表面的な修正を繰り返していたリンダも、仲間や教師が自分自身の理解や異なる考え方を示し、対話を呼びかけることによって自分の声を自覚し、他者への応答として、自分のことばで自分をとらえ直す推敲を行うようになっていったのである。

一方、［研究4］では、情報伝達の正確さを追求する単声的学習観が教室での対話の意義を見失わせ、その結果として改稿が進まないことをヤスの事例が示していた。言語形式を完璧に整えれば、言いたいことは相手に伝わるはずだと考えていたヤスは、他者とのあいだで互いを理解するためにことばがやりとりされず、自分が「本当に言いたいこと」を実感することができなかった。言いたいことは書き手の中で一方的に生まれるものではなく、それを表現する形式だけを取り出すこともできない。ヤスとは異なり、ミキが言いたいことを書けたと実感できたのは、他者と自分の違いを意識し、その違いを説明し、互いのことばのあいだに新たな意味と理解をもたらしたからである。

リンダとアンネの事例、ヤスとミキの事例の対照性は、序章で述べたコードの記号観と生成的記号観の対立に重なる。しかし、対照的であったそれぞれの発話の中でも、意味を適切に伝達するということばの単声機能と、話し手と聞き手のあいだで意味が新たに生成されていく対話機能との力関係は、文脈によって多様に変化する複雑な様相を示していた。ことばでコミュニケーションするということは、すでにそこにある言語体系という規範に従うことであると同時に、話し手と聞き手の相互作用によって意味を生じさせる行為でもある。

バフチンはこのような話し手と聞き手のあいだにおける新たな意味の生成を「能動的な理解」「積極的な理解」と呼んだ。言語的な意義を受動

的に理解するだけでは、理解とは言えない。言語哲学や言語学が対象としているのは、中性的な意味の「受動的理解」にすぎず、それはすでに理解されていることばを複製するだけであり、理解されたものを少しも豊かにしないとバフチンはいう。

> 実際の言語生活において、あらゆる具体的な理解は積極的である。それは理解されるものを自己の対象的・表現的視野の中に取り入れ、応答や動機づけられた反駁・同意と分かちがたく一体となる。ある意味では、優位に立つのは、積極的原理としての応答のほうである。それは理解のための基盤をつくり出し、理解のために利害関係を考慮に入れた積極的な準備を行う。理解はただ応答の中でのみ成熟する。理解と応答は弁証法的に一体となって、相互に他を条件づけ、相互に他を離れては存在しえない。　　　　（バフチン 1996: 48）

　バフチンのいう理解とは、他者のことばに対して行う自己の価値づけや評価という応答によってなされるものであり、話し手はこのような聞き手の理解を志向することで意味と表現の閉じられた自足性から解放され、新たな表現を創造する契機を得る。
　辞書的な、中性的な意味のレベルで理解できなければ、能動的な理解もされない。第二言語の教室では、受動的理解の達成を当初の目標としているとも言える。しかし、だれのものでもない中性的なことばは存在しない。バフチンは、言語は、規範的諸形式の抽象的な体系ではなく、世界についての矛盾し合う具体的な見解であり、個人の意識にとっては自己と他者の境界に存在するものだと述べる。

> 生きた社会・イデオロギー的具体性としての、矛盾をはらんだ見解としての言語は、本質的に個人の意識にとっては、自己と他者の境界に存在するものである。言葉の中の言葉は、なかば他者の言葉である。それが〈自分〉の言葉となるのは、話者がその言葉の中に自分の志向とアクセントを住まわせ、言葉を支配し、言葉を自己の意味と表現の志向性に吸収した時である。この収奪の瞬間まで、言葉は中性的で非人間的な言語の中に存在しているのではなく、（なぜな

ら話者は、ことばを辞書の中から選びだすわけではないのだから！）、他者の唇の上に他者のコンテキストの中に、他者の志向に奉仕して存在している。つまり、言葉は必然的にそこから獲得して、自己のものとしなければならないものなのだ。　　　　　　　　　　（バフチン 1996: 67–68）

　ここでバフチンのいう「収奪」を、ワーチ（2002/1998）は、他者に属するものを自分のものとして取り入れる過程として「専有」という用語で概念化している。田島（2010）は、学校で教授される科学的概念を、生徒が模倣的に学習し、概念の表面的理解にとどまることを「分かったつもり」と呼び、わかったつもりの状態から、自らの日常経験知の観点をも止揚することのできる「理解」の達成に至る過程を、「一致志向的専有」から「論争思考的専有」への移行・発達過程ととらえた。生徒が教師の解釈と一致しない自らの解釈を隠蔽し、教師側に一致するように記号を専有する「一致志向的専有」は、科学的概念を自分のものとしたとは言えない状況であるが、このような過程を経なければ、実際の対話の中で、記号に対する自分の解釈と教師の解釈の不一致を、相互の引用・交渉によって専有する「論争志向的専有」には至らないのである。
　学習者が自分のことばとして第二言語を「専有」するには、記号の中性的な意味理解から、生きたことばの対話的理解、すなわち他者のことばに対する価値づけ、評価という能動的な応答へ向かう必要がある。しかし、それは機械的なことばの反復練習から実際の運用へと進むような段階的学習を指しているわけではない。バフチンによれば、ことばはすべて他者のことばと自分のことばに分かれるが、その境界は入り乱れており、境界線上で激しい対話の戦いが行われている。人は他者のことばの中で生きている。人の生活とは世界に自分を定位し、他者のことばに反応することであるという（バフチン 1988: 299–300）。学習者が第二言語で自分のことばを獲得するためには、第二言語の世界に自分を位置づけ、他者のことばに応答する自身の声に自覚的であることが必要だと考える。

2.4　声とことば

　学習者が言いたいことは、周りの人々に対する応答として、ことばの

形式に先行する声として潜在している。それは他の声と相互作用する中で、ことばとして意味と形を与えられていく。形がなければことばにはならないが、形を手にすれば、言いたいことが自由に言えるようになるわけではない。一般的に、第二言語を学ぶことは、ことばの形式を「習得」することであり、形式は練習によって「習得」できると考えられている。しかし、ことばのやりとりを機械的な練習として繰り返すと、学習者は第二言語で他者の声を聞くことができず、それに応答する自分の声を見失ってしまう。声を失うということは、他者のことばを能動的に理解することができないということであり、それを自分のものとして「収奪」することもできない。

　本研究は、ことばの形式を軽視したり、そのための練習を否定するものではない。学習者が自分にとって必要なことばとは何か、そのために自分が学ばなければならないことは何かを内省することで、学習者それぞれが行うべき練習とは何かも明らかになるだろう。そうした内省のうえに、ことばの形式が焦点化されて学ばれることはもちろん必要である。問題なのは、練習が目的化することや、教室でのやりとりをそのための手段とみなすことであり、それが常態化することで、第二言語のやりとりにおいて学習者が自身の声を失ってしまうことである。

　人と人とのやりとりの中でことばを学ぶ過程には、さまざまな葛藤や抵抗が生じる。第二言語の教室において、他者のことばと自分のことばの葛藤はあらゆる場面で複雑な形をとってあらわれる。学習者にとって、第二言語は、ときに自分のことばと衝突することなく、他者のことばのまま「唇の上で他者の声を響かせ」るだけのものであり、ときにはそこに自分自身の声を重ねて「収奪」し、自身の文脈の中で自由に支配できるものとなる。アンネとリンダ、ミキとヤスの対照性は、このような葛藤の一面であり、それは教室という文脈の中で常に揺れ動いていた。

　本研究の教育実践は、その葛藤を「相互行為としての読み書き」の中に見出し、それをあえて激化させる方向へ進めていったと言える。他者のことばとの葛藤がなければ、それを自分のものとする対話的理解は生まれない。書くことは、そのような葛藤の意味を内省し、他者のことばに自分がどう応答するかを意識的に行うことを要求する。

序章で述べたように、書くことは話すこととは異なり、無意識に習得されることはない。ヴィゴツキーは、書くことを自覚性と随意性を特徴とする心理活動ととらえ、岡本（1985）はそれを学校で教授されることばの特徴として描き、「二次的ことば」と呼んだ。第二言語で書くことは、ことばを意識的に操作するという側面が最も典型的にあらわれている活動だと言えるだろう。単語を一つひとつ選ぶこと、それらを文法規則に則って配列すること、第一言語との対照において意味を吟味すること、書くことは記号の意識的操作を強く要求する。

　しかし、本研究で明らかになったのは、意識的な記号操作やそれにまつわる困難ではなく、ことばを向ける他者と自分がどうかかわるのかを内省し、対面していない読み手、異文脈の他者に向けて、互いの理解を深めるために自己の価値観を提示することの困難さであった。それは、他者との関係をつくる自分のことばが書き手にとっていかに重要であるかを示していた。自文脈の閉塞性を脱し、異文脈の他者を理解するためのことばを無意識に習得することはできない。書くことを学ぶ教室は、現実の人と人とのやりとり、異質な考えやさまざまな価値観の交差によって自分自身と向き合い、他者のことばを対話的に理解し、自分の声とことばを意識的に見出していく場となるべきだと考える。

2.5　学習者が必要とした内省

　学習者が自分のことばを獲得するために、他者のことばとの衝突や葛藤は不可避である。しかし、学習者がその葛藤の意味を内省し、自分自身で新たに意味づけることができなければ、ことばを獲得したことにはならない。

　［研究3］のリンダや［研究4］のヤスは、自分が言いたいことを自覚できず、その原因を両者とも自分の日本語力の不足にあるとみていた。しかし、それは先述したように記号の意識的操作で解決されるような問題ではなく、書き手が内省によって自身をどうとらえ直すかということが大きく関与していた。

　［研究3］のリンダの場合は、リンダ自身が自分の言いたいことを明確に意識しておらず、そのことが読み手の理解を得られない原因となっていた。リンダは当初それに気づかず、表面的な語句の修正を繰り返して

いたが、仲間や教師がリンダのことばを理解しようとする呼びかけによって、自分の考えを明確化することばを見出していった。

　一方、[研究4]のヤスはリンダのように言いたいことがあいまいであったわけではなく、むしろクラスのだれよりも自分の意見を強く主張していた。ヤスが言いたいことを言えないと感じていた原因は、書くべき内容のあいまいさにあるのではなく、自分を取り巻く他者のことばと自分のことばとの衝突を回避し、いまだ自分のものにしていない他者のことばで目の前の仲間に対し表面的な応答を繰り返していたために生じていた。他者の異論に動じないヤスの主張は明確ではあっても、自分と他者のかかわりを内省することなくことばをやりとりしていたために、仲間もヤス自身もヤスが言いたいことを理解することができなかった。

　リンダもヤスも対話による内省を必要としていたが、リンダに必要とされていたのは、自分が何を言いたいのかを分析的に明確化していくことであるのに対し、ヤスに必要とされていたのは、自分が言いたいことを他者との関係の中でとらえ直すことだった。

　2人の事例が示すように、自己への内省には二つの方向性があると思われる。一つは、自分の中での論理的一貫性や、この世界で唯一かけがえのない個としての私を追究する、より内向きに深まっていく内省である。もう一つは、自己と他者の「距離」のとり方にかかわる内省であり、それはときに自己の一貫性を覆し、他者との「溶解」や「混合」を引き起こす。リンダにとっては、自分の中でのあいまいさを他者との対話によって気づき、考えをより深めていくことが課題であり、ヤスにとっては、自分が言いたいことを他者とのあいだでどう位置づけるか、思考の対象を自己に閉じるのではなく、他者との「境界」をどう柔軟につくりかえていくかという内省が必要とされていた。

　桑野（2008）は、バフチンの対話原理においては、「ともに声を出すこと＝協働」と「さまざまな声があること＝対立」の両方が必須の条件であり、重要なのは完全なコンセンサスを得ることではなく、相互開示が可能となるような状況をつくり出すことだと述べている。バフチンは、「同意」であろうと「不同意」であろうと、「能動的」でさえあれば、理解を深めうるのであって、避けるべきは「溶解」や「混合」であるという。桑野によれば、バフチンの対話原理の要点は、「距離」を確保した

「対話的能動性」を身につけてはじめて「心に染み入る対話」が可能になるという主張にある。「心に染み入る対話」とは、内なる自己との対話の中で葛藤している者に、その内なることばを外言化できるようにアドバイスする対話とされる。「心に染み入ることば」、つまり「他者の内的対話に能動的に確信をもって介入し、他者が自分自身の声に気づくのを促す」ことばも、他者との「距離」をとれる能力次第であるという。桑野は私たちの身体の隅々にまで「対話」が「染み入って」はじめて、他者に対しても「心に染み入ることば」が発せられると述べる。

　他者との「距離」を確保した自己との内的対話は、自分のことばと他者のことばを緊密に結びつけるが、どちらかが一方をのみこんだり、融合したりすることはなく、自立性を保ち続ける。緊張した意味的な結びつきのもとで距離を保つのは容易なことではないとバフチンはいう。先に例にあげた意見文と説明文の違いが理解できなかった学習者や、「権威的な言葉」が支える主張の正しさを訴え続けたヤスにとっては、他者のことばと自分のことばの距離に自覚的になることが必要だった。つまり、権威者としての教師や専門家のことばと自分のことば、あるいは「権威的な言葉」と融合している自分のことばとそれに反駁する仲間のことば、これらの距離をどのようにとっていくのかという内省が必要とされていたのである。

2.6　他者との関係や自分自身を変えていく省察的対話

　本研究は、このような内省を伴う自己との対話が第二言語を学ぶ学習者にとっていかに重要であるかを実証するものであったと結論づけることができる。学びを促す対話とは自己への内省を促す対話、すなわち他者とのかかわりの中で自分自身の声を見出し、他者との「境界」や「距離」を柔軟に動かし、他者との関係や自分自身を変えていく対話であり、本研究ではこれを省察的対話と呼び、省察的対話によってこそ第二言語における自分のことばが獲得されると主張する。

　省察的対話は話すことにおいても成立しうると考えられるが、自己との対話を行うには、意識的・自覚的な行為として書くことが必要であり、書くことが省察的対話を支えている。書かれたものを媒介とし、書き手はより深く自己と対話できる。自己への省察は他者とのかかわりにおい

て自分の声を自覚させ、異文脈の他者との交流を可能にする自分のことばを見出すことにつながる。しかし、それは序章で述べたコードの記号観に基づく「ひとりの読み書き」ではなく、声と声とのあいだで新たな意味を生成していく「相互行為としての読み書き」として書くことが行われることを前提としている。なぜなら、自分自身や他者との関係を変えていくことばは、単に読み書きができる、あるいは社会生活に不可欠な基礎技能としての「機能的リテラシー」を身につけるだけでは獲得できないからである。

　1章で述べたように、リテラシーを客観的で価値中立的な認知的能力ととらえる「機能的リテラシー」の考え方は、リテラシー形成の失敗を個人の努力や能力の欠如とみなして、同化や排除を正当化する。これを批判し、新たなリテラシー教育のあり方を提示したのがフレイレであった。フレイレは、読むという行為は単に書かれた語の意味を解読することではなく、「世界を読む」ことだと述べている。里見（2010）は、フレイレが主張する「世界を読む」とは、読まれる対象である世界と、それを読む自分とを意識的に分離する行為であり、世界の中に生きている自分が、その自分を含む世界をあえて読む対象としてとらえ返すことだという。それはいわば指向的に世界と向き合う行為で、自分が生きている世界を、距離を置いて意識的に注視する行為、現実を異化し問題化する行為であり、このような世界と向き合う身のおき方がなければ、真の意味でのリテラシーは生まれてこないと述べている。

　こうした見方に立てば、読み書きの抽象性・脱文脈性という特徴は、ことばの分析的で自覚的な使用を要求するが、読み書きを学ぶということは、そのようなことばの使用によって世界から自分自身を引き離し、批判的な分析の対象、つまり省察の対象とすることによって、自分と世界の関係を変えていくことだと言い換えることができる。フレイレは本当のことばでなければ現実を変革する力はなく、その構成要素である行動と省察を分断してしまうことになると述べる。行動から切り離されたことばも、省察を欠いた行動を煽ることばも、世界を変えることはできない。「真実の言葉というものは、世界を変革する力がある。人間として存在するということは世界を言葉に出して主体的に肯定して引き受け、その上で世界を変えていくこと」（フレイレ 2011: 120）だというのであ

る。

　自分と世界の関係を変える本当のことばは、容易に獲得できるものではない。単に読み書きができる、あるいは機能的リテラシーを身につけるだけでは、そのようなことばを獲得することにはならない。自分が生きる世界で、そこで生きていくのに必要な社会的規範として身につけたリテラシーは、なぜ自分と世界の関係をそのようにとらえるのか、とらえなければならないのかという批判的な意識を生じさせることなく、無意識のうちに獲得されたものでもあるからだ。第二言語の世界と自分の関係を読み解くことは、すでに獲得した第一言語のリテラシーを批判的にとらえ直す契機にもなる。それは、異文脈の他者との交流によって、自分が無意識に獲得した価値観や生き方を問い直すことを指している。

　第二言語の教室で、省察的対話によって獲得されることばは、学習者だけに求められているものではない。学習者と教師のあいだで、教室の外にいる人々とのあいだで、互いを理解するための対話を通して、自分たちがともに生きる世界をよりよいものに変えていくためのことばを共構築していく努力が必要とされる。無意識のうちに獲得したリテラシーを見直すことは難しい。自分の獲得したリテラシーがコミュニティにおいて規範的知識とされている主流派の人々は、その知識がコミュニティに新たに参入した人々にとっては相いれないものあることや、それをもたないために彼らがどのような不利益を被っているのかということに想像をめぐらすことができない。コミュニティの規範はその主流文化の中で不動のものとして確定されており、新参者や少数派が規範を身につけそれに従うことは当然のことだと認識されている。

　このような認識に反省を促すものとしてリテラシー教育をとらえるのが、「批判的リテラシー」の考え方であった。小柳（2009）は、批判的リテラシーの論者が指摘しているのは、このような規範的知識が他の知識を排除しながらその規範的地位を獲得するに至ったプロセス、つまり、それが選択的利害関心のもとに生み出されてきた事実を覆い隠し、あたかも価値中立の知識であるかのように提示されていることだと述べる。批判的リテラシーが課題とするのは、正統読み書き文化とそこから排除された文化を比較することで、なぜある物語や出来事、作品、思想が規範化され、他のものはされないのか、その歴史的、イデオロギー的な理

由を明らかにすることであり、批判的リテラシーとは「支配文化の表象モデルや価値観がいかにわれわれの思考や精神のうえに規定的な作用を及ぼしているかを自覚的に読み取る能力」(p.148)であると述べている。

　それは、子どもや文字をもたない人々、第二言語話者といったリテラシーを獲得しようとしている学習者だけに必要とされる能力ではなく、彼らにリテラシーを獲得させたい、させようとしている側の人間こそ自覚的に獲得していくべき能力だと考える。第二言語の教室は、すでに獲得したリテラシーの観点から、今獲得しようとしているリテラシーを分析的・意識的にとらえる場として、学習者と母語話者が、学習者同士が相互作用することで、互いが形成してきたリテラシーを批判的にとらえ直す契機となる可能性をもっている。自分自身に対する批判的な内省があってはじめて、異なるリテラシーを受け入れ、一方的な受容や拒絶に陥ることなく、自分自身で異なりを意味づけることによって、それを自分のものとすることができるのではないだろうか。

　省察的対話によって獲得されることばとは、そのような無意識の見方、価値観にとらわれていた自分自身を他者との関係の中でとらえ直し、異なる立場や考え方を説明し、互いを理解するために他者とのあいだで共構築されることばである。本研究が明らかにしたのは、第二言語で読み書きを学ぶ教室という文脈において、学習者が省察的対話を通して、このような自分のことばを獲得していく過程であり、それはまた、教師である筆者の実践研究としての省察的対話の軌跡でもあった。

3 書くことに対する新たな見方：実践研究の総括

　本研究は、教師である筆者が自身の実践を分析し、実践の中の理論を追究することで、自身の教育観を問い直し、実践の改善へつなげることを意図して進めてきた。本研究がめざしたのは、対立する教育観・学習観をありのままに記述すること、そこから自分がめざす教室を描き出し、実現することであり、それは教室での学習者の対話の中に、研究をはじめた当初にはみられなかった新たな学びの姿として見出すことができたと考える。省察的対話を志向した実践研究としての本研究は、筆者にも、教師としての変容、成長と呼べるものをもたらした。本節では、

研究目的として掲げた二つの問いに基づき、［研究1］から［研究4］への実践研究のサイクルを実践研究の全容として俯瞰的にとらえ直し、学習者、教師、教室というコミュニティの変化をその中に位置づけることで、書くことに対して筆者が得た新たな見方を実践研究の総括として提示する。

3.1 他者への応答として書く：潜在的な声を基盤とすること

　学習者はどのように書いているのか、それが一つ目の問いであった。ピア・レスポンスの実践を出発点としている本研究は、当初ピア・レスポンスでのやりとりが学習者の推敲過程にどのようにあらわれるのかということに関心が向いていた。学習者は書いたものについて質問し、助言し、意見を述べ合っても、それが推敲作文に反映されることはほとんどなかった。それは、教師である筆者が教室で対話する目的と、書く目的をあいまいにとらえていたからであったが、それによって書く宛先を定められなくなった学習者は、宛先に向かうべき自分自身の声を見失ってしまっていた。

　失われた声を取り戻すためには、書くことのもつ対話性を教室というコミュニティの中で可視化し、コミュニティのメンバー一人ひとりが他者から向けられることばに、同意、反駁、疑念、称賛といった自分自身の評価として応答することが必要とされた。書き手にとっての他者とは、教室で対話する仲間だけではなく、書くために収集した資料としての書物、自分が書いた意見に賛成・反対さまざまな反応を示すであろう不特定多数の読み手など、今まさに書こうとしている自分に向けられる声としての他者である。書き手はそれらの声に自分のことばで応答することによって書いている。

　［研究3］［研究4］の実践では、書く課題として新聞への投書意見文を設定した。それは、学習者に、教室参加者だけでなく、対話の場を共有しない第三者に向けて書くことも意識してほしいと考えたからである。学習者は筆者が意図した以上に、さまざまな読み手の声に応答し、それらの声と相互作用することで、対面対話状況をこえて、自分のことばでコミュニケーションすることを学んでいった。書き手にとって、教室での仲間のことばは、同じようなことを言うかもしれない新聞の読者を想

定させたり、それとは異なる見方を提示する書物の中の専門家のことばを想起させた。あるいはまた、具体的な状況を共有できない不特定多数の日本語話者に向けて、どのようなことばが必要とされるのかを認識させることにもつながった。教室での仲間は読み手のひとりであると同時に、第二言語の世界で関係を結んでいく現実の具体的な他者であり、学習者は、現実の他者との関係を支えに、その場を共有していない教室の外の読み手に対しても自分の声で応答していた。

　序章で述べたように、「宛名」をもつということは、必ずしも具体的な他者に向けて書くことを意味しない。発話が向けられる声は、時間的にも、空間的にも、社会的にも隔たりがあるものなのである（ワーチ 2004/1991: 76）。このような拡張的な「宛名」をもつからこそ人は書くのであり、逆説的ではあるが、それが書くことを困難にする原因となっている。［研究1］や［研究2］の結果が示していたのは、教室でことばを学ぶという文脈で、「宛名」がゆがめられることに伴う学習者の困難だった。

　教室での書く課題は、ときに課題を提出する教師だけが読み手であるかのように書き手を錯覚させ、書き手が書く過程で行っている対話を制限したり、偏ったものにしてしまう。［研究1］で分析した教師添削は、書き手が言いたいことを書き手に代わってことばにしようとするものであり、書き手との対話を一方的に終わらせる。これに対し、［研究2］のピア・レスポンスは、評価を伴う読み手の応答として書き手に対話を呼びかける声としての力をもっていた。しかし、書き手はその声に応答するよりも、ことばの形式に対して絶対的な評価権をもつ教師に向けて書くことを優先させていた。

　書き手の声は、書くために必要な語彙や文法といった形式を与えられることで生じるのではなく、対面して話すときと同様に、他者からのさまざまな呼びかけに対する応答として生じる。書くことは、孤立した自己の内面を表出することではない。書くときにも、周囲の声に対する反応として、他者との関係を結び、世界の中に自分を位置づけようとする意志が声として潜在している。ことばの形式に先行する声は他の声と相互作用することで、自分のことばとして意味と形を獲得していく。［研究3］はその過程を第二言語学習者の推敲過程として明らかにした。自

分自身の声を自覚することなく、ことばの形式を整えることだけに意識が向けられると、書くことを支えている省察的対話は断ち切られ、書かれたものをよりよいものにするという推敲の目的も達成できなくなってしまう。

　序章で述べたように、第二言語のライティング教育は、書くことを頭の中で行うシンボル操作とみる「ひとりの読み書き」観によって方向づけられている。ひとりの読み書き観に束縛されているのは教師だけではなく、ときには教師以上に学習者がとらわれ、そこから身動きできなくなっている。相互行為として書くことは、その縛りから自由になるために、ひとりの読み書き観を否定するのではなく、その基盤にありながらも埋もれてしまっている書くことの対話性に意識を向けるということである。

　宛名をもつ声に根ざしたやりとりが他者とのあいだで、あるいは自己との内的対話として行われるとき、書き手は書くことで他者との関係をつくっていく自分のことばを獲得する。［研究4］では、第二言語学習者が教室での相互行為によって、書き手としての自分の声とことばを見出していく過程が明らかになった。実践研究としての本研究が得た書くことに対する新たな見方の一つは、ことばの形式に先行する声が書くことを方向づけており、その声を自覚し、自覚された声を基盤とすることが書き手にとって最も重要だということである。書くことを学ぶ教室に必要とされているのは、その声に呼びかけ、ことばを引き出す相互行為であり、単にことばの形式を与える教授ではない。それはことばの形式を教えないということではなく、書くことに対する見方を変えるということであり、書くことで何を学んでいるのか、なぜ書いているのかを学習者と教師の双方が問い続けるということである。

3.2　相互行為の過程に生じる葛藤の意味づけ

　本研究の二つ目の問いは、まさにそのことを問うものだった。書くことで何を学ぶのかという問いを追究することは、ことばそのものに対する認識を問い直すことにつながる。そのような大きな問いに対し、結論として断定的な答えを示せるとは考えていない。答えは筆者の中で、書くことに対する新たな見方を得ることで徐々に変容していった。それは

日々の実践の中で問い直され構築されていくものであり、その過程を記述していくことが重要であると考える。そのような前提のうえで、本研究が筆者にもたらした答えを述べるとすれば、書くことは他者や自分自身と向き合う過程であり、第二言語で書くことは第二言語の世界に自分を位置づけること、言い換えれば、第二言語での相互行為の過程で生じるさまざまな葛藤を意味づけていくことである。学習者は書くことで、それまで無意識のうちに身につけていたものの見方や考え方を批判的にとらえ直し、他者との関係や自分自身を変えていくこと、そのためのことばを学んでいる。つまり、省察的対話によって現実を再認識し、それを自分にとってよりよいものに変えていくために書いているのである。

　［研究2］の教室では失われていた声を、［研究3］［研究4］の学習者は取り戻すことができた。しかし、声を取り戻したがゆえに、学習者はさまざまな葛藤を抱えることになる。序章で述べたように、導管メタファーによる伝達モデルでは、意味は送信者から受信者へ一方的に送られるものであり、送受信に不具合があるときは意味の符号化や解読に原因を求めればよかった。しかし、伝達モデルとは異なるバフチンの対話概念からみれば、言語コミュニケーションの基本的な単位である発話、それが属している声とは、社会的な環境の中でのみ存在し、意味は二つ以上の声が出会ったときに成立する。相互行為として書くことで、学習者は自分の声を自覚し、他者との関係の中で言いたいことが明確になっていった。新たな意味が生成される過程では、声と声との対立や衝突は避けられない。書き手にとってそれは、教室での仲間や教師の声との対立だけではなく、書こうとする内容に異議を唱えるであろう不特定多数の人々の声との対立も含んでいる。さらに、「ひとりの読み書き」観に支配され、第二言語を学ぶ学習者に正しく書くことを要求する社会的状況としての声の圧力が、ときに学習者の省察的対話を困難にする。

　しかし、対立や衝突は避けるべきものではなく、それによって生じる迷いや不安、内的葛藤を学習者自身が意味づけていくことが、ことばを獲得するためには不可欠である。ことばを学ぶ過程、すなわち相互行為の過程には常に何らかの抵抗や葛藤が生じている。宛名をもつ声に根ざしたやりとりは、声と声とのあいだに軋轢を生じさせることもあれば、それによって新たな意味や関係性をつくり出す場合もある。［研究4］の

学習者は、書くテーマを考える過程で自分が漠然と抱いていた問題を認識し、他者との対話によってその問題に自身がどうかかわるべきかを内省するよう促された。学習者一人ひとりが内省を深めることで、各自のテーマは次第に教室全体のテーマとなり、教室は共有されたテーマについてともに学び考える場として、一つのコミュニティを形成していった。教室は当初、学習者にとって書くことや第二言語を教師から学ぶ場であった。しかし、学習者それぞれが書くテーマを探究する過程で、各自のテーマは教室というコミュニティに共有され、コミュニティの課題として解決がめざされるようになっていった。コミュニティのメンバーはテーマの探究によって互いの考え方の違いを認め、理解しようと努力し、メンバー同士の関係が変化する過程と、各自のテーマに対する考察が深まっていく過程は連動していた。

　［研究4］の学習者はみな、教室コミュニティにおける省察的対話によって自分のことばを獲得していた、あるいは獲得しようとしていたが、その過程では、それぞれの葛藤を抱えていた。コミュニティメンバーに対し、言いたいことが言えたと実感できたミキと、本当に言いたいことが言えないとつぶやいたヤスの葛藤は異なる。ミキは、相反する二つの主張のあいだで揺れ、ヤスは仲間のことばと対立する「権威的な言葉」の単声性を徹底しようとしていた。伝わらないもどかしさは、学習者自身が受けとめるべきものであり、それが何によって生じているのか、自身の内的葛藤を自分自身で意味づけていくことが重要となる。ヤスのもどかしさは、規範的な日本語の存在、その獲得の困難さに由来するものであり、それを無視して自分のことば見出すことはできない。

　相互行為の過程に生じる葛藤を意味づけること、それが書くことに対するもう一つの新たな見方である。読み書きは一般的に、どのような文脈にも適用可能な普遍的で中立的な技術だとみなされている。しかし、社会的な規範として定められた読み書きは、それが自分たちの言語コミュニケーションとはかけ離れている集団にとっては、さまざまな不利益をもたらす。何が規範とされるかは集団間の力関係によって決まり、主流文化のことばを学ぶ第二言語学習者にとって、読み書きは決して中立的な技術ではない。しかし、学習者自身もそのことに気づかず、規範を絶対視し、技術を身につけられない自分に自信を失っていく。

［研究3］のリンダや、［研究4］のヤスは、規範に従って正しく書かなければならないという思いが省察的対話を妨げ、そのことが第二言語で表現することを困難にしていた。しかし、リンダやヤスに必要とされていたのは、自身の葛藤を否定したり無視したりすることではなく、書くことや教室での相互行為の過程で生じる葛藤を認め、自分自身で新たに意味づけていくことである。それは、リンダやヤスが属する日本語のコミュニティ――教室コミュニティだけではなく、彼らが日本語の読み書きを行うコミュニティのメンバーにも必要とされるものであり、彼らの葛藤を理解し、その意味するものを明らかにすることによって、コミュニティの現状を変えていくことにつなげるべきだと考える。

　学習者は、教室の外でさまざまなコミュニティに属し、コミュニティ間を移動しながらことばを学んでいる。学習者がことばでコミュニケーションする場は多様であり、ここでいうコミュニティは生活の場をともにする具体的な人々の集まりのみを指していない。書くことによって、あるいはインターネットが普及した現在においては書くことに限定しなくても、時間的・空間的制約をこえて、コミュニティの形成が可能になっている。例えば、論文やレポートを書くことは、学術的コミュニティに参入することであり、1章で述べたように、プロセス・アプローチは、このような学術的コミュニティの要請に応える成果を出していないことが問題とされた。さらに言えば、学術的コミュニティで必要とされることばのように規範化されていなくても、小説、漫画、ゲーム、映画などにもそれぞれのことばの世界があり、学習者はそうしたことばと接触することで、その世界をつくり出している作者や、作品の享受者たちと交流している。ときには、その世界を共通する趣味としてもつ現実の他者（仲間）とのつながりを生むこともあるだろう。

　教室はそうした多様なコミュニティの中の一つであり、教室での省察的対話によって獲得した「自分のことば」は、教室の外では異なる評価を受ける場合もある。コミュニティの規範は、コミュニティの中でつくられ、つくりかえられていくものであるが、コミュニティにおける新参者や少数派がそれを実感することは難しい。読み書きを学ぶ教室は、相互行為の過程で生じるさまざまな葛藤――言語的、対人的、制度的な対立や矛盾を学習者自身が意味づけ、それによって自分自身や自分を取り

巻く状況を変えていけるという可能性を実感できる場となるべきだと考える。

　以上、本節では、実践研究から得た書くことに対する新たな見方として、「潜在的な声を基盤とすること」「相互行為の過程に生じる葛藤を意味づけること」の重要性を指摘した。書くことに対するこのような見方を、教室における学習者同士、教師と学習者の対話という限定された相互行為を分析してきた本研究で主張するには限界がある。しかし、それは、自身の教育実践を批判的に分析し、教育観を問い直す過程で生じた観点であり、これまでの実践研究を総括し、次の実践研究を展望するために不可欠なものである。

　実践研究としての本研究の意義は、実践研究の全容を教師である筆者の教育観とともに示すことにあると考える。具体的な実践の姿とそれをデザインする教師の意図、その変化を示すことは、実践に埋め込まれている領域固有の理論を、他の実践者や関係する他領域と共有することにつながると考えるからである。個々の実践を観察・分析し、その結果を記述するだけでは、対象となる実践は改善されても、その改善の意味を他の実践と共有するまでにはなかなか至らない。結果としての教室の変化は、その実践を構成するさまざまな要素が関係しており、そこから他の実践に対する具体的な示唆を引き出すことが困難だからである。本節で提示した書くことに対する見方は、筆者が自身の実践をとらえ直すためのものであり、他の実践者は、筆者の見方と実践の関係を批判的に検証することで、個々の実践の環境や条件に左右されることなく、それぞれの実践における価値を判断することができるのではないだろうか。このような意味において、本書における実践研究の総括として上記2点を提示したい。それは、書くことに対する他のとらえ方、他の実践との省察的対話によって、変革する対象を、教室という枠組みから、教室を取り巻く社会的状況・制度といったより大きな枠組みへ向けていくためのものである。

終章 | 読み書き教育をめぐる展望

　7章で提示した書くことに対する見方は、これまでの実践研究によってもたらされた筆者にとっての新たな観点であり、また、残された課題として、次の実践研究につなげるための観点である。「ひとりの読み書き」から「相互行為としての読み書き」への移行をめざした本書の実践研究は、その過程でさまざまな対立・抵抗・矛盾を経験した。それは教師である筆者の迷い・不安・葛藤であるとともに、それと共振する学習者、教室コミュニティ、あるいはそれを取り巻く社会的状況、教育をめぐる言説の揺れ動きとしての葛藤であった。本書の出発点となったピア・レスポンスの実践は18年前に遡る。この間、学習や発達といった教育をとらえる観点は概念として大きく変化した。「ひとりの読み書き」から「相互行為としての読み書き」への移行もその流れの中に位置づけられるが、それは今現在、過去を振り返ることでみえる流れであり、実践を行っている時点では意識されていなかった。

　本書の意義は、そのような学習・教育の見方が社会的に変化する途上で、実践の内部から実践が向かうべき方向を模索し、その変遷過程を自身の教育観の変遷とともに示したことにある。したがって、本書が実践研究の総括として提示した書くことに対する新たな見方は、先行研究で言われている学習や発達、言語教育の新たな見方の中に今この時点で改めて位置づけることで、本書の結びとしての課題と展望を描くことにつながるものと考える。終章では、このような意図のもと、1章から7章までの実践研究による考察を踏まえたうえで、読み書き教育が向かうべき方向を巨視的にとらえるために、自身の実践の文脈からはあえて距離を置き、省察的対話が向かうべき変革とそれを可能にする実践研究の方向性を、読み書き教育をめぐる展望として述べる。

1 書くことの学びをとらえる視座

　本書は、第二言語で自分のことばを獲得するために、省察的対話が重要であることを主張した。本書でいう省察的対話とは、他者とのかかわりの中で自分自身の声を見出し、他者との「境界」や「距離」を柔軟に動かし、他者との関係や自分自身を変えていく対話であった。教室は、省察的対話によってことばを意識的に学ぶ場であると考える。

　意識的に学ぶという意味において、母語は身近な人々とのあいだで無意識のうちに身につけたことばであり、学ぶことばではない。教室で子どもたちが学んでいるのは、岡本（1985）がいう「二次的ことば」や書きことば、あるいは第二言語である。母語とは異なり、こうしたことばを使いこなすには意識的な操作と熟練を要する。書くという言語活動にはそれが最も要求され、熟達するのが容易ではないからこそ教室で学ぶ対象となり、容易に習得できない技術を身につけた者とそうでない者とを差別化する。

　子どもにとって、二次的ことばとしての読み書きが困難なのは、それまで親しい人とのあいだで具体的な文脈の中でやりとりしていたことばを、不特定の他者を想定して、だれにでもわかることばに変換する「ひとりの読み書き」が求められるからである。しかし、序章でみたように、書くことの基礎には文脈の中でのやりとりとしての対話が生き続けており、茂呂（1988）は、幼児期のことばの使用と書くこと、書くことを学ぶ教室は連続性をもつという見方を提示している。本書は、すでに「ひとりの読み書き」を母語で獲得した成人学習者が第二言語で書く過程においても、書くことの基盤にある対話性が第二言語の発達を支えていることを実践のデータによって示すものとなった。

　しかし、子どもと第二言語学習者の抱える困難は当然ながら大きく異なる。子どもは自分の周りの身近なだれかに向けて書こうとするために、だれにでもわかることばとならないのに対し、第二言語学習者はだれにでもわかることばを書こうとするために、だれかに向けるはずの自分の声を見失っている。つまり、普遍的な技術としての読み書きを志向し、ことばの道具的・実用的側面のみを重視すると、ことばを向ける宛

先としての他者の声、それに応答する自分自身の声を認識することができなくなってしまう。そして、そのことが第二言語で表現することを困難にしている。本書が記述してきたのは、自分の声を取り戻そうとする第二言語学習者の葛藤であり、それはことばによるコミュニケーションやことばを学ぶことに対する意識を変える必要性、すなわち、言語観や言語能力観といったものの問い直しを迫られることを意味している。

　これまでの実践研究による以上の考察を踏まえ、読み書き教育が向かうべき方向性を示すために、書くことの学びをとらえる視座として次の3点を提示したい。

（1）　宛名をもつ声に根ざした自分のテーマの探究
（2）　他者とテーマを共有し、考え、評価し、行動するためのことば
（3）　コミュニティにおける相互行為の意味づけ

　これら三つの観点は互いに結びつき、支え合うものであり、省察的対話の具体的な対象となる。他者とのかかわりの中で自分の声を見出し、他者との関係や自分自身を変えていく省察的対話は、書くことを相互行為としてとらえることを前提として成立する。書くことは、話すことと同様に自身に向けられている声に応答することであり、書かれるものは先行する声を反映し、後続する他者の声をも予測したものとなる。書くことをひとりで行う記号の技術的操作とみることは、読み書き教育が内包する政治性を覆い隠し、ことばを獲得する過程で生じる葛藤に気づかせない、あるいは誤った理解に導くことになる。

　書かれたものを規範に近づけるために互いにフィードバックすることは、目的を共有する「共同行為」ではあっても、ここでいう「相互行為」とはならない。省察的対話の前提となる「相互行為」とは、宛名をもつ声に根ざしたやりとりが他者とのあいだで、あるいは自己との内的対話として行われることを指す。

　7章で示した書くことに対する二つの見方は、上記3点に吸収されている。潜在的な声を基盤として書くという見方は、1と2の視座へ、相互行為の過程に生じる葛藤の意味づけは、3につながるものである。以下、上記3点について、先行研究との関係の中で論じていく。

1.1 宛名をもつ声に根ざした自分のテーマの探究

　書くことが相互行為として行われるためには、他者への応答としての自身の声に自覚的になる必要があった。こうしたとらえ方は、1章で概観したように、Cazden（1996）がL1ライティング教育をヴィゴツキー理論の解釈のされ方によって三つに分類したうちの一つ、すなわち「創造力の源泉」としての内言に注目する第一の動向に通底する。第一の動向では、内言の生成が精神間に起源をもつことから、教室は言語的に豊かな環境にあることが求められ、学習者は明示的な教授によってではなく、あくまで社会的な活動に参加することによってことばを学んでいくことが重要だととらえられていた。Cazdenのいう「創造力の源泉」としての内言は、成人を対象としたL2ライティング教育を行う本書においては、第二言語のことばに先行する学習者の声として記述された。声を喪失したことばの技術的操作はプロダクトとしての書かれたものを「改善」するとは言えず、それは成人を対象とする第二言語の教室においても、書くことの社会的側面に注目する必要があることを示唆していた。

　序章で述べたように、声、すなわち「人格としての声、意識としての声」は、社会的な環境の中でのみ存在し、静的な実在ではなく、動的な過程としてとらえられる。意味とは、二つ以上の声が出会ったときにのみ成立するものであり、その声がだれに向けられているのかという「宛名」が常に問題とされる。しかし、話すこととは異なり、書くことにおいて「宛名」を意識することは二重の意味で困難を伴う。なぜなら、書くことは対面状況では行われず、不特定多数の読み手を想定しなければならないという、「宛名」をみえにくくする特徴そのものが書くことの本質にあるからである。書くときには具体的な文脈を共有できないために、抽象的で一般化された記号としてのことばの操作が必要とされる。宛名がみえにくいことがことばの使用を技術化し、技術化されることで「宛名」をもっていた声が失われていく。

　本書では、正しく書かなければならないという規範との葛藤の中で、学習者が見失っていた声を取り戻すために、書かれたテクストをめぐる理解と価値づけの応答の可視化を必要とした。それは、書き手と読み手とのあいだで交わされるやりとりが、中立的で客観的な判断に基づくテクストの評価ではなく、自分自身の何らかの価値観を表明するものであ

ること、そしてそれが互いを理解するために行われるということである。テクストをめぐるやりとりに自身の理解や評価を重ねる、つまり他者の声に応答するということは、あるテクストがすでに存在するものとして共有されているコミュニティに参加し、テクストと相互作用することで、コミュニティそのものが変容したり、新たに形成されたりすることを意味する。書くことを学ぶ教室はそうしたコミュニティの一つであり、テクストの宛名が教室参加者に限定されないことで、学習者が書き手として参入するコミュニティは、教室をこえて拡大していくことになる。

　コミュニティが形成される過程と、そのコミュニティにおいて書き手が自分の書くべきテーマを発見・探究していくプロセスは連動している。人と人とのあいだに生まれる原初的な声は対面状況で行われる対話と同様に書くことの基盤となり、人と人との関係が変化していくことで、書かれるもの、書くという行為そのものも変化していく。自分のテーマとは、そうした変化の過程で、ことばによるコミュニケーションの核となる声であり、他者に対するさまざまな感情や、ものごとに対する見方・考え方を形づくっている。書くことは、このようなテーマを省察的対話によって探究することとして学ばれるべきだと考える。

　細川 (2011, 2012) は、ことばの教育において自分のテーマを問い続けることの重要性を主張している。細川のいうテーマは「自分の過去・現在・未来を結ぶ、一本の見えない糸のようなもの」、「無意識のうちに興味・関心を湧き立たせる」(2012: 16) ものであり、将来の職業や生き方にも深くかかわっている。自分のテーマを発見する活動において、個人は自らのアイデンティティ生成あるいは更新の瞬間に出会うことになる。ことばの教育においては、「自らのテーマを発見・気づき、それを個人の利害だけに収束させず、社会への参加という形で実現できる人材の育成」(2011: 24) という観点が重要となる。細川のいうテーマも、書くことと密接に結びついている。テーマが書くことの文脈で語られる際には、テーマを自分のものとしてとらえ直すことの必要性が説かれている (2008b: 38-48)。

　本書は、学習者一人ひとりが教室での相互行為を通して自分が書くべきテーマを発見していく過程、すなわち他者とのかかわりの中で自分の

声とことばを見出していく過程として描くことができた。4章で述べたように、教室での書く課題は、学習者が自分のテーマを探究する過程に強く影響する。それは、書く課題を自由にすればよいという意味ではない。与えられたテーマであっても、それを自分のテーマとしてとらえ直すこと、すなわち、与えられたテーマを媒介として他者の声に自分の声で応答することが重要となる。

　本書で、学習者が書く課題として取り組んだテーマは、学習者それぞれが日々の生活の中で抱えている何らかの問題意識を反映していた。テーマが決められないと悩んだ学習者の中には、問題意識がなく問いが立てられないということではなく、その問題を取り上げること、向き合うことを回避するというケースもみられた。[研究4] の学習者であるハルは、テーマがなかなか決められなかった苦しさを、振り返りシートに記していた。

　　　意見文を書いてみた時に、テーマを決めるのは難しかったです。現在のトピックが選びたかったから、日本ブラジル移民100周年記念について話したかったです。しかし、主張がなかったので、環境問題に関するテーマを選択しました。それは、とても大切な課題のためです。テーマをやっと決定した時までに、書くことがつらかったと思います。しかし、トピックが代わったと、書いた文章に満足しつつあります。（略）

　ハルの最初のテーマは「日本に住んでいるブラジル日系のアイデンティティ衝突」だった。しかし、仲間との対話や教師の質問に答える過程で、自分が意見文として言いたいことが見つけられず、第一稿を書く段階で、テーマを環境問題に変えてしまった。日系ブラジル人としての自分のアイデンティティの問題を語りたかったと思われるが、それを結論として書くことは難しいと判断したようだった。ハルは、環境問題について意見文を書きあげたことに満足していたが、本当に書きたいテーマは何であったのか、本実践ではそれを探究する場をハルに提供することができなかった。書くことは自分自身のテーマを発見・探究することであり、自分自身のテーマでなければ省察的対話は生じない。新聞への投

書という課題に伴う制約を取り除き、自分にとって最も大切なテーマを見つける過程を重視した授業であれば、ハルの選択は変わっていたかもしれない。主張がないからではなく、自分の声を向けるべき宛先がみえないために、ハルはテーマを他者と共有することができず、テーマを語ることばも見出すことができなかった。

しかし、自分自身と向き合うこと、対立する意見とぶつかることは、苦しくつらい過程であり、学習者がたとえ宛名をもつ声に根ざした自分自身のテーマを発見できたとしても、対象とする問題が教室に閉じられ、解決されないのであれば、書くこと、対話することの意義を実感することは難しい。学習者が自分を取り巻く社会とつながり、周囲の環境を変えていくためのことばが必要となる。次に述べる書くことの学びをとらえる第二、第三の観点は、自分のテーマを発見し、探究する過程において吟味すべきものである。

1.2 他者とテーマを共有し、考え、評価し、行動するためのことば

書き手が自分のテーマを発見・探究する過程と、書き手の声が向けられる宛先としてのコミュニティが形成される過程は連動しており、それは、他者とテーマを共有し、考え、評価し、行動するためのことばを媒介としている。読み書き教育は、学習者が書き手として新たなコミュニティのメンバーとなり、その中で自分のテーマを探究することによってコミュニティそのものが変容していくことを支えることであり、媒介物としてのことばの存在を無視することも、ことばだけを取り出して教えることもできない。

このような書き手とコミュニティとの関係を、茂呂（1988）は「まねくこと」と「まねかれること」との緊張関係としてとらえた。書くこと、そして文化的媒介は、その場に参加する身振りや、その場の語り口をとることで、ある場所にまねかれることをもたらす。しかし、同時に私たちの場所にまねいてもいるのであり、まねかれることとまったく同じ重みでまねくことがある。すでにそこにあるものと、新たにつくり出されるものとの緊張関係は、まねくこととまねかれることとがともにあって、文化的な媒介を成り立たせていることを背景にしているという。なぜ書くのかという問いに茂呂は以下のように答える。

> なぜ書くのか。それは文化としてすでにある語り口から、固有の声を作るためだといえる。書くということはすでにそこにあった身ごなし・語り口から、あらたな身ごなし・語り口、すなわち声を組み上げることとして成り立っている。　　　　　　　（茂呂1988: 160）

「われわれ自身の声を作る」ためには、すでにそこにある身ごなしや語り口をとらなければならない。「まねくこと」と「まねかれること」との緊張関係は不可避であり、その力関係はその場の文脈によって大きく変化する。すでにある身ごなしや語り口を無視して声が発話されることはありえず、身ごなしをとり、語る主体としての声なくして文化的媒介は成立しえない。話し手から聞き手へ意味が伝達されるとみるコミュニケーション・モデルを批判するバフチンも、ことばの辞書的な意味や規範性を否定しているわけではない。「ことばのジャンル」が存在せず、個々の発話を自分の意志ではじめて構築しなければならないとしたら、言語コミュニケーションはほとんど不可能であると述べている。

　第二言語の教育・研究は、ことばの形式を記述し、説明し、学習者に対してどう教えるべきかについて多くの知見を重ねてきた。それらを無視して第二言語で読み書き教育を論じ、実践することはありえない。本書が主張するのは、読み書き教育において、そうしたことばの形式に先行する書き手の声を重んじることであり、声を喪失したことばは人と人とを結びつける力をもたず、コミュニケーション行為として書くことはできないということである。他者とテーマを共有するということは、他者の声を聞くと同時に自分の声を聞き、感じることであり、書くことは他者と共有したテーマについて考え、評価し、行動することにつながらなければならない。

　バフチンによれば、私たちは「言葉」を発音したり耳にするのではない。耳にしているのは「真か偽か、善か悪か、重要なことか重要でないことか、愉快なことか不愉快なことか等である」（1989: 103）。「言葉」はイデオロギーや日常生活の内容や意味で満たされており、そのようなものとして私たちは「言葉」を理解し、反応する。「イデオロギー的充填物から切り離された言語形態」は、言語＝ことばの記号ではなく、同じも

のを再認する「信号」でしかないとバフチンはいう。

　他者とテーマを共有し、考え、評価し、行動するためのことばが自他の声を聞き、感じ、人と人の「関係をつくることば」であるのに対し、ことばをある種の信号や刺激とみなし、他者に自分の思い通りの反応を求めることを、ここでは、ことばの単声機能が強くあらわれた「道具的なことば」の使用と呼びたい。第二言語の教室では、特に初級の段階においては、日常の生活場面における依頼・要求・指示・命令といったことばの機能と形式を結びつけ、自分の意図するとおりに相手が反応してくれることをゴールとして練習を重ねる。定型表現を自然に滑らかに口にすることでコミュニケーションが円滑に進むという図式は、ことばがバフチンのいう「信号」の役割をもつ道具として機能していることをあらわしている。

　イ・ヨンスク（2000）は、「ことばの道具性」を身体化の有無という観点から論じている。ことばが「身体の延長」としての「道具」として獲得されているならば、ことばは外的物体としても内的心理としても意識されない。私たちは、自分や相手が何を言おうとしているかに注意を向けるのであって、ことばそのものを意識しているのではない。「外国語の文法書」は「けっして身体化することのできないことばの残骸」として、ことばの存在を否応なく意識させる。身体の延長としてのことばは私たちを「解放」するが、「身体化できない外部の力であり続ける」ことばは「装置」として私たちを「拘束」する。イ・ヨンスクは、身体性から脱却したことばのいきつく先は人間を鋳型に押し込む「言語装置」によって支えられる「ロゴクラシー＝ことばの支配体制」だと批判するのである。

　しかし、ことばの「身体性」は道具を扱う技術的な訓練によって身につくものではない。佐伯（1995）は、子どもの自我形成や学びの発達における「（身体化された）ことば——自分のからだの芯のところから発することば」（p.128）の重要性を鳥山敏子[1]の実践の中に見出している。佐伯は鳥山の実践について次のように述べる。

　　つまり、鳥山氏が強調していることは、からだの芯のところからことばにして出すことと、出されたことばをからだの芯のところで受

けとめることの往復運動を徹底的に行うことを通して、「自分の深いところにある本当の思い」をまっすぐに表現する「自分のことば」を探すということである。そういう本当の「自分のことば」が出せるようになったときというのは、実は「他人のことば」を、まさにからだの芯で受けとめられるときでもある　　　　（佐伯1995: 125）

　このようにして探り出される「からだからのことば」を他者に語ることで自と他の分離がはじまり、自分と対立する他者に「なってみる」ことで「からだからのことば」が明確化し、「本当の私」探しがより深いものになる。ことばは道具（artifacts）の一種であり、「身体化した道具」が他者との接面形成に重要な役割をもつと同時に、「道具の身体化」に、他者の存在が重要な役割をもつ。このような、「道具と他者の相互浸透性」こそが学びを形づくっているのだと佐伯はいう。

　母語とは異なり、第二言語や書きことばが身体化されるには意識的な学習を必要とするが、学習に多くの時間をかけても身体化されるとは限らない。ことばをことばとして意識するのではなく、他者が何を語っているのかに意識を向けるということは、他者の声を聞き、感じることであり、自分の声で応答するということである。たとえそのことばがイ・ヨンスクのいうような「身体性」──自分の身体の延長としてその存在を意識せずに操ること──を獲得していなくても、ことばに染みついている他者の声を自分のからだで受けとめ、自分の声に耳を傾けることで、「本当に言いたいこと」を「自分のことば」として他者に返すことは可能である。それはぎこちなく、たどたどしい動きかもしれないし、「自分のことば」であっても、括弧に括られた半ば「他者のことば」としてよそよそしさをぬぐえないものであるかもしれない。しかし、ことばのやりとりが人と人とのコミュニケーションである限り、自分の声とからだに根ざしたことばは他者に届く力、他者と関係をつくっていく力をもっているはずである。

　鯨岡（1997）は、ことばの一義的な意味を利用しながら正確に情報や観念を相手に伝達し、理解されることをめざすコミュニケーションを「理性的（道具的・実用的）コミュニケーション」と呼び、気持ちや感情の共有をめざしつつ他者との関係を取り結ぼうとするコミュニケーションを

「感性的(繋合的)コミュニケーション」と呼んだ。感性的コミュニケーションは、対面する二者のあいだで、例えば乳児とその養育者、夫婦や恋人同士、患者と看護者のように、その心的距離が近い関係にあって、気持ちのつながりや共有を求めるという意味において「原初的コミュニケーション」[2]であるという。この原初的コミュニケーションこそがコミュニケーションの本態であり、理性的コミュニケーションはその上に積み重なる形であらわれる。「原初的」とは発達初期の段階にあらわれてくるものとして、「未熟さ」と重なることは否めないが、子どもがことばを獲得し、道具的な情報伝達コミュニケーションを行うようになっても、その基底をなすものとして感性的コミュニケーションも深化し続ける。鯨岡は、従来の発達観、つまり感性的コミュニケーションから理性的コミュニケーションへの移行がコミュニケーションの発達であるという見方を批判している。

　鯨岡は主として対面コミュニケーションにおいて感性的コミュニケーションの意義を論じたが、それが「原初的」であるという意味において、書くことの「発達」にも重要な役割を担っていると言えるだろう。岡本(1985)は子どもの発達における、「一次的ことば」と「二次的ことば」の重層的発達の重要性を主張し、学校教育における二次的ことばへの過重な要求が生じさせる二次的ことばの肥大化に警鐘を鳴らした。二次的ことばを習得したあとも、一次的ことばは一次的ことばとして深まることが重要であり、二つのことばは相互に連関して発達していく。岡本は、「一次的ことばが対話行動としてさらに深まってゆくためには、他者のことばと自己のことばを組み合わせながら、相手との共同作業を通して共通のテーマを追求し、そこに相手とのより深い共有世界を実現してゆこうとする態度と技術を必要とする」(p.198)と述べる。

　成人を対象とする第二言語の教室においても、ことばの重層的発達が必要とされている。序章で例にあげたセネガル出身の学習者は、筆者との1対1の対話を繰り返すことで260字の意見文を書きあげ、新聞に投書し掲載された。大学入学当初、日本語で書くことをほとんど行ってこなかったこの学習者は、話すことはできても、その内容を文字にして書くことはできなかった。意見文を書くにあたっては、テーマを決定することが最も困難であり、特に言いたいことはない、意見がないと言い続

けた。しかし、他の学習者が日本の生活について書いた文章を読み、筆者から日本に来て驚いたことや困っていることはないかと問われるうちに、驚いたことも困っていることもないという当初の語りを徐々に変化させていった。学習者は、自分が何度か経験したこと——どんなに電車が混んでいても自分の隣に座る人がいない——を「どうしてかわからない」と語った。筆者がそれについてどう思ったのか尋ねると、やはり「わからない」を繰り返したが、嫌な気持ちなのか、悲しい気持ちなのか、怒っているのかを尋ねると、「がっかりする」ということばで答えた。たぶん、自分は悪い人だと思われている、それは「がっかりする」のだという。

　このように、学習者がひとこと語っては、一文字ずつ綴り、時間をかけて完成させた文章は、筆者とのあいだで交わされた一次的ことばの色合いを強く残していたが、他者のことばを引用・交渉し、自分を語ることばとして、対面対話状況をこえて、読み手の心に訴えるものをもっていた。宛名をもつ声に根ざした自分のことばは、他者とテーマを共有し、考え、評価し、行動するためのことばとして、他者との関係をつくっていく。「がっかりする」ということばとともにある学習者の声は、その場の文脈を共有していない新聞の読者に対しても、筆者が対面状況で感じたのと同様に、戸惑い・共感・憤りなどの思いとして読み手の声を応答させる力をもっていたはずである。

　このような「自分のことば」で他者とテーマを共有するためには、そのコミュニティにおいて「自分のことば」がどう位置づけられているのかを認識し、「自分のことば」による相互行為を自分自身で意味づけていくことが必要とされる。第三の観点は、「他者のことば」との葛藤を学習者や学習者の周囲の人々がどのように理解すべきかということにかかわるものである。

1.3　コミュニティにおける相互行為の意味づけ

　本書の学習者はみな、日本語として正しく書かなければならないという規範意識に縛られながらも、自分の声と向き合い、他者との相互行為を重ねることでそこから自由になっていった。「規範」はコミュニティの中で常につくりかえられていくものであるが、そのことをコミュニテ

ィのメンバーが意識することはまれであり、また困難でもある。教室というコミュニティで、他者との関係において学習者が自分の声とことばを見出したとしても、そこでのその相互行為を、教室を取り巻くさまざまな他のコミュニティとの関係において、学習者自身がどう意味づけるのかということを考慮に入れずに、自分のことばの獲得を称揚することはできない。

　相互行為として書くことを実践する筆者の教室活動に対して、それで本当に日本語力が身につくのかという批判をしばしば受ける。ここでいう「日本語力」とは、語彙力や適切な文法の使用を指していると思われる。学習者の言いたいことが伝わる文章が書けたとしても、「日本語力」が不十分であれば、それを改善することこそが教師の役割だということだろう。あるとき、自分の実践とはまったく異なる文脈で、このような「日本語力」の相談を受けた。大学での文章表現の授業を日本語母語話者の学生とともに受講している非日本語母語話者の学生についてである。担当の先生が言うには、その学生が書く文章はいいものをもっているし、言いたいことは伝わるのだけれど、助詞や漢字の間違いが多い。留学生対象の日本語の授業を受けたほうがいいのではないかという相談だった。先生はその学生を非常に肯定的に評価しており、だからこそ親身になって心配し、相談をしたのだろうと推察された。

　このような相談は、大学で行われる日本語教育の現場ではよくあることである。専門の授業についていけない、論文やレポートを書く日本語力が足りないので、日本語のクラスで補ってほしいという要望である。もちろん、そのようなクラスは多数設置されおり、そこで学ぶことは一定の日本語力の向上につながるだろう。助詞や漢字の間違いを減らすことはできるかもしれない。しかし、日本語力を身につけるためにそのクラスで学んだことばが、再びクラスの外にあるコミュニティに戻ったときに、そのまま受け入れられることはありえない。だれに対しても、どの文脈においても、同じ意味をもち、同じ働きをすることばは存在しない。重要なのは、学習者が自分の属するコミュニティにおいて、自分のことばがどう位置づけられているのか、つまり、ここでの例で言えば、助詞や漢字の間違いがそれを読む人にどのように受け取られているのかを認識し、読み手との相互行為を自分自身で意味づけていくことであ

る。

　書くことは、コミュニティの形成とともに書き手のテーマを発見する過程として学ばれていく。あるコミュニティで必要とされることばを獲得するためには、そのコミュニティに参加し、テクストを媒介としてコミュニティと相互作用する過程を経なければならない。文章表現を受講していた学生は、セネガルの留学生とは異なり、日本語母語話者の学生と同じ試験を受けて入学している。それでもなお、文章表現を学ぶコミュニティにおいて、「日本語力」の不足を意味づける機会が与えられなかったことになる。それは、「日本語力」が絶対的で動かしがたい規範として存在し、基礎として学ばれるべきものであるという認識が学校という場においてはいかに強固であるかということを示唆している。

　一般的に、読み書きはどのような文脈においても適用可能な普遍的技術として、こうあるべきだという規範に支えられている。規範からの逸脱は技術を習得していないことを示し、習得できないのは学習者の努力や能力が不足しているからだとみなされる。しかし、規範として設定されている読み書きは、だれにとっても普遍的で、価値中立的なものではなく、ある集団にとっては自分たちの言語コミュニケーションとは大きく異なるために習得に葛藤や困難を生じさせる。何を規範と定めるか、すなわち、どの集団の利益を優先するかは極めて政治的であるが、1章で述べたように、「機能的リテラシー」という概念はそのような政治性に目を向けず、客観的・中立的な認知的能力としてリテラシーをとらえることで、規範を習得できない人々に対する差別や排除を正当化する。

　菊池（1995）はそれを「識字の暴力」（スタッキー 1995）として批判している。「〈識字〉という言葉は、技術としての読み書き能力・技術という意味と、その技術を用いる人間解放の営みやそれを用いる場（社会）における人間同士の権力関係をも含む言葉として用いられなければならない」（p.18）と述べ、「識字」と「識字術」を区別する。読み書きを教えることは政治的選択を伴うものであり、中立の技術として識字術を教えるべきではない。私たちに求められているのは、まず個々の識字を平等に扱う必要を認識すること、つまり、従来の識字観を変えることだというのである（pp.177–178）。

　しかし、読み書きの政治性を認識し、それが文脈と切り離して単独で

学ばれるものではないことが明らかになっても、読み書きの習得過程で生じている困難を解消する実践的なアプローチが示されているわけではなく、また、習得できないことで不利益を被る人々がいるという現実に変わりはない。言語的少数派の人々に対して、多数派の規範である読み書きを教える第二言語の教室では、規範がいかに政治的に定められたものであっても、その存在を否定することはできず、規範に縛られないまったく新しい表現を生み出すなどということも不可能である。実践の場に立つ教師に求められているのは、他者のことばとの境界で自分のことばを獲得しようとしている学習者の葛藤を理解することであり、教室は、省察的対話によって学習者が自身の葛藤を意味づけていく場となるべきだと考える。

　書くことを相互行為ととらえる本書の実践においても、規範の存在が強く意識される場面で学習者の葛藤が顕在化した。正しいとされている規範と自分のことばがずれているかもしれないという不安は、第二言語学習者にとって容易には解消できないものであり、規範が権威づけられ、その獲得を強いる学校という場においては、強まりこそすれ、解消することは不可能であるようにも思われる。読み書きが学校教育と結びつき、学歴をもつことが経済的な成功をもたらす（あるいは経済的に豊かであるという特権を維持するために学校教育を必要とする）という構図は、第二言語を学校で学ぶことにおいても同様にあてはまる。

　それは、言語能力が数値によって測定可能であり、その数値を、経済的成功に結びつく進学や就職の機会が得られるかどうかを決定する指標として用いることは公平である、もしくは公平を期するために現状選択できる最善の方法であるという言語観・言語能力観に基づいている。しかし、数値化される言語能力がいかに部分的な能力であるのか、またその部分的な能力をはかるのでさえも、信頼性、妥当性を確保することがいかに困難であるかは、一度でもその数値化を試みた者であれば十分身にしみており、その限界も自覚しているはずである。数値化できる実体としての言語能力とは、規範からのズレの程度であり、正しいか誤っているか、その線引きが容易なもの（だからこそ部分的なものとなる）だけが客観的な能力として評価されることになる。

　このような状況の中で学習者がことばを学んでいることを考慮せず、

権威的な規範の存在を批判し、自分のことばの獲得を称揚しても、学習者の葛藤を理解することにはならず、かえって混乱をまねくことになる。規範とされているものは、中立的・客観的に定められているわけではなく、必ずしも固定的・絶対的なものではない。それは、つくりかえられ、新たに創造される可能性をもっている。重要なのは、ことばを文脈から切り離して分析することができないように、言語活動から言語能力を要素として切り出し、客観的に測定することなどできないということを学習者自身が認識し、実感することである。教室はそこに参加するすべての人がこのような実感を共有し、自らの言語観・言語能力観を問い直していく場となる必要がある。

　以上が書くことの学びをとらえる第三の観点である。この観点は学習者の学びに限定されない。人と人とがかかわって生きていく中で、互いにとってよりよい世界をつくっていくために、コミュニケーションはどうあるべきなのか、コミュニティ全体としての省察的対話が必要とされている。この第三の観点は、ことばを学ぶことの視座として、コミュニティにおける言語観・言語能力観の更新につながっていくべきものだと考える。

2 ことばの「発達」を問い直す

　コミュニティにおける相互行為を参加メンバーそれぞれが意味づけ、それぞれの言語観・言語能力観を問い直していくには、従来の第二言語の教室のように、非母語話者が母語話者に近づくことを目標として、非母語話者だけが第二言語を学ぶという形態では実現できない。岡崎(2007)は、日本人住民と外国人住民がともに地域社会を築いてくために、両者が互いをコミュニケーションの当事者としてその方法を学び合う「共生日本語教育」を提案している。「共生日本語教育」と「日本語教育」の違いは、「多様な言語・文化背景を持つ者同士が共に生きていくための言語的手段を日本語という言語で獲得する」という学ぶ目的と深く関連し、教育対象をめぐって日本語母語話者と非母語話者が対等な立場に立つかどうかという点に本質的な違いがある (p.293)。日本語母語話者も非母語話者と同様に「共生言語としての日本語」の学び手であり、

その「所有権」を主張することはできない。学ぶ対象を接触場面で使用される「共生言語としての日本語」(以下「共生日本語」)とし、「母語場面での日本語」(以下「日本語」)と区別することで、言語的少数派に同化を要請することのない日本語教育をめざすことができるという。

　すべての人々の母語及び第二言語学習を保障したうえで、日本語母語話者と非母語話者が対等な学び手として「共生日本語」を創造していくという教室の方向性には筆者も賛同する。岡崎も述べているように、「共生日本語」は、学術場面で使用される日本語もあれば、日常的な生活場面での日本語、職場での日本語など多種多様なものとなるだろう。重要なのは、このような多様な接触場面すべてにおいて「共生日本語」と「日本語」が平等に扱われるべきだという意識をいかに醸成できるかという点にある。牲川(2006)は、岡崎(2002)が言語的少数派の言語保障を訴える文脈で「日本語」と「共生日本語」を区別したことには理解を示しつつも、「日本語」が圧倒的なパワーをもつ現状で、地域の日本語支援の目標理念を語る際には「共生日本語」しかないという戦略的語りを選ぶべきだと主張している。牲川(2006)の主張や、それに対する岡崎(2007)の反論[3]は、「日本語」の規範意識がいかに堅固であり、「共生日本語」との平等の実現が困難であるかを示している。それは、岡崎も牲川も、「共生日本語」を語る際に、その射程はより広いものであることをうかがわせつつも、地域の日本語教育の文脈で多くを語っていることに象徴される。

　「日本語」に対する強固な規範意識は、日本語母語話者だけが抱いているのではない。正しく書かなければならないという思いが自分の言いたいことを見失わせるという本書の学習者の事例は、まさにこの規範意識との葛藤であった。それは、同化要請として第二言語を学ばなければならない過程でうえつけられたものであるかもしれないし、学習者自身の「母語場面での○○語」に対する規範意識から生じたものであるかもしれない。学習者は教室の内外でさまざまな言語をさまざまな文脈で学んでおり、葛藤の意味も様相もそれぞれ異なる。そして、それはまた日本語母語話者にも言えるのである。「日本語」に対する規範意識は、方言蔑視や若者に向けられる「ことばの乱れ」批判などにもみられる。それらは受験英語や国際場面における英語の絶対的パワーへの服従から生じて

いるかもしれない。日本語母語話者も、言語的少数派として葛藤を抱える場面はある。「共生日本語」が価値あるものとして日本語母語話者、非母語話者のあいだで共有されるためには、両者がそれぞれの葛藤を意味づけ、自らの言語観・言語能力観を更新していくことが必要となる。

　このような言語観・言語能力観に対する意識の変化を、日本語や○○語といった一つの言語を学んでいく中で促すには限界がある。母語であれ、第二言語であれ、ことばの教育を行っているすべての場で、その重要性が認知されることが必要である。しかし、国内共通語としての東京方言、国際的共通語としての英語が圧倒的なパワーをもち、それらを使いこなせることが経済的・社会的成功をもたらす前提とされる日本の現状において、自らの言語観・言語能力観を問い直すことは非常に困難であると思われる。方言に対する意識は変わりつつあり、標準語偏重の教育に対する反省がなされているが、日本の英語教育に対する意見は二分しており、現状を危機的状況ととらえる見方も強い。

　大津（2009）は、文部科学省が2002年に公表した「「英語が使える日本人」の育成のための戦略構想」とそれに基づき2003年に策定された行動計画に対し、学校教育のあり方が英語運用能力に対する社会的要請という観点だけから規定され、英語力の数値目標として英検やTOEIC、TOEFLなどが目的や根拠を示すことなく使用されている点を問題視している。深刻なのは、上記の戦略構想が英語格差をつくり出し、親の経済格差と子どもの学力格差が連動している中で、英語が生徒間の学力格差が著しい教科となっているという指摘である（江利川 2009）。ことばが序列化され、経済格差が生み出す英語格差によって進学や就職に不利な状況にある生徒たちが存在し、それが本人の努力や能力の不足として認識されているのだとしたら、そのような社会で「共生日本語」と「日本語」の平等を実現させることなどできるだろうか。

　ことばの教育にたずさわる者に求められているのは、このような現状を変えていくために、ことばは道具や技術として訓練によって習得可能だ、あるいは、そのことばにさらされる環境にあれば自然に身につくという世間に広く普及している素朴な言語観を崩していくことだと考える。訓練を必要とするという見方と自然に身につくという見方は、反対の見解であるようにみえて、実はことばの教育を価値中立的なものとと

らえる点において同様である。先に、母語は学ばれる対象ではないと述べた。子どもは無意識のうちに身につけた母語（一次的ことば）でのやりとりの世界から、二次的ことば、あるいは第二言語の世界へ移動することを迫られる。そうした移動は決して自然に行われるものではなく、社会的権力関係によって方向づけられたものであり、意識的・自覚的行為として困難を伴い、習得に差が生じるからこそ、移動することが価値づけられる。その過程で、一次的ことばとして私と他者を結びつけ、私自身の感情や思考を形づくっていたことばは、私から引き離され、無機的なもののように扱うことが可能だと認識されていく。

　ことばを学ぶことは、このような認識を強化するのではなく、ことばを学ぶ葛藤を理解し、現状を意味づけ、変革することにつながらなければならない。それはことばを学ぶ者だけに課せられている変革ではない。ことばを学ぶこと、ことばによってコミュニケーションする過程には常に葛藤や抵抗が生じている。その葛藤をひとごとではなく、わがこととして理解し、引き受ける覚悟が、教師や学習者という役割をこえて、ことばとともに生きる私たち全員に必要とされている。そしてそれは、ことばを獲得するとはどういうことか、ことばの発達とは何かを問い直すことに必然的につながっていく。

　やまだ（2011）は、従来の「発達観」や「生涯発達観」をナラティヴ論の立場から批判的に問い返し、新しい発達観[4]を提示している。今日、人間発達はどの年齢でも起こる可塑的で多次元的であるというものの見方や、その具体的な発達のプロセスは社会、文化、歴史的文脈の中での相互作用抜きには研究できないという文脈主義的な見方が不可欠になった。しかし、そのような変化にもかかわらず、「何歳で何ができるか」という問い方は変わらず、横軸に年齢を、縦軸に個人の能力レベルをとり、上昇と下降を数量化する図式は保持されたままであるという。やまだは「発達における喪失の意義」という観点を導入し、「喪失」や「下降」のもつ価値や意味そのものの見直しを主張する。それは「喪失」や「下降」は必ずしもネガティヴなものではなく、異なる観点からみた二つの矛盾する価値がともにあるという見方であり、ものさしは複数あるという多次元的な見方、さらに、ものさしでははかれない意味や価値の質的変化をみることが重要だというのである。

ことばの獲得や発達に対する見方も、大きな転換を迫られている。欧州評議会が発表した『ヨーロッパ言語共通参照枠』(Common European Framework of Reference for Languages、以下CEFR) やCEFRに影響を受けたJF日本語教育スタンダード[5]、英語教育におけるCEFR-J[6]の開発はそうした流れの一つであるが、その理念や受容をめぐって展開される議論においては、異なる言語観・言語能力観が提示されている（大津2009, 排田2011, 細川・西山2010, 平高2011, 嘉数2011）。しかし、たとえ、CEFRを支える言語能力観がどのようなものであっても、○○語で○○ができるというcan doリストによって目標や評価が具体的に示された時点で、ことばの発達はできないからできるへ時間軸上を進み、できた時点がゴールとなることが前提となる。そうした見方を否定すべきだというのではない。ここで言いたいのは、ことばの発達も多元的、循環的な見方が可能であり、できることで失われることば、できないことでつくられることばもあるはずであり、できるに至らなくても、その過程で新たな発達の方向が示される可能性もあるということである。CEFRが複数の言語において、母語話者なみの、あるいは4技能に均等な言語能力ではなく、部分的能力をもつことを肯定的にとらえるのであれば、「できない」をこれまでとは異なる見方で評価し、それを補う、あるいは新たな能力に発展させるコミュニケーションのあり方を考えることが重要になるのではないだろうか。
　鯨岡（1997）は言語的やりとりの底流にある「原初的コミュニケーション」が失われることが「発達」ではないと批判し、岡本（1985）はことばの獲得によって失われるものの意味を問うこと、発達をそうした喪失の歴史においてとらえる視点をもつことの必要性を述べた。二次的ことばは論理的範疇化や表現の定式化を生じさせ、その使用経験が慣用化し自動化するほど、ことばという記号に結びついた概念は画一化・ステレオタイプ化し、情報に対する接し方や受け取り方、表現の形式も固定化され、機械化される。岡本はそれによって子どもが一次的ことばを通してそれまでに自らの中に育ててきた、数々の能力、経験的知識が失われることを危惧している。

　ことばをことばとして孤立化させず、情動的なコミュニケーション

の中の一部として用いていく態度や、他者との共同性への強い志向、ことばと直結した感情や自由なイメージの喚起作用、物自体や現実に対する新鮮な感心、直観性、またことばを交わすことのおもしろさやことばの音声面に対していだく興味等、一次的ことばの中に豊かにはらまれていたものを、二次的ことばは根こそぎにしかねない力を潜在させているのである。
(岡本1985: 159)

　第二言語の発達においても同様のことが言えるだろう。文脈から切り離すことで、固定化し、規範化されたことばの形式を反復練習することで、正確に流暢に表現できるようになる。しかし、文脈から切り離されたことばは、それが本来もっていた声を失い、その声に応答する学習者の声も生じさせなくなってしまう。「どんな発話も、言語コミュニケーションの連鎖の一環」(バフチン1988: 160) と考えるバフチンにとって、「発話はつねに誰か（つまりは、声）に属しているもの」(ワーチ2004/1991: 80) であり、他の声からまったく切り離して存在することはできない。だれのものでもないことばは、だれにも「収奪」することはできない。文法や語彙を学ぶためにつくられた教科書は、いくら文脈が考慮されていたとしても、そこで語られていることばに対して、だれかに向けられている声を感じ取ることは難しい。なぜなら、文法や語彙を扱う教科書は、バフチンがコミュニケーションの実際の単位とする発話ではなく、それを語や文の単位で分析する、つまり、ことばから声を切り離すことを前提としているからである。

　声はことばの形式に先行するものであり、ことばの形式的な操作に熟達することで声を手にするわけではない。文法や語彙を学ぶことは、二次的なことばを学ぶのと同様に、ことばを分析的・論理的に扱うことを可能にし、意識的な使用を促す。ことばの規則性を知り、意味をカテゴリー化することによって、第二言語学習者はことばを自覚的・随意的に操作できるようになる。その熟達こそが第二言語学習者にとってのことばの「発達」であるとされている。しかし、二次的ことばの発達によって一次的ことばの豊かさが失われる面があるように、声と切り離されたことばの操作は、第二言語学習者に声の存在そのものを忘れさせてしまうというリスクを常に抱えている。学習者が第二言語を学ぶのは、第二

言語の世界にいる他者とコミュニケーションするためであり、他者との新たな関係をつくっていくためである。声を失うことは、第二言語の世界とのつながりが断ち切られることを意味している。

　本書の学習者の書く過程は、失われた声を取り戻し、取り戻したがゆえの葛藤を経て、新たな声をことばとともに見出していく過程であった。書くことは、その葛藤が最も強く自覚される言語活動であり、だからこそ葛藤を意味づけ、現状を変革するための行動につながる潜在力をもっている。読み書き教育は、その可能性をつぶす方向にも、育てる方向にも誘導することができる。つぶすことに無自覚な教育が「識字の暴力」を生み、それに逆らう変革をめざしたのがフレイレの教育であった。本書は、第二言語教育において重要なのは、「識字の暴力」を自覚するには識字の実践を必要とするという「識字のジレンマ」を認識したうえで、そのジレンマを省察的対話によって学び手自身が意味づけていくことだと主張する。標準的識字を深く内面化した者が、それ以外の識字の存在や複数の識字間にある権力関係に気づくことは難しい。しかし、その困難さを克服する可能性もことばを学ぶことでしか確保できない。読み書きや第二言語を学ぶことは、ことばに対するそのような認識を深めること、それによって自分たちが生きる世界をとらえ直し、変えていくことにつながるべきである。教室は、そこにかかわるすべての人が異なる考えや価値観を語り、他者のことばとの葛藤を抱えながら、互いの違いを説明し、理解し、理解されたいと願う自身の声に根ざしたことばを模索することによって、自分自身や自分を取り巻く状況がコミュニティとして変化していくことを実感できる場となるべきだと考える。

3 ｜ 実践研究としての課題：省察的対話による変革

　本書が主張してきた省察的対話は、ことばを学ぶ・教えるという実践に対する認識を問い直し、再構築することによって、教室を取り巻く社会的状況・制度の中で、自らの置かれた状況と対話し、その状況に働きかけ、変革するためのものである。6章［研究4］で分析した教室では、学習者は自らの声に根ざしたテーマを探究することで、そのテーマを他者と共有し、考え、評価し、行動するための自分のことばを獲得してお

り、それは教室参加者が書くという相互行為によってそれぞれの関係をつくり、ことばをともに学ぶコミュニティが形成される過程と連動していた。教師である筆者もそのコミュニティの一員として、コミュニティがつくられていく感覚を学習者とともに実感することで、自らの言語観・教育観と呼べるものを更新していった。

　しかし、その実感を教室コミュニティの領域にとどめることなく、さまざまなコミュニティとの関係性の中で意味づけていくことに対して、本書では実践の方向性を示すことができなかった。つまり、先に提示した書くことの学びをとらえる第三の観点を教室活動の中に具現化するに至っていないということである。再び、セネガルの学習者の事例をあげたい。大学での1年半にわたる日本語の授業の中で、この学習者は300字程度の漢字の読み書きに慣れ、言いたいことを文章にするという経験を重ねた。筆者が感じた最も大きな変化は、日本語をどのように学んでいくかを学習者自身が決定するようになったことであり、それは学習者の周囲に対する見方・とらえ方の変化と重なっていた。入学当初、日本語学習の面でも、生活の面でも問題は別にないと語っていた学習者は、次第に自身の置かれている状況を言語化し、問題を課題としてとらえるようになっていった。それは、教室での学びの大きな質的変化であるが、「ひとりの読み書き」の習得という側面からみれば学習成果は決して十分とは言えない。学習者が言いたいことを表現できたという感覚は、教室を一歩外に出れば異なる評価にさらされることになる。

　大学卒業後も日本で生活していこうとするこの学習者にとって、読み書きや二次的ことばの獲得が必要とされることは間違いない。しかし、それを過度に要求すること、逆に不必要と切り捨てることはともに学習者のことばの発達を阻害することになる。学習者が日本の高校生活で培ってきたことばは、学習者の周囲の人々とのかかわりにおいて必要とされてきたことばであり、学習者の今を支えている。ことばの学びや発達は学習者個人の中にのみとらえられるものではなく、学習者を取り巻く環境とともに、周囲の人々とのかかわりにおいてとらえるべきものであり、そこから育んでいくものであるだろう。読み書きはそのような学びの方向性の一つにすぎず、重要なのは周囲の人々とのコミュニケーションのあり方そのものが変わっていくことにある。

そのような意味において、本書は、教室という閉じられた場所で、学習者同士、教師と学習者という関係のみを分析してきた点において限界がある。教室は重要なコミュニケーションの場ではあるが、学習者の生活の場の一つでしかなく、教室の外で学習者は一人ひとり異なる複数のコミュニティに属している。そこでどのようなコミュニケーションを行い、何を学び、どのようなことばを獲得していくのかを視野に入れなければ、ことばの発達の全体像をとらえることはできない。学習者が自分を取り巻く社会とつながっていくために、どのような対話が必要なのか、それによって周囲の環境をどう変えることができるのか、そのためのことばのあり方を学習者とともに模索する必要がある。実践者である教師が行う実践研究は、学習者と教師がともに学び成長する相互行為としての教育実践であり、そのような実践や学びが拡大することは、教室という閉じられた場の改善にとどまらず、教室を取り巻く社会を変革する可能性を秘めていると考える。

　実践という複雑な状況下での探究・省察の過程を重視するショーン（2007/1983）は、行為の中の省察を行う教師が、自分たちの省察的実践を妨げる学校のシステムそのものに疑問をもち、教室という枠組みをこえて自分たちで新しい理解や活動の態勢を獲得していく事例を報告している。制度化されたスケジュール、他の教師と隔てられた教室、テストによる成績評価などが疑問視されるだけでなく、特権的な知を順次生徒に伝達していく場として学校をとらえるような学校観そのものにも批判が加えられていく。教師が省察的実践者としてふるまうとき、「よい授業」や「よい教室」ということばは、学校の制度改革を緊急に促すテーマとなりえるというのである。

　教育の分野で行われるアクション・リサーチと呼ばれる研究アプローチは、日々の授業改善の先にこのような学校改革を志向している。秋田（2005）は、教育研究としてのアクション・リサーチが、イギリスでの中等教育学校のカリキュラム改革運動の中で形成されていった背景について述べている。教育の場では、「授業改善―カリキュラム開発―教師の専門性の発達―学校改革」というさまざまな課題をつなぐ教育研究法としてアクション・リサーチは生まれた。それは、教師個人がひとりで行う研究というイメージではなく、学校全体が、あるいは大学の研究者と

学校や教師が協働で研究を行う共同生成的なアクション・リサーチであるという。

　本書も含め、日本語教育で行われる実践研究は、教育機関としての組織改革やカリキュラム開発の観点は弱い。それは、教科教育とは異なり、よく言えば学校制度の枠組みから比較的自由でいられること、悪く言えば制度的に統制・管理すべき対象として認知されていないことが影響していると考えられる。制度的な拘束力が強ければ強いほど、そこから自由になろうとする改革への動きも大きくなる。しかし、ここで言いたいのは、日本語教育がそのような制約が少ないために、改革が意識されにくいということではない。日本語教育を行う機関が、また教師や学習者という個人が、それぞれの社会的・制度的な制約のもとに日本語教育という実践にたずさわっていることは言うまでもない。日本語教育が自由であるという意味は、日本語教育という枠組みにおさまっていれば、何をどのように教えるかについて他領域からは干渉されないということであり、別の言い方をすれば、他領域に踏み込むことを制限され、教室をこえた改革が困難な孤立状況にあるということである。

　第二言語として日本語を学ぶことは、日本語のコミュニティに参加するための準備として基礎的な言語能力を身につけることであり、その応用として教科教育や専門分野での教育があるという考え方がある。こうした考えに対する賛否はおくとして、日本語教育にこのような予備教育的な側面が期待されていることは事実であり、そのことが他の教育分野との関係において日本語教育を孤立させ、そうした状況がより大きな社会的文脈の中で日本語教育をとらえることを困難にさせている。年少者に対する日本語教育や地域での日本語教育はこうした問題が最も強く意識されるフィールドである。生活者として日本語を学ぶ学習者は、学校、家庭、職場などにおいて、すでに日本語コミュニティの一員として、コミュニティの中でことばを学んでいる。彼らが属している日本語コミュニティは、準備のためのことばを学ぶコミュニティではない。そこで学び、仕事をし、人とかかわり生きていく場としてのコミュニティであり、日本語を学ぶことを生活から切り離した基礎的な技能の習得ととらえることはできない。

　日本語教育の実践研究において、教室をこえた改革をめざそうとすれ

ば、それは教育機関やカリキュラムの改善にとどまらず、より広い意味での社会的制度、コミュニティの変革を志向することになるだろう。教室内の改善であれば比較的衝突や抵抗もなく行われるものが、その領域を少しでも出ようとすれば、日本語教育がこれまで孤立していたがゆえに数々の障害にはばまれることになる。しかし、実践研究が自身の教師としての教育観を省察的対話によって更新していくものとして行われるならば、省察の対象がより広い文脈としての社会に向かっていくことは必然である。アクション・リサーチは、さまざまな研究領域で用いられており、必ずしも批判的な観点をもつものではないとも言われるが（保坂 2004）、パーカー（2008/2004）は、アクション・リサーチとは「研究活動を未来構想的な政治的実践へと変革する活動」(p.174)であると明確に述べている。教育実践者が研究者である実践研究においては、教育実践＝研究活動のもつ政治性をより強く自覚することが必要であり、実践研究においては、実践が埋め込まれている社会構造に目を向けることなく、実践の改善を論じることはできないと考える。

　それは、実践の対象を単純に教室の外に広げるという意味ではなく、教室というコミュニティ、学習者、教師である自分が無意識のうちに組み込まれている社会的・制度的な構造に自覚的になるということであり、実践の改善を閉じられた教室だけのものとして考えないということである。拡張的学習を提唱するエンゲストローム（1999/1987）は、発達は「個人的な転換」にとどまるのではなく、「集団的な転換」とみなされるべきだと述べ、「水平的」と「垂直的」という二つの次元で発達をとらえている。活動理論の第三世代とされるエンゲストロームのアプローチがそれまでの研究者と大きく異なるのは、学習（発達）における変化の主体を個人ではなく集団としてとらえ、活動システムやコミュニティの変革を学習（発達）として位置づけ、それを観察、記述するよりも介入によって促す環境づくりをめざしている点にあるとされる（青山・茂呂 2000, 高木 2010, 茂呂 2012）。「水平的」と「垂直的」、つまり空間的・社会的次元と時間的・歴史的次元がともに強調されているのは、「多声的な形成体」としての活動システムも「どの道に向かうのか」という価値判断や意思決定をしなければならず、歴史的な背景としての異質な声たちを「再―交響化」することが重要となるからである。活動システムの運動と変化はそ

の内的矛盾を主要な源泉としており、拡張的サイクルは、個々の主体によって、どのような実践が受け入れられたかを問うことからはじまり、徐々に集団的運動や制度へと拡張していく。エンゲストロームは、集団的創造活動によって、あらゆる参加者の知性とエネルギーを結集し、自分たちの制度や行為を転換できなければならないとし、拡張的学習はそのような活動のために求められる新しい理論であると述べている。

　実践研究においても、個々の実践が抱える内的矛盾を源泉とし、コミュニティとしての学習（発達）が志向されるべきである。ここでいうコミュニティとは、教室コミュニティをこえて、学びの対象となることばによってコミュニケーションを行うすべてのコミュニティへと拡大されたものである。そのためには、実践研究によって構築された領域固有の理論を、隣接する領域とのあいだでどのように意味づけていくかが重要となるだろう。個々の実践がつながり、相互作用することで、教室に限定されないコミュニティとしての発達の方向性が共有されるような実践研究が行われるべきだと考える。それは、実践の多様性を否定するのでも、固定化された一つの到達地点へ向かうことを目標とするのでもない。多様な実践の中で提起される知見を領域固有のものとして偏在させるのではなく、教室の枠をこえて適用され、つくりかえられていくものとして、精緻化し、公共化することによって、教室や教室を取り巻くコミュニティの変容をめざすという理念を、実践研究者が共有することが重要だと考える。

　実践研究の理念や知見を共有するということは、抽象的な理論化のみを進めることを意味しない。研究者が実践に介入するのではなく、実践者が自らの実践をデザインし、記述し、他者に公開していく実践研究においては、実践者でなければ描けない実践のリアリティ、具体性を追求することにこそ価値を見出すべきだと考える。遠藤（2011）は、実践者が自身の実践を記述することの意味は、実践者でなければ記述できないことを記述することに求められると述べている。重障児とかかわる教育実践者としての自分にしか記述できないものとは、自らの行う働きかけの「意図」、働きかけへの応えに対する「期待」や「願い」、異なる応えが返ってきたときの「戸惑い」であるという。どのようにかかわったのかという行為のレベルならば、第三者が詳細に観察を行うことでも記述でき

る。一つの教育実践を、単なる行為のレベルではなく意味のレベルで共有することは、実践者だからこそ描ける実践のリアリティを提示することではじめて可能となり、それは自身の次の実践や、他の実践者との実践の共有につながるというのである。

　教育実践者の「意図」「願い」「戸惑い」もまた、社会的・制度的な構造の中で生起する。本書は、教育実践者としての自身の声を、省察的対話によって他者と共有し、考え、評価し、行動するためのことばにしていく実践研究を模索してきた。しかし、教室コミュニティ内部における個々の学びを、教室を取り巻くコミュニティの学びとしてその変革へとつなげるためには、より広い社会的な観点から実践をとらえ直す必要がある。学習者が教室で獲得したことばを、教室コミュニティをこえて他のコミュニティとの関係において意味づけていくことが必要なように、本書も他の実践者、他のコミュニティとの相互作用によって新たな分析観点を得ることで、実践研究としてのさらなる発展をめざすべきだと考える。そのためにも、人々がかかわり、学び、生きていく場である教室の多様性、複雑さ、豊かさをより丁寧に記述していく研究が求められる。人がことばを学ぶことの意味、学びの場に人としてかかわることの意義を、実践研究を通して今後も問い続けていきたい。

注 [1] カマキリに「なってみる」実践（鳥山 1985）や孫悟空の演劇の実践（鳥山 1994）など、数多くの著書で、自分のからだや心をひらく教育実践を発表している。
 [2] 鯨岡（1997）では、「原初的コミュニケーション」とは「コミュニケーションの原初のかたち」というべきものであり、「主として対面する二者のあいだにおいて、その心理的距離が近いときに、一方または双方が気持ちの感情や繋がりや共有を目指しつつ、関係を取り結ぼうとするさまざまな営み」（p.163）として定義されている。
 [3] 岡崎（2007）は牲川（2006）に対し、日本語教育が同化要請として機能している現状を浮き彫りにし、そうした現状を克服するためには、「共生日本語」に対する明示的な「日本語」の想定が必要であると述べている。
 [4] やまだ（2011）によれば、従来の発達観の根底には「個人主義」「線形・進歩主義の人生観」「座標軸と数量的尺度化」「一方向にすすむ不可逆的時間」などの概念があるという。これに対し、「文脈主義」「人生の意味づけを重視する人生観」「質的ナラテイィヴによる記述」「サイクルする時間概念」にもとづく「生成的ライフサイクルモデル（GLCM）」を提案している。
 [5] 国際交流基金がCEFRをモデルとして作成したもの。日本語の教え方、学び方、学習成果の評価のし方を考えるためのツールとして、ウェブサイト上で公開されている（『JF日本語教育スタンダード2010［第三版］』https://jfstandard.jp/）。
 [6] 英語教育におけるCEFRの日本版。「第2言語習得を基盤とする小、中、高、大の連携をはかる英語教育の先導的基礎研究」（平成16年度〜19年度日本学術振興会科学研究費補助金、基盤研究（A）、研究課題番号16202010、研究代表者小池生夫）においてCEFRjapanの名称で作成され、その後、CEFR-Jとして研究が引き継がれている（排田 2011）。

おわりに

　日本語教師として初めて作文授業を担当したのは、韓国の大学だった。担当する100名近くの学習者の作文を毎週読んでいた。外国語として日本語を学びはじめたばかりの学習者が書く文章は、2章の作文5のように、ほとんど意味がとれないものもかなりあった。しかし、そのような文章も含め、私は彼らの作文を読むのがわりと好きだった。教室で見せる姿とは異なる彼らの一面を知ることができたし、私には思いもつかない個性的な表現や自由な発想に出会えたからである。苦痛だったのは、そこに朱を入れること、それによって読むこと自体が機械的で形式的な作業に変わっていく感覚の変化だった。

　なぜ彼／彼女はこのように書いたのだろう。私はなぜそれをこのように添削するのだろう。新人教師の問いは非常にシンプルだった。答えを得るためのアプローチはいく通りもあったが、問い自体を突き詰めていくと、結局は、書くという行為の意味や、それを支える教育とは何かという大きな問いに答えなければならなくなる。実践の分析と考察を繰り返せば繰り返すほど、求めていた明快な答えからは遠ざかっていった。答えは多義的で不確かであり、だからこそ、次の実践（行動）を選択する自身の立ち位置や価値観が問われる。実践研究とは、答えを追究するプロセスではなく、行動のための問いを研ぎ澄ますプロセスなのかもしれない。

　本書は、そのような実践研究をまとめ、早稲田大学大学院日本語教育研究科に提出し、2013年2月に学位を授与された博士論文『相互行為がもたらす声とことば：書くことを学ぶ教室における省察的対話の意義』に加筆、修正を加えたものである。博士論文執筆後に書いたものも含めて全体を見直し、書き直した。論文の初出は以下のとおりである。

序章3節
広瀬和佳子・尾関史・鄭京姫・市嶋典子（2010）「実践研究をどう記述するか：私たちの見たいものと方法の関係」『早稲田日本語教育学』7, 43–68.
広瀬和佳子（2014）「日本語教育における質的研究：教育実践者が実践を記述する意義」『質的心理学フォーラム』6, 60–67.

2章
広瀬和佳子（2010）「学習者の作文に対する解釈の多様性と「添削」の限界：日本語教師の添削過程の分析を中心に」『早稲田日本語教育学』8, 29-43.

3章2節
広瀬和佳子（2000）「母語によるピア・レスポンスが推敲作文に及ぼす効果：韓国人中級学習者を対象とした3ヶ月間の授業活動をとおして」『言語文化と日本語教育』19, 24–37.

3章3節
広瀬和佳子（2004）「ピア・レスポンスは推敲作文にどう反映されるか：マレーシア人中級日本語学習者の場合」『第二言語としての日本語の習得研究』7, 60–80.

6章
広瀬和佳子（2012）「教室での対話がもたらす「本当に言いたいこと」を表現することば：発話の単声機能と対話機能に着目した相互行為分析」『日本語教育』152, 30–45.

　本書の完成までには大変多くの方々にお世話になった。刊行にあたっては、平成26年度科学研究費補助金（研究成果公開促進費265059）の助成を受けた。
　まず、本書の執筆に何よりも影響を与え、教師としての私、書き手としての私に対話を呼びかけてくれた学生たちにお礼を述べたい。彼らと

の対話がなければ、本書は存在しなかった。調査への協力に心より感謝する。

　博士論文の執筆では、早稲田大学大学院日本語教育研究科の先生方に長期にわたり親身なご指導をいただいた。とりわけ、主指導の舘岡洋子先生には、対話や協働の概念をめぐる議論を通して、非常に多くのことを教えていただいた。実践研究について考えを深める場を提供してくださったのも先生である。本書の完成を真っ先にご報告し、お礼申し上げたいと思う。

　また、一人ひとりお名前をあげることはしないが、研究にご協力いただき、多くの示唆と貴重なご助言をいただいたお茶の水女子大学、南ソウル大学校、佐賀大学、早稲田大学日本語教育研究センター、桜美林大学、国立国語研究所の先生方にもお礼申し上げる。

　博士論文を本にまとめることができたのは、ココ出版の田中哲哉さん、吉峰晃一朗さんのおかげである。出版作業に不慣れな私を支え、適切な助言と細やかな配慮をいただいた。心より感謝申し上げる。

　最後に、本書執筆のあいだ常にあたたかく見守り励ましてくれた夫に謝意を述べたい。

2015年1月

広瀬和佳子

参考文献

青木信之(2006)『英作文推敲活動を促すフィードバックに関する研究:推敲過程認知処理モデルからの有効性の検証』溪水社

青山征彦・茂呂雄二(2000)「活動と文化の心理学」『心理学評論』43(1), 87-104.

秋田喜代美(2005)「学校でのアクション・リサーチ:学校と協働生成的研究」秋田喜代美・恒吉僚子・佐藤学(編)(『教育研究のメソドロジー:学校参加型マインドへのいざない』163-189. 東京大学出版会

秋田喜代美(2006)「足場かけ」森敏昭・秋田喜代美(編)『教育心理学キーワード』168-169. 有斐閣

秋田喜代美(2010)「第7章 リテラシーの習得と談話コミュニティの形成」秋田喜代美・藤江康彦『授業研究と学習過程』110-125. 財団法人放送大学教育振興会

跡部千絵美(2011)「JFL環境のピア・レスポンスで日本人教師にできることとは:課題探究型アクション・リサーチによる台湾の作文授業の実践報告」『日本語教育』150, 131–145.

庵功雄(2012)「「日本語」分野:「日本語」研究の再活性化に向けて」『日本語教育』153, 25-39.

池田玲子(1998)「日本語作文におけるピア・レスポンス」『拓殖大学日本語紀要』8, 217-240. 拓殖大学留学生別科

池田玲子(1999a)「日本語作文推敲におけるピア・レスポンスの効果:中級学習者の場合」『言語文化と日本語教育』17, 36-47.

池田玲子(1999b)「ピア・レスポンスが可能にすること:中級学習者の場合」『世界の日本語教育』9, 29-43.

池田玲子(2000)「推敲活動の違いによる推敲作業の実際」『お茶の水女子大学人文科学紀要』53, 203-213.

池田玲子(2002)「第二言語教育でのピア・レスポンス研究:ESLから日本語教育に向けて」『第二言語習得・教育の研究最前線:あすの日本語教育の道しるべ』289-310. 日本言語文化学研究会

池田玲子(2005)「ピア・ラーニング」社団法人日本語教育学会(編著)『新版日本語教育事典』775-776. 大修館書店

池田玲子(2007)「第4章 ピア・レスポンス」池田玲子・舘岡洋子(著)『ピア・ラーニング入門:創造的な学びのデザインのために』71-109. ひつじ書房

池田玲子・舘岡洋子(2007)『ピア・ラーニング入門:創造的な学びのデザインのために』ひつじ書房

石黒広昭(2004)「フィールドの学としての日本語教育実践研究」『日本語教育』120, 1-12.

石橋玲子(1997)「第1言語使用が第2言語の作文に及ぼす影響:全

体的誤用の観点から」『日本語教育』95, 1-12.

石橋玲子（2000）「日本語学習者の作文におけるモニター能力：産出作文の自己訂正から」『日本語教育』106, 56-65.

石橋玲子（2002）「日本語学習者の産出作文に対する教師の修正及び非修正行動」『言語文化と日本語教育』23, 1-12.

市川伸一（編）（1993）『学習を支える認知カウンセリング：心理学と教育の新たな接点』ブレーン出版

市川伸一（編）（1998）『認知心理学から見た学習方法の相談と指導』ブレーン出版

市嶋典子（2009）「日本語教育における「実践研究」論文の質的変化：学会誌『日本語教育』をてがかりに」『日本語教育論集』25, 3-17. 国立国語研究所

市嶋典子（2014）『日本語教育における評価と「実践研究」——対話的アセスメント：価値の衝突と共有のプロセス』ココ出版

イ・ヨンスク（2000）「言語という装置」栗原彬・佐藤学・小森陽一・吉見俊哉（編）『越境する知4 装置：壊し築く』東京大学出版会

岩田夏穂・小笠恵美子（2007）「発話機能から見た留学生と日本人学生のピア・レスポンスの可能性」『日本語教育』133, 57-66.

ヴィゴツキー，L. S.（2001）柴田義松（訳）『思考と言語　新訳版』新読書社

ヴィゴツキー，L. S.（2005）柴田義松（監訳）『文化的―歴史的精神発達の理論』学文社

ウィリッグ C.（2003）上淵寿・大家まゆみ・小松孝至（共訳）『心理学のための質的研究法入門：創造的な探求に向けて』培風館（Willig, C. (2001). Introducing qualitative research in psychology. Buckingham: Open University Press.）

上原久美子（1997）「日本語教育における作文の「記述式フィードバック」について：「コード」による分析の試み」『南山日本語教育』4, 135-161.

宇佐美洋・森篤嗣・広瀬和佳子・吉田さち（2009）「書き手の語彙選択が読み手の理解に与える影響：文脈の中での意味推測を妨げる要因とは」『日本語教育』140, 37-47.

宇佐美洋・鑓水兼貴（2006）「「XMLによる作文添削情報表示システム」仕様の発展について：「添削情報電子化」の真の意義を求めて」『作文対訳データベースの多様な利用のために：「日本語教育のための言語資源及び学習内容に関する調査研究」報告書』145-163. 国立国語研究所

内田伸子（1989）「子どもの推敲方略の発達：作文における自己内対

話の過程」『お茶の水女子大学人文科学紀要』42, 75-104.
内田伸子（1990）『シリーズ人間の発達Ⅰ　子どもの文章：書くこと考えること』東京大学出版会
江利川春雄（2009）「主権「財界」から主権「在民」の外国語教育政策へ」大津由紀雄（編著）『危機に立つ日本の英語教育』136-155.　慶応義塾大学出版会
エンゲストローム Y.（1999）山住勝広・松下佳代・百合草禎二・保坂裕子・庄井良信・手取義宏・高橋登（翻訳）『拡張による学習：活動理論からのアプローチ』新曜社（Engeström, Y. (1987). *Learning by Expanding: An activity-theoretical approach to developmental research*. Helsinki: Orienta-Konsultit.）
遠藤司（2011）「「身体」をテーマとして重障児と関わることの意味」『質的心理学フォーラム』3, 35-42.
大井恭子（2004）「第11章　ライティング」『第二言語習得研究の現在：これからの外国語教育への視点』201-218.　大修館書店
大島弥生（2003）「日本語アカデミック・ライティング教育の可能性：日本語非母語話者・母語話者双方に資するものを目指して」『第二言語習得・教育の研究最前線：2003年版』198-224.　日本言語文化学研究会
大島弥生（2009）「語の選択支援の場としてのピア・レスポンスの可能性を考える」『日本語教育』140, 15-25.
大津由紀雄（2009）「「戦略構想」、「小学校英語」、「TOEIC」：あるいは、ここが正念場の英語教育」大津由紀雄（編著）『危機に立つ日本の英語教育』14-61.　慶応義塾大学出版会
岡崎眸（2002）「第4章　内容重視の日本語教育」細川英雄（編）『ことばと文化を結ぶ日本語教育』49-66.　凡人社
岡崎眸（2007）「第12章　共生日本語教育とはどんな日本語教育か」岡崎眸（監修）『共生日本語教育学：多言語多文化共生社会のために』273-308.　雄松堂出版
岡崎眸・岡崎敏雄（2001）『日本語教育における学習の分析とデザイン：言語習得過程の視点から見た日本語教育』凡人社
岡本夏木（1985）『ことばと発達』岩波新書
尾関史（2013）『子どもたちはいつ日本語を学ぶのか：複数言語環境を生きる子どもへの教育』ココ出版
オング W. J.（1991）桜井直文・林正寛・糟谷啓介（訳）『声の文化と文字の文化』藤原書店（Ong, W. J. (1982). *Orality and literacy: The technologizing of the world*. Methuen.）
嘉数勝美（2011）「「JF日本語教育スタンダード」がめざす日本語能力とは何か」『早稲田日本語教育学』9, 107-113.

影山陽子（2001）「上級学習者による推敲活動の実際：ピア・レスポンスと教師フィードバック」『お茶の水女子大学人文科学紀要』54, 107-119.

柏崎秀子（2010）「文章の理解・産出の認知過程を踏まえた教育へ：伝達目的での読解と作文の実験とともに」『日本語教育』146, 34–48.

学会誌委員会編集担当委員（2012）「学会誌50年の記録」『日本語教育』153, 71-80.

門倉正美・筒井洋一・三宅和子（編）（2006）『アカデミック・ジャパニーズの挑戦』ひつじ書房

菊岡由夏・神吉宇一（2010）「就労現場の言語活動を通した第二言語習得過程の研究：「一次的ことばと二次的ことば」の観点による言語発達の限界と可能性」『日本語教育』146, 129-143.

菊池久一（1995）『〈識字〉の構造：思考を抑圧する文字文化』勁草書房

菊池久一（2004）「第2章　リテラシー学習のポリティクス：識字習得の政治性」石黒広昭（編）『社会文化的アプローチの実際：学習活動の理解と変革のエスノグラフィー』34-52.　北大路書房

木下康仁（1999）『グラウンデッド・セオリー・アプローチ：質的実証研究の再生』弘文堂

木下康仁（2003）『グラウンデッド・セオリー・アプローチの実践：質的研究への誘い』弘文堂

木下康仁（2005）『グラウンデッド・セオリー・アプローチ：分野別実践編』弘文堂

木下康仁（2007）『ライブ講義M-GTA：実践的質的研究法 修正版グラウンデッド・セオリー・アプローチのすべて』弘文堂

衣川隆生（1993）「日本語学習者の文章産出方略の分析」『ことばの科学』6, 51-77.

鯨岡峻（1997）『原初的コミュニケーションの諸相』ミネルヴァ書房

窪田三喜夫（訳）「ライティング指導」ジョンソン，K＆ジョンソン，H.（編）（1999/1998）岡秀夫（監訳）『外国語教育学大辞典』448-457.　大修館書店（Miller, K. S. (1998). Teaching writing. In Jonson, K. & Johnson, H. (Eds.), *Encyclopedic Dictionary of Applied Linguistics*. Oxford: Blackwell.）

久保田竜子（1996）「日本語教育における批判教育、批判的読み書き教育」『世界の日本語教育』6, 35–48.

熊谷由理・深井美由紀（2009）「日本語学習における批判性・創造性の育成への試み：「教科書書きかえ」プロジェクト」『世界の日本語教育』19, 177–197.

クラーク, K.・ホルクイスト, M.（1990）川端香男里・鈴木晶（訳）『ミハイール・バフチーンの世界』せりか書房（Clark, K. & Holquist, M. (1984). *Mikhail Bakhtin.* Harvard University Press.）

グレイザー, B. G.・ストラウス, A. L.（1996）後藤隆・大出春江・水野節夫（訳）『データ対話型理論の発見：調査からいかに理論をうみだすか』新曜社（Glaser, B. G. & Strauss, A. L. (1967). *The Discovery of grounded theory: Strategies for qualitative research.* Chicago: Aldine Publishing Company.）

黒谷和志（2007）「社会文化的アプローチからみたリテラシー教育の展開と課題」『北海道教育大学紀要　教育科学編』58, 237-248.

桑野隆（2008）「「ともに」「さまざまな」声をだす」『質的心理学研究』7, 6-20.

桑野隆（2011）『バフチン：カーニヴァル・対話・笑い』平凡社新書

小柳正司（2009）『リテラシーの地平：読み書き能力の教育哲学』大学教育出版

西條剛央（2003）「「構造構成的質的心理学」の構築：モデル構成的現場心理学の発展的継承」『質的心理学研究』2, 164-186.

西條美紀（2000）「弁証法的作文過程のための作文指導」『日本語教育』105, 91-100.

佐伯胖（1995）『「学ぶ」ということの意味』岩波書店

﨑濱秀行（2005）「字数制限は書き手の文章産出活動にとって有益であるか？」『教育心理学研究』53, 162-173.

佐々木倫子・細川英雄・砂川祐一・川上郁雄・門倉正美・牲川波都季（編）（2007）『変貌する言語教育：多言語・多文化社会のリテラシーズとは何か』くろしお出版

佐藤郁哉（2008）『質的データ分析法：原理・方法・実践』新曜社

佐藤公治（1999）『対話の中の学びと成長』金子書房

佐藤慎司（2004）「クリティカルペダゴジーと日本語教育」（教育研究ノート）『WEB版リテラシーズ』1(2), 1-7.（オンライン），入手先 <http://literacies.9640.jp/vol01.html#satou>（参照 2015-01-11）

佐藤勢紀子（1993）「論文作成をめざす作文指導：目的に応じた教材の利用法」『日本語教育』79, 137-147.

佐藤勢紀子・仁科浩美（1997）「工学系学術論文にみる「と考えられる」の機能」『日本語教育』93, 61-72.

サトウタツヤ（2002）「21世紀の教育心理学：「教育心理学の不毛性議論」に触発されつつ」『教育心理学年報』41, 139-156.　日本教育心理学会

佐藤学（1998）「教師の実践的思考の中の心理学」佐伯胖・宮崎清隆・佐藤学・石黒広昭（著）『心理学と教育実践の間で』9-56.　東京

大学出版会

佐藤学（2003）「リテラシーの概念とその再定義」『教育学研究』70, 292-301.

佐藤学（2009）「第2章　言語リテラシー教育の政治学」アップル，マイケル W.・ウィッティ，ジェフ・長尾彰夫（編著）『批判的教育学と公教育の再生：格差を広げる新自由主義改革を問い直す』39-55. 石書店

佐藤学（2010）『教育の方法』左右社

里見実（2010）『パウロ・フレイレ「被抑圧者の教育学」を読む』太郎次郎社エディタス

柴田義松（2006）『ヴィゴツキー入門』子どもの未来社

シャーマズ，K.（2008）抱井尚子・末田清子（監訳）『グラウンデッド・セオリーの構築：社会構成主義からの挑戦』ナカニシヤ出版（Charmaz, K. (2006). *Constructing grounded theory: A practical guide through qualitative analysis.* Sage Publications.）

ショーン，D. A.（2007）柳沢昌一・三輪健二（監訳）『省察的実践とは何か：プロフェッショナルの行為と思考』鳳書房（Schön, D. A. (1983). *The reflective practitioner: How professionals think in action.* Basic Books.）

ジョンソン，D. W.・ジョンソン，R. T.・ホルベック，E. J.（1998）杉江修治・石田祐久・伊藤康児・伊藤篤（訳）『学習の輪：アメリカの協同学習入門』二瓶社（Johnson D. W. Johnson, R. T., & Holubec, E. J. (1984). *Circles of learning: Cooperation in the classroom.* Interaction Book Company.）

杉田くに子（1997）「上級日本語教育のための文章構造の分析：社会人文科学系研究論文の序論」『日本語教育』95, 49-60.

杉本卓（1989）「1章　文章を書く過程」鈴木宏昭・鈴木高士・村山功・杉本卓『教科理解の認知心理学』1-48. 新曜社

鈴木宏昭・舘野泰一・杉谷祐美子・長田尚子・小田光宏（2007）「toulmin モデルに準拠したレポート・ライティングのための協調学習環境」『京都大学高等教育研究』13, 13-24.

スタッキー，J. E.（1995）菊池久一（訳）『読み書き能力のイデオロギーをあばく：多様な価値の共存のために』勁草書房（Stuckey, J. E. (1991). *The Violence of literacy.* Boynton/Cook.）

ストラウス，A.・コービン，J.（2004）操華子・森岡崇（訳）『質的研究の基礎：グラウンデッド・セオリー開発の技法と手順　第2版』（Strauss, A. & Corbin, J. (1998). *Basics of Qualitative Research: Techniques and procedures for developing grounded theory* (2nd ed.). Sage Publications.）

砂川有里子・朱桂栄（2008）「学術的コミュニケーション能力の向上を目指すジグソー学習法の試み：中国の日本語専攻出身の大学院生を対象に」『日本語教育』138, 92-101.

牲川波都季（2006）「第5章 共生言語としての日本語」という構想：地域の日本語支援をささえる戦略的使用のために」植田晃次・山下仁（編著）『「共生」の内実：批判的社会言語学からの問いかけ』三元社

高木光太郎（2010）「文化・歴史学派（ヴィゴツキー学派）の理論とその展開」佐伯胖（監修）渡部信一（編）『「学び」の認知科学事典』403-422. 大修館書店

竹内成明（1986）『コミュニケーション物語』人文書院

竹川慎哉（2010）『批判的リテラシーの教育：オーストラリア・アメリカにおける現実と課題』明石書店

田島充士（2008）「単声的の学習から始まる多声的な概念理解の発達：バフチンおよびヴィゴツキー理論の観点から」『質的心理学研究』7, 43-59.

田島充士（2010）『「分かったつもり」のしくみを探る：バフチンおよびヴィゴツキー理論の観点から』ナカニシヤ出版

舘岡洋子（2007）「第3章 ピア・ラーニングとは」池田玲子・舘岡洋子（著）『ピア・ラーニング入門：創造的な学びのデザインのために』35-69. ひつじ書房

舘岡洋子（2008）「協働による学びのデザイン：協働的学習における「実践から立ち上がる理論」」細川英雄・ことばと文化の教育を考える会（編）『ことばの教育を実践する・探究する：活動型日本語教育の広がり』41-56. 凡人社

田中信之（2005a）「推敲に関する講義が推敲結果に及ぼす影響」『日本語教育』124 53-62.

田中信之（2005b）「中国人学習者を対象としたピア・レスポンス：ビリーフ調査をもとに」『日本語教育』126, 144-153.

田中信之（2011）「ピア・レスポンスが推敲作文に及ぼす影響：分析方法とフィードバックの教示に注目して」『アカデミック・ジャパニーズ・ジャーナル』3, 9-20.（オンライン）、入手先<http://academicjapanese.jp/dl/ajj/AJJ3_9-20.pdf>（参照2012-01-08）

田中信之・北直美（1996）「日本語教育における学習者の作文に対する学習信念」『北陸大学紀要』20, 325-334.

鄭京姫（2012）『言語教育としての「自分の日本語」その意義と可能性：「日本語人生」という物語の意味』早稲田大学大学院日本語教育研究科博士論文

デンジン, N.K.・リンカン, Y. S.（編）（2006）平山満義（監訳）岡

野一郎・古賀正義（編訳）『質的研究ハンドブック1巻：質的研究のパラダイムと眺望』北大路書房（Denzin, N. K. & Lincoln, Y. S. (Eds.) (2000). *Handbook of qualitative research*, second edition. Sage Publications.）

トゥールミン, S. E.（2011）戸田山和久・福澤一吉（訳）『議論の技法：トゥールミンモデルの原点』東京図書（Toulmin, S. E. (1958). *The uses of argument (Updated Edition 2003)*. Cambridge: Cambridge University Press.）

鳥山敏子（1985）『イメージをさぐる：からだ・ことば・イメージの授業』太郎次郎社

鳥山敏子（1994）『みんなが孫悟空：子どもたちの"死と再生"の物語』太郎次郎社

中野和光（2008）「ジャンル・アプローチの理論と方法に関する一考察」『教育学研究紀要』54(1), 179-184.

中村和夫（1998）『ヴィゴーツキーの発達論：文化-歴史的理論の形成と展開』東京大学出版会

西口光一（2008）「第二言語場面相互行為実践と教師の役割：ダイアロジカルな言語コミュニケーション観の視点」『多文化社会と留学生交流』12, 25-32.

西口光一（2012）「「教育」分野：日本語教育研究の回顧と展望」『日本語教育』153, 8-24.

西口光一（2013）『第二言語教育におけるバフチン的視点：第二言語教育学の基盤として』くろしお出版

野々口ちとせ（2010）「共生を目指す対話をどう築くか：他者と問題を共有し「自分たちの問題」としてとらえる過程」『日本語教育』144, 169-180.

パーカー, I.（2008）八ツ塚一郎（訳）『ラディカル質的心理学：アクションリサーチ入門』ナカニシヤ出版（Parker, I. (2004). *Qualitative psychology: Introducing radical research*. Open University Press.）

排田清（2011）「日本の外国語教育における複言語主義導入の妥当性：CEFRの理念と実際から」『言語教育研究』1, 1-12. 桜美林大学.

畑佐由紀子（2003）「第六章　第二言語教育における作文教育の現状」畑佐由紀子（編著）『第二言語習得への招待』87-100. くろしお出版

バフチン, M.（1979）磯谷孝・斎藤俊雄（訳）『フロイト主義・生活の言葉と詩の言葉　ミハイル・バフチン著作集①』新時代社

バフチン, M.（1988）新谷敬三郎・伊東一郎・佐々木寛（訳）『ことば・対話・テキスト　ミハイル・バフチン著作集⑧』新時代社

バフチン,M.（1989）桑野隆（訳）『マルクス主義と言語哲学：言語学における社会学的方法の基本的問題　改訳版』未来社

バフチン,M.（1995）望月哲男・鈴木淳一（訳）『ドスエフスキーの詩学』ちくま学芸文庫

バフチン,M.（1996）伊東一郎（訳）『小説の言葉』平凡社（平凡社ライブラリー）

原田三千代（2006）「中級学習者の作文推敲過程に与えるピア・レスポンスの影響：教師添削との比較」『日本語教育』131, 3-12.

平高史也（2011）「CEFRから見た育成すべき言語能力とは何か」『早稲田日本語教育学』9, 99–106.

広瀬和佳子（2000）「母語によるピア・レスポンスが推敲作文に及ぼす効果：韓国人中級学習者を対象とした3ヶ月間の授業活動をとおして」『言語文化と日本語教育』19, 24-37.

広瀬和佳子（2004）「ピア・レスポンスは推敲作文にどう反映されるか：マレーシア人中級日本語学習者の場合」『第二言語としての日本語の習得研究』7, 60-80.

広瀬和佳子（2007）「教師フィードバックが日本語学習者の作文に与える影響：コメントとカンファレンスの比較を中心に」『紀要』20, 137-155.　早稲田大学日本語教育研究センター

広瀬和佳子（2014）「日本語教育における質的研究：教育実践者が実践を記述する意義」『質的心理学フォーラム』6, 60–67.

広瀬和佳子・尾関史・鄭京姫・市嶋典子（2010）「実践研究をどう記述するか：私たちの見たいものと方法の関係」『早稲田日本語教育学』7, 43-68.

深澤のぞみ（1994）「科学技術論文作成を目指した作文指導：専門教員と日本語教師の視点の違いを中心に」『日本語教育』84, 27-39.

深谷優子（1999）「適切な文章にするための推敲とは」『東京大学大学院教育学研究科紀要』39, 313-317.

福澤一吉（2002）『議論のレッスン』NHK出版

フリック,U.（2011）小田博志・山本則子・春日常・宮地尚子（訳）『新版質的研究入門：〈人間の科学〉のための方法論』春秋社（Flick, U.（2007）. *Qualitative Sozialforschung. Eine Einführung.* Hamburg: Rowohlt Taschenbuch Verlag.）

フレイレ,P.（2011）三砂ちづる（訳）『新訳　被抑圧者の教育学』亜紀書房

保坂裕子（2004）「アクション・リサーチ」無藤隆・南博文・麻生武・やまだようこ・サトウタツヤ（編著）『ワードマップ　質的心理学：創造的に活用するコツ』175-181.　新曜社

細川英雄（2005）「実践研究とは何か：「私はどのような教室をめざ

すのか」という問い」『日本語教育』126, 4-14.

細川英雄（2007a）「日本語教育学のめざすもの：言語活動環境設計論による教育パラダイム転換とその意味」『日本語教育』132, 79-88.

細川英雄（編）（2007b）『考えるための日本語 実践編：総合活動型コミュニケーション能力育成のために』明石書店

細川英雄（2008a）「活動型日本語教育の実践から言語教育学実践研究へ：岐路に立つ日本語教育とこれからの方向性」細川英雄・ことばと文化の教育を考える会（編）『ことばの教育を実践する・探究する：活動型日本語教育の広がり』224-234. 凡人社

細川英雄（2008b）『論文作成デザイン：テーマの発見から研究の構築へ』東京図書

細川英雄（2010）「実践研究は日本語教育に何をもたらすか」『早稲田日本語教育学』7, 69-81.

細川英雄（2011）「日本語教育は日本語能力を育成するためにあるのか：能力育成から人材育成へ・言語教育とアイデンティティを考える立場から」『早稲田日本語教育学』9, 21-25.

細川英雄（2012）「「私はどのような教育実践をめざすのか」という問い：ことば・市民・アイデンティティ」『国際研究集会「私はどのような教育実践をめざすのか：言語教育とアイデンティティ」プロシーディング』13-20.

細川英雄＋NPO法人「言語文化教育研究所」スタッフ（2004）『考えるための日本語：問題を発見・解決する総合活動型日本語教育のすすめ』明石書店

細川英雄・ことばと文化の教育を考える会（編）（2008）『ことばの教育を実践する・探究する：活動型日本語教育の広がり』凡人社

細川英雄・西山教行（編）（2010）『複言語・複文化主義とは何か：ヨーロッパの理念・状況から日本における受容・文脈化へ』くろしお出版

細川英雄・三代純平（編）（2014）『実践研究は何をめざすか：日本語教育における実践研究の意味と可能性』ココ出版

ホルクウィスト，M.（1994）伊藤誓（訳）『ダイアローグの思想：ミハイル・バフチンの可能性』法政大学出版局（Holquist, M. (1990). *DIALOGISM: Bakhtin and his world*. Routledge.）

ホロウェイ，I.・ウィーラー，S.（2006）野口美和子（監訳）『ナースのための質的研究入門：研究方法から論文作成まで 第2版』医学書院（Holloway, I. & Wheeler, S. (Eds.). (2002). *Qualitative research in nursing*, second edition. Oxford: Blackwell Science Ltd.）

松崎寛（2009）「音声教育における実践研究の方法論」水谷修（監修）

河野俊之・小河原義朗（編集）『日本語教育の過去・現在・未来　第4巻「音声」』98-117．　凡人社
丸野俊一（2008）「対話の視点から捉えた書くときの推敲過程」『人工知能学会誌』23, 33-42.
水谷信子（1997）「《展望1997》作文教育」『日本語教育』94, 91-95.
箕浦康子（編）（1999）『フィールドワークの技法と実際：マイクロ・エスノグラフィー入門』ミネルヴァ書房
村岡貴子・柳智博（1995）「農学系学術雑誌の語彙調査：専門分野別日本語教育の観点から」『日本語教育』85, 80-89.
村岡貴子・影廣陽子・柳智博（1997）「農学系8学術雑誌における日本語論文の語彙調査：農学系日本語論文の読解および執筆のための日本語語彙指導を目指して」『日本語教育』95, 61-72.
茂呂雄二・［補稿］汐見稔幸（1988）『認知科学選書16　なぜ人は書くのか』東京大学出版会
茂呂雄二（1993）「1章　語ること・語らせること：対話としてのプロトコル」海保博之・原田悦子（編著）『プロトコル分析入門：発話データから何を読むか』13-36．　新曜社
茂呂雄二（2012）「活動：媒介された有意味な社会的実践」茂呂雄二・青山征彦・伊藤崇・有元典文・香川秀太（編集）『ワードマップ　状況と活動の心理学：コンセプト・方法・実践』4-10．　新曜社
矢高美智子（2004）「第二言語作文のプランにおける第一言語使用の影響」『日本語教育』121, 76-85.
やまだようこ（2007）「質的研究における対話的モデル構成法：多重の現実、ナラティブ・テクスト、対話的省察性（リフレクシヴィティ）」『質的心理学研究』6, 174-194.
やまだようこ（2011）「「発達」と「発達段階」を問う：生涯発達とナラティヴ論の視点から」『発達心理学研究』22(4), 418-427.
山辺真理子・谷啓子・中村律子（2005）「アカデミック・ジャパニーズ再考の試み：多文化プロジェクトワークでの学びから」『日本語教育』126, 104-113.
横山紀子・宇佐美洋・文野峯子・松見法男・森本郁代（2010）「「実践報告」とは何か：知見の共有を目指して」『2010年度日本語教育学会春季大会予稿集』94-105.
吉田美登利（2008）「「アイディアシート」を使った作文構想支援の効果」『日本語教育』138, 102-111.
ランパート, M.（1995）秋田喜代美（訳）「真正の学びを創造する：数学がわかることと数学を教えること」佐伯胖・藤田英典・佐藤学（編）『シリーズ学びと文化①学びへの誘い』189-234．　東

京大学出版会（Lampert, M. (1990). When the problem is not the question and the solution is not the answer: Mathematical knowing and teaching. *American Educational Research Journal 27,* 29-64.）

レイヴ, J.・ウェンガー, E.（1993）佐伯胖（訳）『状況に埋め込まれた学習：正統的周辺参加』（Lave, J. & Wenger, E. (1991). *Situated learning: Legitimate peripheral participation.* Cambridge: Cambridge University Press.）

ワーチ, J. V.（2002）佐藤公治・田島信元・黒須俊夫・石橋由美・上村佳世子（訳）『行為としての心』北大路書房（Wertsch, J. V. (1998). *Mind as action.* New York: Oxford University Press.）

ワーチ, J. V.（2004）田島信元・佐藤公治・茂呂雄二・上村佳世子（訳）『心の声：媒介された行為への社会文化的アプローチ』（新装版）福村出版（Wertsch, J. V. (1991). *Voices of the mind: Sociocultural approach to mediated action.* Cambridge: Harvard University Press.）

Atkinson, D. (2003). L2 writing in the post-process era: Introduction. *Journal of Second Language Writing, 12,* 3-15.

Berg, E. C. (1999). The effects of trained peer response ESL students' revision types and writing quality. *Journal of Second Language Writing, 8,* 215-241.

Braxley, K. (2005). Mastering academic English: International graduate students' use of dialogue and speech genres to meet the writing demands of graduate school. In J. K. Hall, G. Vitanova, & L. Marchenkova (Eds.), *Dialogue with Bakhtin on second and foreign language learning* (pp.11-32). Mahwah, NJ: Lawrence Erlbaum Associates.

Cazden, C. (1996). Selective traditions: Reading of Vygotsky in writing pedagogy. In D. Hicks. (Ed.), *Discourse, learning, and schooling* (pp.165-185). Cambridge: Cambridge University Press.

Coffey, A., & Atkinson, P. (1996). *Making sense of qualitative data: Complementary research strategies.* Thousand Oaks, CA: Sage Publications.

Connor, U., & Asenavage, K. (1994). Peer response groups in ESL writing classes: How much impact on revision? *Journal of Second Language Writing, 3,* 257-276.

Emerson, C., & Holquist, M. (1981). Glossary. In M. M. Bakhtin *The dialogic imagination: Four essays* (M. Holquist Ed., Emerson, C. & Holquist, M. Trans.). Austin: University of Texas Press.

Faigley, L., & Witte, S. (1981). Analyzing revision. *College Composition and Communication, 32,* 400-414.

Ferris, D. R. (1999). The case for grammar correction in L2 writing classes: A response to Truscott (1996). *Journal of Second Language Writing, 8,* 1–11.

Ferris, D. R. (2003). *Response to student writing: Implications for second language students.* Mahwah, NJ: Lawrence Erlbaum Associates.

Ferris, D. R. (2004). The "Grammar correction" debate in L2 writing: Where are we, and where do we go from here? (and what do we do in the meantime⋯?). *Journal of Second Language Writing, 13,* 49–62.

Ferris, D. R., & Hedgcock, J. S. (1998). *Teaching ESL composition: Purpose, process, and practice.* Mahwah, NJ: Lawrence Erlbaum Associates.

Flower, L. S., & Hayes, J. R. (1981). A cognitive process theory of writing. *College Composition and Communication, 32,* 365–387.

Gebhard, M., & Harman, R. (2011). Reconsidering genre theory in K-12 schools: A response to school reforms in the United States. *Journal of Second Language Writing, 20,* 45–55.

Hayes, J. R. (1996). A new framework for understanding cognition and affect in writing. In C. M. Levy & S. Ransdell (Eds.), *The science of writing: Theories, methods, individual differences, and application* (pp. 1–28). Mahwah, NJ: Lawrence Erlbaum Associates.

Hayes, J. R., & Flower, R. S. (1980). Identifying the organization of writing processes. In L. W. Gregg & E. R. Steinberg (Eds.), *Cognitive processes in writing* (pp.3–30). Hillsdale, NJ: Lawrence Erlbaum Associates.

Hedgcock, J., & Lefkowitz, N. (1992). Collaborative oral/aural revision in foreign language writing instruction. *Journal of Second Language Writing, 1,* 255–276.

Hyland, K. (2002). *Teaching and researching writing.* Harlow: Longman.

Hyland, K. (2003).Genre-based pedagogies: A social response to process. *Journal of Second Language Writing, 12,* 17–29.

Johns, A. M. (2011). The future of genre in L2 writing: Fundamental, but contested, instructional decisions. *Journal of Second Language Writing, 20,* 56–68.

Lai, P. (1986). The revision processes of first-year students at the NationalUniversity of Singapore. *RELC Journal, 17,* 71–84.

Lei, X. (2008). Exploring a sociocultural approach to writing strategy research: Mediated actions in writing activities. *Journal of Second Language Writing, 17,* 217–236.

Leki, I. (1990). Coaching from the margins: Issues in written response. In B. Kroll (Ed.), *Second language writing: Research insights for the classroom* (pp.57–68). Cambridge: Cambridge University Press.

Leki, I., Cumming, A., & Silva, T. (2008). *A synthesis of research on second language writing in English*. New York: Routledge.

Lotman, Y. M. (1988). Text within a text. *Soviet Psychology, 26,* 32–51.

Mangelsdorf, K. (1992). Peer review in the ESL composition classroom: What do the students think? *ELT journal, 46,* 274–284.

Matsuda, P. K. (2003). Process and post-process: A discursive history. *Journal of Second Language Writing, 12,* 65–83.

Miao, Y., Badger, R., & Zhen, Y. (2006). A comparative study of peer and teacher feedback in a Chinese EFL writing class. *Journal of Second Language Writing, 15,* 179–200.

Min, HT. (2006). The effects of trained peer review on EFL students' revision types and writing quality. *Journal of Second Language Writing, 15,* 18–141.

Nelson, G., & Murphy, J. (1992). An L2 writing group: Task and social dimensions. *Journal of Second Language Writing, 1,* 171-193.

New London Group (2000). A pedagogy of Multiliteracies: Designing social futures. In B. Cope & M. Kalantzis (Eds.), *Multiliteracies: Literacy learning and the design of social futures* (pp.9–37). London: New York: Routledge.

Paulus, T.M. (1999). The effect of peer and teacher feedback on student writing. *Journal of Second Language Writing, 8,* 265–289.

Raimes, A. (1985). What unskilled ESL students do as they write: A classroom study of composing. *TESOL Quarterly, 19,* 229–258.

Raimes, A. (1991). Out of the woods: Emerging traditions in the teaching writing. *TESOL Quarterly, 25,* 407–430.

Reddy, M. j. (1979). The conduit metaphor: A case of frame conflict in our language about language. In Ortony (Ed.), *Metaphor and Thought* (pp.164–201). Cambridge: Cambridge University press.

Reid, J. M. (1993). *Teaching ESL writing.* Englewood Cliffs, NJ: Regents/ Prentice Hall.

Scardamalia, M., & Bereiter, C. (1987). Knowledge telling and knowledge transforming in written composition. In S. Rosenberg (Ed.), *Advances in applied psycholinguistics, Volume 2: Reading, writing, and language learning* (pp.142–175). Cambridge: Cambridge University Press.

Silva, T. (1990). L1 composition theories: Implications for developing theories of L2 composition. In B. Kroll (Ed.), *Second language writing: Research insights for the classroom* (pp.11–23). Cambridge: Cambridge University Press.

Stanley, J. (1992). Coaching student writers to be effective peer evaluations.

Journal of Second Language Writing, 1, 217–233.

Swales, J. M. (1990). *Genre analysis: English in academic and research settings.* Cambridge: Cambridge University Press.

Sze, C. (2002). A case study of the revision process of a reluctant ESL student writer. *TESL Canada journal, 19,* 21–36.

Tardy, C. M. (2011). The history and future of genre in second language writing. *Journal of Second Language Writing, 20,* 1–5.

Trimbur, J. (1994). Taking the social turn: Teaching writing post-process. *College Composition and Communication, 45,* 108–118.

Truscott, J. (1996) The case against grammar correction in L2 writing classes. *Language Learning, 46,* 327–369.

Truscott, J. (1999) The case for "The case against grammar correction in L2 writing classes": A response to Ferris. *Journal of Second Language Writing, 8,* 111–122.

Wertsch, J. V., & Toma, C. (1995). Discourse and learning in the classroom: A sociocultural approach. In L. P. Steffe & J. Gale (Eds.), *Constructivism in education* (pp.159–174). Hillsdale, NJ: Lawrence Erlbaum.

Zamel, V. (1983). The composing processes of advanced ESL students: Six case studies. *TESOL Quarterly, 17,* 165–187.

Zhang, S. (1995). Reexamining the affective advantage of peer feedback in the ESL writing class. *Journal of Second Language Writing, 4,* 209–222.

資料1　研究用データ提供承諾書

第2章［研究1］の承諾書

独立行政法人国立国語研究所（当時）非常勤研究員としてデータ収集を行った。

承諾書

独立行政法人　国立国語研究所　所長殿

　私は、国立国語研究所が実施する、日本語学習者の言語運用に対する評価観・評価プロセス調査プロジェクトに対し、研究用データを提供することを承諾します。提供にあたっては、以下の条件を承知しています。
1．「研究用データ」には、以下のものが含まれます。
　(ア) 学習者の日本語作文に対する添削データそのもの
　(イ) 添削過程の記録
　(ウ) 「調査票」に書いていただいた情報（添削者ご自身についての情報）
2．上記「研究用データ」は、データベースに載せ、研究・教育目的に使用するため広く公開します。その際、データ提供者の氏名など、個人を特定する手がかりとなる情報は公開しません。
3．研究データは、以下の条件を守るよう約束していただいた人にのみ利用を認めます。
　(ア) 教育・研究目的に限って利用する。
　(イ) 万一データ提供者を特定できたとしても、決してそのことを明らかにしない。
　(ウ) 添削結果や添削過程等について公の場で論ずる際は、添削者に不利益を与えたり不快な思いをさせたりしないよう、最大限の配慮をおこなう。

20　　年　　　月　　　日

お名前（name）：＿＿＿＿＿＿＿＿＿＿＿＿＿＿＿＿＿＿＿

サイン（signature）：＿＿＿＿＿＿＿＿＿＿＿＿＿＿＿＿

　　　　　　　　　　　　　　本件に関するお問い合わせは下記まで
　　　　　　　　　　　　　　ご連絡ください。
　　　　　　　　　　　　　　　名前：○○
　　　　　　　　　　　　　　　電話：○○
　　　　　　　　　　　　　　　Email：○○

第5章［研究3］・第6章［研究4］の承諾書

授業の録音と資料の使用についてのお願い

　〇〇大学では、より良い日本語の授業をするために、研究を続けています。みなさんが授業中に書いた作文、ワークシート、アンケート、授業中に録音した音声等を日本語教育の研究のために使わせてください。資料を使用するときは、プライバシーを守り、研究以外の目的で使用することは絶対にしません。
　これらの資料を研究に使用してもいいという方は、下の「同意する」に✓を入れ、お名前、サインを書いてください。使用してほしくないという方は、「同意しない」に✓を入れ、お名前、サインを書いてください。ご協力よろしくお願いいたします。

科目名：〇〇
授業の録音と資料の使用に　□同意する
　　　　　　　　　　　　　□同意しない

20　　年　　月　　日

なまえ：＿＿＿＿＿＿＿＿＿＿＿＿＿＿＿

サイン：＿＿＿＿＿＿＿＿＿＿＿＿＿＿＿

資料2　第2章［研究1］　添削対象作文（課題・作文・執筆者による母語訳）

【作文3】

> 執筆課題：たばこについてのあなたの意見
> 次の文を読んで、自分の意見を800字くらいの日本語で書いてください（この作文は日本人の学生や大学の先生が読みます）。
> 今、日本ではたばこのことが問題になっています。ある人は言います。「会社やレストラン、バスや電車など公共の場所ではたばこを吸えないよう規則を作るべきだ。また、たばこのコマーシャルは子どもに悪い影響を与えるから、テレビで放送できないようにするべきだ」。一方、次のように言う人もいます。「規則を作って禁止するのはおかしい。だれにもたばこを吸う権利があるはずだ」。あなたはどのように思いますか。たばこについてあなたの意見を書いてください。

他人の健康のために

　今、日本だけではなく、全世界ではたばこのことが社会問題になっています。

　人々はみんなたばこを吸う弊害を知るべきです。たばこを吸うことは自分の体を損なうばかりでなくかつ他人の健康をおどしています。たばこを吸う人は利己的であります。彼らはそんなだはこを吸わない人を度外視して、とくにおんなとこどもの健康をおどされたことを許容しない。

　たばこのなかにニコチンがある、すこしのニコチンはたばこを吸う人の肺を損なって、長い時間になって、肺癌になった可能性があります。胎児にたいして、いっそう重々しいなことは奇形的な胎児になった可能性がなります。だから、たばこのことは個人問題だけではなく、全社会の問題である。たとえばたばこを吸う人が自暴自棄になる、かつ他人の健康のために吸わないでください。

　先日、中国では公共の場所ではだばこを吸えないよう規制を公布しました。人々がこの規制を賛同したことを表示しました。これは人々がたばこのことの危害性をわかったことを表明しました。私の意見は全世界

ではこのような規制を公布することです。テーマは「他人の健康のために」というものです。
　各国の政府はたばこのコマーシャルを放送することを禁止するべきです。政府から庶民かけて、たばこを吸わないのを呼び掛けます。たばこの販売の税金を高めて、たばこを吸わないの宣伝を強めてきた、ほかの作方がない、この社会問題を始めて解決します。

为了他人的健康
现在、吸烟问题不只是在日本、在全世界范围内已成为社会问题。
每个人都知道吸烟的危害。吸烟不但损害自己的身体、而且威胁他人的健康。这种人是自私的、他们至不吸烟的人于不顾、尤其是威胁妇女和儿童的健康、是不能容忍的。
香烟里含有尼古丁、尼古丁损害人的肺、时间长了、得肺癌的可能性就大大提高了。尼古丁对于胎儿、更严重的后果是导致畸形胎儿的产生。所以吸烟不只是个人问题而是社会问题、就算吸烟的人自己自暴自弃、但是也应为他人着想、请不要吸烟。
不久以前,中国颁布了禁止在公共场所吸烟的规定、很多人对此表示赞同。这表明人们都知道吸烟的危害性。我的意见是、以"为了他人的健康"为主题、在全世界颁布类似的法令。
各国政府应该禁止播放香烟广告。从政府到平民提倡禁烟、提高香烟贩卖的税、加强禁烟的宣传、只有这样才能解决这个问题。

【作文5】

> 執筆課題：あなたの国の行事について
> あなたの国にある行事やお祭り、おいわいごとなどをひとつえらんで、日本人の学生や大学の先生たちに日本語で紹介してください。800字くらいで書いてください。（例：国の独立記念日、新年、結婚式、入学式、葬式、子どもの誕生、穀物がとれるように神様にお願いするお祭り、穀物がとれたときのおいわい、など）

学生の命

　私の学生の命もすぐ終わります。速いね。学生の命後で、何をしましょうか？ここから何処に行きますか？私自分質問します。あのね、私見当もつかない！だめね、私考中にちょっと迷います。

　学校の命、後で私きっとなつかしい。学業を終える前に、今私もひとつサメスタがある。さつ、それから私学生じゃない、成人です。年取ったね！

　私も思います、若いの時、学校がきらいですね。いつも口実たくさんがある。それなら学校行きませんでした！時の大部分私眠りました。課はくり抜き！先生はほんとうに一番くり抜き。ああ、眠いね、学校は退屈な事ですが。

　あの時は子どもやすみ、私クラス行きませんでした。そしたら、先生は家をかけました。それにパパは私の耳引張る学校に！だめです。パパの面前で、先生叱りました。ちょっとはずかしい、でもちょっとおかしいね。

　中等学校後で、私ちょっとちょっと始めに学校いってが好きでした。くり抜きのにでも時々はおもしろいとおかしいと。学校の命もう少し楽しみました、そして勉強は私の一部になる。

　全部で私十八年ごろを勉強しました！ねがいですね。でも上ぼりは事はもっとむずかしいとも少しおもしろいです。新の物を知っています。

　制服が好きですね。時々私きましょう。うらやんでね。学生の命ずっと忘れない！

　My life as a student is coming to an end soon. I asked myself what should i do? Where am i going to from here. I don't even know. There is no clue for me. I feel a little lose at this thought.

　I know I miss school life thereafter I still have another semester to go before I really say I've graduate and will be an adult. Oh that is old. I am no longer a student then.

　I still remember how I hated school when I was young. I always made excuses so I do not have to go to school. Most of my time in class was spent sleeping away because all the lessons were s boring teachers never fails t send me to sleep. There was a time when an Childresn's Day. I skipped my class and my form teacher called to my house. I was pulled by the ear by my father all the way to school and there in front of my father I was scolded by my teacher. I felt a little ashamed but at the same time felt a little funny.

But after my second year in Secondary School I realized that I actually starting to like going to school. Though if might be boring but sometimes it was interesting and fun too. I started to enjoy school like and learning became a part of me.

If I were to count how many years I have been in school it would be about 18 years. It was quite long. But as I progress things get more and more difficult and it is more interesting. I will try my best to study and learn more new things.

I love my school uniform. Sometimes I still try to wear it. It brings back memories. Life as a student is unforgettable.

【作文6】

> 執筆課題：あなたの国の行事について
> あなたの国にある行事やお祭り、おいわいごとなどをひとつえらんで、日本人の学生や大学の先生たちに日本語で紹介してください。800字くらいで書いてください。(例：国の独立記念日、新年、結婚式、入学式、葬式、子どもの誕生、穀物がとれるように神様にお願いするお祭り、穀物がとれたときのおいわい、など)

韓国の年中行事は季節ごとに多様である。まず、韓国の新年はソルナルとともにはじまる。ソルナルは日本のお正月と同じ意味のある日で韓国では、旧れきで年をかぞえるのでわたしたちは、旧れきで1月1日をいわうのである。その日、子供たちは、韓国の伝統的なふくをきて、おじいさんかやおばあさんにおじきをする。すると、おじいさんたちは、かわいい子供たちに、いい話しをいかせてあげたり、お年玉をあげたりする。子供たちには、おこづかいがそれも　ふだんは手に入らない巨額のお金がもらえるので、ひじょうにうれしい日であるのだ。また、ソル

ナルでは、あちごちでばらばらになってすんでいた家族全員が　親のあるふるさとにあつまってソルナルをいわうため、交通ちゅうたいが毎年間題になる。韓国の"帰省戦争"というのは、経験のある人ではなければ、ぜったい象想もできないほどである。というのは韓国人の帰省本能は、どれだけ発達しているのかやたらにうたがわしくなるばかりだ。その上、日本のおぼんとにた"秋夕"が9月くらいにあって、その時もまた、韓国人の帰省本能がよぎなく発揮されるのだ。それら以外にも昔は月ごとに行事があって、毎月、家族や親せきがあつまって何かをいわったというが、それは　韓国社会が伝統的に農業にもとづいた社会であったこそ自然に発生したものだと思う。だが、今日このごろの苦ものたちとって伝統的な行事はあまり意味のなくめんどうくさいものになっていくような気がする。それらよりは、西洋のはなやかなバルンテインディーや、クリスマスが身近にあるものになっているようだ。それに、苦ものの間では、ファイトディーやロズディーなど国せき不明の行事があふれている。商販のきたない手にまきこまれて、真にまものべきの伝統行事はおろそかにしてのではないか、心配になる。私たちはにない手になって伝統行事を次世代にあたえる積貸をおっているのではないか。

　한국의 연중행사는 계절 별로 다양하다. 먼저 한국의 신년은 "설날"과 함께 시작된다. 설날은 일본의 お正月와 같은 의미가 있는 날로 한국에서는 음력으로 년을 세기때문에 우리들은 음력 1월 1일을 축하하는 것이다. 그날 아이들은 한국의 전통 옷을 입고 할아버지 할머니께 절을 한다. 그러면 할아버지들은 귀여운 아이들에게 좋은 이야기를 들려주시던지 세뱃돈을 주신다. 아이들은 용돈이 그것도 보통때는 수중에 들어 오지않는 거액의 돈이 들어오기때문에 너무 기쁜 날이 된다. 또 설날에는 여기저기에 흩어져살고 있던 가족 전원이 부모님이 계신 고향에 모여 설날을 축하 하기 때문에 교통정체가 매년 문제가 되기도 한다. 한국의 귀성전쟁이라는 것은 경험이 없는 사람이라면 절대 상상할 수 없을 정도다. 그래서 한국인의 귀성본능이라는 것이 어느정도 발달되어 있는지 괜실히 궁금해 질 정도다. 게다가 일본의 おぼん과 같은 추석이 9월경에 있어서 그때 역시 한국인의 귀성본능이 여지않이 발휘 된다. 이것들 이외에도 옛날에는 매월 행사가 있어서 매월 가족과 친척들이 무언가를 축

하가기위해 모였다고 했으나 그것은 한국사회가 전통적으로 농경사회에 기반을 둔 사회이기때문에 자연적으로 발생한 것으로 생각한다.

　하지만 근래의 젊은이들에게 전통행사는 별로 의미도 없는 귀찮은 일이 되어가는 것같다. 그것보다는 서양의 화려한 발랜타인 데이 든지 크리스마스가 더 가깝게 여겨지는 듯하다. 게다가 젊은이들 사이에서는 화이트 데이 든지 로즈데이등 국적불명의 행사가 넘쳐흐르고 있다. 상술이라는 얄팍한 속임에 넘어가 정말로 지켜야 할 전통 행사를 소홀히 하고 있는지 않은가 염려가 된다.

　우리들은 다리 역할이 되어 다음세대에 전통행사를 전해야할 책임을 지고 있지 않은가.

資料3　第5章［研究3］　アンネとリンダの作文（第一稿〜第四稿）

> アンネの第一稿

　　　　　　　　　　学費

　私は学費に反対する。ほとんど全ての学生たちは、大学に学費を払わなくてはいけない。普通に、学生たちがまだ経済的に自立していなく、親たちから金をまらう。残念ながら、その学費の制度はお金持ちに特権を与えると思う。

　最近のニュースによると、日本での貧富格差の拡大だそうである。その中の一つの問題は、教育格差だ。教育格差というのは、生まれ育った環境により、受けることのできる教育に格差が生まれることを指す。教育格差の広がりの理由は、なかんずく学費のせいだと思う。

　世界で一番高い学費で、日本が最も学生の経済的負担が重いそうだ。「親に負担をかけて申し訳ない」と日本の高い学費を心配する声が聞かれる。そして、親も高い学費が支払えなく、奨学金が支給される機会も少なくれば、恵まれない人がどうするのか？結局、恵まれない人は大学に入学できないということである。

　非特権階級の人は差別されているという危険性がある。

　つまり、恵まれない人は教育されていないと、社会から葬り去られるようになる。教育の欠如の原因で、人がハイレベルな言語が分からなく、政治などを論ずることもできない。それを考えたら、将来的に誰がその人の社会的な利害や権利を代表するだろうか。

　学費が廃止されないと、貧富格差の拡大が続くという危険がある。私は、それゆえに学費に反対する。

> アンネの第二稿

　　　　　　　　　　学費

　私は学費に反対する。ほとんど全ての学生たちは、大学に学費を払わなくてはいけない。一般的に、学生たちがまだ経済的に自立していないので、親たちが学費を払うことである。残念ながら、その学費の制度は

お金持ちに特権を与えると思う。

　日本やアメリカで、学費が高い。学生は高い学費が払えない場合は、どうするのか？その場合は、二つの可能性がある。まず、一つ目の可能性は、奨学金に申し込むことである。二つ目の可能性は、学費無料の東大のような公立大学に入学することもある。どちらにおいても、最上の成績が必要である。でも、どのように最上の成績がもらえるのか？天才の以外、普通の人には立派な教育を受けさせなければならない。でも、立派な教育は無料ではない。逆に、多くのお金がかかる。つまり、経済的理由で、いい教育を受けられない人は、公立大学に入学できない。また、奨学金ももらえない。結果として、経済的に恵まれない家庭の子供たちは、大学に入学できない。それで、大学教育の欠如のため、安い賃金しかもらえないと、自分の子供にいい教育を受けさせられないという悪循環があるように思う。

　その悪循環を断つために、学費を下げることが必要になる。税金を上げたら、大学の学費を税金で賄う可能性があると思う。お金持ちに特権を与える学費制度が廃止された場合に限り、公正な社会を目指すことができる。

アンネの第三稿

学費

　日本やアメリカのように学費が高い国々は学費を下げるべきだと思う。一般的に、学生たちはまだ経済的に自立していないので、親たちに学費を払ってもらう。残念ながら、その学費の制度はお金持ちに特権を与えると思う。

　学生は高い学費が払えない場合は、どうするのだろうか。奨学金に申し込むか、あるいは学費が安い公立大学に入学するかである。どちらの場合も、最上の成績が必要である。しかし、いい成績を取るためには、子どものときからいい教育を受けなければならない。それには、多くのお金がかかる。つまり、経済的理由で、特に恵まれない家庭の子供たちは、大学に入学できないということだ。それで、大学教育が受けられないため、高い給料の仕事を見つけられないと、自分の子供にいい教育を

受けさせられないという悪循環に陥る。

　それを断つために、学費を下げることが必要になる。例えば、ドイツで、半年の学費は7万円ぐらいである。国は税金を上げて、税金で学費を賄うべきだと思う。教育は社会にとって最も重要だろう。公正な社会になるために、お金持ちに特権を与える学費制度が廃止されるべきである。

アンネの第四稿

学費

　日本やアメリカのように学費が高い国々は学費を下げるべきだと思う。一般的に、学生たちはまだ経済的に自立していないので、親たちに学費を払ってもらう。残念ながら、その学費制度はお金持ちに特権を与えると思う。

　学生は高い学費が払えない場合は、どうするのだろうか。奨学金に申し込むか、あるいは学費が安い公立大学に入学するかである。どちらの場合も、最上の成績が必要である。しかし、それを実現するためには、子どものときから立派な教育を受けるに越したことはない。それには、多くのお金がかかりがちだ。つまり、経済的理由で、特に恵まれない家庭の子供たちは、大学に入学できないということだ。それで、大学教育が受けられない人にとっては、給料のいい仕事を見つけるのは非常に難しい。そのせいで、自分の子供に高価な教育が受けさせられないという悪循環に陥る。

　それを断つために、学費を下げることが必要になる。例えば、ドイツで、半年の学費は7万円ぐらいである。国は税金を上げて、税金で学費を賄うべきだと思う。教育は社会にとって最も重要だろう。公正な社会になるために、お金持ちに特権を与える学費制度が廃止されるべきである。

リンダの第一稿

日本の留学生政策　政府の独り芝居？

　日本政府が構想した、日本留学意欲を盛り上がるに目指す、アジアーゲートウェイ策略は　ある程度に有効かもしれない。でも、それは政府自身の力で　叶えるものであるが？

　日本留学は　大勢の各国留学希望者にとって、候補のオプションである。この現象がおこった原因の一つは、日本生活の難しさである。高い物価はともかく、日本民間が留学生に対する態度は　決して、歓迎といえない。例えば、クレジット　カートの申し込みや住宅の探しに関する問題でも、潜在留学生に　断念させる原因になれる。

　日本企業が外国人の任用について、保守的な態度を持って　いる。日本語、留学試験の勉強や高い留学代などの代価を払っても、卒業した後、日本で働けるとは　限らない。それは　留学生たち　共に　心配することである。

　日本大学の国際化の程度は、不足である。英語で授業プログラムの足りなさ以外は、大学の四月入学制も　致命傷である。日本大学の学期は　他の国と　ずらして　いるので、他国の大学と交流することに障害になった。

　日本留学の魅力をあげる為に、民間や企業界は政府に協力しなければならない。政策的な問題より、意識的な問題の改善は大事であろう。留学生は日本の国際競争力にとって、大事なのは、日本人が　分かってほしい。

リンダの第二稿

日本の留学生政策　政府の独り芝居？

　日本が魅力的な国に進化させるために　行われた、アジア・ゲートウェイ戦略会議の一部は、日本留学意欲を盛り上がることと、国際化の大学を作ることである。このアジアーゲートウェイ策略は　ある程度に有効かもしれない。でも、それは政府自身の力で　叶えるものであるが？

日本留学は　大勢の各国留学希望者にとって、候補のオプションである。この現象がおこった原因の一つは、日本生活の難しさである。高い物価はともかく、日本国民が留学生に対して、親切とはいえ、心から受けられないと思う。留学生は　社会の一員と見なされて　もらわないと、我らは　生活の難しさから　逃げられない。例えば、クレジットカートの申し込みや住宅の探すことに関する問題でも、潜在てきな留学生に　断念させる原因になれる。

　さらに、日本企業が外国人の任用について、保守的な態度を持っている。日本語、留学試験の勉強や高い留学費用などの代価を払っても、卒業した後、日本で働けるとは　限らない。それは　留学生たちの心配することである。これらの現象は　他の国もあるかもしれないけど、日本で　特に　ひどいなので、"日本は　外人を排斥する"イメージは　海外で　有名である。

　日本大学の国際化の程度は、不足である。英語で授業プログラムの足りなさ以外は、大学の四月入学制も　致命傷である。日本大学の学期は　他の国と　ずらして　いるので、他国の大学と交流することに陰をこもった。

　日本留学の魅力をあげる為に、日本国民や企業界や教育界は政府に協力しなければならない。政策的な問題より、意識的な問題の改善は大事であろう。留学生は一国の国際競争力にとって、大事な資産であるのは、日本人に　了解させたいと思う。そして、留学生の存在を　認められたいと思う。

リンダの第三稿

日本の留学生政策　政府の独り芝居？

　日本が魅力的な国に進化させるために　行われた、アジア・ゲートウェイ戦略会議目的の一つは、日本留学意欲を盛り上がることと、国際化の大学を作ることである。このアジア・ゲートウェイ策略は、ある程度に有効かもしれない。でも、それは政府自身の力で　実現できるものであるが？

　大勢の各国留学希望者にとって、日本留学は決して第一希望ではな

い。この現象がおこった原因の一つは、日本の生活は、外国人からすると、山登りほど、大変である。日本国民は留学生に対して、確かに親切だと思うけれども、留学生を心から受け入れていないと感じる。留学生は 社会の一員と見なして もらわないと、我らは 生活の不便から逃げられない。例えば、クレジット カードの申し込みや住宅の探すことに関する問題でも、潜在的に日本へ留学しに 行きたい人々に、留学を断念させる原因になる。

さらに、日本企業が外国人の任用について、保守的な態度を持っている。日本語、留学試験の勉強や高い留学費用などの代価を払っても、卒業した後、日本で働けるとは 限らない。それは 留学生たちの心配することである。これらの現象は 他の国もあるかもしれないけど、日本で 特に ひどいので、"日本は 外人を排斥する"ステレオタイプは 海外で 有名である。

日本大学の国際化の程度は、不足して いる。英語による授業プログラムの足りないこと以外は、大学の四月入学制も 致命傷である。日本大学の学期は 他の国と ずらして いるので、他国の大学と交流することに障害になる

日本留学の魅力をあげる為に、日本国民や企業界や教育界は政府に協力しなければならない。政策的な問題より、意識的な問題の改善は大事であろう。留学生は一国の国際競争力にとって、大事な資産であるのは、日本人に 了解させたいと思う。そして、留学生の存在を 認められたいと思う。

リンダの第四稿

日本の留学生政策　政府の独り芝居？

〈摘要〉

最近、日本政府は「アジア・ゲートウェイ」という戦略によって、日本留学生の質と数　両方を上がるつもりです。しかし、日本留学の低い意欲の原因はただ政策的な問題ではない、日本国民の意識も絡まれている。意識的な問題は　政策的なのより先に解決しないと、留学生は生活の不便や就業の問題に陥つづける。そして、日本の国際競争力も傷つけ

てしまう。

　日本が魅力的な国に進化させるために　行われた、アジア・ゲートウェイ戦略会議の目的の一つは、日本留学意欲を盛り上がることと、国際化の大学を作ることである。このアジア・ゲートウェイ策略は、ある程度に有効かもしれない。でも、それは政府自身の力で実現できるものであるが？
　大勢の各国留学希望者にとって、日本留学は決して第一希望ではない。この現象がおこった原因の一つは、日本の生活は、外国人からすると、山登りほど、大変である。日本国民は留学生に対して、確かに親切だと思うけれども、留学生を心から受け入れていないと感じる。留学生は　社会の一員と見なして　もらわないと、我らは生活の不便から逃げられない。例えば、クレジット　カードの申し込みや住宅の探すことに関する問題でも、潜在的に日本へ留学しに　行きたい人々に、留学を断念させる原因になる。
　さらに、日本企業が外国人の任用について、保守的な態度を持っている。日本語、留学試験の勉強や高い留学費用などの代価を払っても、卒業した後、日本で働けるとは限らない。それは　留学生たちの心配することである。これらの現象は他の国もあるかもしれないけど、日本で特に　ひどいので、"日本は　外人を排斥する"ステレオタイプは　海外で有名である。カナダやアメリカなどの国で、優秀な留学生を守るために、日本よりずっと外人に友好的な移民政策がある。北米に留学し、卒業した後有名な会社に勤め、四年や五年間に住んでいた後、あの国の国籍をとることは別に難しくなくなった。それと比べて、十年や十五年に住んでいても、国籍をもらえるとは限らない日本は、もちろん外国人にとって、理想な留学する国ではないだろう。
　日本大学の国際化の程度は、不足している。英語による授業プログラムの足りないこと以外は、大学の四月入学制も　致命傷である。日本大学の学期は　他の国と　ずらして　いるので、他国の大学と交流することに障害になる
　日本留学の魅力をあげる為に、日本国民や企業界や教育界は政府に協力しなければならない。政策的な問題と、意識的な問題は両方存在して

いるとはいえ、意識な問題の改善は優先するべきだと思う。意識的な問題を解決したら、八割の問題をなくなると思う。そのため、日本政府は義務教育によって、日本の若者は外国人に友好な態度を持っている国際人として、育成するべきだ。留学生は他国と交流するのに、大事な橋渡しである。日本へ留学して来て、日本の文化に恵まれた私たちは、たとえ自分に国へ帰っても、自分の国の立場だけではなく、日本の立場も守って、働こうと思う。留学生は一国の国際競争力にとって、大事な資産であるのは、日本人に了解してほしい。そして、留学生の存在を認めてほしい。

資料4 第6章［研究4］学習者の相互行為プロセス

		ミキ	ハル	ニナ	ジム	ヨウ	ヤス
5/19	テーマ提出	テーマ：謀殺か犯罪かの刑罰	テーマ：日本人ブラジル移住百周年	テーマ：日本の自殺問題	未提出	テーマ：食糧高と遺伝子組み換える作物	テーマ：ひきこもり
5/22	対話1アイディア	ヨウと対話 私はまだ主張がみつからない。ヨウに発言し、対話を通して刑罰対象を説明しているが、結論はまだ。今年は日本とブラジルの交流年ですからこのテーマを選びましたと語る。	ニナと対話 「主張がみつからない。私のテーマは移民の現象を説明しているが、結論はまだ」ことを示すが、「主張はどうしようもない。」と語る。	ハルと対話 日本で自殺が多いこと、自殺についての本や映画があることに関心を示すが、「主張はどうしよう」と語る。教師の質問により、マスコミの自殺の意識を変えたほうがいいという主張にたどりつく。	ヤスと対話 「資本主義は環境を殺す」というテーマを話す。主張に賛成する。ヤスにそれを主張することは難しいと言われる。	ミキと対話 「私のテーマは遺伝子組み換えで食物に賛成する。主張は人々が遺伝子組み換え作物を主張することを示すが、天候不良問題により、小麦の価格の上昇、食糧不足問題について話す。ミキの話に時間がかかり、ヨウの作文について話す時間がほとんどなかった。	ジムと対話 「ひきこもりはサポートしている人がないジムの中にいる」と語る。ジムがひきこもりだなぜひきこもりかという質問にかけ、100万人もいるという数字に対し、「主張は？」と答える。日本語で答えられない。
5/26	アウトライン提出	テーマ：日本の殺人入獄年齢 主張：「日本の殺人入獄年齢を引き下げる。」	テーマ：日本に住んでいるブラジル人のアイデンティティ衝突 主張：日本に来るときに、ブラジルや日系人は全般的に	テーマ：日本の自殺問題はマスコミからの影響である 主張：「日本のマスコミは重大な自殺意識の影響源だから情報	未提出	宿題では提出せず、5/29に紙でアウトラインを提出。主張：「遺伝子組み換え時代が来る」と気にしていた。	テーマ：ひきこもり 主張：「ひきこもりを減らすために親は子どものことをよく気にしながら甘すぎないように

資料 325

	ミキ	ハル	ニナ	ジム	ヨウ	ヤス
対話2 アウトライン 5/29	ヤスと対話「少年院では刑罰が足りない」と主張するが、ヤスに少年院と刑務所の違いを聞かれて答えられない。その違いを調べたらいいと言われ、前回のヨウとの対話で考えた「今の少年と昔の少年の違い」を根拠にあげたいと言うが、教師の質問に答えられず、アイデンティティの衝突を否定される。ヤスは自分の考えもその根拠も無理矢理だが、根拠は無理だと語る。	ジムと対話「主張と根拠は決まっている。テーマはブラジル人系三世。私は祖母が日系三世。先生は本人、祖母はそれぞれ主張ではないといったコメントのように、心配している。ジムと対話してくる」と語る。教師の質問に答えられず、アイデンティティの衝突を根拠に、アイデンティティの衝突が必要と繰り返す。	ヨウと対話ニナはマスコミの情報の検定が主張であり、情報の検定は禁止されていないと述べる。しかし、ヨウに「検定した後、禁止するのでしょう」と言われ、考えを変える。このあと、禁止していないから誰かの意見は難しいという意見が出ても、考えを変えることはなかった。さらに、ヨウに禁止してはだめに禁止しないか、どうしようと答えられず、「わからない」と答え、対話の終わりに「政府」と	ハルと対話「何を書けばいいかわからない、テーマ全然決まってない」「何も興味がない」と述べる。ハルの作文については、質問をしており、対話への参加意欲がみられる。	ニナと対話「遺伝子組み換え作物は何が悪いのかわからないけれど反対されている。これは根拠がない。実は今食べているバナナはだいたい遺伝子組み換えだけど、普通の人は知らない。今小麦の値段が高いから遺伝子組み換えの値段が安くなっているので、量が増えても値段が安くなっていけばいい」と語る。ニナは自分の意見を述べず、聞き手の役割に徹している。教師の質問をきっかけた、「厳しく検	アイデンティティの衝突の経験がある。自分の気持ちをやっとわかるために大切な現象は、以下の説明しなければならない。」するべきだ。」ミキに対話ヤスは、ミキに対して、一方的（7分近く）自分を話し続ける。前回のジム教師も同様のコメントが書かれている「どっちが問題か」を「あたりまえ」と考えており、内省することはみられない。根拠は全部強調されたもので、自分で考えたものだが「お母さんがご飯を部屋の前に置くのをやめるべきだ」というアイディアだとミキに語るが、ミキは「ご飯を検すべきだ」と飯をあげなかった。

	第一稿提出 6/2				
	ヨウとの対話で生まれた主張「人は昔と比べて成熟年齢を下げられている」と、その根拠の一つとして二人のあいだに共有されたアイデア「今の少年は昔の少年より成熟している」が文章化される。ヤスの質問に対する答え「少年院に入る刑罰にはあたらない」が文章化される。	テーマが「私たちあなたも地球を助けられる」に変更される。環境を守るために、「一人ひとりが自分の役割を果たせば、人間の影響を減らすことができる」という意見が述べられる。	ヨウとの対話で生まれた主張「自殺意識を煽す情報を禁止」が文章化される。ヨウの質問に対する答え「政府が検挙しなければならない」が文章化される。ヨウのアドバイスを受け、自殺に関する映画や本の上映・出版のあとで自殺率が上昇したデータを使用している。	テーマが「日本にいる外国人」に決まる。外国人は日本社会に入りにくい例として自身の経験を文章化する。日本人が外国人に慣れているように、多くの外国人が日本に引っ越すべきだという文で終わる。	発言する。また、ヨウには、自殺率が変化したデータを示せばいいとアドバイスされる。
					査して政府からのあれ認証があってあれば、みんな安心して食べられると、という主張になったらるアイデアが言語化される。
					ら、子どもが死んでしまう、ひとまりの理由は何かと質問を投げかけるが、説明にとどまり、そこから新しく考える様子はみられない。
					遺伝子組み換え作物の利点について書かれる。しかし、人々はその作物の影響を不安に思っている。「早く法律を作る」新しい農業時代を迎える」という主張をしめくくる(ニナとの対話で語っていた構想が文章化されている)。
					ジムと教師の質問「なぜひきこもりが問題か」に対する答え「ひきこもりの人が100万人いる」が文章化される。
					親がひきこもりの子どものためにご飯を用意していけないという考えが詳しく書かれる。外出すると「元気になる一歩」と書いている。

資料

	ミキ	ヤス	ハル	ニナ	ジム	ヨウ	ヤス
	ミキと対話	ヤスと対話	ハルと対話		ニナと対話	ミキと対話	ハルと対話
対話3 本文	「少ない」という表現が文脈からおかしいとヨウが指摘し、「少ない」の間違っているほうが自分であることに気づく。ヨウが理解できないデータの数値について説明できないことは嫌せないことにはうがよいにとアドバイスされる。2段落と5段落を一つにまとめたらどうかとアドバイスされる。	ヤスに、マイナスイメージをしやなければ、マイナスの運動をなをすればものすごく変化があるからもっと強く主張したほうがよいとアドバイスされる。特に割りばしデータをみっつかあるからそれを使えばいいと言われる。教師は後半がもっと長く、結論は短くしてアドバイスされる。	ジムが遅刻したため最初ヤス・ハルの3人で対話 ヤスもハルも本や映画のせいで自殺するわけではないと反論する。ハルは映画をみただけの普通の人が自殺するわけではないと説明したほうがよいとアドバイス。ニナ自身も映画や本をみても、自殺したい気持ちらなかったと語っている。		ニナが作文のわからない部分を尋ね、ジムが英語でやりとりが答える。ニナは「外人人は」という表現したほうだが、もっと短くすることが長く書くところは長くとアドバイス。「問題の意識」というつながりがる質問が出た。ジムにとって「問題をつくること」ごく難しい。境目がわかりにくい。しか境目が説明必要が教師に言われる。	ミキとの対話にあって、序論の書き換えが必要だと気づく。「食糧難を解決するため遺伝子組み換え作物を食べたほうがいい」という主張をくっつければみんなが安心てくれる大丈夫という根拠が定まっていない。ヨウは主張の明確化を要求し指摘したり、例の影響の質問をしたり、例の要求などをしている。	ハルがまず、書式の混入と書き方形の誤りについて指摘。「甘すぎないか」と質問され、ヤスは母と息子の甘え関係だと説明している。ハルも教師も母親が例えば必要があると言うのでヤスは繰り返す必要になっているとグレーで分けられないと語る。ヤスはその原因と対策に諸々にったっていると指摘。

修正作文提出	[第二稿]	[第三稿]	[第二稿]	[第三稿]	[第二稿]	[第一稿]
6/9	ヨッカが理解できなかった殺人率のデータが削除される。2段落と5段落が削除になる(ヨッカのアドバイス)。	3段落が削除され、1,2段落にまとめられて短く修正される(教師のアドバイス)。地球を助ける方法における具体的なポイントがおかれる(ヤスのアドバイス)。	突然する問題提起文が修正される(教師のアドバイス)。WHOの自殺率順位が説明され、この数字を緩和させるべきだという主張が述べられる。	「他の外人を見ると」が加筆され、自分が外国人であることが明記される(教師のアドバイス)。序論に「アメリカでは外国人は平等な処理を受けるよ」という一文が加筆される(ニナの質問に対する答え。外国人はひっ越すべきだという主張に対する。「問題の根拠は日本人の考え方ではないか」が加筆される。	序論が整理される 食糧を輸入に頼る日本は遺伝子組み換えは有用だというアイディアが文章化される。正負両面がある今までの技術と同じという反論が加筆される。安全性評価が必要という結論になる(上記4点ともミキとの対話の影響がみられる)。	1段落「甘すぎないように」「引きこもりの生活を支えないように」に変化(ハルの質問に対する答え)。まず形ができる形になる(ハルのアドバイス)。構造はほとんど変わらず、説明が加わったり、表現が変化したりしている。

		ミキ	ヨウ	ハル	ニナ	ジム	ヨウ	ヤス
6/12	対話4 発表1	発表者：ヨウ　コメント担当者：ハル・ニナ ハルがヨウの表現にひっかかり、それについてのやりとりが続いた。ハルは「問題をどう解決するだろう」の「だろう」にも、もっと意見を強く言うべきだと発言。ハルはヨウの作文にすべきだといいOKだと感じていたようで、改善案についてコメントはあまりなかった。ほかの3人も特にコメントしていなく、準備してこなかったヤスとジムは「遺伝子組み換え食品」がわからなかったから、ヨウの主張とみんなが考えるべきだと主張が食い違っていた。教師は、安全性評価の必要性から主張なら現在の評価のどこが問題で、どのように改善すべきかを書くべきだと言ったが、本人は難しくなりすぎるので、書けないと言う。 発表者：ジム　コメント担当者：ミキ・ヤス ヤスがどうやって日本人の考え方を変えるのか、主張をはっきり書いたほうがいいとコメント。ミキは、アジア人は白人とは違う経験をしているのではないか、アメリカのことは書いていないので他の根拠を書いたほうがいい、2段落が長いとコメント。「外国人は外人だ」は読んでいる日本人だじの意味がわからないのではないかというコメントもあった。ニナが「問題を直すのも問題である」の意味がわからないと発言。みんなが思ったジムの主張は「外国人は日本人の社会に入りにくい」だったが、ジムは自分の主張が何かわからないと発言。						
6/13	修正作文提出	［第三稿］ 主張が「刑罰対象年齢を引き下げるべきだ」から犯罪者の年齢に関係なく刑罰を決めるべきだに修正される（教師の対話の影響）。						

日付				[第三稿]	[第三稿]
6/16	修正作文提出	第三稿の表現を整えて再提出		序論だけが修正された。「あなたは安心して食べられる?」が加筆され、ハルが議論になった「準備しておいた」が「準備していないではないだろうか」に変わる。	ひきこもりの定義が消される(教師のアドバイス)。序論が短く簡潔になる。
6/19	対話4 発表2	発表者:ミキ コメント担当者:ヨウ・ニナ 年齢に関係なく刑罰を決めるというミキの意見にヨウが質問を続ける。年齢を決めないのか、幼稚園の子どもも同じ刑罰かなど。それに対し、ミキは同じ刑罰ではない、入獄は厳しすぎる、犯罪の理由や状況によって決めすぎる。それは年齢によって決めていることになる、ニナが5歳と22歳が同じ刑罰と言うことになる。ミキは同じ刑罰ではない、同じ方法で決めると答えるが、これにもみんな納得しない。もっとspecificがいい、ひどい事件だったら20歳未満でも刑務所へ行くようだと言うが、主張を決められない。ヨウ、ニナは主張があいまい、段落の中心文と意見が違うと指摘される。ニナは、今の少年が昔より成熟しているという意見にも反対した。 発表者:ヤス コメント担当者:ハル・ジム ハルがわかりにくい表現と話しことばを指摘。ミキは読点が少ないので読みにくいとコメント。ヤスは読点の問題に気づいたと振り返りシートに書いていた。ヨウは接続詞の問題が多いとコメント。読点や接続詞の問題について教師はあまり気づいておらず、指摘していなかった。ヨウは3段落(ごはんを置いておくようにする)の説明が多いとコメント。ジムはひきこもりをはじめとして「彼」とするのはおかしい。どうしてひきこもりが問題かもしれないかと再度問うた。コメントもひきこもりの人は問題だと思っていないと発言。ヤスは、それはあったりまえ、教師じゃないと、本人が言っても、本当は問題だと思っていると反論。ジムはまた、ひきこもりは元気じゃないのか、元気になるとはどういうことかと質問した。				

	ミキ	ハル	ニナ	ジム	ヨウ	ヤス
6/23 修正作文提出	[第四稿] 最も大きく修正された。14歳以上の少年犯罪（凶悪犯罪）が多いこと、自殺率で示し、主張を14歳に用罰対象年齢を引き下げるべきだに修正。「現在の少年のほうが成熟している」という表現から「以前の少年とは違っている、特にマスコミの影響を受ける」に修正。	[第三稿] 表現がかなり修正される。2段落に「我々と地球について考えるのは必要であるといと」いう文が加筆される。序論に「一緒に熟考しよう」という文が加筆。	[第三稿] 教師のコメントに対応する修正が多くみられる。二つの文があらためられ、自殺率と本や映画の発表との関係が加筆される。			[第四稿] 1段落と最終段落の内容が重ならないようにという教師のアドバイスを受けて最終段落が短くなる。読点が挿入される（ミキのアドバイス）。
6/26 対話4 発表3	発表者：ハル　コメント担当者：ミキ・ヨウ（ヨウはコメントの担当を忘れていたのでその場でのコメント）						

ミキは、例が多すぎる、みんなが知っていることを書いていると質問している。教師がどんな例かと質問すると、マイナックタオルを携帯するという例をあげた。ハルはこれは具体的な行動例なのでいらないと反論し、ヤスもいらないと逆にミキに質問していた。ミキはたぶん、あたりまえのことなので書く必要がないということが言いたかったのかもしれない。ヤスはハルの文が軽い問題みたいで、強い問題なのにそうみえないと言い、統計データを示してて大変な問題であることをアピールしたほうがいいと述べた。ヨウは石油のなさと地球温暖化の問題は関係ないという考えを繰り返し述べた。また水は循環しているので問題ではないなどを指摘。ハルは水が不足していないという点に納得せず、みんなが節約しなければならないという困るという反論を繰り返した。ヨウは水は天然資源ではない、電気は天然資源ではない、みんなが使えるなくなったら困るという反論を繰り返した。

日付	活動	内容	第四稿
6/30	修正作文提出	**発表者：ニナ　コメント担当者：ヤス（間違えてヨウに対するコメントを書いてきた）** コメント担当者のジムは休み。コメント担当者：ヤスが代読した。ヤスはコメントを書いてこなかったが、口頭でコメントはしていた。「根拠が難しい。本当にメディアが関係あるかどうか、研究はたくさんあるが、証明することは難しい。自殺が多いから映画ができたのではないか、これは自分かもしれない。「自殺サークル」を自殺例としてはふさわしくない。自殺率のデータが古いという指摘はあった。原因はもっと深いのでは」と、自分の意見を述べた。ニナへのアドバイスはほとんどなく、4段落を強すぎるとコメントしたが、本人はメディア規制が最も大切だという意見だったので、そのアドバイスは取り下げた。 **発表者：ヨウ（2回目　前回みんなが作文をよく理解できなかったため）　コメント担当者：ハル・ヤス** ヤスはⅠ段落にヨウの主張がないと指摘。みんなからの質問に答えるうちにヨウは「遺伝子作物をもっととるべきだ」が一番言いたいことだと発言。ヤスはそれが書いていないと指摘し、言いたいことがはっきりしないとコメントしていた。ヨウはどうしても問題提起を結論をうまく結びつけることができないようだった。	【第四稿】 ヨウの指摘を受け、石油、水、電気の例は削除され、紙と割り箸の消費が数字とともに例としてて示された（プラスチックの例も加筆）	【第四稿】 構造にはほとんど変化はみられない。表現の修正にとどまっている。	【第四稿】 序論が一文に短縮される。 最後の文「日本は先進国として、人々に安心させる評価制度を早く制定するべきだ」が加筆され、主張が明確化される（発表での対話の影響）。

資料

		ミキ	ハル	ジム	ニナ	ジム	ニナと対話	ヤス	ヨウ	ヤス
		ハルと対話	ミキと対話	ジムと対話	ニナと対話		ヤスと対話	ヨウと対話	ヨウと対話	ヤスと対話
7/3	対話5点検	ハルに「年齢なく刑罰を決めるべきだ」は、年齢と関係なく内容であっていないから「年齢だけで決めるべきではない」にしたらどうかと言われ、ハルもう一つの関係だけではないやと、それは考えなかったと発言。授業で、後日、ハルの意見を入れたけど、入れたくなかったと語る。	ミキによく書けたと言われ、そうだな声をあげる。でも「世界を守るみんなの責任」について書いていないと書いない言われ、引用元を明記したほうがいいとアドバイスされるが、作文に変化はなかった。［第五稿］表現の調整のみ	ジムの「そんなに簡単な問題はそんなじゃない」という発言に対し、特に質問せず自分の意見は示さない。ジムの作文について、質問を繰り返す過程で、自分が理解した内容をジムに投げかけている。6/5のジムとの対話としては違う点が見られる。［第五稿］表現の調整のみ	自分の作文について、わかりにくいところはないかと質問的に尋ねている。ニナの質問をきっかけに、初めて自分の意見を語りはじめる。「日本人は日本語で質問したら日本語で答えてほしい。外国人は日本人と同じ処遇を受けるべきだ」と語る。		ヤスの質問によって、序論に遺伝子組み換え作物制度に対する評価制度が制定されていない現状を説明したほうがいいと気づく。	ヨウは親が恥ずかしいと思うのはおかしいと強く反論。自分はは個性で問題がないと語る。ヤスはまた100万人の数字を出して反論するが、なぜ同題なのか語らない。説得力が弱い、ヨウにそれは関係ないと反論。ヨウにはタイトルについて、具体的なアドバイスをするが、ヤスはタイトルも変えなかった。
7/17	修正作文提出	［第五稿］表現の修正のみ	［第五稿］表現の調整のみ	［第五稿］表現の調整のみ	［第三稿］序論で、日本人は日本人と同じように待遇を受けるべきであるという主張が明示化されている。		［第五稿］序論に「しかし、日本はこの遺伝子組み換え作物制度に対する良い制度をまだ制定していないではないだろう		［第五稿］表現の調整のみ

334

7/10	修正作文提出				2段落で違う例として英語で話しかけられる話が出される。英語で話してではなく日本語で話してという考えが文章化される。結論で再び「外人を日本人と同じように扱ってほしい」と書いている。(ニナとの対話で語られたことが文章化される)。	「か」を加筆。結論との呼応がみられるようになった(ヤスとの対話の影響)。
					[第四稿]表現の調整のみ。	[第六稿]表現の調整のみ。

資料
335

索引

[C]
CARS モデル……45
CEFR……280

[E]
EAP……44
ESL……1
ESP……45

[G]
grammar correction……66

[H]
Hayes と Flower のモデル……41, 118, 123

[X]
XECS……68

[あ]
アカデミック・ジャパニーズ……56
アクション・リサーチ……284, 286
足場づくり……49
宛名（性）……15, 122, 254, 264
暗示的な教授……50

[い]
イーミックな見方……33
意識化としてのリテラシー……51
一次的ことば……4, 271
意味……v, 14, 53, 264

[え]
エティックな見方……33
遠心力……47, 50, 53

[お]
応答……vi, 14, 54, 168, 169, 244, 253
オーディオ・リンガル法……iv, 39

[か]
科学的概念……4, 25
書くこと……ii, 2, 127, 256
書くことのもつ対話性……128
関係をつくることば……269

[き]
機能的リテラシー……50, 250, 274
求心力……47, 50, 53
教師主導……129
共生言語としての日本語……277
共通のリテラシー……51, 52
協働……1, 59, 138
共同行為……222, 235, 263

[く]
グラウンデッド・セオリー・アプローチ……140

[け]
権威的な言葉……191
言語的足場かけ……237
原初的コミュニケーション……271
現代風伝統的修辞法……40

[こ]
声……14, 246, 254, 264
声の文化……9
コードの記号観……19
ことばのジャンル……17
コミュニカティブ・アプローチ……iv
コミュニティ……258
コミュニティとしての学習……287

[さ]
作文……39, 55
作文対訳 DB……83

[し]
自覚性……4, 247
識字……i, 274
自己内対話……126
実践から立ち上がる理論……28
実践研究……iii, 26, 34
実践研究者……29
実践研究者の視点……32, 34
質的研究……30
自分のことば……181, 221, 239, 245, 250
自分のテーマ……225, 263, 265
社会的足場かけ……131, 237
社会文化的アプローチ……iv
ジャンル・アプローチ……45
習得……242, 246
受動的理解……vi, 244
真正な対話……178, 192

[す]
随意性……4, 247
推敲……123, 126, 128, 139, 168, 183

[せ]
生活の概念……4, 25
制限作文……40
省察の実践者……284
省察の対話……ii, 24, 249, 262, 282
生成の記号観……19
専有……245

[そ]
相互行為……ii, 2, 26, 133, 222, 236, 263
相互行為としての読み書き……ii, 2, 10, 23

[た]
第二言語教育……2
第二言語で書くこと……174, 256
対話……v, 10, 139
対話機能……190, 223, 235

対話的省察性……34
　　　「対話」としての学び……239
　　　他者としての読み手……123, 159, 231
　　　他者の言葉……18, 244
　　　多声（性）……15, 190
　　　段階的学習観……3
　　　単声機能……190, 223, 235
　　　単声的学習……222
[ち]　知識表出モデル……41, 119
　　　知識変換モデル……41, 119
[て]　ディスコース・コミュニティ……45
　　　添削……66
　　　添削過程……66, 67
[と]　トゥールミンの論証モデル……194
　　　導管メタファー……8, 256
　　　道具的なことば……269
[な]　内言……48, 49, 264
　　　内省……23, 182, 240, 248
　　　内的説得力のある言葉……191
　　　内容づくり……150, 167
[に]　二次的ことば……4, 247, 271
[の]　能動的な理解……v, 54, 243, 244
[は]　発達の最近接領域……24, 25
　　　発話……12
　　　発話思考法……41, 139
[ひ]　ピア・ラーニング……59, 189
　　　ピア・レスポンス……iii, 1, 59, 86, 138
　　　ひとりの読み書き……20, 262
　　　批判的リテラシー……47, 251, 252
[ふ]　分厚い記述（thick description）……33
　　　プロセス・アプローチ……40, 42
　　　プロセス重視……55
　　　プロダクト重視……55
　　　プロトコル……139, 140
　　　文章化……150, 167
　　　分析的足場かけ……131, 237
[ほ]　ポストプロセス……43
　　　本当の言葉……52, 53, 251
　　　マルチリテラシーズ……48

[ま]　明示的な教授……48
[め]　メタ認知的機能……124
[も]　文字の文化……9
　　　モノローグ……v, 182
[よ]　読み書き……i, 8, 20
　　　読み手との対話……167, 168
[ら]　ライティング……39
[り]　リテラシー……i, 47

[著者] 広瀬和佳子（ひろせ わかこ）

神田外語大学国際コミュニケーション学科准教授。お茶の水女子大学大学院人文科学研究科修士課程修了。早稲田大学大学院日本語教育研究科博士後期課程修了。博士（日本語教育学）。(韓国) 南ソウル大学校日本語科、佐賀大学留学生センター、早稲田大学日本語教育研究センターを経て現職。専門は日本語教育学。リテラシー教育、第二言語のライティング、協働的学習環境のデザイン、実践研究の分野で研究を行っている。

日本語教育学の新潮流 11

相互行為としての読み書きを
支える授業デザイン
日本語学習者の推敲過程にみる
省察的対話の意義

2015年2月28日　初版第1刷発行

著者……………………広瀬和佳子
発行者…………………吉峰晃一朗・田中哲哉
発行所…………………株式会社ココ出版
　　　　　　　　　　〒162-0828
　　　　　　　　　　東京都新宿区袋町25-30-107
　　　　　　　　　　電話 03-3269-5438
　　　　　　　　　　ファックス 03-3269-5438
装丁・組版設計………長田年伸
印刷・製本……………モリモト印刷株式会社

ISBN 978-4-904595-57-2

ココ出版の書籍

日本語教育学の新潮流 6
「序列の接続表現」に関する実証的研究
日中両言語話者による日本語作文の比較から
黄明侠著　3,600円+税　ISBN 978-4-904595-36-7

日本語教育学の新潮流 7
「非母語話者の日本語」は、どのように評価されているか
評価プロセスの多様性をとらえることの意義
宇佐美洋著　4,000円+税　ISBN 978-4-904595-41-1

日本語教育学の新潮流 8
日本語教育における評価と「実践研究」
対話的アセスメント：価値の衝突と共有のプロセス
市嶋典子著　3,600円+税　ISBN 978-4-904595-43-5

日本語教育学の新潮流 9
文脈をえがく
運用力につながる文法記述の理念と方法
太田陽子著　3,600円+税　ISBN 978-4-904595-47-3

日本語教育学の新潮流 10
第二言語によるパラフレーズと日本語教育
鎌田美千子著　3,600円+税　ISBN 978-4-904595-56-5